本书由以下项目资助：
　国家自然科学基金项目"基于微观动力学参数的高速公路复杂特征路段风险识别方法"（52072069）
　国家自然科学基金项目"混合收费站运行安全和效率的影响机理与多领域协同分析设计研究"（51778141）

道路交通安全分析方法体系与应用

何 杰 等著

东南大学出版社
SOUTHEAST UNIVERSITY PRESS
·南京·

本书研究人员与编写人员

统稿：　　　　何　杰
第一、二、五章：何　杰
第三、六、九章：何　杰　刘子洋
第十章：　　　何　杰　吴冠鹤　聂平稳
第八、十一章：张长健
第四、七章：　严欣彤

前　言

随着智能网联、多维传感、人工智能等高精尖技术的蓬勃发展，全球道路交通安全状况正日益改善，但庞大的机动车保有量基数使得其整体形势仍十分严峻，全球道路交通事故死亡人数的增长率居高不下，亟须持续深入开展道路交通安全领域的科学研究和实践探索。

本书系统总结了"基于微观动力学参数的高速公路复杂特征路段事故风险识别方法"（国家自然科学基金面上项目）、"人—车—路—环境风耦合作用下公路交通事故的形成机理研究"（国家自然科学基金面上项目）、"混合收费站运行安全和效率的影响机理与多领域协同分析设计研究"（国家自然科学基金面上项目）、"公路安全缺陷快速识别技术应用研究"、"营业性客货驾驶员异常驾驶行为状态自动监测识别关键技术研究"等多个项目的研究成果，面向不同的应用场景（高速公路、城市道路、特征路段），围绕不同的事故致因（驾驶员因素、道路因素、车辆动力学因素、自然环境因素、交通流因素），开展了一系列道路交通安全分析（黑点识别、静态事故风险预测、实时交通冲突预测、交通事故严重程度分析、险态驾驶行为分析、道路致险缺陷识别、交通事故预防措施改善研究），最终从安全审计法、事故数据分析法、实验法和替代指标法四个方面构建了道路交通安全分析方法体系。

全书共十一章，第一章为绪论，后面十章全面阐释了道路交通安全分析各种方法的原理、特点和适用范围，包括安全审计法（第二章）、事故数据参数模型（第三章）、事故数据非参数模型（第四章）、人—车—路—环境复杂系统联合仿真方法（第五章）、计算机仿真实验方法（第六章）、模拟驾驶实验方法（第七章）、动力学参数实车实验方法（第八章）、车辆轨迹视频提取方法（第九章）、驾驶员行为视频识别方法（第十章）、事故替代指标方法（第十一章），并在每章给出了具体方法的应用实例。

全书由何杰教授等著，各章的编写分工为：第一、二、五章何杰；第三、六、九章何杰、刘子洋；第十章何杰、吴冠鹤、聂平稳；第八、十一章张长健；第四、七章严欣彤。感谢博士生王琛玮在专著第六、九章资料整理及编排过程中所做的工作。感谢史登峰、邢璐、吴冠鹤、聂平稳、时晓杰、闫雪彤、彭佳、任秀欢、陈一锴、杨娇、吴德华、章晨、李培庆、占昌文、施鑫诚、陈秋梓等参与本书相关课题的研究工作及对本书贡献的智慧。本书在撰写过程中参阅了国内外大量文献与著作,吸收了同行的辛勤劳动成果,由于条件所限未能与原著作者一一取得联系,引用及理解不当之处敬请见谅,在此谨向这些资料的原著作者表达崇高的敬意和由衷的感谢!

限于作者的水平和时间所限,书中难免有错漏之处,恳请读者批评指正。

电子邮箱:hejie@seu.edu.cn。

著　者

于东南大学

2021 年 9 月

目 录

| 第一章 绪论 | 1 |

1.1 背景 2
1.2 道路交通安全理论与方法综述 3
    1.2.1 道路安全审计法 3
    1.2.2 历史事故数据分析法 4
    1.2.3 替代指标法 6
    1.2.4 实验法 7
    1.2.5 特征比较与发展趋势 12
1.3 项目和成果支撑 14
    1.3.1 科研项目支撑 14
    1.3.2 专利和论文支撑 14
1.4 内容和体系结构 17
    1.4.1 主要内容 17
    1.4.2 体系结构 18
参考文献 19

第二章 基于标准和规范的安全审计法 21

2.1 道路安全审计基础 22
2.2 公路设计与交通安全 24
    2.2.1 不利线形对交通安全的影响 25
    2.2.2 视距对交通安全的影响 31
    2.2.3 横断面参数对交通安全的影响 32

2.3 评价依据、方法和流程 ·· 34
　　2.3.1 评价依据 ··· 34
　　2.3.2 评价方法与流程 ·· 35
2.4 基于设计标准和规范的道路安全性评价 ··· 36
　　2.4.1 金丽温高速公路丽水段介绍 ·· 36
　　2.4.2 道路线形设计参数适宜性评价 ·· 38
参考文献 ··· 47

第三章　基于历史事故数据和参数模型的分析方法 ·· 49
3.1 概述 ··· 50
3.2 面向事故黑点的历史事故数据分析 ··· 51
　　3.2.1 事故黑点特征 ·· 52
　　3.2.2 道路交通事故黑点鉴别方法 ·· 53
　　3.2.3 基于 TOPSIS 法的事故黑点路段鉴别方法 ····································· 55
　　3.2.4 基于二项 Logistic 回归的事故黑点路段线形致因分析 ····················· 57
3.3 面向事故严重程度的历史事故数据分析 ··· 57
　　3.3.1 事故严重程度影响因素分析 ·· 57
　　3.3.2 事故严重程度建模方法 ·· 58
3.4 实例研究:温丽高速事故黑点分析 ··· 65
　　3.4.1 背景概述 ·· 65
　　3.4.2 温丽高速事故黑点路段鉴别 ·· 66
　　3.4.3 事故黑点路段线性条件致因分析 ·· 70
　　3.4.4 事故黑点路段改善建议 ·· 76
参考文献 ··· 80

第四章　基于历史事故数据和非参数模型的分析方法 ·· 83
4.1 典型非参数模型:数据驱动模型 ··· 84
　　4.1.1 单分类器模型 ·· 84
　　4.1.2 集成分类器模型 ·· 87
　　4.1.3 分类器模型的应用 ··· 90
4.2 基于机器学习方法的事故严重程度预测分析 ·· 90
　　4.2.1 特征工程 ·· 90
　　4.2.2 数据集划分 ··· 92
　　4.2.3 不平衡数据集处理 ··· 93
　　4.2.4 模型构建和微调 ·· 96

| 4.2.5 模型评价 | 97 |

4.3 案例分析	99
4.3.1 数据来源	99
4.3.2 参数调节及结果分析	102

参考文献 108

第五章 基于人—车—路—环境复杂系统联合仿真的分析方法 ... 111

5.1 人—车—路—环境复杂系统	112
5.1.1 三种研究方式对比分析	112
5.1.2 道路交通安全系统数字化建模仿真的必要性	113
5.1.3 虚拟仿真行车实验	114
5.1.4 复杂系统仿真软件介绍	115

5.2 驾驶员模型	116
5.2.1 驾驶行为建模理论	117
5.2.2 驾驶员模型在ADAMS中的应用	118

5.3 车辆动力学模型	122
5.3.1 汽车的操纵稳定性	122
5.3.2 操纵稳定性评价	122
5.3.3 汽车行驶特性	124
5.3.4 基于ADAMS的车辆动力学模型构建	126

5.4 数字化三维道路模型	133
5.4.1 路面不平度时域模型	134
5.4.2 二维路面模型向三维路面模型的转化	137
5.4.3 基于ADAMS的数字化三维道路模型构建	139

5.5 公路环境风动力学模型	142
5.5.1 影响汽车操纵稳定性的空气作用力及模型描述	142
5.5.2 "风—车—路"仿真环境中环境风建模研究	144

5.6 基于人—车—路—环境联合仿真的安全应用	147
5.6.1 耦合模型的可靠性验证	147
5.6.2 仿真系统的道路安全性评价应用	149

参考文献 155

第六章 基于交通流仿真的道路交通安全评价方法 ... 157

| 6.1 交通安全仿真评价方法 | 158 |
| 6.1.1 交通流仿真技术简介 | 158 |

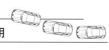

道路交通安全分析方法体系与应用

    6.1.2 间接安全评价模型 160
    6.1.3 基于 VISSIM＋SSAM 的安全分析 162
  6.2 收费站安全的仿真应用 163
    6.2.1 交通调查 163
    6.2.2 交通流仿真 164
    6.2.3 基于正交试验的安全评价 167
  6.3 快速路匝道入口安全的仿真应用 169
    6.3.1 交通调查及分析 170
    6.3.2 优化设计方案的仿真分析 172
  6.4 城市高架匝道出口安全的仿真应用 175
    6.4.1 基于遗传算法的 ORTI-D 优化模型 175
    6.4.2 交通调查与仿真 177
    6.4.3 高架 ORTI-D 结果分析 179
  参考文献 183

第七章　基于驾驶模拟器的交通安全分析方法 185

  7.1 驾驶模拟器国内外发展概述 186
    7.1.1 日本代表性驾驶模拟器 187
    7.1.2 美国代表性驾驶模拟器 187
    7.1.3 欧洲代表性驾驶模拟器 188
    7.1.4 中国代表性驾驶模拟器 189
  7.2 驾驶模拟器在交通安全中的应用 190
    7.2.1 分心驾驶 190
    7.2.2 疲劳驾驶 193
    7.2.3 饮酒驾驶 195
    7.2.4 道路设计和交通设计 197
    7.2.5 交通事故研究 199
    7.2.6 驾驶模拟器有效性验证 201
  7.3 驾驶模拟器应用前景 203
  参考文献 206

第八章　基于车辆微观动力学参数的交通安全分析 213

  8.1 车辆微观动力学参数概述 214
    8.1.1 微观动力学参数基础 214
    8.1.2 轮胎动力学概述 216

  8.1.3 微观动力学参数的获取途径 ………………………………………………… 222
  8.1.4 基于测试性道路试验的分析框架 …………………………………………… 224
 8.2 基于微观动力学参数的事故风险分析方法 …………………………………………… 225
  8.2.1 试验方案设计 …………………………………………………………… 225
  8.2.2 基于数据分布特征的直接分析法 …………………………………………… 226
  8.2.3 基于数学建模的间接分析法 ………………………………………………… 231
 8.3 微观动力学参数在事故研究中的"纽带"作用分析 …………………………………… 237
  8.3.1 数据处理 ………………………………………………………………… 237
  8.3.2 参数变化率异动水平分析模型 ……………………………………………… 240
  8.3.3 微观动力学参数致险机理分析模型 ………………………………………… 242
 8.4 基于微观动力学参数的分析方法总结 …………………………………………………… 244
参考文献 ……………………………………………………………………………………… 245

第九章 基于视频的车辆轨迹提取与交通冲突分析 247

 9.1 车辆目标检测 …………………………………………………………………………… 249
 9.2 车辆轨迹跟踪 …………………………………………………………………………… 254
 9.3 轨迹数据的提取与重建 ………………………………………………………………… 256
  9.3.1 划分研究区域 …………………………………………………………… 256
  9.3.2 图像与地面坐标转换 ……………………………………………………… 256
  9.3.3 车辆轨迹数据重构 ………………………………………………………… 258
 9.4 基于轨迹数据的交通冲突分析 ………………………………………………………… 262
  9.4.1 评估指标及模型 ………………………………………………………… 262
  9.4.2 实例分析 ………………………………………………………………… 265
参考文献 ……………………………………………………………………………………… 274

第十章 基于视频的驾驶员姿态实时识别与行为评价方法 277

 10.1 营运车辆驾驶行为监控问题概述 ……………………………………………………… 278
  10.1.1 问题背景 ……………………………………………………………… 278
  10.1.2 驾驶员姿态检测方法综述 …………………………………………… 280
  10.1.3 现有检测方法局限性概述 …………………………………………… 282
 10.2 驾驶员姿态识别的需求分析 …………………………………………………………… 283
  10.2.1 市场环境分析 ………………………………………………………… 283
  10.2.2 用户需求分析 ………………………………………………………… 287
 10.3 图像特征提取及识别方法综述 ………………………………………………………… 288
  10.3.1 常用图像特征提取方法比较分析 …………………………………… 288

10.3.2 神经网络原理介绍 290
10.3.3 卷积神经网络介绍 295

10.4 全天候营运车辆驾驶员姿态特征分析及数据采集 297
10.4.1 驾驶员姿态特征分析 297
10.4.2 驾驶员姿态数据采集 299
10.4.3 数据集构建 303

10.5 驾驶员姿态识别 305
10.5.1 双视角姿态识别 305
10.5.2 日夜分离姿态检测模型 312

参考文献 317

第十一章 基于事故替代指标的交通安全分析法 321

11.1 事故替代指标概述 322
11.1.1 替代指标基础 322
11.1.2 替代指标法的意义 324
11.1.3 替代指标的种类 325

11.2 事故替代指标提取方法 328
11.2.1 有效性检验及其应用性 328
11.2.2 事故替代指标提取方法 329

11.3 轮胎力替代指标提取及分析实例 331
11.3.1 轮胎六分力数据的字符标定 332
11.3.2 动力学字符重要度分析 333
11.3.3 显著性动力学字符提取 336
11.3.4 路段条件风险概率分析 341
11.3.5 轮胎六分力事故替代指标总结性分析 352

参考文献 353

后记 355

第一章
绪 论

1.1 背景

尽管随着智能网联、多维传感、人工智能等高精尖技术的蓬勃发展,全球道路交通安全状况正日益改善,但庞大的机动车保有量基数仍使得其整体形势十分严峻,这主要体现在三个方面:

① 事故数多、死亡人数多、直接经济财产损失高。世界卫生组织在发布的《2018年全球道路安全现状报告》中指出,道路交通事故已成为人类死亡的第八大致因,儿童青少年(5~29周岁)死亡的首要致因,每年因道路交通事故死亡的人数达135万人[1];从国内来看,据国家统计局数据显示,2019年我国道路交通事故总数达215 009起,造成56 924人死亡,直接经济财产损失达12.58亿元。

② 全球道路交通致死人数的增长率居高不下。从世界卫生组织发布的数据来看,从2015年到2018年,道路交通致死人数的增长率高达8%,道路交通安全管理与预防工作任重而道远。

③ 我国每年的交通事故数量和致死人数仍远高于世界其他国家。中国是世界上最大的发展中国家,近30年我国的社会经济正处于持续高速高质量发展的繁盛时期,交通基础设施的数量和种类不断增多,交通安全法规逐步改善,道路条件和车辆安全性能日益提高,这使得全国道路交通事故数量和致死人数呈现出逐年下降的趋势,但其绝对数量仍远高于其他国家,亟须持续深入开展道路交通安全领域的科学研究和实践探索。

自1890年第一例道路交通致死事故发生以来,世界各国的学者开始了百余年的有关道路交通安全的研究,并逐步发展了一系列的理论与方法。交通系统是一个由人、车、路、环境等多因素构成的复杂系统,不同的道路交通事故往往具有不同的致因源,并且伴随着诸如时空不稳定性等显著的随机效用。因此,在开展研究时需要根据问题特点和研究需求,选取适当的理论和方法,以强化研究结论的靶向性。

为此,本书面向不同的应用场景(高速公路、城市道路、特征路段),围绕不同的事故致因(驾驶员因素、道路因素、车辆动力学因素、自然环境因素、交通流因素),开展了一系列道路交通安全分析(黑点识别、静态事故风险预测、实时交通冲突预测、交通事故严重程度分析、险态驾驶行为分析、道路致险缺陷识别、交通事故预防措施改善研究)。在这个过程中,本书向读者展示了不同情境下的道路交通安全理论与方法的原理、特点和应用实例,明确了不同理论与方法的适用范围,并针对输出结果给出了具体的分析过程,最终构筑起一套科学完整、全面翔实、结构清晰的道路交通安全理论与方法体系,可为研究工作者提供科研帮助,也可指导社会的事故预防、安全管理、道路优化设计、驾驶安全培训等实践工作,对我国乃至全球道路交通安全水平的提高具有重要意义。

1.2 道路交通安全理论与方法综述

有关道路交通安全理论研究经历了5个阶段,分别是交通事故随机理论研究阶段、事故倾向理论研究阶段、事故因果理论研究阶段、交通安全系统理论研究阶段和交通安全行为理论研究阶段[2]。

① 交通事故随机理论研究阶段。最初的交通事故随机理论认为事故的发生是无法控制的完全随机事件;

② 事故倾向理论研究阶段。事故倾向理论则认为事故并不是一个完全随机的过程,它具有一定的倾向人群,即某些类型的驾驶员更容易发生交通事故;

③ 事故因果理论研究阶段。随着机动车数量和驾驶员的迅猛增长,人们发现尽管仍有小部分的交通事故具备一定的倾向性,但大多数交通事故是由普遍的驾驶员造成的,各国学者开始注重交通事故的致因研究,事故因果理论应运而生,试图揭示导致事故发生的真实原因;

④ 交通安全系统理论研究阶段。20世纪60—70年代,随着事故因果理论的深入,人们意识到交通事故是由人—车—路—环境综合作用的结果,而不单单是驾驶员的原因,因此交通安全系统理论被提出并逐渐流行起来,在这一阶段,通过对道路系统(包括路侧环境)、车辆性能的优化改善,大大降低了道路交通的亿车公里事故率;

⑤ 交通安全行为理论研究阶段。当综合交通系统治理发展到一定程度后,道路交通安全水平的改善空间出现了瓶颈,现阶段的道路交通安全理论——交通安全行为理论认为,交通活动的存在必然伴随着事故风险,因此应当将研究目标从"避免交通事故发生"转移到"将事故风险水平改善至人们可接受的期望水平"。研究目标的转变扩展了道路交通安全研究的范围,突出了风险预测、风险评估、优化措施、改善效果评估等研究侧面的重要度。

面向不同的研究侧面,学者基于交通安全行为理论发展了一系列的道路交通安全分析方法,如安全审计法、事故数据分析法、实验法(包括计算机仿真实验、模拟驾驶实验、实车实验)等,但大部分的研究依旧严重依赖历史事故统计数据。在开展道路交通安全研究时,历史事故统计数据具有无法弥补的固有缺陷,如周期长、难获取、时效性差等。面对这样的束缚,"事故替代指标"的概念逐步普及,替代指标法也成了主流的道路交通安全分析方法之一。本节将围绕研究现状、瓶颈和发展趋势,简略介绍安全审计法、事故数据分析法、实验法和替代指标法,为后续章节更为深入的分析奠定基础。

1.2.1 道路安全审计法

道路安全审计(Road Safety Audit,RSA)是该领域基本的传统理论,指从使用者行车安全的角度出发,对设计阶段、通车后的公路及城市道路行车安全潜在影响因素进行评价的方法,可有效排查事故黑点、提升道路安全设计水平。RSA最早由英国提出,后续欧洲各国逐渐开展了关于RSA的理论研究和工程实践。美国在RSA方面的研究同样取得了丰富的成果,并陆续颁布了《基于交通安全的公路设计与操作实践》《公路安全设计与操作标准》《道路安全评价准则》,这些报告和标准的制定显著降低了道路安全事故的发生。

国内有关RSA的研究进展较为滞后,直到20世纪90年代,我国才逐步对世行、亚行贷款的公路项目发起道路交通安全评价,并于2015年形成强制性国标——《公路项目安全性评价规范》(JTG B05—2015)。

虽然RSA的实施在一定程度上降低了道路交通事故率,但由于其在进行道路风险评估时,主要依靠公路安全管理部门编制的安全检查表,配合专业人员的经验判断进行路段隐患的识别,这种方法缺乏科学的评估体系和严格的执行标准,难以推广应用,无法进一步排查事故致因的作用规律[3]。

1.2.2　历史事故数据分析法

根据交通数据的不同可以将基于交通数据对行车安全的研究方法分为两大类:直接分析类、间接分析类。直接分析类是指借助交通事故的历史数据进行分析的方法,该类方法的特点就是简单快捷,在获取事故数据的基础上,可以迅速对路段的安全水平做出有依据的评价,但评价指标过于单一使得准确性和延展性较差。间接分析类是指构造出历史事故与人、车、路、环境之间的映射关系,探索事故与驾驶员特性、道路位置和车辆运行参数的统计学关联,然后基于函数的输出结果分析各因素的致险效能和事故风险的变化规律。

1. 直接分析法

(1) 事故数法

事故数法包括绝对事故数法和当量事故数法。绝对事故数法指统计一个时间段内的交通事故绝对数据,选取临界事故次数为鉴别标准。如果某一路段的事故次数大于临界值,则被认为是事故多发路段。该方法的优点是简单直接、容易应用,但没考虑交通量和路段长度的影响。适用于鉴别较小交叉口、街道或道路系统[4]。

当量事故数法同时考虑了受伤与死亡事故的次数及严重程度,通过计算方法赋予受伤及死亡事故的权重来计算事故的严重程度。该方法没有考虑交通量和路段的长度,同时权值对结果的影响很大。

(2) 事故率法

事故率指利用单位时间、单位距离、单位里程、单位车次内的事故数量评判道路安全水平的方法,比事故数法更加客观。

(3) 矩阵法[5]

鉴于事故数法和事故率法各有优缺点,单独使用这两种方法对反映事故状况都有片面性。作为一种修正,一些专家提出了将两者结合起来考虑的矩阵法。结合事故数法和事故率法作为鉴别标准,横轴代表事故次数,纵轴代表事故率,每一路段在矩阵上表示为一矩阵单元,矩阵单元的位置就表示路段的危险程度。

矩阵法对每一个被研究的道路单元进行事故数和事故率计算,然后将事故次数作为横坐标,将事故率作为纵坐标,根据事故的坐标在矩阵中找出对应的点便可进行行车安全分析与评价。整个坐标可分为4个区:1区为高事故率、高事故数区;2区为高事故率、低事故数区;3区为低事故率、高事故数区;4区为低事故率、低事故数区,如图1-1所示。

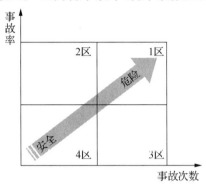

图1-1 矩阵法示意图

(4) 质量控制法

质量控制法的基本思路是:交通事故是偶然的小概率事件,在特定区段上交通事故的分布应当符合统计规律。在此方面,国内外的学者已经做了较为深入的研究,比较一致的看法是,特定区段上交通事故的发生次数服从泊松分布。在特定的置信度条件下,若所选区段发生事故的概率小于实际发生在该路段的事故的频率,则可认为该区段存在较大的危险,应属于危险地点。

(5) 累计频率法

把道路条件相似的道路上发生的交通事故,按每1 km长度来划分路段,找出研究道路中发生事故数相等的路段个数,求出其占总路段数的频率及累计频率,绘制事故累计频率的散点图,并寻求相关曲线进行拟合,分析拟合曲线的突变点,以此界定事故多发路段。

2. 间接分析法

间接分析法主要指历史事故数据建模法,包括事故分析模型和安全评价模型两种。

事故分析模型是指以事故数据为因变量,以人、车、路、环境等各维度因素为解释变量,构建事故频次预测模型或事故严重程度分析模型,进而依据模型结果中解释变量的估计系数分析事故风险。常用的事故频次预测模型有泊松回归模型、负二项回归模型、零膨胀负二项回归模型等。常用的事故严重程度分析模型有二元Logistic回归模型、有序Logistic回归模型、随机参数/随机效应Logistic回归模型、回归树模型等。

安全评价模型主要包括模糊评价模型和神经网络模型等,均为多因素和多层次分析方法,在将多因素指标综合为一个或若干个指标的评价过程中有其不可比拟的优越性。该类方法以其他因素为间接指标,通过关系分析、权重分配、重要度输出等环节,对路段的安全性进行客观评价。

与直接分析法相比,数据建模法不仅可以实现安全分析和评价的目的,还可以在建模过程中,围绕定性和定量两个角度提取人、车、路、环境等因素对交通安全的影响,为道路交通安全制定有针对性的预防措施提供支撑和帮助。但究其根本,该类方法仍未摆脱历史事故统计的束缚。实际上,历史事故统计数据获取难度大、获取周期长,且相当数量的道路缺乏事故统计资料,这些都严重削弱了历史事故数据分析法的便捷性和可靠性。

1.2.3 替代指标法

为解决历史事故数据的弊端,"事故替代技术"应运而生,它是指运用数理统计、数学分析、数据挖掘、混沌理论和风险分析理论等手段,基于某些与事故风险直接或间接高度相关的指标,对事故风险的产生机理及与各尺度致因之间的作用规律进行研究,弥补传统事故数据获取难度大、获取周期长的不足,可有效用于道路安全的评估与维护。目前,交通冲突技术和动力学替代指标是该领域的突出代表。

1. 交通冲突技术

最早的事故替代指标由 Perkins[6] 于 1968 年提出——交通冲突技术(Traffic Conflict Technique,TCT),指基于摄像头或其他传感器获取的车辆轨迹数据,通过分析运行轨迹判断可能存在的交通冲突点,高事故风险路段即为轨迹交织严重的冲突点位置。初期,交通冲突技术的可靠性和有效性一直是人们关注的主要问题,许多研究试图通过改善数据记录方式、利用数理统计方法解决这个疑问[7];随着数据的可用性、多源化程度不断提高,一些研究证实了交通冲突和交通事故之间存在明确的逻辑关系,并已将该方法广泛应用于道路交通的安全性评估工作中。尽管基于 TCT 的道路风险识别方法能够在短时间内获取足够可靠的数据,但该方法只考虑了道路交通安全系统中的交通流因素,无法鉴别主要因道路、环境等因素导致的事故风险。

2. 动力学替代指标

动力学替代指标是指车辆正常行驶时自身产生的能表征事故风险水平的动力学参数,主要有车辆的三轴加/减速度、轮胎六分力、油门踏板力、加/减速度变化率等。例如,有学者提出当车辆的侧向加速度大于 $0.6g$ 或纵向加速度大于 $0.7g$ 的时候,发生事故的概率将显著增加[8]。由于动力学指标本身就是车辆在实际环境中行驶时真实状态的直接反映,因此与交通冲突技术相比,动力学替代指标可以体现人、车、路、环境等各维度因素对事故风险的作用效果。另外,动力学替代指标可以是多个类型参数的有机融合,而交通冲突技术仅为时间或空间距离的单一指标,结合不同类型和不同严重程度的交通事故的致因具有显著差异这一客观事实,可以推断动力学替代指标在表征事故风险方面具备更加优异的性能。

3. 其他替代指标

除了交通冲突技术和动力学替代指标外,也有学者提出了基于驾驶员行为的事故替代指标,其中分心驾驶指标是最为典型的一类[9]。分心驾驶指标是指基于相关的车载检测设备(如眼动仪、多视角视频摄像头、心理/生理检测仪等)获取可以表征驾驶员分心程度的参数,以数据挖掘、统计分析等为手段,探索分心程度与事故风险的映射关系,进而提出依据驾驶员分心状态推断事故发生的概率。该类指标的特点是针对性强,可以高效识别主要致因为分心驾驶的交通事故风险,但对于其他主要致因源的事故,识别效果较差。提取该指标的过程也较为复杂,容易对驾驶员造成侵入式干扰,从而弱化数据样本的代表性。

1.2.4 实验法

实验法主要包括三类,分别为仿真实验、驾驶模拟器实验、实车试验。

1. 仿真实验

仿真实验可分为交通流类仿真和动力学类仿真。

1)交通流类仿真

交通流类的仿真是指不考虑单个车辆内部的动力学特性以及不同对象间的动力学耦合作用,将实际交通系统中的各要素以随机动态的形式模拟在计算机界面上的一种仿真方法。该类方法可以在微观角度观察每个车辆的驾驶选择和特性,也可以在宏观角度分析交通流紊乱时整体的事故风险概率。常用的软件为VISSIM和SUMO。

（1）VISSIM

VISSIM是于1992年由德国PTV公司研发的软件,是一种微观的、基于时间间隔和驾驶行为的仿真建模工具,主要用于城市交通和公共交通运行的交通建模。它可以分析各种交通条件下城市交通和公共交通的运行状况,是评价交通安全、分析事故、分析冲突风险的主要工具之一。VISSIM最初的应用目的是解决交通规划、组织等方面的难题。随着计算机技术和信息技术的发展,以及道路交通安全问题的日益严峻,VISSIM不断积累整合并拓展交通仿真的能力,在二次开发、提供开放的接口技术上进行了非常强大的储备,为道路交通安全的研究提供了强有力的支持[10]。

VISSIM软件支持以下功能:① 可以将多模式交通要素进行整合仿真,在每个仿真步长内均可体现车—车、车—人之间的相互关系;② 可以通过跟驰模型、换道模型来模拟车辆的驾驶行为,例如VISSIM提供了对应的跟车(car following)模型、变道模型和横向超车行为模型,并考虑驾驶员的物理和心理的特性,把跟车分为自由、逼近、跟随、刹车等四种状态;③ 可以提供路网、控制和车辆三个核心要素的创建功能,其中路网可以手动创建,也支持外部路网的导入;④ 可以与外部驾驶控制模型进行闭环的联合仿真。

（2）SUMO

SUMO软件是一款于2000年上市的微观层次的多模态交通流仿真软件,通过编程语言实现对不同交通环境下单个车辆行为的控制。该软件主要由德国宇航中心(DLR)开发,最大的优势为开放获取,为科研工作者提供了极大的便利。作为一个微观的、空间连续的交通仿真平台,SUMO主要用于交通控制模型的开发以及评估交通控制算法。该软件在交通安全侧面的主要应用有[11]:① 评估交通安全管制措施的效果,例如新的交通信号系统或新的交通诱导方法;② 交通短时预测;③ 跟驰模型和换道模型的开发与标定;④ 自动驾驶环境下的安全行车组织等。

2) 动力学类仿真

该方法的主要思路是以车辆动力学软件为主,以数学计算等软件为辅,通过计算机界面建立反映交通各要素间动力学耦合特性的模型、设置相应的参数进行仿真分析。因此该方法的关键是根据研究目的与要求选择合适的仿真软件。目前有多种车辆动力学软件可用于人车路环境系统分析,下面是几个比较经典的仿真软件:

(1) MEDYNA

MEDYNA 软件是由德国航空航天研究所于 1984 年推出的多体系统模拟软件。该软件适用于铁路车辆、公路车辆、磁悬浮车辆以及一般机械系统动态模拟计算,其程序用 Fortran77 编写。MEDYNA 在绝对坐标系中定义系统后由程序自动完成系统方程的生成,通过选择不同的模块进行静力学、动力学、特征值、频域、随机振动、时域积分、准线性化等的计算分析及数据和图形、动画的后处理。MEDYNA 的建模、计算功能极强,提供了带有有限单元法(FEM)程序的弹性体前处理模块、广泛的线性分析方法以及较强的后处理模块。后来随着计算机硬件和数值分析技术的迅速发展,德国航空航天研究所决定停止开发基于频域求解技术的 MEDYNA 软件,而致力于基于时域数值积分技术的发展。

(2) SIMPACK

SIMPACK 软件[12]也是由德国航空航天研究所开发,掀起多体动力学领域的一次算法革命。1993 年,SIMPACK 从德国航空航天研究所分离出来,由 INTEC 公司负责其后续开发与市场运作。该软件针对机械、机电系统运动学、动力学仿真分析的多体动力学分析软件包。它首次将多刚体动力学和有限元技术结合起来,开创了多体系统动力学由多刚体向刚柔多体耦合系统的发展,并成功地将控制系统和多体计算技术结合,发展了实时仿真技术。

力学方程求解有三项重要指标,分别为速度、精度和稳定性。由于采用了最新的数学力学方法,SIMPACK 软件在计算速度极其优异的同时,仍保持了很高的计算精度和稳定性,这是其他同类产品所不具备的。

"Kinematics and Dynamics"是 SIMPACK 的核心模块。在核心模块的基础上,INTEC 公司还为各工业领域和特殊应用开发了许多附加模块。这些模块可以与核心模块任意搭配使用,给用户提供了丰富的仿真工具,还给用户提供了完整、快速专业的解决方案。附加模块可分为两类:一类是为不同工业领域开发的专业模块,如"SIMPACK Automotive"模块,可以实现对轿车、卡车、发动机以及零部件、实时控制系统等的动力学分析;另一类是功能扩充模块,如"CODE EXPORT"模块,可以输出程序源代码。另外 SIMPACK 还可以与 CAD、ANSYS、MATLAB 等软件实现对接,进行数据传输。

(3) RecurDyn

RecurDyn(Recursive Dynamic)是由韩国 FunctionBay 公司开发出的新一代多体系统动力学仿真软件。借助于其特有的多柔体动力学分析技术,RecurDyn 可以更加真实地仿真柔性体的非线性问题。

传统的动力学分析软件对于机构中普遍存在的接触碰撞问题解决得远远不够完善,这其中包括过多的简化、求解效率低下、求解稳定性差等问题,难以满足工程应用的需要。而该软件由于采用相对坐标系运动方程理论和完全递归算法,具有令人震撼的求解速度与稳定性,成功地解决了机构接触碰撞中的上述问题,极大地拓展了多体动力学软件的应用范围。RecurDyn不但可以解决传统的运动学与动力学问题,同时是解决工程中机构接触碰撞问题的专家。

(4) CarSim

CarSim是在密歇根大学公路交通运输研究所多年的试验及研究的基础上,由美国MSC(Mechanical Simulation Corporation)公司于1996年开发的一款专门研究整车动力学的软件。CarSim软件是专门针对车辆动力学的仿真软件,CarSim模型在计算机上运行的速度很快,可以仿真车辆对驾驶员、路面及空气动力学输入的响应,主要用来预测和仿真汽车整车的操纵稳定性、制动性、平顺性、动力性和经济性,同时被广泛地应用于现代汽车控制系统的开发。

CarSim软件的主要功能有以下几种:① 用于轿车、轻型货车、轻型多用途运输车及SUV(运动型多用途汽车)等车型的建模仿真;分析车辆的动力性、燃油经济性、操纵稳定性、制动性及平顺性;利用先进的事件处理技术,实现复杂工况的仿真等。与其他软件相比,CarSim建模面向总成特性,即在搭建整车模型时不需要输入汽车各部件体的机械结构参数,只需要输入各部件的特性参数,这避免了实体建模带来的误差,使模型与实际模型非常接近。

(5) ADAMS

ADAMS软件是目前世界市场占有率最大、最有名气的机械系统仿真软件,由机械动力学(Mechanical Dynamics)公司的Chance、Orlandea等人于1981年最初推出。ADAMS软件使用交互式图形环境和零件库、约束库、力库,创建完全参数化的机械系统几何模型,其求解器采用多刚体系统动力学理论汇总的拉格朗日方程方法,建立系统动力学方程,对虚拟机械系统进行静力学、运动学和动力学分析,输出位移、速度、加速度和作用力曲线。因此该软件能完成包括运动学分析、约束反力求解、特征值求解、频域分析、静力学分析、准静力学分析以及完全非线性和线性动力学分析,具有可视化的二维和三维建模能力,可包括刚体和柔体结构,具有组装、分析、动态显示不同模型或一个模型在某一过程变化中的能力。

ADAMS软件提供了强大的参数化功能,可进行参数灵敏度分析和优化分析(如提供汽车列车结构参数,使用参数进行灵敏度分析和优化分析;它采用先进的数值分析技术和强有力的求解器,使计算快速、准确;此外该软件具有很好的兼容性,能够与CAD、MATLAB等软件接入,方便建立更加精确的驾驶员模型、道路模型,因此本书第五章采用的仿真方法基本以ADAMS软件为主。

2. 驾驶模拟器实验

1) 驾驶模拟器基本原理与结构

汽车驾驶模拟器是一种能正确模拟汽车驾驶动作,获得实车驾驶感觉的仿真设备。汽车驾驶模拟器,又称为汽车模拟驾驶仿真系统,集合了传感器技术、计算机技术、数据通信技术和多媒体技术等先进技术,将道路、车辆等信息通过特定的方式模拟出来,使得驾驶员能够在模拟设备上获得尽可能真实的驾驶体验[13]。

由图1-2可知基于驾驶模拟器的人—车—路—环境系统分析法的关键是建立合理的车辆动力学模型和为驾驶员呈现高质量画面。按照视景显示系统的发展历程,驾驶模拟器的发展大致可分为三个阶段:胶片式、模型箱式和计算机生成图像式[14]。

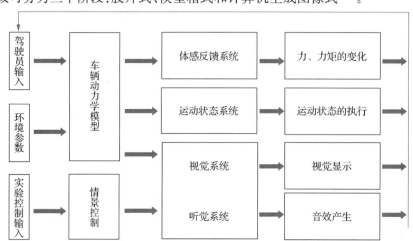

图 1-2　驾驶模拟器系统构成示意图

(1) 胶片方式

在 20 世纪 70 年代初期,使用胶片把事先用摄像机拍好的道路环境图像显示在屏幕上,以便显示出真实的景象。但视景不能随机在画面中插入物体,也不能使道路的景象跟随驾驶员的操作变化,驾驶员是被动驾驶。

(2) 传动带方式

在 20 世纪 70 年代末至 80 年代初,在一个微型的道路环境模型箱上,安装一个小型的摄像机,当驾驶员操纵车辆运动时,摄像机的位置也发生变化,并实时地拍摄下模型箱中的景象,然后将景象显示在屏幕上,因此能反映出与驾驶员操作相对应的道路景象。这种方式可以使驾驶员有一定的主动性,但是提供给驾驶员的场景有限。

(3) 生成图像方式

从 20 世纪 80 年代末至今,随着计算机图形技术的发展,驾驶模拟器开始采用计算机生成道路环境图像,并用 25 帧/s(帧速率的大小依赖于计算机的处理速度)以上的速率显示出来。它的主要优点是显示的视景可随驾驶员的操作响应而变化,可以随机地插入障碍物,并可方便地设定各种危险场面和紧急情况。

由于汽车驾驶模拟器不仅能将突然出现的车辆和行人、车辆性能极限、新建智能交通系统(Intelligent Traffic System,ITS)等危险实验通过驾驶模拟器安全经济地进行,而且还可以反复进行。随着模拟技术的不断提高,汽车模拟在人—车—路—环境系统工程中的应用前景将愈来愈广泛。

2) 驾驶模拟器在道路交通安全领域的应用

(1) 面向"人"的应用

人在驾驶汽车时不仅会受到外在的行人、车辆和道路等的影响,而且还可能会受到内在的打瞌睡、酗酒、吸毒、疲劳和感情行为等的影响。由于研究内容较为危险,因此通常情况下是很难重现这些内容或进行此类实验,而通过驾驶模拟器就可较容易地进行此类实验,并且能够重复研究不同情况下人体的行为、生理和心理反应,针对危险驾驶行为提出处理方案。

(2) 面向"车"的应用

在有驾驶模拟器之前,对于汽车某些方面的研究是比较困难的,如对汽车动力学模型的改进、新车极限性能和临界工况、汽车的操纵稳定性等的研究。这些研究只有经过极限实验验证,才能有真正的意义。而在极限情况时汽车可能处于失控状态,不可能让真人去进行操作,因此,有的研究一度面临无法前进的状态。自从有了大型汽车驾驶模拟器后,对于汽车的研究就进入了一个崭新的阶段。模拟器可应用于对新车型或引进车型进行包括临界、极限工况的全工况安全仿真实验,以分析、预估和评价汽车的操纵稳定性、安全性、制动性、动力性;对汽车运动性能控制系统[如 ABS(防抱死制动系统)、4WD(四轮驱动系统)、DSC(动态稳定控制系统)、ASR(牵引力控制系统)、4WS(四轮转向系统)等]进行仿真、评价、预测和优化;在新车设计时,还能为设计师评估新车型结构参数的安全指数。

(3) 面向"环境"的应用

系统中的"环境"不仅指汽车内的动态和静态环境,而且更多的是涉及汽车外的交通环境。由于计算机图形处理技术在最近几年的较大发展,模拟器被广泛用于交通环境的ITS、道路建设、交通流和事故再现等研究。

近年来,作为车外环境的交通环境越来越受到各国重视。随着基于驾驶模拟器对道路安全评价研究的深入,解决车外环境问题的很多新方法被提出来。但这当中存在一个问题,设计出的解决方案是按过去的经验和数据设计的,不能在实施前对设计进行较好的客观评价,通过人的主观反应对设计进行主观评价就更难办到。计算机图像技术的成熟,使得通过在驾驶模拟器上研究车外环境就可以经济地实现这一问题。

另外作为研究工具,驾驶模拟器对于ITS的研究也有很大帮助。如在车辆控制与安全系统研究中,要通过结合感测器、电脑、通讯、电机及控制技术来协助驾驶员提高行车安全。这在实际道路上就很难安全经济地进行实验和验证,而在模拟器上不仅可以非常容易地实现这些,而且还可根据要求随意修改场景。因此,如美国、日本、西欧及其他国家都把驾驶模拟器作为研究ITS的重要工具。

目前我国对交通事故的分析,通常是对事故现场拍照和凭交警的经验来评判事故责任,这具有很大的随意性。根据事故现场照片,通过模拟器进行事故模拟再现,不仅可以从事故现场的不同角度来进行分析事故责任,而且还可再现驾驶员的驾驶行为,准确分清事故责任。

3. 实车试验

实车试验包括测试性道路试验和自然驾驶实验两类。前者一般是在划定的或者专门布置的试验场地,为实现某一特定目的雇佣数位驾驶员开展的实车驾驶试验,后者则是基于绝对真实的交通环境开展的、不具备确切实验场景和目标的实验,具有成本高、周期长、样本规模大、数据代表性强等特点。相比于仿真实验和驾驶模拟器实验,实车试验更加接近真实的交通环境,基于其数据开展的研究也更能反映实际的驾驶风险。除了可以直接分析道路交通安全问题以外,实车试验还可以用于安全控制模型的标定,以及仿真系统真实性的验证。

但无论如何,实车试验都是基于车载数据采集设备开展的,常用的车载数据采集设备有:

① 车载智能导航系统。可以提供车辆的运动位置、速度、航向、行驶里程、出行起讫点等信息。

② 惯性测量单元。可以采集车辆的三轴加/减速度、车速、航向角等信息。

③ 行车记录仪。可以采集车速、里程、行车实时影响等信息。

④ 轮胎六分力仪。可以采集轮胎六分力、车速的动态数据。

⑤ 多普勒雷达。可以采集实验车辆与两侧车道、当前车道前车的车距及相对速度。

⑥ 航姿测量系统。可以提取车辆的运动轨迹和车速。

⑦ 风压传感器。可以实时获取施加在车身各位置的环境风作用力。

⑧ 方向盘转角传感器。提取方向转角大小和变化信息。

⑨ 多角度高清摄像头。获取驾驶行为图像、车辆周围环境的高清图像。

⑩ 眼动仪和生理/心理测试系统。提取驾驶员视线偏移率、心率、压力等数据,用于分心驾驶、疲劳驾驶以及其他驾驶特性的分析。

1.2.5 特征比较与发展趋势

本节围绕优点、缺点、需求场景等不同角度,对比上述四类道路交通安全理论与方法的特点,以便直观地展示它们的适用性和未来的发展趋势,如表1-1所示。

表1-1 道路交通安全理论与方法对比情况

道路交通安全理论与方法	优势	不足	应用方向	发展趋势
道路安全审计法	实施容易、操作简便,分析时可进行弹性扩展或回溯	十分依赖专业人员的主观经验;仅能识别因不符合设计标准而产生的事故风险;无法深层次剖析人、车、环境等其他维度的风险致因	黑点识别、道路致险缺陷识别、道路安全设计改善效果评价	配合数据分析进行辅助判定;优化审计流程,进一步规范审计标准,拓展出适用于不同类型道路的审计方法
历史事故数据分析法	成本低、逻辑性强,可定量识别事故风险并展示各维度对事故风险的影响效能	对样本规模、数据格式和数据分布形式有严格的要求;历史事故数据难获取、周期长、时效性;无法应用于新建道路或尚处在设计阶段的道路;无法用于车辆的实时风险预警与管控	黑点识别、道路安全评价、交通事故严重程度分析、交通事故致因分析、静态事故频次与频率预测	提升数学模型对数据类型的普适性;强化模型对时间与空间维度随机效用的解释能力;进一步解决样本不确定性、时空不稳定性、可变参数等难题

续表

道路交通安全理论与方法		优势	不足	应用方向	发展趋势
替代指标法		逻辑性强、获取周期短、获取难度小；可用于新建道路或尚处于设计阶段的道路的风险评估；可定量识别事故风险并展示各维度对事故风险的影响效能；可实时预测行车风险；时效性好，可以短时间内对多种优化措施进行效果评价	某些替代指标的获取成本较大；目前发展还不成熟，使用条件较为单一	黑点识别、道路安全评价、道路安全设计改善效果评价、交通事故致因分析、静态事故风险预测、实时事故风险预警、高危驾驶行为分析、道路致险缺陷识别	建立健全替代指标的全场景应用体系；进一步探明替代指标、交通事故和多源致因之间的关联效应与耦合关系；构建多维度替代指标集；逐步实现事故数据分析法向替代指标分析法的完美迁移
实验法	实车实验法	采集的数据真实、可靠	有一定的安全风险，成本高、周期长；无法获取险态驾驶环境下的数据	主要用于数据获取、仿真实验系统或模拟驾驶系统的可靠性验证；驾驶行为分析；车辆安全性能测试	配合各类先进的车载设备，提高数据的精度与广度	逐步实现三类实验法的有机融合，构建基于实验法开展道路交通安全分析的标准体系与实施规范
	仿真实验法	成本低、可视化、周期短、可重复、环境参数易修改	不能精确体现驾驶员特性，需要检验与真实环境的一致性；多系统的联合建模与解耦分析难度较大	黑点识别、道路安全评价、道路安全设计改善效果评价、交通事故致因分析、静态事故风险预测、道路致险缺陷识别	基于人—车—路—环境的复杂耦合系统解决道路交通安全问题；尝试在复杂系统中考虑更多的动态因素	
	驾驶模拟器实验法	安全性好、再现性好，能非常好地体现人—车—环境之间的互动	不能精确体现车辆动力学特征和车—路耦合作用，成本高、易眩晕	黑点识别、道路安全评价、道路安全设计改善效果评价、交通事故致因分析、静态事故风险预测、实时事故风险预警、高危驾驶行为分析、道路致险缺陷识别、汽车产品开发、安全驾驶培训	进一步优化驾驶模拟器的人机交互体验；提升虚拟场景的丰富度；降低建模难度和成本	

1.3 项目和成果支撑

本书的编写具有丰富的项目经验和雄厚的科研成果支撑,这些科研项目和学术成果不仅为本书提供了珍贵的第一手素材,还为改善全球道路交通安全形势贡献了微薄之力。

1.3.1 科研项目支撑

本书依托的近10年的省部级以上科研项目清单如下:

[1] 国家自然科学基金面上项目"基于微观动力学参数的高速公路复杂特征路段事故风险识别方法",编号"52072069";

[2] 国家自然科学基金面上项目"混合收费站运行安全和效率的影响机理与多领域协同分析设计研究",编号"51778141";

[3] 国家自然科学基金面上项目"人—车—路—环境风耦合作用下公路交通事故的形成机理研究",编号"51078087";

[4] 教育部博士点基金项目"考虑轴荷平衡的大型车辆运输状况评价的虚拟实验方法研究",编号"20120092110044";

[5] 河南省科技攻关计划项目"营业性客货驾驶员异常驾驶行为状态自动监测识别关键技术研究",编号"182102310733";

[6] 河南省科技厅项目"基于虚拟实验的公路安全缺陷快速识别技术及其应用研究",编号"152102310255";

[7] 浙江省交通运输厅科技计划项目"公路安全缺陷快速识别技术应用研究",编号"2012H12"。

1.3.2 专利和论文支撑

1. 国家发明专利

[1] 何杰,张莹,刘亚,等.基于车辆侧翻侧滑虚拟试验的公路平曲线半径设计方案安全性评价方法:CN201611114477.8[P].2020-02-18.

[2] 何杰,李培庆,吴德华,等.一种基于多体系统动力学的道路线形安全分析方法:CN201410045593.3[P].2016-09-21.

[3] 何杰,张莹,刘亚,等.基于车辆侧翻侧滑虚拟试验的公路平曲线半径安全设计的优化方法:CN201611127681.3[P].2019-05-31.

[4] 翁辉,何杰,王雅茹,等.一种基于车型和车速的换道轨迹优化及可视化实现方法:CN201410069573.X[P].2016-08-03.

[5] 何杰,吴冠鹤,刘子洋,等.基于车辆视频识别的混合式主线收费站交通冲突评价方法:CN201710573312.5[P].2019-07-12.

[6] 何杰,张长健,张浩,等.车辆动力学指标提取方法和事故风险值预测方法:CN202010152866.X[P].2020-07-03.

[7] 何杰,刘子洋,邢璐,等.基于二项Logistic回归的公路事故黑点路段线形致因分析方法:CN201810487299.6[P].2021-01-05.

[8] 何杰,刘子洋,章晨,等.基于TOPSIS法的公路交通事故黑点路段鉴别方法:CN201810487177.7[P].2018-08-24.

[9] 何杰,李佳佳,刘子洋,等.基于C4.5的高速公路事故主次因分析及事故类型判断方法:CN201810706364.X[P].2018-12-18.

[10] 何杰,章晨,刘子洋,等.基于深度学习的高速公路交通事故严重度预测方法:CN201810353740.1[P].2021-07-27.

[11] 章晨,何杰,刘子洋,等.基于数据融合和支持向量机的高速路交通事故严重度预测方法:CN201810353803.3[P].2021-07-27.

2. 硕博学位论文

[1] 章晨.基于数据驱动的城市交通环境问题分析方法研究[D].南京:东南大学,2021.

[2] 邢璐.基于微观轨迹数据的主线收费站分流区交通安全评价研究[D].南京:东南大学,2020.

[3] 聂平稳.基于双视角视频数据的营运车辆驾驶员姿态识别研究[D].南京:东南大学,2020.

[4] 吴冠鹤.营运车辆驾驶员姿态实时监测识别与行为评价研究[D].南京:东南大学,2020.

[5] 闫雪彤.基于交通冲突的ETC车道设置安全评价方法研究[D].南京:东南大学,2018.

[6] 刘亚.收费站区域交通特征与车道设置研究[D].南京:东南大学,2018.

[7] 张莹.基于人—车—路系统仿真的ETC收费广场最小安全长度研究[D].南京:东南大学,2017.

[8] 吴进.基于通行效用的高速公路收费站ETC车道设置方案研究[D].南京:东南大学,2016.

[9] 史登峰.基于多方法组合的金丽温高速公路丽水段安全性评价研究[D].南京:东南大学,2016.

[10] 李培庆.基于多体系统动力学的重型车辆货物运输状况建模及应用研究[D].南京:东南大学,2016.

[11] 时晓杰.侧风影响下车辆侧翻事故的仿真研究与分析[D].南京:东南大学,2012.

3. 高水平期刊论文

[1] Yan X T, He J, Zhang C J, et al. Temporal analysis of crash severities involving male and female drivers: A random parameters approach with heterogeneity in means and variances[J]. Analytic Methods in Accident Research, 2021, 30: 100161.

[2] Yan X T, He J, Zhang C J, et al. Single-vehicle crash severity outcome prediction and determinant extraction using tree-based and other non-parametric models[J]. Accident Analysis & Prevention, 2021, 153: 106034.

[3] Zhang C J, He J, King M, et al. A crash risk identification method for freeway segments with horizontal curvature based on real-time vehicle kinetic response[J]. Accident Analysis & Prevention, 2021, 150: 105911.

[4] Zhang C J, He J, Yan X T, et al. Exploring relationships between microscopic kinetic parameters of tires under normal driving conditions, road characteristics and accident types[J]. Journal of Safety Research, 2021, 78: 80-95.

[5] Xing L, He J, Li Y, et al. Comparison of different models for evaluating vehicle collision risks at upstream diverging area of toll plaza[J]. Accident Analysis & Prevention, 2020, 135: 105343.

[6] Xing L, He J, Abdel-Aty M, et al. Time-varying analysis of traffic conflicts at the upstream approach of Toll Plaza[J]. Accident Analysis & Prevention, 2020, 141: 105539.

[7] Liu Z Y, He J, Zhang C J, et al. Optimal off-ramp terminal locating strategy based on traffic safety and efficiency[J]. Transportation Letters, 2020: 1-12.

[8] Liu Z Y, He J, Zhang C, et al. The impact of road alignment characteristics on different types of traffic accidents[J]. Journal of Transportation Safety & Security, 2020, 12(5): 697-726.

[9] Xing L, He J, Abdel-Aty M, et al. Examining traffic conflicts of up stream toll plaza area using vehicles' trajectory data[J]. Accident Analysis & Prevention, 2019, 125: 174-187.

[10] He J, Wang Z R, King M, et al. Research on prediction methods for motor vehicle driver training demand based on an S-curve[J]. Transportation Research Part F: Traffic Psychology and Behaviour, 2018, 58: 831-842.

[11] Li P Q, He J. Geometric design safety estimation based on tire-road side friction[J]. Transportation Research Part C: Emerging Technologies, 2016, 63: 114-125.

本书是在总结梳理上述研究成果的基础上,吸收借鉴国内外学者在相关研究领域的优秀成果,并结合大量实验,最终形成的一套科学完整、内容翔实的方法论知识体系。

1.4 内容和体系结构

1.4.1 主要内容

本书的主要研究内容如下：

第一章"绪论"：围绕宏观背景介绍了本书的研究基础、主要内容、研究目的、理论贡献、实践意义以及撰写的支撑条件，是本书的纲领性章节。

第二章"基于标准和规范的安全审计法"：围绕道路安全审计的概念、起源、发展、目的、意义和应用等不同侧面，全面介绍了道路安全审计法在交通安全领域的优势和独特性。

第三章"基于历史事故数据和参数模型的分析方法"：通过分析事故发生的规律，挖掘事故发生的内在原因，进而基于历史事故数据进行参数建模，研究并制定尽可能降低事故风险的相关措施。

第四章"基于历史事故数据和非参数模型的分析方法"：介绍了在数据爆炸的时代环境下，参数模型在实际应用中的限制；进一步分析了以数据驱动为代表的非参数模型的广阔应用前景，从基本概念、模型分类、应用步骤和实例分析四个角度详细阐述了基于历史事故数据的非参数模型分析方法。

第五章"基于人—车—路—环境复杂系统联合仿真的分析方法"：介绍了多体动力学仿真在道路交通安全领域的应用现状和前景，然后以ADAMS软件为依托，详细分析了驾驶员模型、多自由度车辆模型、数字化三维道路模型、环境风模型的理论原理和构建步骤，以及人—车—路—环境复杂系统的一体化仿真建模思路。

第六章"基于交通流仿真的道路交通安全评价方法"：阐述了交通流仿真技术在交通安全分析中的重要作用，介绍了常用的仿真软件和安全评价模型，并结合具体实例展示了基于该技术进行道路安全评价的具体步骤。

第七章"基于驾驶模拟器的交通安全分析方法"：详细分析了驾驶模拟器的国内外发展概况，以及在道路交通安全领域的研究现状和应用前景。

第八章"基于车辆微观动力学参数的交通安全分析"：介绍了车辆微观动力学参数的概念，展示了车辆微观动力学参数在事故分析中的作用和独特优势。

第九章"基于视频的车辆轨迹提取与交通冲突分析"：先进的视频追踪技术为道路交通安全分析提供了海量的视频资源，本章介绍了基于无人拍摄数据的车辆轨迹提取和追踪的优化算法，并将其与交通冲突分析相结合，实现对特定道路节点的安全评价。

第十章"基于视频的驾驶员姿态实时识别与行为评价方法"：介绍了基于车载视频设备和计算机智能终端的驾驶员姿态实时识别与安全行为评价的相关内容，包括驾驶员姿态检测的研究现状、社会需求、具体算法和实例应用四个方面,具体解决了应用场景有限、叠加性姿态检测盲区和考虑驾驶姿态特征不足等三大应用难题。

第十一章"基于事故替代指标的交通安全分析法":本章面向事故替代技术的概念、指标种类、研究现状和提取方法等侧面,详细介绍了基于事故替代指标的交通安全分析法的属性优势和功能优势,并结合实例给出了从大规模驾驶数据中快速搜寻并准确标定事故替代指标的方法。

1.4.2 体系结构

本书的体系框架如图1-3所示。在内容上采取"1—5—10"的总—分的结构,具体来说,是指以1个纲领性的"绪论"为出发点,扩展出本书涉及的5个大类、10个小类的道路交通安全分析理论与方法,其中5个大类分别指基于主观经验的分析理论与方法、基于历史事故数据的分析理论与方法、基于实验的分析理论与方法、基于驾驶数据的分析理论与方法和基于替代技术的分析理论与方法;10个小类分别对应第二章至第十一章。在逻辑上,每章的组织按照背景牵引理论、理论引导实践的架构由浅入深地向读者展示了每个方法的适用场景、优势缺陷、应用步骤与结果解读,方便读者领悟每个方法的要点,从而在本书内容的基础上形成一个符合自我认知的完整的道路交通安全方法论体系。但考虑到的逻辑性和通用性,一些更为细致的原理介绍和研究成果没有涉及,想要更加深入了解本书相关内容的读者,建议参考1.3节的"项目和成果支撑"中的报告及论文。

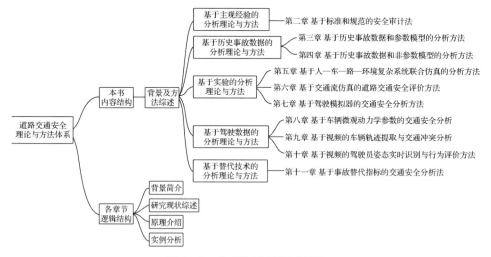

图1-3 本书体系框架示意图

参考文献

[1] World Health Organization. Global status report on road safety 2018[R]. Geneva：WHO，2018.

[2] 孟祥海. 道路交通安全技术与实践案例[M]. 北京：人民交通出版社，2017.

[3] Oh H U, Mun S. Design speed based reliability index model for roadway safety evaluation[J]. KSCE Journal of Civil Engineering，2012，16(5)：845-854.

[4] 巴布可夫. 道路条件与交通安全[M]. 景天然，译. 上海：同济大学出版社，1990.

[5] 方守恩，郭忠印，杨轸. 公路交通事故多发位置鉴别新方法[J]. 交通运输工程学报，2001，1(1)：90-94.

[6] Perkins S R, Harris J I. Traffic conflict characteristics—accident potential at intersections[C]//Highway Research Record 225，HRB, National Research Council, Washington, D. C. , 1968：35-43.

[7] Hauer E. Traffic conflicts and exposure[J]. Accident Analysis & Prevention，1982，14(5)：359-364.

[8] Dingus T A, Klauer S G, Neale V L, et al. The 100-car naturalistic driving study, Phase II-results of the 100-car field experiment(No. DOT-HS-810-593)[R]. Department of Transportation. National Highway Traffic Safety Administration，2006.

[9] Molnar L J, Eby D W, Bogard S E, et al. Using naturalistic driving data to better understand the driving exposure and patterns of older drivers[J]. Traffic Injury Prevention，2018，19(1)：S83-S88.

[10] VISSIM 交通流仿真软件，自动驾驶技术的训练场[EB/OL]. (2021-02-02)[2021-08-15]. https://www. sohu. com/a/448332625_560178.

[11] 韩光辉，陈笑蓉，俞洋，等. 基于 SUMO 平台的微观交通仿真研究[J]. 计算机工程与科学，2012，34(7)：195-198.

[12] 傅秀通. 专家级动力学分析软件：SIMPACK[J]. CAD/CAM 与制造业信息化，2004(3)：69-70.

[13] 李欣. 基于驾驶模拟器对道路的安全评价研究[D]. 昆明：昆明理工大学，2005.

[14] 唐新蓬. 汽车驾驶模拟装置[J]. 世界汽车，1998(4)：12-14.

第二章
基于标准和规范的安全审计法

道路安全审计(RSA)是道路交通安全领域基本的传统理论,指从使用者行车安全的角度出发,对设计阶段、通车后的公路及城市道路的行车安全潜在影响因素进行评价的方法,可有效排查事故黑点、提升道路安全设计水平。现阶段,道路安全审计已在全球范围内普及,并在数个道路工程项目中得到成功运用,对缓解当前严峻的道路安全形势起到了举足轻重的作用。本章将围绕道路安全审计的概念、起源、发展、目的、意义和应用等,对其进行深入剖析,以全面介绍道路安全审计这一方法的优势和独特性。

2.1 道路安全审计基础

1. 道路安全审计的概念

道路安全审计(RSA)是指由具备安全审计资格的人员依据客观设计标准或规范,结合自身的专业知识和审计经验,对现有道路、规划道路、交通工程及与道路使用者相关的工程进行独立地安全核查,分析工程中存在的安全隐患,提出消除或弱化安全隐患的保障措施,并给出翔实的安全审计报告,以确保工程的规划、设计、施工各个阶段技术合理、经济可行、安全可靠,是一种正式的、以主动安全为主的交通安全审查工作。负责开展安全审计工作的人员,须与目标工程及其设计单位无关,且须具备多学科、多层次的教育背景,以确保审计报告的全面性和客观性,这也是道路安全审计与其他一般性的道路安全检查的根本区别。

目前,还有一些概念与道路安全审计相似,例如道路安全审查、交通安全审查,以及核查、预审、核验等,但它们在内涵和实际应用中与道路安全审计基本一致,因此本书统一使用"道路安全审计"这一名称。

2. 道路安全审计的发展

RSA 产生于 20 世纪 80 年代,英格兰南部某郡出台了一项政策,政策要求郡内所有新建道路的设计文件都要在施工前经过安全检查和批准,未获得"安全许可"的项目不准予施工。1990 年,英国公路交通运输协会出版了第一版《道路安全审计手册》,标志着 RSA 正式成为官方认可的道路安全主动预防办法,该手册的颁布也为 RSA 工作流程的标准化奠定了基础。步入 21 世纪以来,欧洲各国也逐步建立起了相对完善的 RSA 机制,一些国家还将其视为强制性的工程程序,并设立了相关法律保障 RSA 工作的规范开展,如德国、荷兰,但在大部分国家 RSA 仍为非强制性的工程建议程序。

澳大利亚和新西兰也是较早开展 RSA 工作的国家,并分别于 1993 年和 1994 年出版了《道路安全审计指南》,目前新西兰已经在全国各等级路网中推广了 RSA,而澳大利亚仅在国道范围内实行。美国于 1996 年派遣考察团奔赴澳洲,以实地考察 RSA 的实际效益和应用价值,在这一过程中开始逐渐意识到 RSA 的积极作用,在考察团的促动下,美国于 1998 年开始实施道路安全审计试点项目;到了 2004 年,已有 13 个州在道路安全管理工作中明确了RSA的重要地位。加拿大于1998年开始关注RSA,1999年新布伦瑞克大学发布了道路安全审计文件,这一文件详细阐明了新布伦瑞克省开展RSA的实践经验和成果效益,2001年加拿大成功颁布了《道路安全审计指南》[1]。

我国引进RSA这一安全理念的时间较晚,2004年由交通部主持颁布的《公路项目安全性评价指南》(JTG/T B05—2004)才象征着RSA正式在我国确立。2015年,交通运输部在此基础上进一步修订了中华人民共和国行业标准《公路项目安全性评价规范》(JTG B05—2015),构建起了适用于我国地域特色的强制性RSA工程标准化体系。目前,我国的RSA可用于高速公路、一级公路、二级公路和三级公路的工程可行性研究阶段、设计阶段、施工阶段、交工试运营阶段和后评价阶段。

我国在开展RSA工作时主要依据现有的各类设计标准,评价内容包括总体评价、路线安全性评价、桥梁安全性评价、互通式立体交叉安全性评价、平面交叉安全性评价、隧道安全性评价、路基路面安全性评价、运行速度协调性评价等。在不同的阶段,RSA的评价内容具有不同的侧重点[2](见表2-1)。

表2-1 我国道路安全审计的阶段划分

审计阶段	主要内容和侧重点
可行性研究阶段	在可行性研究阶段提出的安全审计建议,主要关注诸如设计标准、路径选择以及与现有相邻路网的连续性等基本问题
初步设计阶段	在初步设计阶段进行的安全审计,主要审查水平和纵向线形、横断面和交叉路口设计等方面的问题。在初步设计阶段进行仔细的安全审计,有助于减少后期审计中可能产生的变更,降低附加成本和时间的损失
深化设计阶段	此审计阶段是在深化道路设计(终稿)完成之后以及文件合同编写之前进行。主要包括几何布局、标示和路线标识、信号灯、照明、交叉口细节、路边安全措施、弱势道路使用者的保护设施等内容。在道路通行前的审计阶段,可能会发现一些必要的更改,因此,在本审计阶段,注重细节能够极大地减少此类变更所带来的成本花费与干扰
道路施工阶段	此审计阶段会检查道路项目在各个施工阶段的交通管理计划和施工期间工地的道路安全性。主要包括足够长的过渡区、足够数量的反光标示、安全的路线标识设备、可靠的速度限制、临时的防撞护栏、照明、改道设施等
交工试运营阶段	审计组应在新建道路上驾车、骑行或在路面上行走(视情况而定),确保所有道路使用者的安全需求均得到了满足。在这个阶段,夜间检查尤为重要。主要检查标示、路线标识、照明以及其他与夜间和低亮度道路使用有关的问题
现有道路后评价阶段	有些道路管理部门会依据准则和规范对现有道路和公路进行道路安全审计(通常称为道路安全检查),用这种方法识别出高风险地点,从而采取补救措施。在缺乏事故数据或数据不准确的国家,道路安全检查是能够发挥作用的。通过这种方法,道路管理部门能够识别出事故高发地

3. 道路安全审计的目的和意义

开展RSA的目的可概括为4个"最大限度":最大限度地降低交通事故的风险,最大限度地降低交通事故的严重程度,最大限度地提高项目工程的经济性,最大限度地提高道路规划、设计、施工和养护人员对安全道路工程原则的意识。全面普及并推进 RSA 的发展是十分有必要的,它的意义体现在以下 4 个方面:

① 可以有针对性地消除安全隐患,降低事故频次和事故严重程度。对目标项目的特定环节、特定侧面开展专项安全审计,能够最大限度地消除或弱化可能出现的安全风险。

② 可以更全面地分析安全影响因素。在传统的设计规程之外附加 RSA,可以专门针对道路交通安全进行深入的探讨和研究;在专业知识和经验的基础上,有依据地充分设想所有可能导致安全隐患的因素,并增加对道路各种设施之间适配性和动态性的考虑。

③ 对道路规划部门和设计部门安全意识的提高具有积极的反馈作用。公路工程师可以通过确保道路安全在设计过程中处于高度优先的地位,从而大大提高道路的安全性。除此之外,在他们努力增加道路设计的安全性的同时,还可能找出现有标准中存在的漏洞(过时的规范或不合理的条例),从而推进我国道路安全标准体系的健康发展。

④ 可以从减少安全隐患的角度大幅度提升社会效益和经济效益,降低道路项目的"全生命周期"成本。这点从英国、丹麦、澳大利亚等的案例中可见一斑[2]。英国萨里郡议会把经过审计和未经过审计的方案样本事故的前后统计数据进行了比较,发现经过审计的方案平均每年减少了 1.25 起伤亡事故,相比之下,未经审计的方案平均每年仅减少了 0.25 起伤亡事故。换言之,经过审计的项目在减少伤亡事故方面的效果是未经审计项目的 5 倍。英国的一项研究把在设计阶段就采纳 RSA 建议的花费与在项目建成后再做出修补完善的花费进行了比较,发现前者平均能给每个存在问题的环节节省约 2.2 万美金。在丹麦进行的一项评价研究中,对 13 个经 RSA 的项目进行了成本效益分析,发现 RSA 可以大幅减少在交通事故方面的支出,且第一年的效益回报率高达 146%。澳大利亚的一项研究表明,在道路项目的设计阶段开展的审计,其平均的效益与成本比是 36∶1,对现有道路进行审计的平均效益与成本比是 6∶1。

但目前来看,我国的道路安全审计仍然对标准和规范的依赖性过重,很少对那些标准是否真的适合道路的安全需要进行判定,且还未出台针对城市道路的指南或规范。尽管我国的道路安全审计工作仍有很长的路要走,但基于标准和规范的道路安全评价仍然可以对降低事故风险、提高居民出行体验、改善相关部门的社会形象具有重大意义。

2.2　公路设计与交通安全

公路交通事故的发生一般与多种因素相关,不应该把所有事故原因都归咎于道路使用者。研究表明,有 28% 的交通事故是由道路环境因素导致的,高达 50%～60% 的道路交通事故与道路条件有直接关系[3],同时很多"问题道路"还会恶化交通事故的严重程度。究其原因,大多是道路线形组合和设计不佳,对于驾驶员来说,这在某种程度上会导致驾驶员产生由行驶条件不适而引起的心理紧张感，导致交通事故的发生。因此，在道路设计过程中，设计人员不应该忽视公路安全设计对道路安全造成的影响。

2.2.1 不利线形对交通安全的影响

公路线形设计的连贯性、均匀性和渐变性要求可以为行车安全提供道路安全保障。总的来看，以下几种不利的道路条件可能会给驾驶员带来心理紧张感或行车困难的条件：

1. 在顺畅的线形上道路条件突然变坏

这种组合包括如顺直路段前出现隘口或窄桥，长下坡路段前出现急弯等情况。在这些情况下，由于驾驶员在之前的长距离舒适驾驶状态下产生的松懈，或是由于连续下坡的加速作用，驾驶员以较高速度临近危险地点而不减速，道路条件变化时驾驶员没有及时改变行驶状态，事故往往产生。当前面出现急转弯时，驾驶员需要较大的力气旋转车轮，并以较大的角速度转弯，这些都为驾驶员工作增加困难，并且汽车转向时拥有的时间有限，往往就会引起交通事故。在公路路线设计方面，这种情况往往具体体现在直线路段过长或坡道过长等线形特征。

2. 由圆曲线半径过小和竖曲线半径过小导致的视距不足，视野不畅

弯道内侧的边坡阻挡、绿化过量，以及凸形竖曲线与平曲线配合不当，都会造成视距不足或视野不畅。纵断面上引起的视距不足往往容易被忽视，它较平曲线上的视距不足更容易引起交通事故。如果在前视方向不能看到纵断面线形上的凹处，只有在最后靠近该凹处时才能看见在凹处的汽车或其他特殊实物，则常会造成驾驶员措手不及。同样，平面曲线中若存在弯道视线受限的情况，也容易让驾驶员在进入弯道时做出突然减速或转向等驾驶行为。在公路路线设计方面，以上情况常表现为圆曲线半径过小、竖曲线半径过小等线形特征。

3. 容易使驾驶员迷失方向或被某些假象所迷惑的线形组合

由于不适宜的交通岛或高出路面的路缘石、挡土墙等沿路设施，驾驶员无法看到清晰导向的路面上的路缘带，如沿线护栏不规则、中央分隔带的突然变化等。这些情况在设计时可以在连续的透视图上通过仔细观察被发现，对凡是容易迷惑驾驶员的任何因素都应予以改进。竖曲线和平曲线的组合不当往往也会成为某些假象而迷惑驾驶员，例如，在凸形竖曲线的顶部设反向平曲线的拐点，线形将失去引导视线的作用，除了有挖方边坡情况外，驾驶员犹如行车闯入空中一样，感到不安，而且到达顶点附近才发现线形向相反方向转弯，此时急打方向盘往往会造成危险。

以上为不利线形对安全驾驶的宏观性影响，接下来本书将围绕基本概念、设计标准和计算依据等安全细节进行微观层面的介绍[4]。

1. 平曲线对交通安全的影响

平曲线可分为直线、圆曲线、缓和曲线三种。道路一般以曲线为主，再连以缓和曲线或直线，使路线顺畅，满足安全行车的要求。

（1）直线对交通安全的影响

直线是道路平面线形的基本要素之一，具有方向明确、布设方便、视野开阔、超车视距大、距离最短的特点，在线形设计中使用频率很高。但就直线与道路交通安全之间的关系而言，一般来说，直线过长或过短都会使交通事故率偏高。圆曲线之间直线长度过短会造成线形组合生硬、视觉上不连续等问题，使得驾驶员转弯操作频繁、工作强度大，容易诱发交通事故。过长的直线段易使驾驶员因公路线形单调而容易诱发驾驶疲劳，导致注意力分散、反应迟缓，一旦遇见紧急情况，常因措手不及而发生交通事故。另外，驾驶员在长直线路段容易开快车，致使车辆在进入直线路段末段后的曲线部分的速度仍然比较高，若遇到弯道超高不足或其他偶然因素干扰，往往导致车辆倾覆或其他类型的交通事故。

因此在进行设计时，应避免过多长的直线，如能将直线与曲线恰当组合，则将提高道路的行驶质量。如在日本东京高速公路上直线段仅占 4%；罗马尼亚高速公路直线段约占 3%；我国的沪宁高速公路，全路曲线成分占多数，沈大高速公路曲线长度占整个线路的 60%。

我国《公路工程技术标准》（JTG B01—2014）规定直线的最大与最小长度应有所限制，同时规定对直线段与相邻曲线段上的车速差超过 20 km/h 的最小直线段长度应予调整。

美国联邦公路管理局（FHWA）的公路安全信息系统（HSIS）对公路平曲线和直线长度的安全性关系数据进行研究，分析发生在平曲线上的事故率是否随邻接直线长度的增加而增加以及其影响随平曲线半径的不同而变化的情况，在分析研究过程中，对研究数据按平曲线半径和邻接直线长度进行分类，如表 2-2 所示：

表 2-2 平曲线半径和邻接直线长度分类

平曲线半径分类	范围/m	邻接直线长度分类	取值/m
R_1	$0<R\leqslant 200$	T_1	$0<T\leqslant 150$
R_2	$200<R\leqslant 340$	T_2	$150<T\leqslant 300$
R_3	$340<R\leqslant 500$	T_3	$300<T\leqslant 500$
R_4	$500<R\leqslant 880$	T_4	$500<T\leqslant 1\,200$
R_5	$R>880$	T_5	$1\,200<T\leqslant 2\,400$

图 2-1 表示了在各个半径分类下不同邻接直线长度对应的百万车年事故率。从图 2-1 中可以看出，半径在 200 m 以内，邻接直线长度在 300～500 m 的平曲线的事故率比其他曲

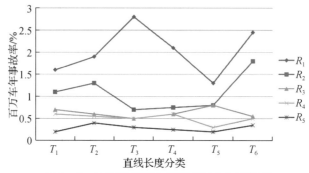

图 2-1 按直线长度分类的百万车年事故率

线高约 0.5 个百分点;半径在 200～340 m 范围内,邻接直线长度在 150～300 m 的平曲线的百万车年事故率比其他曲线高约 1 个百分点。

(2) 平曲线半径对交通安全的影响

大量的事故数据资料显示,平曲线与道路安全关系重大。发生在平曲线上的事故率是直线的 1.5～4 倍,而且事故程度较直线更为严重,有 25%～30% 的致死事故在曲线上发生,一般在进入和驶出曲线时驾驶员最容易产生诱发事故的错误操作。

采用动态 GPS 仪现场测试高速公路上车辆行驶的动态速度,并与高速公路各种平曲线半径相对照得出的结论是:在绝大部分不同半径的弯道上,驾驶员的行驶车速都高于设计车速,且以 1 000 m 为界,当半径小于 1 000 m 时,半径越小,驾驶员的行车速度就比对应的设计车速大得越多;当半径大于 1 000 m 时,驾驶员的行车速度随半径的增大缓慢地增加,但与设计车速的差值明显变小。

道路随着曲线半径的减小,事故率呈增加趋势。汽车在曲线路段上行驶时,将产生离心力,出于离心力作用,汽车将产生侧向滑移,车辆在曲线上稳定行驶的必要条件是横向力系数要小于路面与轮胎之间的横向摩阻系数。因此曲线半径值的确定与汽车行驶的横向稳定性(滑移、倾覆)息息相关,其最小值的设定主要综合以下 3 方面的考量:

① 汽车在弯道外侧行驶时所受的离心力和车重在平行于路面方向的分力等于横向力;

② 以不超过由轮胎与路面间的横向附着力所能承受的程度为限;

③ 考虑乘车人员是否舒适。

圆曲线最小半径值按式(2-1)计算:

$$R_{最小半径} = \frac{v^2}{127(\mu+i)} \tag{2-1}$$

式中:R——曲线半径(m);

v——设计车速(m/s);

μ——横向力系数;

i——路面横向坡度。

在指定设计车速 v 的情况下,最小半径的绝对值取决于 $\mu+i$,i 值过大弯道上的车辆有沿着路面最大合成坡度向下滑动的危险;μ 值过大,车辆行驶不稳定,在弯道上易发生交通事故。

在我国《公路工程技术标准》(JTG B01—2014)和《公路路线设计规范》(JTG D20—2017)中,圆曲线半径值依据车辆行驶的横向稳定性确定,其最小值以车辆在弯道处行驶时所产生的离心力等于横向力、不超过由轮胎与路面间的摩擦力所能承受的程度为限,并考虑乘车人员是否舒适综合确定;设计时半径值不能小于圆曲线最小半径,且应尽量采用大半径曲线,但最大半径不宜超过 10 000 m。

(3) 平曲线长度对交通安全的影响

公路的平曲线一般情况下应具有设置回旋线(或超高、加宽缓和段)和一段圆曲线。若曲线过短,司机操作方向盘频繁,在高速驾驶的情况下是危险的;同时,若不设置足够长度的曲线使离心加速度变化率小于一定数值,从乘客心理状况来看也是不好的;当曲线转角在 7°

以下时,曲线长度就显得比实际短,而且会引起曲线半径很小的错觉。确定平曲线的最小长度应按以下几个方面考虑:

① 曲线过短、司机操作困难。根据经验至少要有 6 s 的行驶时间。因此,平曲线最小长度为:

$$L_{min}=vt=\left(\frac{v}{3.6}\right)\times 6=1.67v \qquad (2-2)$$

式中:L_{min}——平曲线最小长度(m);
　　　v——车速(km/h);
　　　t——行驶时间(s)。

当受条件限制时,汽车在圆曲线行驶至少要有 3 s 的时间。

② 满足离心加速度变化率所要求的曲线长度。当平曲线由两个缓和曲线组成时,按离心加速度允许变化率确定。

$$L=2vt=0.072\frac{v^2}{R} \qquad (2-3)$$

式中:L——平曲线最小长度(m);
　　　v——车速(km/h);
　　　t——行驶时间(s);
　　　R——圆曲线半径(m)。

③ 视觉的要求。当曲线转角 α<7°时,容易产生错觉,即不易识别出曲线,并会误认为比实际曲线长度要短,应采用较长的曲线。

2. 纵断面对交通安全的影响

(1) 纵坡对交通安全的影响

纵坡度是与交通安全紧密相关的因素,道路纵坡过陡,上坡时需克服坡阻力和其他行车阻力而使牵引力消耗增加,导致车速会降低;而下坡时为克服下滑加速度又需频繁刹车,制动器容易发热失灵而引起交通事故,特别是雨天或有冰雪时,更有滑溜的危险。

从各国的交通事故统计看出,在有坡度的公路上交通事故非常多。德国学者比滋鲁调查了本国高速公路的坡度与交通事故率的关系,认为坡度越陡,事故率就越大,当坡度大于 4%时,事故率便急剧上升,如表 2-3 所示。

表 2-3　德国高速公路纵坡坡度与交通事故率的关系表

坡度/%	0~1.99	2~3.99	4~5.99	6~8.00
交通事故率(次/亿车公里)	46.5	67.2	190	210.5

根据对我国部分高速公路纵坡的调查资料显示:平原区高速公路纵坡均较小,在不存在排水问题的情况下,无显著影响;对于山岭重丘区和微丘区,纵坡是影响行车性能,特别是货车性能的重要因素。一般认为,纵坡<3%时对小车影响不大,但是当纵坡>3%时,交通事故率显著增加。坡度过长过陡是引起事故多发的原因之一。由机械原理可知,长距离的陡

坡对车辆行驶不利,低挡长时间爬坡会引起发动机过热、功率下降;下坡经常使用制动器,制动鼓温度升高,制动效能降低,影响安全。

(2) 坡长对交通安全的影响

由于各种汽车构造、性能、功率不同,它们爬坡能力也不一样,长大纵坡对载重汽车行驶很不利,所以有必要考虑道路坡长对交通安全的影响。主要表现在:

① 长陡坡对车辆的影响。若陡坡过长,爬坡时会使汽车水箱出现沸腾、汽阻,导致行车缓慢无力,甚至发动机熄火;长陡坡下行时,由于需长时间减速、制动,也会造成制动器发热或烧坏,从而导致交通事故。

② 长陡坡对驾驶员的影响。过长纵坡,易使驾驶员对坡度判断失误。如长而陡的下坡路段连接一段较平缓的下坡时,驾驶员会误认为下一路段坡度为上坡,从而采取加速行驶的错误操作。另外,长陡坡造成加速度或减速度的积累,使车速过高或过低而诱发事故。

事实上,影响最大坡长的因素很多,比如海拔高度、装载、油门开启程度、滚动阻力系数及挡位等。要从理论上确切计算由希望速度到允许速度的最大坡长是困难的,必须结合试验调查资料综合研究确定。

(3) 竖曲线对交通安全的影响

竖曲线主要是为了实现变坡点坡度变化的过渡曲线,包括凸曲线和凹曲线两种。竖曲线半径的大小,将直接影响过渡效果的好坏,对道路交通安全有着一定的影响。竖曲线半径值对交通安全的影响主要体现在:

① 对行车视距产生影响。纵断面的视距是通过设置竖曲线来实现的,其大小取决于竖曲线半径。凸形竖曲线半径除了满足行车安全、舒适外,还应满足行车视距的要求。半径越大,提供的行车视距就越大,如图2-2和图2-3所示小半径竖曲线往往不能满足视距要求。小半径竖曲线易造成平、纵组合不合理而使视线不连续。当为凸曲线时,会使驾驶员产生悬空的感觉失去行驶方向;在凹曲线上,夜晚易造成视距不足,尤其是对重型车辆情况更为严重,因为其驾驶员视线高于客车驾驶员。

图2-2 凸曲线视距不足

图2-3 凹曲线视距不足

② 凹型竖曲线过小还会引起离心加速度过大及排水问题,如果排水设施不足,而且凹曲线是位于平曲线的超高过渡段,这种积水情况会更加严重;凸型竖曲线太小还会引起跳车,这些都是不安全因素。

③ 竖曲线既要保证有足够大的半径,还要保证有足够的长度。因为当坡差很小时,计算得到的竖曲线长度往往很短,在这种曲线上行车时会给驾驶员一种急促的折曲感觉。因此,应限制汽车在凸形竖曲线上的行程时间不过短。《公路工程技术标准》(JTG B01—2014)中规定满足3 s行程,即:

$$L_{\min}=\frac{v}{1.2} \qquad (2-4)$$

式中：$L_{\min}$——竖曲线最小长度(km)；
v——道路设计时速(km/h)。

在凹形竖曲线中，竖曲线的长度与坡差有关，即：

$$L_{\min}=R_{\min}\omega \qquad (2-5)$$

式中：$L_{\min}$——竖曲线最小长度(km)；
ω——坡度差(rad)；
$R_{\min}$——竖曲线最小半径(km)。

平曲线与竖曲线应相互重合，且平曲线应稍长于竖曲线，最好使竖曲线的起终点分别放在平曲线的两个缓和曲线内，即所谓的"平包竖"。根据德国计算统计，若平曲线半径小于1 000 m，竖曲线半径应为平曲线半径的10～20倍。

3. 平纵线形组合对交通安全的影响

道路交通安全的可靠性不仅与道路的平竖线形、纵坡度大小有关，还与道路设计时选定的几何线形之间的组合是否协调密切相关。平面线形与纵断面线形的组合，不仅应满足汽车动力学的要求，而且应充分考虑驾驶员在视觉、心理上的要求，避免产生扭曲、错觉和不良心理反应。对于道路而言，任何路段在设计时就所选用的每一种线形单独来讲，一般都符合设计规范，但多种线形组合在一起，其整体效果是否满足道路交通安全，则需针对具体路段进行分析评价。目前，我国道路在设计、修建过程中因受资金的限制不满足道路交通安全的道路几何线形组合的路段还比较多，这些路段的几何线形组合具体表现为：

（1）小半径的平曲线与竖曲线组合

在凸形竖曲线的顶部插入急转弯的平曲线，会因视线小于停车视距而导致急打方向盘。若凹形竖曲线底部插入小半径的平曲线，便会出现汽车高速行驶时急转弯，容易引起交通事故。

（2）急弯与陡坡的不利组合

德国的比鲁兹通过高速公路事故统计资料证实了急弯与陡坡的不利组合会使事故率剧增，如图2-4所示，在道路上，曲线半径越大所对应的交通事故率越小，同一曲线半径下纵坡坡度越小，交通事故率越小。

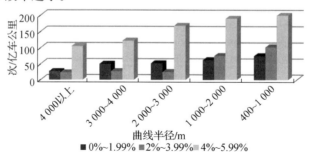

图2-4 不同弯道与坡度组合的路段与交通事故率的关系

（3）凸形竖曲线的顶部或凹形竖曲线的底部与反向平曲线的拐点重合

二者都存在不同程度的扭曲外观。前者不能正确引导视线,会造成驾驶员操作失误;后者虽无视线诱导问题,但路面排水困难,易产生积水,雨水不但使路面抗滑性能下降,雨水及飞起的溅水和水雾还会降低能见度,造成夜间行车车灯眩目,危及行车安全。

交通安全的实践表明,不良的线形组合会导致交通事故明显增加,因而上述线形组合应尽量避免。优良的道路几何线形组合设计应为:宽阔连续的视野能使驾驶员自觉地保持随时对车辆行驶状态进行及时调整,并为驾驶员在遇到紧急情况时采取安全措施赢得时间。

2.2.2 视距对交通安全的影响

在公路设计中,行车视距是一项综合性指标,它与公路的平面、纵断面、横断面及景观设计有非常密切的关系。为了保证行车安全,司机在行车时,需要随时都能看到公路前方的一定距离,以便发现障碍物或对前车采取停车、避让、错车或超车等措施。为完成这些操作过程所必需的、最短时间内的汽车行驶路程称为行车视距。行车视距 S 包括停车视距 S_t、超车视距 S_c、会车视距 S_h、识别视距 S_s。其中停车视距 S_t 为:

$$S_t = S_1 + S_2 + S_3 = \frac{v}{3.6}t + \frac{1}{2gf}\left[\frac{v}{3.6}\right]^2 + S_3 \quad (2-6)$$

式中:S_1——司机的反应距离(m);

S_2——制动距离(m);

S_3——安全距离,一般取 5 m～10 m;

v——行车速度(km/h);

t——司机反应时间,一般 t 取 2.5 s;

g——重力加速度,取 9.8 m/s²;

f——轮胎与路面的纵向摩擦系数。

会车视距 S_h 不小于停车视距的两倍($S_h \geqslant 2S_t$),超车视距 S_c 分为全超车视距和最小超车视距,公路互通式立交、避险车道、爬坡车道、停车区、服务区等各类出入口区域应满足识别视距 S_s 要求。

平面设计中行车视距的保证主要取决于平曲线半径的大小。当平曲线半径大到足以保证行车视距时,从行车道中心线到障碍物边缘的侧向距离为保证行车视距时的净空限界,该平曲线半径称为临界半径。临界半径 R 与横净距 h、行车视距 S 的关系如下:

$$R = S^2/(8h) \quad (2-7)$$

式中:R——临界半径(km);

S——行车视距(km);

h——横净距(km)。

视距问题是导致交通安全事故的主要原因之一,国外的研究成果表明,8%～10%的交通事故与视距不足有关,并且进一步的研究成果表明,在视距不足的曲线段事故率远高于其他曲线段。

我国现行的线形设计中,对于视距的考虑在纵断面上是能够得到保证的,而对平曲线上视距的考虑尚未引起足够的重视,特别是当平曲线半径较小时,中央分隔带上的防眩物可能引起曲线内侧左侧行车道停车视距的不足。研究表明,改善平曲线路段的视距对于改善道路安全具有较高的技术经济效益,清除平曲线内侧影响视距的障碍物等措施对于改善所有类型公路的安全性均有效,费用也较低;平曲线内侧视距对于重车和长车的安全特别重要,因为它们制动困难,要保证其安全行驶必须为其预留足够的制动视距。

视距问题从本质来说,依赖于平、纵线形,具有三维的性质。随着计算机技术的发展,设计人员可以通过建立三维模型绘制透视图来检验视距,这种方法较直观,能为设计人员提供决策依据,但仍然没有上升到定量高度;尽管我国的标准、规范对于视距的大小是根据车辆安全推导的,但实际上关于视距与公路安全的关系并没有定量的结论,通常只是认为增大视距可以提高行车的安全性。另外,视距的取值还会影响公路的造价、环境及其他几何元素的取值。因此,如何使视距的取值达到经济与安全的最佳结合点是值得研究的一个问题。

汽车高速行驶时,司机是通过视觉、运动感觉和随时间变化的感觉来判断线形的。车前的视野和视距对车辆在公路上安全而有效地运行极为重要。速度和行车路线的选择,取决于驾驶员所能看清的前方公路状况及其周围的瞬时环境,并需要有足够远的视距,以便在紧急状态时能及时停车和避开危险。可见,足够的视距和清晰的视野,不仅可以保证安全行车,还可以增强司乘人员视觉心理上的安全感和舒适感。

汽车行驶时驾驶员是通过视觉和运动感来感知立体线形的,视觉是联系公路与汽车的重要媒介。85%以上的公路线形、周围景观、标志表现以及其他与公路有关的信息,都是通过视觉来提供的,因此视距是确保道路行车安全的重要因素之一。在平曲线与竖曲线上超车时,视距不足常常是引起交通事故主要原因,见表 2-4。

表 2-4 视距受限次数与事故数的关系

每公里受限次数	0.5	1	1.5	2	3
事故数/(次·百万公里$^{-1}$)	2.19	2.56	2.37	2	1.75

2.2.3 横断面参数对交通安全的影响

横断面几何要素的宽度将直接影响驾驶员的驾驶行为以及判断与其他车辆或其他道路使用者横向安全距离的能力,因此,横断面要素的宽度对公路安全性较为重要。在我国的道路规范设计中,对不同等级道路的横断面作了相应的要求。

1. 行车道宽度

大多数的研究表明,对双车道公路,随着车道宽度的增加,事故率随之下降,然而,这种增加是有一定限度的,具体表现为:当行车道宽度由 3.5 m 增加到 7 m 时,事故率下降明显,而当行车道宽度大于 7 m 时,再增加车道宽度对事故率影响不大。美国的研究表明,当车道宽度在 3.35 m 到 3.65 m 之间时,车道宽度的增加对事故率影响不大。当交通量不大、车道宽度大于 3.65 m 时,随着车道宽度的增加事故率会减少,但减少幅度不大。进一步的研究表明,车辆通常需要一个极限宽度来保持正常行驶,然而车道宽度大于极限宽度时,驾驶员可以加速行驶并感觉到更加安全。以车道宽度在 3.3 m 至 3.8 m 为标准宽度,当车道宽度减小 1 m 时,车速大约会降低 5.7 km/h。因此,如何选择合适的车道宽度,对车辆能否安全、迅速、舒适的行驶关系重大。

一般情况下,车道设计宽度如果太小就会引起交通堵塞和车辆相碰事故;若太宽,又容易诱发违法超车引起安全事故。美国在车道宽度与交通事故关系方面的研究结果表明,公路在极限最小宽度时,车道加宽对事故的降低作用是明显的,见表 2-5。

表 2-5 车道宽度与交通事故

车道宽度增加/m	交通事故降低/%	车道宽度增加/m	交通事故降低/%
0.3	12	0.9	32
0.6	23	1.2	40

但据统计资料表明,过宽的车道也是不安全的,我国有不少二级公路平丘地区的路面宽度大到 9 m~10 m,虽可并行三辆车却仅划分两个车道,导致随意超车现象严重,反而增加了事故发生的可能性。

2. 路肩宽度

国外的部分研究资料表明,交通事故率随着路肩宽度的增加而减少,如何选择合适的路肩宽度,对车辆的安全性具有重要意义。有研究表明,对双车道公路,当路肩宽度由 0 增加到 2 m 时,事故率明显下降,而当路肩宽度大于 2.5 m 时,路肩宽度对事故率的影响不再明显;对多车道公路有中央分隔带的情况下,随着中央分隔带一侧的路缘带宽度的增加,事故率也增加。

美国高速公路的硬路肩宽度一般为 3.0 m 或 3.66 m,也有最小使用 2.4 m 的,除特大桥和隧道外,左右侧的路肩宽度一般都是连续等宽的,这一点与我国规定是不相同的;为避免驾驶者将宽硬路肩用作超车道,美国高速公路的硬路肩上一般均刻有横向槽纹,意外冲出行车道的车辆会因为槽纹产生的强烈震颤而得到警示,同时横向槽纹有一定的减速作用。

此外,美国部分学者利用路侧安全性能评级的方法评估路侧的安全性能,这一体系将路侧危险程度按得分从 1(最好)~7(最差)7 分制来评级,用以指导公路设计,这样可以容许车辆进入路侧区域后,避免碰撞事故的发生,或减轻事故的危害程度,尤其在易引发驾驶员疲劳的区段或大车比例较大的区段,驶出路外的事件是较多的。这一观点值得借鉴。

3. 横坡与超高

路拱横坡与路面排水有关,路面潮湿将会增加事故率,且会对路基路面造成破坏,但考虑行车安全因素,路拱横坡不易设置过大。

对于公路超高,超速行驶使得以设计速度确定的圆曲线超高值不够,导致平曲线路段车辆行驶时侧滑或侧倾的交通事故频繁发生,有的甚至翻下路基。以运行速度作为设置超高的依据,超高值更加合理,更满足实际行车的要求,从而会大大降低交通事故率。但最大超高值不能大于标准规定值,否则应适当增大圆曲线半径。

在平曲线半径不变的前提下,超高横坡度可采用路段运行速度计算值计算。一般纵坡路段的超高横坡度采用式(2-8)计算:

$$i=\frac{v_{85}}{127R}-f \qquad (2-8)$$

式中:i——超高横坡度(%);

v_{85}——85%运行速度(km/h);

R——曲线半径(m);

f——轮胎与路面之间的横向摩阻系数。

当采用路段运行速度计算值计算的超高横坡度大于设计速度对应的超高横坡度时,应加大超高横坡度。此外,应该考虑大纵坡对超高值的影响,大纵坡时,应该适当加大超高横坡度值。当下坡坡度大于3%时,超高值宜按式(2-9)增加。

$$E_{\min}=E+\frac{E+i_{坡}}{6} \qquad (2-9)$$

式中:$i_{坡}$——纵向坡度(%);

$E_{\min}$——大纵坡路段的最小超高值(%);

E——《公路工程技术标准》(JTG B01—2014)规定的超高值。

E 的取值参见表 2-6:制定最大超高坡度除根据道路所在地区的气候条件外,还必须给予驾驶者和乘客以心理上的安全感。

表 2-6 各级公路上圆曲线最大超高值

公路等级	高速公路、一级公路	二、三、四级公路
一般地区/%	10 或 8	8
积雪冰冻地区/%	6	6 或 4

2.3 评价依据、方法和流程

2.3.1 评价依据

1.《公路工程技术标准》(JTG B01—2014)[5]

《公路工程技术标准》是根据国家经济发展水平以及技术经济政策、交通组成特征、汽车性能、运输需求及自然地理条件等专门制定的公路工程基础性技术标准。它是规划公路建设前期工作、确定公路工程建设规模和技术等级,编制各专业技术标准、规范、规程的重要依据,也是对公路建设进行宏观控制的主导技术法规。

《公路工程技术标准》所反映的技术水平是相对应时期的公路规划、设计、施工等整体技术及国家经济实力的综合体现,具有阶段性的特点。所以,每隔一段时间都要进行修订。2014年9月30日发布的《公路工程技术标准》是第9个版本。为规范公路工程建设,交通运输部公路局、中交第一公路勘察设计研究院有限公司针对新建和改扩建的公路制定了《公路工程技术标准》(JTG B01—2014),对公路路线、路基路面、桥涵、汽车及人群载荷、隧道、路线交叉及交通工程沿线设施等工程分类的技术指标给出了明确的规范。

2.《公路项目安全性评价规范》(JTG B05—2015)[6]

《公路项目安全性评价规范》是由中华人民共和国交通运输部于2015年发布的公路行业标准,并于2016年4月1日起开始实施。该标准是在《公路项目安全性评价指南》(JTG/T B05—2004)的基础上修订而成的。此次修订充分吸收了近年来国内外相关研究成果和实践经验,统筹把握了当前安全性评价的工作重点,体现了"平安交通"的发展要求。总体来看,该规范在原有标准的基础上,新增了以下几项重点内容;增加了有关评价流程和结论的内容与深度要求;增加了各阶段二、三级公路及改建公路的评价内容;增加了交工阶段的章节条文;补充完善了各等级公路的运行速度计算方法;调整了安全性评价报告的格式。《公路项目安全性评价规范》对强化推广和应用公路项目安全性评价,完善公路设施,改善交通安全环境,提升公路安全水平起到了至关重要作用。

3.《公路路线设计规范》(JTG D20—2017)[7]

《公路路线设计规范》(JTG D20—2017)在《公路路线设计规范》(JTG D20—2006)的基础上修订编制而成,于2018年1月1日起实施。根据《公路工程技术标准》(JTG B01—2014)所规定的公路分级、控制要素、路线和路线交叉的基本规定和主要技术指标,对道路路线的总体设计、选线,公路横断面、平面、纵断面、线形设计、路线交叉等具体技术指标给出了明确的规范。

2.3.2 评价方法与流程

从国内外的关于公路交通安全性评价的研究和应用看,安全审计是其中比较成熟、有效的安全性评价方法,属于定性评价。安全审计的工作重点是对公路方案进行安全方面的审核。公路标准规范的制订考虑了公路的安全性,但是因为要应用于整个行业,其同时还需要考虑普遍性、通用性和经济性的平衡等,因此安全方面的考虑会被削弱。

基于设计标准和规范的道路安全性评价一般采用审核清单的方式,借助于公路标准和规范或者安全领域专家的经验对道路项目进行安全审核,审核清单中须列明公路项目的审核项目,我国大多采用《公路路线设计规范》(JTG D20—2017)或者《公路项目安全性评价规范》(JTG/T B05—2015)等公路工程行业内的标准规范。在目前已开展公路安全性评价的国家,安全审核清单可用于各个不同的审计阶段,且每个阶段的审核重点不同。该评价方法的分析流程图如图2-5所示。

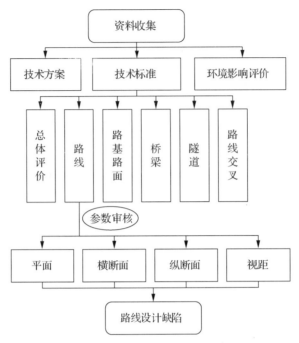

图 2-5 基于设计标准和规范的道路安全性评价流程图

2.4 基于设计标准和规范的道路安全性评价

本节将根据道路安全性评价方法,对位于浙江省的金丽温高速公路丽水段的道路线形设计参数进行安全审核[8]。本节的重点在于高速公路线形设计的安全性评价,基于此,审核清单的设定将更加注重路线设计的参数核查。以道路设计 CAD 图纸为审核目标,参照上述标准对公路平面、纵断面、横断面、视距等技术指标进行分析。其中,平面审核项目包括平曲线半径、直线长度及缓和曲线等;纵断面审核项目包括坡长、坡度及竖曲线半径等;横断面审核项目包括路基横断面宽度、爬坡车道、紧急停车带以及紧急避险车道等;视距审核主要包括小客车与货车的停车视距。

2.4.1 金丽温高速公路丽水段介绍

金丽温高速公路是连接我国黑龙江至海南三亚、上海至云南瑞丽两条国道主干线在浙江省中部地区的重要干道,是浙江省规划公路干线路网中"二纵、二横、十八连、三绕、三通道"之一"横",在浙江连接着金华、丽水、温州三市的广大地区。它既是省道主骨架,也是国道主干线在我国东南沿海地区的一条重要辅助线。金丽温高速公路对进一步发挥国道主干线的路网规模效益以及温州作为对外开放的港口、全国港站土枢纽对腹地的经济辐射作用，以及促进浙江中西部地区的经济发展和对"老、少、边"地区脱贫致富具有十分重要的作用。该路段线形如图 2-6 所示。

图 2-6 研究路段工程路线线位走向图

金丽温高速公路于 2005 年 12 月 24 日全线通车，起于杭金衢高速公路仙桥枢纽（起点桩号为 K0+000），经金华市、武义县、永康市、缙云县、丽水市、青田县、永嘉县、温州市，止于温州南白象枢纽（终点桩号为 K234+053），全长约 234.053 km。金丽温高速公路丽水段全线桥梁的里程超过 70 km，隧道里程超过 40 km。由于桥隧加起来的路程超过 110 km，所以有交通专家将此条高速公路称为"桥隧俱乐部"。本节进行的安全性评价范围为：金丽温高速公路丽水段 G1513 富岭至温溪段，北至富岭互通，南至丽水与温州交界处，对应桩号为 K116+600 至 K195+740，总长为 79.14km，如图 2-7 所示。安全性评价工作将根据实际情况在以上范围开展，必要时前后延长部分距离以使得评价结论更加准确和系统。

图 2-7 金丽温高速公路丽水段

2.4.2 道路线形设计参数适宜性评价

研究路线的评价内容是在总体设计运行速度协调性评价的基础上进行的,按照设计速度采用的线形指标符合运行速度的行车安全性。

由于金丽温高速公路所经过地区大多为山区,受地理景观等条件限制,存在很多处分离式路基设计,造成双向车道的线形设计参数的差异,所以分别从两个方向对该高速公路做安全性评价。金丽温高速丽水处辖区段线形桩号为:① 右线 K116+600 至 K195+522.577(从丽水到温州方向);② 左线 K195+700 至 K116+600(从温州到丽水方向)。在施工阶段的路线评价中,针对项目施工方案从运行安全性角度确定相应的评价内容。图 2-8 为金丽温高速公路丽水段 K118+600 至 K119+268 路段的平面图。

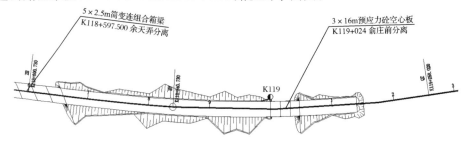

图 2-8 金丽温高速丽水段 K118+600 至 K119+268 平面图

本节接下来将以 2.3 节中介绍的 3 种主要线形设计规范作为参照标准,对金丽温高速公路丽水段进行安全性评价,具体评价内容有平纵面、视距和车道宽度。

1. 平纵面

(1) 直线路段

① 长直线。根据标准和规范,直线的长度不宜过长。受地形条件或其他特殊情况限制而采用长直线时,应结合沿线具体情况采取限速、警示和路测视线诱导设施等具体措施。一般来说,从安全角度讲,直线长度不宜大于设计速度的 20 倍。金丽温高速公路采用 100 km/h 的设计速度,故此路段直线长度不宜大于 2 km。

② 短直线。根据标准和规范,当两圆曲线以直线连接时,直线的长度不宜过短。具体为:设计速度大于或等于 60 km/h 时,同向圆曲线间最小直线长度(以 m 计算)不宜小于设计速度(以 km/h 计算)的 6 倍;反向圆曲线间最小直线长度(以 m 计算)不宜小于设计速度(以 km/h)的 2 倍,即所谓的"$2v—6v$"规定。

金丽温高速公路采用 100 km/h 的设计速度,故此路段同向圆曲线间最小直线长度为 600 m,反向圆曲线间最小直线长度为 200 m。全线直线路段如表 2-7 和表 2-8 所示。

表 2-7 金丽温高速公路丽水段温州方向直线路段统计表

起点桩号	终点桩号	直线长度/m	位置
K123+660	K125+700	2 040	圆曲线和缓和曲线之间
K126+296	K126+768	472	缓和曲线之间
K129+820	K133+740	3 920	圆曲线和缓和曲线之间
K162+970	K163+502	532	圆曲线和缓和曲线之间
K166+600	K166+750	150	缓和曲线之间
K169+412	K170+400	988	反向圆曲线之间
K171+600	K172+300	700	反向圆曲线之间
K175+340	K176+130	790	缓和曲线之间
K178+000	K178+700	700	圆曲线和缓和曲线之间
K179+600	K180+600	1 000	同向圆曲线之间

表 2-8 金丽温高速公路丽水段金华方向直线路段

起点桩号	终点桩号	直线长度/m	曲线位置
K116+500	K116+598.900	98.9	起点与圆曲线间
K117+833.313	K118+600.730	767.417	圆曲线与缓和曲线间
K119+915.311	K121+775.440	1 868.129	缓和曲线与圆曲线间
K122+218.309	K122+806.126	587.817	圆曲线间
K124+141	K125+707.530	1 566.53	圆曲线与缓和曲线间
K126+380.334	K126+768.009	387.675	缓和曲线间
K127+227.785	K128+816.135	1 588.35	缓和曲线与圆曲线间
K129+217.004	K129+413	195.996	圆曲线间
K135+433.126	K135+667.606	234.48	缓和曲线间
K136+131.921	K136+317.011	185.09	缓和曲线与圆曲线间
K136+649.129	K136+913.590	264.461	圆曲线间
K137+343.019	K137+583.898	240.879	圆曲线与缓和曲线间
K141+354.820	K142+025.744	670.924	缓和曲线间
K143+362.984	K144+510.381	1 147.397	缓和曲线间
K145+341.998	K145+549.131	207.133	缓和曲线间
K146+696.182	K146+874.381	178.199	缓和曲线间
K147+162.315	K147+406.021	243.706	缓和曲线间
K147+648.746	K147+943.640	294.894	缓和曲线间

续表

起点桩号	终点桩号	直线长度/m	曲线位置
K148+909.123	K149+258.755	349.632	圆曲线间
K149+458.290	K149+741.315	283.025	圆曲线间
K149+883.379	K150+521.910	638.531	圆曲线与缓和直线间
K151+291.023	K152+335.498	1 044.475	缓和曲线间
K152+719.720	K153+420.811	701.091	缓和曲线间
K154+497.173	K154+929.466	432.293	缓和曲线间
K156+044.951	K156+749.285	704.334	缓和曲线间
K157+547.914	K158+616.624	1 068.71	缓和曲线间
K159+440.609	K160+346.474	905.865	缓和曲线间
K162+997.753	K163+821.202	823.449	缓和曲线与圆曲线间
K164+374.169	K165+961.895	1 587.726	圆曲线与缓和曲线间
K166+560.914	K166+786.708	225.794	缓和曲线间
K167+521.139	K168+111.010	589.871	缓和曲线与圆曲线间
K168+248.916	K168+941.944	693.028	圆曲线与缓和曲线间
K170+367.432	K172+077.935	1 710.503	缓和曲线与圆曲线间
K172+577.387	K173+382.702	805.315	圆曲线间
K173+658.570	K174+781.853	1 123.283	圆曲线与缓和曲线间
K175+312.495	K176+970.857	1 658.362	缓和曲线与圆曲线间
K178+162.902	K178+704.175	541.273	圆曲线间
K179+586.796	K180+803.697	1 216.901	圆曲线间
K181+127.620	K181+919.794	792.174	圆曲线与缓和曲线间
K182+581.187	K183+024.453	443.266	缓和曲线与圆曲线间
K184+132.151	K184+637.558	505.407	圆曲线与缓和曲线间
K186+844.842	K188+050.177	1 205.335	缓和曲线间
K188+785.115	K189+283.107	497.992	缓和曲线间
K189+842.486	K190+345.764	503.278	缓和曲线间
K192+068.234	K192+754.439	686.205	缓和曲线间

从表2-7来看,右线K123+660至K125+700,K129+820至K133+740段的直线长度均大于2 km,不符合长直线的设计标准和规范要求;此外,同向圆曲线之间的直线大于600 m,反向圆曲线之间的直线长度大于200 m,满足短直线的设计标准和规范要求。

从表2-8来看,左线桩号K136+131.921至K136+317.011间直线长度为185.09 m,小于200 m,同时该路段附近还有几段长度在200 m左右的直线段,且连接反向曲线,故此路段应采取铺设减速带或设立减速警示标志等有效措施,降低事故发生的可能性;其余反向曲线之间的直线长度均大于200 m,同向曲线之间的直线长度均大于600 m,长直线长度均小于2 000 m,满足短直线的设计标准和规范要求。

（2）圆曲线最小半径

《公路路线设计规范》(JTG D20—2014)建议平曲线半径最大不宜超过10 000 m,圆曲线最小半径取值如表2-9所示。

表2-9 圆曲线最小半径

设计速度/(km·h^{-1})		120	**100**	80	60	40	30	20
圆曲线最小半径/m	一般值	1 000	**700**	400	200	100	65	30
	极限值	650	**400**	250	125	60	30	15

金丽温高速公路的设计时速是100 km/h,右线圆曲线最小半径为750 m,圆曲线最大半径为8 000 m,满足规范要求;左线圆曲线最小半径为500 m,圆曲线最大半径为6 000 m,均满足规范要求。

（3）平曲线最小长度

《公路路线设计规范》(JTG D20—2014)中平曲线最小长度取值如表2-10所示。

表2-10 平曲线最小长度

设计速度/(km·h^{-1})		120	**100**	80	60	40	30	20
平曲线最小长度/m	一般值	600	**500**	400	300	200	150	100
	最小值	200	**170**	140	100	70	50	40

金丽温高速公路右线平曲线最小长度为596 m,大于规范中的最小值,满足规范要求;左线平曲线最小长度为170 m,大于规范中的最小值,满足规范要求。

（4）最大纵坡

依据《公路路线设计规范》(JTG D20—2014),公路的最大设计纵坡规定如表2-11所示。

表2-11 最大纵坡

设计速度/(km·h^{-1})	120	**100**	80	60	40	30	20
最大纵坡/%	3	**4**	5	6	7	8	9

注:高速公路受地形条件或其他特殊情况限制时,经技术经济论证,最大纵坡值可增加1%。

由表2-12可以看出,路段K123+200至K123+800、K126+500至K127+000的坡度均超过4.0%,以上路段均为大梁山隧道附近的坡道,为先下坡再上坡,故应采取设立分流诱导标识等措施,将不同爬坡能力的车辆进行分流,以降低事故隐患。

表 2-12 右线纵坡坡度统计表

序号	桩号	坡度/%	坡长/m
1	K123+200 至 K123+800	4.81	600
2	K126+500 至 K127+000	-4.80	500

由表 2-13 可以看出,路段 K123+100 至 K123+750、K126+500 至 K127+000 的坡度均超过 4.0%,以上路段均为进入大梁山隧道前的坡道,由远及近为先下坡再上坡进入大梁山隧道,故应采取设立分流诱导标识等措施,将不同爬坡能力的车辆进行分流,以降低事故隐患。

表 2-13 左线纵坡坡度统计表

序号	桩号	坡度/%	坡长/m
1	K123+100 至 K123+750	4.70	650
2	K126+500 至 K127+000	-4.80	500
3	K127+400 至 K127+800	-4.00	400

(5) 最小纵坡

依据《公路路线设计规范》(JTG D20—2014),公路的最小坡长规定如表 2-14 所示。

表 2-14 最小坡长

设计速度/(km·h^{-1})	120	100	80	60	40	30	20
最小坡长/m	300	250	200	150	120	100	60

金丽温高速公路右线较短坡长分别位于桩号 K123+200 至 K123+798.804、K126 至 K126+500、K166+100 至 K166+700、各路段对应的坡长分别为 598.804 m、500 m、600 m,均能满足设计车速 100 km/h 的要求。

金丽温高速公路左线较短坡长分别位于桩号 K129+300 至 K129+650、K137+100 至 K137+420、K148+993 至 K149+360、K174+602 至 K175+000 路段,各路段对应的坡长分别为 350 m、320 m、367 m、398 m,均能满足设计车速 100 km/h 的要求。

(6) 竖曲线半径

依据《公路路线设计规范》(JTG D20—2014),公路纵坡变更处应设置竖曲线,竖曲线宜采用圆曲线,其竖曲线最小半径与竖曲线长度规定如表 2-15 所示。

金丽温高速公路丽水段右线最小凸曲半径为 10 000 m,最小凹形竖曲线半径 6 000 m,可以满足规范规定的 100 km/h 的要求;左线最小凸曲半径为 9 000 m,最小凹形竖曲线半径 8 000 m,同样能满足规范规定的 100 km/h 的要求。

表 2-15 竖曲线最小半径

设计速度/(km·h⁻¹)		120	100	80	60	40	30	20
凸形竖曲线最小半径/m	一般值	17 000	10 000	4 500	2 000	700	400	200
	极限值	11 000	6 500	3 000	1 400	450	250	100
凹形竖曲线最小半径/m	一般值	6 000	4 500	3 000	1 500	700	400	200
	极限值	4 000	3 000	2 000	1 000	450	250	100

(7) 竖曲线长度

当竖曲线半径一定时,竖曲线愈长,则其坡度变化愈平缓;竖曲线愈短,则其坡度变化愈陡峻,对行车不利。在《公路路线设计规范》(JTG D20—2014)中竖曲线最小半径和竖曲线长度取值如表 2-16 所示。

表 2-16 竖曲线长度

设计速度/(km·h⁻¹)		120	100	80	60	40	30	20
竖曲线长度/m	一般值	250	210	170	120	90	60	50
	极限值	100	85	70	50	35	25	20

金丽温高速公路丽水段右线部分竖曲线的较小长度为 200 m、210 m、227.5 m、228 m,均大于规范中的极限值,满足施工设计要求;左线部分竖曲线的较小长度为 155 m、165 m、170 m,均大于规范中的极限值,满足设计规范要求。

(8) 平纵线形组合

平纵线形应避免出现以下的组合:

① 凸形竖曲线的顶部和凹形竖曲线的底部,不得插入小半径平曲线,不得与反向平曲线的拐点重合。

② 直线上的纵面线形应避免出现驼峰、暗凹、跳跃等使驾驶者视觉中断的线形。

③ 直线段内不能插入短的竖曲线。

④ 小半径竖曲线不宜与缓和曲线相互重叠。

⑤ 避免在长直线上设置超陡坡及曲线长度短、半径小的凹形竖曲线。

经调查,本路段平纵线形指标均衡,平纵组合协调,未出现上述问题。

2. 视距

视距是保证公路安全的一项重要控制指标。依据《公路路线设计细则》及相关规范,公路沿线应有足够的视距,使驾驶员能及时察觉潜在的危险,并做出适当的反应。表 2-17 是规范规定的设计速度要求保证的视距。

表 2-17 停车视距

设计速度/(km·h⁻¹)	120	110	100	90	80	70	60
小客车停车视距/m	210	185	160	130	110	85	75
大货车停车视距/m	245	215	180	150	125	100	85

(1) 小客车的停车视距

小客车的停车视距是汽车以特定速度行驶时,普通驾驶员在驶抵车道上的障碍物之前能做出反应并安全停车所需的最短距离。小客车停车视距采用路段运行速度计算,当计算的停车视距大于设计速度对应的停车视距时,应加大停车视距。停车视距依据式(2-10)进行计算。

$$S_c = S_1 + S_2 + S_3 = \frac{v_{85}}{3.6}t + \frac{1}{2gf}\left[\frac{v_{85}}{3.6}\right]^2 + S_3 \qquad (2-10)$$

式中：S_c——小客车停车视距(m);

v_{85}——运行速度的计算值(km/h);(为保持与设计速度视距的计算模型一致,当 v_{85} 为 120 km/h～80 km/h 时,取 85% 的 v_{85} 数值;v_{85} 为 80 km/h～40 km/h 时,取 90% 的 v_{85} 数值代入上公式计算)

t——反应时间,取 2.5 s(判断时间 1.5 s,运行 1.0 s);根据运行速度不同值(表 2-18)确定;

g——重力加速度,取 9.8 m/s²;

f——纵向摩阻系数,依运行速度和路面状况而定,并参照表 2-18;

S_3——安全距离,一般取 5 m～10 m。

本项目全线小客车运行速度取 100 km/h,经计算,$S_c = 200.67$ m,大于设计标准 160 m。因此,满足设计要求。

表 2-18 小客车的停车反应时间和纵向摩阻系数

运行速度/(km·h⁻¹)	反应时间/s	摩阻系数
120	2.5	0.29
110	2.5	0.29
100	2.5	0.30
90	2.5	0.30
80	2.5	0.31
70	2.5	0.32
60	2.2	0.33

依据停车视距可以计算出不同的平曲线半径所需要的横净距,横净距是指行车轨迹线与视距曲线之间的距离,不同半径、不同停车视距条件下,平曲线路段上的小客车和货车提供视距所必需的横净距如图 2-9 所示。

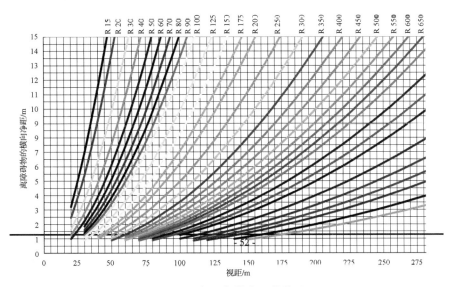

图 2-9 视距与横净距的关系

依据规范和规定,参考平曲线处的路线设计参数,横净距的计算公式见式(2-11)和式(2-12)。

$$h = R_s \left(1 - \cos\frac{\gamma}{2}\right) \quad (2-11)$$

$$\gamma = \frac{180S}{\pi R_s} \quad (2-12)$$

式中:h——所需横净距(m);

R_s——曲线内侧行驶轨迹的半径(m),其值为未加宽前路面内缘的半径加上 1.5 m;

S——小客车或货车的相应停车视距(m)。

本项目右线最小平曲线半径 750 m 时,依据式(2-11)和式(2-12)计算得出横净距 $h=$ 1.61 m,对比图 2-9 满足设计要求;左线最小平曲线半径为 500 m,依据式(2-11)和式(2-12)计算得出横净距 $h=2.52$ m,符合设计要求。

(2) 货车的停车视距

尽管由于视点高,载重货车驾驶员能看得见相当远处障碍物的垂直面,但其制动性一般较差,特别在侧向视距受限制的地点,视点高也会丧失优势。所以需对货车所需视距进行单独计算。

货车停车视距按式(2-13)进行计算。

$$S_t = \frac{v_{85}t}{3.6} + \frac{(v_{85}/3.6)^2}{2g(f+i)} \quad (2-13)$$

式中:S_t——货车停车视距(m);

t——反应时间,取 2.4 s,如表 2-19 所示;

g——重力加速度,取 9.8 m/s²;

i——路线纵坡度(%);

f——货车轮胎与路面的纵向摩阻系数,取值0.23,见表2-19。

表2-19 大货车的停车反应时间和纵向摩阻系数

运行速度/(km·h^{-1})	反应时间/s	摩阻系数
80	2.4	0.23
70	2.3	0.23
60	2.2	0.23

由于货车行驶速度较低,本项目取货车运行设计速度为80 km/h,左、右线最大纵坡度均为4.8%,经式(2-13)计算,货车停车视距S_t=110.81 m,小于大货车停车视距125 m,不满足规范要求,故应采取设立分流诱导标识等措施,将大货车与小货车进行分流,以降低事故隐患。

根据本项目右线最小平曲线半径为750 m,按照横净距的计算公式(2-13)计算所得横净距h=2.21 m,对比图2-9满足设计要求;左线最小平曲线半径为500 m,按照横净距的计算公式(2-13)计算所得横净距h=3.06 m,对比图2-9满足设计要求。

3. 车道宽度

根据国内外对道路宽度影响通行能力的实际观测认为,当车道宽度达到某一数值时通过量能达到理论上的最大值,当车道宽度小于该值时,则通行能力降低。不同国家对这个数值有不同的规定。美国公路通行能力手册规定该宽度为3.65 m,日本公路技术标准规定为3.5 m,我国规定为3.75 m。

金丽温高速公路丽水段主线为双向四车道公路,设计速度100 km/h,路基宽26.0 m(分离式路基2×13 m),其断面组成为:车道宽2×2×3.75 m,路缘带宽2×0.75 m,中央分隔带宽度2 m,硬路肩为2×3.0 m,土路肩为2×0.75 m,满足规范的要求。

4. 安全性评价小结

金丽温高速公路丽水段的各主要路线指标基本符合设计期和现行标准规范的技术要求,指标运用较为合理。部分路段的个别技术指标对车辆安全运行有一定影响:

右线(温州方向)路段桩号K123+100至K123+750和K126+500至K127+000的坡度均超过4.0%,两处路段均为进入大梁山隧道前的坡道,尤其是进入隧道口前的上坡路段极易造成车流阻滞,故应采取设立分流诱导标识等措施,将不同爬坡能力的车辆进行分流,以降低事故隐患。

左线(金华方向)桩号K136+131.921至K136+317.011间直线长度为185.09 m,小于200 m,且该路段附近存在连续弯道,可通过加强安全设施和诱导、进行速度控制等交通工程措施加以改善。

参考文献

[1] 孟祥海. 道路交通安全技术与实践案例[M]. 北京:人民交通出版社,2017.

[2] CAREC 道路安全工程手册(一)道路安全审计[R]. 马尼拉:亚洲开发银行,2018:5-8.

[3] 张金水. 道路勘测与设计[M]. 2版. 上海:同济大学出版社,2009.

[4] 何杰,翁辉,史登峰,等. 公路安全缺陷快速识别技术应用研究[R]. 杭州:浙江省交通运输厅,2015.

[5] 交通运输部公路局,中交第一公路勘察设计研究院有限公司. 公路工程技术标准:JTG B01—2014[S]. 北京:人民交通出版社股份有限公司,2015.

[6] 华杰工程咨询有限公司. 公路项目安全性评价规范:JTG B05—2015[S]. 北京:人民交通出版社股份有限公司,2016.

[7] 中交第一公路勘察设计研究院有限公司. 公路路线设计规范:JTG D20—2017[S]. 北京:人民交通出版社股份有限公司,2017.

[8] 史登峰. 基于多方法组合的金丽温高速公路丽水段安全性评价研究[D]. 南京:东南大学,2016.

第三章
基于历史事故数据和参数模型的分析方法

改革开放以来,我国公路交通基础建设历经了近40年的飞速发展,逐渐形成了骨架分明、经脉庞大的公路网体系。截至2019年底,我国公路总里程已达5.01×10^6 km,公路网密度0.52 km/km^2,其中高速公路里程达1.50×10^5 km[1],稳居世界第一位。伴随着公路建设的蓬勃发展,机动车拥有量也在不断攀升,公安部数据显示,截至2020年底,我国机动车保有量达3.72亿,驾驶员数量达4.56亿人[2]。然而,随着我国公路交通事业的发展和机动车数量的迅速增长,道路交通安全问题日益突出,道路交通事故已经成为影响经济发展且全社会关注的热点问题。

通过分析事故发生的规律,挖掘事故发生的内在原因,进而采取有针对性的安全应对措施是目前提升道路交通安全水平最直接和有效的手段。近年来,许多学者基于历史事故数据进行参数建模,研究并制定尽可能降低事故风险的相关措施,本章将着重对此展开介绍。

3.1 概述

1. 历史事故数据

就国内而言,道路交通事故数据的统计系统并不完善,获取开源历史事故数据较为困难。美国高速公路安全信息系统数据(Highway Safety Information System, HSIS)提供了较多的历史事故数据[3],包括俄亥俄州、加利福尼亚州、华盛顿等多个地区的多年交通事故统计数据。一般而言,历史事故数据集包含多源特征,具体可以分为驾驶员特征、车辆特征、道路特征、环境特征等(表3-1)。

表3-1 HSIS历史事故数据集结构

数据分表	详细内容	备注
事故数据(Accident,A)	时间、地点、严重度等	较完善
车辆数据(Vehicle,V)	车型、车龄、驾驶员信息等	较完善
乘客数据(Occupant,O)	乘客位置、有无保护等	数据缺失
道路数据(Road,R)	道路分隔情况、起终点桩号等	数据缺失
交通流量(Traffic Volume,T)	日平均交通量	不完全覆盖
立交、交叉路口(Intersection/Interchange,I)	是否发生在立交、交叉路口	不完全覆盖
曲线(Curve,C)	起终点桩号、曲线方向、曲率等	较完善
坡度(Grade,G)	起终点桩号、坡度方向、坡度等	较完善

2. 参数模型

事故严重程度分析方法基本可概括为四大类:传统数理统计模型、内生性模型、异质性模型、数据驱动方法、因果推断模型。实际应用中,这些模型通常很难兼顾预测准确性和模型解释力。典型的参数模型指传统数理统计模型、内生性模型、异质性模型。传统数理统计模型通常使用统计方法和有限的数据(大多数交通事故研究者都可以获得的数据)来预测各种交通安全改进措施对事故风险的影响。

然而,由于未能解决数据缺失、参数的时间不稳定性、事故异质性等问题,传统数理统计模型在进行模型估计时通常存在一定偏差。为了解决上述问题,研究者们开始采用内生性模型和异质性模型替代传统数理统计模型。内生性模型解释了事故相关变量之间的内生性,即考虑模型因变量之间潜在的相关关系。异质性模型则主要挖掘影响事故伤亡程度的非观测变量。通常而言,融合内生性和异质性的模型对数据的体量要求较高,变量越丰富,模型的可解释性通常越高。然而,当模型的复杂度提高时,往往会带来更多计算限制,导致模型可移植性下降。高度复杂的内生性和异质性模型通常要采用仿真法或近似估计法进行数值积分,尽管近年来,研究人员在此类方法上取得了一些进展,但面临庞大的数据体系时,仍然存在诸多模型估计方面的挑战。

通常,在进行模型选择时,不仅需要考虑如何实现模型预测性和模型解释力的平衡,还需要考虑数据的适用性(图3-1)。比如,内生性和异质性模型的预测性能和模型解释力都高于传统数理统计模型,但却对输入数据要求较高,实际应用存在一定难度。相反,由于传统数理统计模型对输入数据的要求较低,更加易于应用,但也存在预测准确度低、模型可解释性不强等问题。

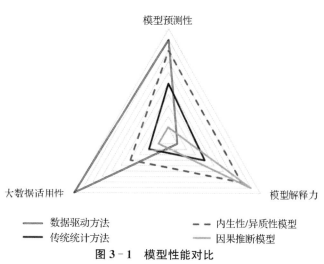

图3-1 模型性能对比

3.2 面向事故黑点的历史事故数据分析

道路交通事故多发路段又称交通事故黑点,指道路交通事故显著突出的事故易发的地点。

目前,对于交通事故黑点的定义国内外不尽相同,美国《交通运输工程手册》和大部分国家对交通事故黑点的定义普遍为在一定的统计周期内(一般为1~3年),路网中某些点段对应某种算法得到的事故发生水平评定指标明显高于类似地点、类似交通状态下区域路网上的平均指标,这些点段为事故黑点。澳大利亚莫纳什大学(Monash University)的

K. W. Gdeh 在《道路交通安全工程指南》一书中将事故黑点定义为道路系统中具有无法接受的高事故发生率的位置。

我国在确定事故黑点时,传统方法均将事故作为单独的离散点来考虑,一起事故发生被定义为道路上的一点,将所有的点标出后,依据点与点之间的关系进行安全性能的评判,进而确定事故黑点。最基本的定义为:如果某定长路段上在规定的时段内发生 h 起以上事故,则定义该路段为事故黑点。冯桂炎从事故的分布特征角度出发将道路事故密集分布的路段和交叉口称为事故黑点或危险路段[4];任福田、刘小明认为在计量周期内,某个路段的事故次数明显多于其他路段,或超过某一规定的数值时,则该路段即为危险路段[5];方守恩等人解释事故多发位置是指在较长的一个时间段内,发生的道路交通事故的数量或特征与其他正常位置相比明显突出的某些位置(点、路段或区域)[6]。

3.2.1 事故黑点特征

1. 时间特征

由于交通事故对于具体路段属于小概率事件,为了避免事故统计的偶然性,黑点时段的确定,通常为 1—3 年,目的是寻找出交通事故黑点的时间及空间分布规律,特别是突变性。

2. 空间特征

交通事故黑点表现为点特征、线特征及面特征,如交叉口、路段、局域路网。

3. 统计学特征

不同点、线、面交通事故频率数差异分布的统计学意义。这就涉及交通事故的基础水平、地区差异问题,也是事故黑点确立的原则问题,因此事故黑点的确立具有极大的相似性。

4. 阶段性特征

经济发展不平衡,导致交通发展不平衡;交通发展不平衡,导致交通安全发展不平衡;交通安全发展不平衡,导致交通事故发生不平衡。事故黑点的确立标准具有相对性,因此交通事故黑点诊断具有阶段性特征。

5. 交通特征

交通事故黑点的确立离不开交通特征,特别是交通流量、交通结构、交通需求、交通设计、交通管理等等,因此强调黑点必须强调交通特性可比性。

6. 频率特征

研究地点交通事故相对的稳定性是确立交通事故黑点的前提,频率特征强调事故的频数,而不是事故的严重程度。

7. 分级特征

由于交通事故黑点具有阶段性、交通特征、交通事故频率特征,因此对于交通事故黑点一定要分级管理、重点整治。

3.2.2 道路交通事故黑点鉴别方法

事故黑点不但严重降低了道路的服务质量,且事故黑点处累计发生的事故数在事故总数中占有很高的比例,对道路的整体安全水平影响很大。鉴别出事故黑点,分析事故黑点处的事故多发原因,从而提出相应的对策以改善道路交通安全状况,尤其在资金不足的情况下优先改造事故黑点,对道路交通安全状况的改善具有重大意义。

1. 事故数法

将直接采用事故统计资料中绝对指标,如交通事故数、死亡人数、受伤人数等归为事故数法,本书对国内外典型事故多黑点鉴别方法进行分析。

(1) 事故频数法

国外在道路交通事故黑点鉴别时普遍采用事故频数法,该方法是将事故统计中发生的事故绝对数量作为判断事故黑点的标准,当特定地点交通事故发生的数值超过鉴别标准阈值时,即可认为该地点为事故黑点。英国鉴别事故黑点的方法是将在100 m范围内,1年发生过4起含人员伤亡事故的地点,称为危险地点;将在300 m长的路段上,3年中发生过12起含人员伤亡事故的路段,称为危险位置;将在1 000 m范围内,1年中有40次或40次以上含人员伤亡事故的路段,称为事故易发地区,即交通事故黑点。挪威是将长100 m路段内,4年发生4起以上含人员伤亡的交通事故作为鉴别事故黑点的标准;在1 000 m路段内,4年发生10起含人员伤亡的交通事故作为鉴别事故黑段的标准。

(2) 当量事故数法

如果将严重程度不同的事故统一对待,只进行事故次数的简单累加,往往造成判断失误。例如:拥有同样事故次数的两条路段,其中一条路段的事故死亡人数比另一条路段的事故死亡人数高,很显然,具有高死亡人数的路段的危险度也要高;如果考虑事故的严重性,则判断两者具有不同的危险度。因此,为了更准确地判断事故黑点,鉴别时应考虑事故的严重性,为此提出了当量事故数法。该方法通过一些赋予受伤及死亡人数一定的权值来计算事故的严重程度,其基本公式如式(3-1)所示。

$$ETAN = K_1 F + K_2 J + TAN \tag{3-1}$$

式中:$ETAN$——当量总事故次数(起);

F——事故中死亡人数(个);

J——事故中受伤人数(个);

TAN——总事故次数(起);

K_1,K_2——受伤、死亡事故的权重。

此法的技术关键是K_1、K_2的值,它考虑了事故严重程度对社会和个人的影响,并在事故统计中加以权衡,实践表明运用该方法鉴别的事故黑点结果基本上与传统方法的鉴别结果吻合,同时又考虑到黑点事故的严重性,从而使事故黑点的鉴别具有更好的社会效益。一般K_1取值为1.5~2.0;K_2取值为1.21~1.5。

(3) 突出因素法

突出因素法是基于事故黑点成因分析因素的"突出性"提出的。若公路事故黑点的某些事故因素或综合因素,在与事故的平均因素相比时很突出,则认为这些突出的因素或事故综合因素即为事故黑点的事故诱发因素。

突出因素法是一种离散的多变量算法,运用了两个步骤:变量选择和建模。第一步是选择一组显著性变量,第二步是依据这些变量建立模型,第一步是第二步进行深入分析的基础。变量选择的基本思路是:针对每个变量,通过计算出评价点在各统计时段内的事故次数或相对百分比,同时统计出整条道路的平均事故次数或平均百分比,形成了一个以事故次数或百分比为样本的偶然事件二元表;对每个表应用一元方差理论确定每个变量的显著性,将不显著的变量删除,对于显著的变量从中选择出一个显著性最高的变量作为主要变量,余下的每个变量与因变量(整条道路的平均值)以及显著性最高的变量三者之间形成一个偶然事件三元表,计算统计值。重复进行以上步骤,直到所有变量被处理完。

(4) 累计频率法

累计频率法是基于统计学原理的一种方法,以单位长度发生的事故次数为纵坐标,以发生大于某一事故次数的累计频率为横坐标,绘制累计频率曲线。在累计频率15%~20%间有个"突变点",当向突变点左边移动,事故数急剧增大,但事故频率减少不多,即很短的里程的事故数占有相当大的事故分量;当向"突变点"曲线右边移动,事故数减少不多,但事故频率增加较大,即较长的里程的事故数所占的事故分量不大。

累计频率法确定的事故黑点并没有把所有道路条件异常的路段全包括进去,它注重的是以最小的费用,取得最大的安全治理效果,可以说是一种经济判别方法,有很高的实用价值。由于累计频率法所选鉴别技术指标为事故数,因此本书将该方法归为事故数法。

2. 事故率法

20世纪40年代以后,发达国家普遍开展了交通量调查工作,在鉴别事故黑点时,拥有了交通量数据,据此提出了事故率法。事故率法在鉴别事故黑点所选鉴别时,在绝对指标的基础上引入了事故关联因素,主要有车辆保有量、交通量、人口数、区域面积等,由于事故相关因素的引入,鉴别事故黑点不再依赖于单一指标,考虑因素更全面,鉴别准确率大大提高。

(1) 事故率预测法

$$E(U_j) = \alpha \cdot N_j L_j \tag{3-2}$$

式中:$E(U_j)$——路段 j 的事故预测数(起);

N_j——路段 j 的交通量(pcu/d);

L_j——路段 j 的长度(km);

α——该种类型道路通过回归分析得出的参数。

把道路实际观测的事故次数 U_j 与预测值 $E(U_j)$ 用差异值 Z 联系起来,Z 值的确定如式(3-3)所示:

$$Z = \frac{U_j - E(U_j) - 1}{\sqrt{E(U_j)}} \tag{3-3}$$

如果 $Z>E(U_f)$，则可定义该路段为危险地点。

(2) 亿车公里事故率法

亿车公里事故率法充分考虑了交通量和路段长度因素，比事故数法有所改进，如式(3-4)所示。

$$U_f = \frac{10^8 \cdot N}{365 \cdot AADT \cdot L \cdot t} \tag{3-4}$$

式中：U_f——每亿车公里事故数(起)；

N——t 年内 L 长路段上事故数(起)；

$AADT$——L 长路段的年平均日交通量(pcu/d)；

L——路段长(km)；

t——统计年限(年)。

(3) 临界率法

1997 年，J. S. Chen 和 S. C. Wang 总结了典型事故黑点鉴别方法的优缺点，提出了鉴别危险路段的临界率法。该方法首先选取道路使用者能够忍受的最高事故率作为临界事故率，对于不同的临界率，根据显著性水平，对任一给定路段给出相应最低的事故率。当某一路段的事故率超过临界的事故率时，即被认为是事故黑点。

临界率法优于其他方法。同时，通过选取不同的危险率，该方法能够确定事故黑点改善的优先次序。但是，随着经济的发展和人民生活水平的提高，临界率也是变化的。为此，有关部门应及时更新数据库，以便根据交通事故及道路改善资金情况选取合适的临界率。

(4) 安全系数法

安全系数法是由苏联交通工程专家所创立，安全系数(K)是驾驶员在危险路段的初始神经紧张程度，为后续路段与先前路段上的行驶速度的比值(v/v_e 值)，即：

$$K = \frac{v}{v_e} \tag{3-5}$$

式中：v——后续路段上的行驶速度(km/h)；

v_e——先前路段上的行驶速度(km/h)。

安全系数法的实质是考虑到行驶车速沿道路的连续变化性问题，在车速前后变化剧烈的地点必然是一个(或潜在的)交通事故黑点。当安全系数值小于 0.6 时，该路段就可以判定为一个交通事故黑点。

3.2.3 基于 TOPSIS 法的事故黑点路段鉴别方法

TOPSIS(Technique for Order Preference by Similarity to an Ideal Solution)法是一种经典的指标排序算法，最初是在 1981 年由 Hwang 和 Yoon 首次提出，在 1992 年由 Chen 和 Hwang 做了进一步的发展。TOPSIS 方法引入了两个基本概念：理想解和负理想解。理想解是设想的最优解，它的各个属性值都达到各备选方案中的最好的值；而负理想解是设想的最劣的解，它的各个属性值都达到各备选方案中的最坏的值。方案排序的规则是把各备选方案与理想解和负理想解做比较，若其中有一个方案最接近理想解，而同时又远离负理想解，则该

方案是备选方案中最好的方案。运用 TOPSIS 算法进行事故黑点路段鉴别的过程如下:

(1) 计算加权标准化决策矩阵。为保证数据的同趋性和无量纲性,在进行 TOPSIS 分析之前需要对原始事故数据矩阵进行 z-score 标准化。同时由于事故数据中不同指标(事故数量、当量伤亡人数、总封道时间等)在安全性评价中的重要性不同,需要赋予各指标以相对应的权重值,得到加权标准化决策矩阵。

$$r_{ij} = \frac{x_{ij} - \mu_j}{\sqrt{\sum_{k=1}^{m} x_{kj}^2}}, i=1,2,\cdots,m; j=1,2,\cdots,n \tag{3-6}$$

$$v_{ij} = w_j r_{ij}, i=1,2,\cdots,m; j=1,2,\cdots,n \tag{3-7}$$

式中:x_{ij}——原始第 i 组数据第 j 个指标的值;

μ_j——第 j 个指标的平均值;

r_{ij}——标准化之后第 i 组数据第 j 个指标的值;

w_j——第 j 个指标的权重值;

v_{ij}——加权标准化之后第 i 组数据第 j 个指标的值。

(2) 确定理想解和负理想解。在公路安全性评价中,事故总量、伤亡人数以及事故封道时间等指标值越小,公路安全性水平越高,因此理想解取上述指标中的最小值,记指标 j 的理想解为 v_j^+,事故数据集的理想解集合为 A^+。

$$v_j^+ = \min_i \{v_{ij}\}, i=1,2,\cdots,m$$
$$A^+ = \{v_j^+\}, j=1,2,\cdots,n \tag{3-8}$$

负理想解取上述指标中的最大值,记指标 j 的负理想解为 v_j^-,事故数据集的负理想解集合为 A^-。

$$v_j^- = \max_i \{v_{ij}\}, i=1,2,\cdots,m$$
$$A^- = \{v_j^-\}, j=1,2,\cdots,n \tag{3-9}$$

(3) 计算各数据组到理想解与负理想解的偏差。本书采用欧氏距离表示各数据组到理想解与负理想解之间的偏差,记 D_i^+ 为第 i 组数据与理想解之间的偏差,D_i^- 为第 i 组数据与负理想解之间的偏差。

$$D_i^+ = \sqrt{\sum_{j=1}^{n} (v_{ij} - v_j^+)^2}, i=1,2,\cdots,m$$
$$D_i^- = \sqrt{\sum_{j=1}^{n} (v_{ij} - v_j^-)^2}, i=1,2,\cdots,m \tag{3-10}$$

(4) 数据组排序及事故黑点路段识别。根据上一步求解得到的各数据组到理想解与负理想解之间的偏差,计算各数据组与最优解的接近程度 C:

$$C = \sum_{i=1}^{m} \frac{D_i^-}{D_i^- + D_i^+} \tag{3-11}$$

将 C 按照从小到大的顺序进行排列,C 值越大,则说明数据组的安全性指标越好,本书认为当某路段的安全性排序指标 C 值在 $0.8 \sim 1$ 之间时,该路段的安全性接近于具备安全性指标理想解的路段,同时与具备安全性指标负理想解的路段相差足够远,可以将其判定为相对安全的路段;而当某路段的安全性排序指标 C 值小于 0.8 时,该路段的安全性指标较差,可以将其判定为事故黑点路段。

3.2.4 基于二项 Logistic 回归的事故黑点路段线形致因分析

二项 Logistic 回归为概率型线性回归模型,是研究二分类观察结果与其影响因素之间关系的一种多变量分析方法。本书选取公路线形特征 $\boldsymbol{x}=(x_1,x_2,\cdots,x_n)$ 作为自变量,将事故黑点路段不同事故类型按照事故数量平均值转化为"相对高发"和"相对低发"的二分类因变量 y,设条件概率 $P(y=1|\boldsymbol{x})=p$ 为线形特征 $\boldsymbol{x}$ 下事故"相对高发"的概率,$P(y=0|\boldsymbol{x})=1-p$ 为线形特征 $\boldsymbol{x}$ 下事故"相对低发"的概率,则运用 Logistic 回归模型可以表示为:

$$P(y=1|\boldsymbol{x})=\frac{1}{1+e^{-g(\boldsymbol{x})}}$$
$$P(y=0|\boldsymbol{x})=1-\frac{1}{1+e^{-g(\boldsymbol{x})}}=\frac{1}{1+e^{g(\boldsymbol{x})}}$$

(3 - 12)

其中 $g(\boldsymbol{x})=w_0+w_1x_1+\cdots+w_nx_n$,$w_0$ 成为截距,$\boldsymbol{w}=(w_1,w_2,\cdots,w_n)$ 为各线形特征参数对事故是否"相对高发"的影响权重。

设观测到事故"相对高发"与事故"相对低发"概率之比为 $odds$,对 $odds$ 取对数可得线性函数:

$$\ln(odds)=\ln\left[\frac{P(y=1|\boldsymbol{x})}{P(y=0|\boldsymbol{x})}\right]=\ln[e^{g(\boldsymbol{x})}]=g(\boldsymbol{x})=w_0+w_1x_1+\cdots+w_nx_n \quad (3-13)$$

由式(3 - 13)可以运用极大似然估计的方法对截距 w_0 及线形特征影响权重 $\boldsymbol{w}=(w_1,w_2,\cdots,w_n)$ 进行计算。

3.3 面向事故严重程度的历史事故数据分析

3.3.1 事故严重程度影响因素分析

1. 个体异质性

在高速行驶时,个体驾驶员在身心状况、风险感知能力、对外界刺激反应速度、驾驶水平等方面各有不同。譬如,超速驾驶和其他攻击性驾驶行为提供了即时满足感(因为缩短了驾驶行程),却可能会导致违法、扣分、增加车保费用、吊销驾驶执照等不良后果,违背了延时满足的原则[7]。相关研究表明,驾驶个体面对即时奖励和长期选择时,大脑的响应区域不同。也有学者认为,驾驶者在决策过程中存在着下意识和主动控制两种不同反应,两种反应可以通过观测大脑活跃区域进行判定。支持下意识反应的大脑区域包括边缘系统,而支持主动控制的大脑区域则是外侧前额叶皮质和相关结构。

驾驶决策可以被视为驾驶者大脑下意识和主动控制相互博弈的过程。下意识反应是指机体对外界刺激的本能反应，由于性别、年龄、教育背景、驾驶经验等的差异，不同驾驶者在面临突发交通状况时的下意识反应也会呈现较大差异。相比常产生于外界刺激作用下的下意识反应，主动控制产生的场景可能会更温和，留给驾驶者更多的思考和决策空间。有研究表明，除了驾驶个体特性和驾驶状态，基于环境变化的驾驶偏好也会影响驾驶决策，且不同驾驶者的个体特性及驾驶偏好各不相同，导致驾驶应激行为也存在较大差异。随着驾驶经历不断丰富，驾驶者面对复杂交通环境的下意识反应和主动控制能力都会有所提升。在个体层面，这种变化可以用一些变量来衡量（譬如驾驶者年龄、驾龄）。

2. 时间不稳定性

近年来，诸多学者采用历史事故数据进行高速公路安全研究，旨在不断提高高速公路行车安全[7-13]，研究并制定尽可能降低事故风险的相关措施。基于事故数据的统计分析通常解决以下问题：① 量化事故致因对事故伤亡程度的影响机理；② 利用参数估计预测不同伤亡程度事故发生的概率；③ 进行事前事后分析，即通过分析改变某一因素对事故伤亡程度可能产生的影响来评估该措施的有效性。通常而言，学者们在进行事故建模时多采用累加模型，即未考虑事故的时间不稳定性，简单将各年事故数据进行累加建模，忽略了不同年份内事故成因的变动性。

然而，多年的事故分析经验表明，在大多数工业化国家，随着车辆安全技术的提高、高速公路安全设计的改善、违法驾驶者惩处力度的提升、驾驶教育培训的推广等，高速公路单位行驶里程的死亡人数随时间推移呈总体下降趋势。此外，由于驾驶者驾驶模式、驾驶心理等主观能动性的改变，该指标也呈现出在经济衰退期下降、在经济上行期增长的趋势。考虑到驾驶员群体的行为会随宏观经济和其他时间因素不断变化，许多学者也从心理学、神经学、认知学等角度佐证了事故数据可能存在时间不稳定性，即事故致因对事故严重程度的影响可能会随时间变动。受时间不稳定的影响，同一事故成因在不同时期对事故的影响机理可能存在差异，从而导致模型偏差及错误的分析结论。因此，在进行事故分析建模时，需要充分考虑时间不稳定性因素[14]。

3.3.2 事故严重程度建模方法

该章节主要介绍基于统计模型的事故严重程度分析方法。近年来，参数模型在事故严重程度分析领域不断发展，从简单的数理统计模型演化到考虑内生性和异质性的复杂随机参数模型。最常用的基础模型包括有序 Logit 模型、多元 Logit 模型、二项 Logit 模型等，复杂模型包括随机参数 Logit 模型、随机参数 Probit 模型、随机阈值随机参数层次有序 Logit 模型等，表 3-2 和 3-3 概括了近年来事故频次分析和事故严重程度分析领域的一些经典文献。

表3-2 事故频次分析模型

模型	相关论文
泊松回归模型 （Poisson regression model）	Li Z B, Wang W, Liu P, et al. Using geographically weighted Poisson regression for County-level crash modeling in California[J]. Safety Science, 2013, 58: 89-97.
	Ye X, Pendyala R M, Shankar V, et al. A simultaneous equations model of crash frequency by severity level for freeway sections[J]. Accident Analysis & Prevention, 2013, 57: 140-149.
负二项模型 （Negative binomial model）	Pirdavani A, Brijs T, Bellemans T, et al. Evaluating the road safety effects of a fuel cost increase measure by means of zonal crash prediction modeling[J]. Accident Analysis & Prevention, 2013, 50: 186-195.
	Hou Q Z, Tarko A P, Meng X H. Investigating factors of crash frequency with random effects and random parameters models: New insights from Chinese freeway study[J]. Accident; Analysis and Prevention, 2018, 120: 1-12.
	Kabir R, Remias S M, Lavrenz S M, et al. Assessing the impact of traffic signal performance on crash frequency for signalized intersections along urban arterials: A random parameter modeling approach[J]. Accident Analysis & Prevention, 2021, 149: 105868.
多元贝叶斯模型 （Multivariate Bayesian model）	Yu R J, Abdel-Aty M. Multi-level Bayesian analyses for single- and multi-vehicle freeway crashes[J]. Accident Analysis & Prevention, 2013, 58: 97-105.
	Cheng W, Gill G S, Sakrani T, et al. Predicting motorcycle crash injury severity using weather data and alternative Bayesian multivariate crash frequency models[J]. Accident Analysis & Prevention, 2017, 108: 172-180.
	Huang H L, Zhou H C, Wang J, et al. A multivariate spatial model of crash frequency by transportation modes for urban intersections[J]. Analytic Methods in Accident Research, 2017, 14: 10-21.
	Cheng W, Gill G S, Zhang Y P, et al. Bayesian spatiotemporal crash frequency models with mixture components for space-time interactions[J]. Accident Analysis & Prevention, 2018, 112: 84-93.
	Han C Y, Huang H L, Lee J, et al. Investigating varying effect of road-level factors on crash frequency across regions: A Bayesian hierarchical random parameter modeling approach[J]. Analytic Methods in Accident Research, 2018, 20: 81-91.
零膨胀模型 （Zero-inflated model）	Lord D, Washington S, Ivan J N. Further notes on the application of zero-inflated models in highway safety[J]. Accident Analysis & Prevention, 2007, 39(1): 53-57.
	Malyshkina N V, Mannering F L. Zero-state Markov switching count-data models: An empirical assessment[J]. Accident Analysis & Prevention, 2010, 42(1): 122-130.

续表

模型	相关论文
零膨胀模型 (Zero-inflated model)	Gu X J, Yan X D, Ma L, et al. Modeling the service-route-based crash frequency by a spatiotemporal-random-effect zero-inflated negative binomial model: An empirical analysis for bus-involved crashes[J]. Accident Analysis & Prevention, 2020, 144: 105674.
层次贝叶斯随机参数模型 (Hierarchical Bayesian random parameters model)	Han C Y, Huang H L, Lee J, et al. Investigating varying effect of road-level factors on crash frequency across regions: A Bayesian hierarchical random parameter modeling approach[J]. Analytic Methods in Accident Research, 2018, 20: 81-91.
	Li Z N, Chen X F, Ci Y S, et al. A hierarchical Bayesian spatiotemporal random parameters approach for alcohol/drug impaired-driving crash frequency analysis[J]. Analytic Methods in Accident Research, 2019, 21: 44-61.
二元极值模型 (Bivariate extreme value model)	Arun A, Haque M M, Bhaskar A, et al. A bivariate extreme value model for estimating crash frequency by severity using traffic conflicts[J]. Analytic Methods in Accident Research, 2021, 32: 100180.
时空权重回归模型	Gu X J, Yan X D, Ma L, et al. Modeling the service-route-based crash frequency by a spatiotemporal-random-effect zero-inflated negative binomial model: An empirical analysis for bus-involved crashes[J]. Accident Analysis & Prevention, 2020, 144: 105674.

表 3-3 事故严重程度分析模型

模型	相关论文
有序 Logit/Probit 模型 (Ordered logit/probit model)	Yasmin S, Eluru N, Bhat C R, et al. A latent segmentation based generalized ordered logit model to examine factors influencing driver injury severity[J]. Analytic Methods in Accident Research, 2014, 1: 23-38.
	Chiou Y C, Fu C A, Ke C Y. Modelling two-vehicle crash severity by generalized estimating equations[J]. Accident Analysis & Prevention, 2020, 148: 105841.
	Bahrololoom S, Young W, Logan D. Modelling injury severity of bicyclists in bicycle-car crashes at intersections[J]. Accident Analysis & Prevention, 2020, 144: 105597.
随机参数有序 Probit 模型 (Random parameters ordered probit model)	Fountas G, Anastasopoulos P C, Abdel-Aty M. Analysis of accident injury-severities using a correlated random parameters ordered probit approach with time variant covariates[J]. Analytic Methods in Accident Research, 2018, 18: 57-68.

续表

模型	相关论文
随机参数二元 Probit 模型 (Random parameters bivariate probit model)	Fountas G, Pantangi S S, Hulme K F, et al. The effects of driver fatigue, gender, and distracted driving on perceived and observed aggressive driving behavior: A correlated grouped random parameters bivariate probit approach[J]. Analytic Methods in Accident Research, 2019, 22: 100091.
零膨胀模型 (Zero-inflated model)	Fountas G, Fonzone A, Gharavi N, et al. The joint effect of weather and lighting conditions on injury severities of single-vehicle accidents[J]. Analytic Methods in Accident Research, 2020, 27: 100124.
多元贝叶斯/Tobit 模型 (Multivariate Bayesian/Tobit model)	Shaheed M S, Gkritza K, Carriquiry A L, et al. Analysis of occupant injury severity in winter weather crashes: A fully Bayesian multivariate approach[J]. Analytic Methods in Accident Research, 2016, 11: 33-47.
	Sarwar M T, Anastasopoulos P C. The effect of long term non-invasive pavement deterioration on accident injury-severity rates: A seemingly unrelated and multivariate equations approach[J]. Analytic Methods in Accident Research, 2017, 13: 1-15.
潜分类模型 (Latent class model)	Behnood A, Roshandeh A M, Mannering F L. Latent class analysis of the effects of age, gender, and alcohol consumption on driver injury severities[J]. Analytic Methods in Accident Research, 2014, 3/4: 56-91.
	Cerwick D M, Gkritza K, Shaheed M S, et al. A comparison of the mixed logit and latent class methods for crash severity analysis[J]. Analytic Methods in Accident Research, 2014, 3/4: 11-27.
	Fountas G, Anastasopoulos P C, Mannering F L. Analysis of vehicle accident-injury severities: A comparison of segment- versus accident-based latent class ordered probit models with class-probability functions[J]. Analytic Methods in Accident Research, 2018, 18: 15-32.
	Myhrmann M S, Janstrup K H, et al. Factors influencing the injury severity of single-bicycle crashes[J]. Accident Analysis & Prevention, 2021, 149: 105875.
随机参数 Logit 模型 (Random parameters logit model)	Behnood A, Mannering F L. The temporal stability of factors affecting driver-injury severities in single-vehicle crashes: Some empirical evidence[J]. Analytic Methods in Accident Research, 2015, 8: 7-32.

续表

模型	相关论文
随机阈值随机参数层次有序 Probit 模型 (Random thresholds random parameters hierarchical ordered probit model)	Fountas G, Anastasopoulos P C. A random thresholds random parameters hierarchical ordered probit analysis of highway accident injury-severities[J]. Analytic Methods in Accident Research, 2017, 15: 1-16.
考虑均值方差异质性的随机参数模型 (Random parameters model with heterogeneity in means and variances approach)	Meng F Y, Sze N N, Song C C, et al. Temporal instability of truck volume composition on non-truck-involved crash severity using uncorrelated and correlated grouped random parameters binary logit models with space-time variations[J]. Analytic Methods in Accident Research, 2021, 31: 100168.
	Se C, Champahom T, Jomnonkwao S, et al. Temporal stability of factors influencing driver-injury severities in single-vehicle crashes: A correlated random parameters with heterogeneity in means and variances approach[J]. Analytic Methods in Accident Research, 2021, 32: 100179.
	Yan X T, He J, Zhang C J, et al. Temporal analysis of crash severities involving male and female drivers: A random parameters approach with heterogeneity in means and variances[J]. Analytic Methods in Accident Research, 2021, 30: 100161.

1. 多元随机参数 Logit 模型

近年来,多种有序和无序离散选择模型被广泛应用于事故严重程度分析,典型方法包括有序 Logit/Probit 模型、多元 Logit 模型、对偶多元 Logit 模型、巢式 Logit 模型、潜分类模型、随机参数 Logit 模型、马尔可夫转移模型。迄今为止,大部分前沿事故严重程度分析模型都会采取异质性模型,这些模型明确考虑了解释变量在不同事故样本间潜在的异质性。在所有异质性模型中,多元随机参数 Logit(Random Parameters Multinomial Logit Model,RPL)的模型常被用于分析事故严重程度相关变量中不可观测的异质性。

计算事故严重程度的效用函数定义如下:

$$U_{ij} = \beta_i X_{ij} + \varepsilon_{ij}, \quad i,j \in \mathbf{N}^+ \tag{3-14}$$

式中:U_{ij}——事故严重程度函数;

β_i——解释变量系数;

X_{ij}——解释变量;

ε_{ij}——误差项(极值分布)。

考虑到参数变动情况,事故严重程度的概率计算方法如下:

$$P_j(i) = \int \frac{\exp(\beta_i X_{ij})}{\sum_{i=1}^{n} \exp(\beta_i X_{ij})} f(\beta \mid \varphi) \mathrm{d}\beta \tag{3-15}$$

式中：$P_j(i)$——事故严重程度概率；

$f(\beta|\varphi)$——密度函数。

随着近年来统计模型在事故严重程度分析领域的不断深化，现在的随机参数模型通常还要考虑随机参数的均值和方差异质性，计算公式如下：

$$\beta_{ij} = \beta_i + \vartheta_{ij} Z_{ij} + \sigma_{ij} \exp(\omega_{ij} W_{ij}) v_{ij} \qquad (3-16)$$

式中：β_i——系数均值；

$\vartheta_{ij}, \omega_{ij}$——待估系数；

Z_{ij}——解释变量均值向量；

σ_{ij}——标准差；

W_{ij}——解释变量标准差向量；

v_{ij}——误差项。

2. 相关分组随机参数二元 Probit 模型

相关随机参数二元 Probit 模型的基本结构如下式所示：

$$Z_{i,1} = \beta_{i,1} X_{i,1} + \varepsilon_{i,1} \quad 若 Z_{i,1} > 0, z_{i,1} = 1; 若 Z_{i,1} \leq 0, z_{i,1} = 0 \qquad (3-17)$$

$$Z_{i,2} = \beta_{i,2} X_{i,2} + \varepsilon_{i,2} \quad 若 Z_{i,2} > 0, z_{i,2} = 1; 若 Z_{i,2} \leq 0, z_{i,2} = 0 \qquad (3-18)$$

式中：$X_{i,1}, X_{i,2}$——解释变量；

$\beta_{i,1}, \beta_{i,2}$——解释变量系数；

$\varepsilon_{i,1}, \varepsilon_{i,2}$——误差项；

$z_{i,1}, z_{i,2}$——二元离散结果变量；

$Z_{i,1}, Z_{i,2}$——连续型过渡变量。

相关随机参数二元 Probit 模型的概率函数计算公式如下：

$$\Phi(Z_1, Z_2, \rho) = \frac{\exp[-0.5(Z_1^2 + Z_2^2 - 2\rho Z_1 Z_2)/(1-\rho^2)]}{[2\pi \sqrt{1-\rho^2}]} \qquad (3-19)$$

$$\sum_{i=1}^{N} [z_{i,1} z_{i,2} \ln \Phi(\beta_{i,1} X_{i,1}, \beta_{i,2} X_{i,2}, \rho) +$$
$$(1-z_{i,1}) z_{i,2} \ln \Phi(-\beta_{i,1} X_{i,1}, \beta_{i,2} X_{i,2}, -\rho) +$$
$$(1-z_{i,2}) z_{i,1} \ln \Phi(\beta_{i,1} X_{i,1}, -\beta_{i,2} X_{i,2}, -\rho) +$$
$$(1-z_{i,1})(1-z_{i,2}) \ln \Phi(-\beta_{i,1} X_{i,1}, -\beta_{i,2} X_{i,2}, \rho)] \qquad (3-20)$$

式中：$\Phi(Z_1, Z_2, \rho)$——二元正态分布的累积函数；

N——样本数。

同样，传统二元 Probit 建模过程也会面临不可观测的异质性问题，此外，变量间交互作用引起的内生性同样值得重视，为了解决以上问题，可在原有二元 Probit 模型的基础上引入相关分组随机参数，其计算公式为：

$$\boldsymbol{\beta}_n = \boldsymbol{\beta} + \boldsymbol{\Gamma} \boldsymbol{V}_n \qquad (3-21)$$

式中：$\boldsymbol{\beta}_n$——解释变量的向量；

$\boldsymbol{\beta}$——解释变量的向量均值；

$\boldsymbol{\Gamma}$——具有非零非对角元素的 Choleksy 矩阵的无约束形式；

$\boldsymbol{V}_n$——符合标准正态分布的残差项。

考虑到 $\boldsymbol{\Gamma}$ 矩阵的无约束性，相关分组随机参数的协方差矩阵（$\boldsymbol{C}$）同样也要考虑对角元素和非对角元素的非零值（传统随机参数通常假定零值和非对角元素为先验条件），$\boldsymbol{C}$ 的定义如下：

$$\boldsymbol{C} = \boldsymbol{\Gamma}\boldsymbol{\Gamma}^{\mathrm{T}} \tag{3-22}$$

3. 随机阈值随机参数层次有序 Probit 模型

在随机阈值随机参数层次有序 Probit 模型（Hierarchical Ordered Probit, HOPIT）中，随机参数和随机阈值都可在不同样本间变化。其效用函数定义为：

$$Y_i^* = \beta_i X_i + \varepsilon_i \tag{3-23}$$

式中：Y_i^*——效用函数；

X_i——解释向量（自变量/独立变量）；

β_i——待估参数；

ε_i——误差项。

对于第 i 个事故样本的严重程度 j，定义如下：

$$Y_i = j, u_{i,j-1} \leqslant Y_i \leqslant u_{i,j} \tag{3-24}$$

式中：Y_i——事故样本的严重程序等级；

j——代表事故严重等级（通常用 $0,1,2,3,\cdots,J$ 表示）；

$u_{i,j}$——代表待估阈值，其中 $u_{i,0}$ 为负无穷，$u_{i,j}$ 为负无穷，阈值满足有序递增的条件（$u_{i,0} < u_{i,1} < \cdots < u_{i,j-1} < u_{i,j}$）。

在 HOPIT 模型中，随机阈值的函数表达式为：

$$u_{i,j} = u_{i,j-1} + \exp(t_j + d_j S_j) \tag{3-25}$$

式中：t_j——阈值 $u_{i,j}$ 的斜率；

S_j——影响阈值 $u_{i,j}$ 的向量因素；

d_j——S_j 的系数。

考虑到阈值在事故样本个体中的变动性，式（3-25）可以表示为：

$$u_{i,j} = u_{i,j-1} + \exp(t_j + \gamma_j u_{i,j} + d_j S_j) \tag{3-26}$$

式中：γ_j——阈值的标准差。

随机参数的异质性表达式为：

$$\beta_i = \beta + \boldsymbol{\Gamma} w_i \tag{3-27}$$

式中：β_i——随机参数的异质性；

β——随机参数的均值；

$\boldsymbol{\Gamma}$——矩阵标准差；

w_i——正态分布项。

3.4 实例研究:温丽高速事故黑点分析

3.4.1 背景概述

温丽高速位于浙江省境内,是连接温州和丽水的重要交通线路。温丽高速通车里程 116 km,其中桥梁和隧道长度占比达 90% 以上,是名副其实的"桥隧俱乐部",地理环境复杂,线形组合变化明显。本书所选取的研究路段范围为 K117—K189,全长 72 km,包含 16 条隧道和 9 座桥梁(先后经过桐岭岗 2 号隧道、俞庄隧道、石帆大桥、大梁山隧道、阳山隧道、锦水隧道、锦水—小群沿江桥、高沙沿江桥、戈溪外村沿江桥、芝溪沿江桥、船寮大桥、船寮 1 号隧道、船寮 2 号隧道、大洋隧道、仁川隧道、雷石隧道、东岙隧道、石溪隧道、沙溪沿江桥、鹤城隧道、风门亭隧道、戈岙隧道、剑石隧道、博瑞沿江桥、温溪沿江桥),如图 3-2 所示。

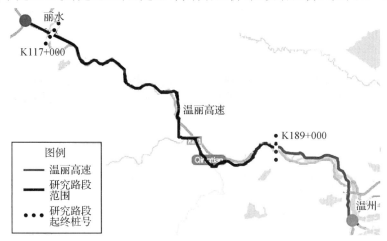

图 3-2 温丽高速及研究路段范围示意图

根据收集到的由丽水交管部门提供的金丽温高速丽水辖区段 2006 年 1 月—2013 年 12 月期间的路政交通事故台账资料,2006 年至 2013 年金丽温高速公路丽水辖区交通事故发生数量共计 2 026 起。温丽高速(K117—K189)历年事故总体数量分布如表 3-4 所示、图 3-3 所示。

由温丽高速事故统计结果可以看出,2006—2009 年温丽高速事故总量呈现下降趋势,然而 2009—2013 年整体呈现事故逐年多发趋势,因此有必要尽快建立温丽高速事故黑点路段鉴别与分类机制,采取有针对性的措施改善交通安全状况。

表 3-4　温丽高速历年事故数统计表

年份	金华方向事故/起	温州方向事故/起	合计
2006	188	216	404
2007	143	152	295
2008	125	149	274
2009	95	81	176
2010	112	93	205
2011	87	77	164
2012	132	102	234
2013	166	108	274
合计	1 048	978	2 026
事故率/(起·km^{-1})	14.56	13.58	28.14

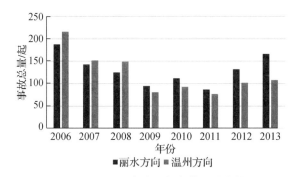

图 3-3　温丽高速历年事故总量变化

3.4.2　温丽高速事故黑点路段鉴别

在高速公路安全管理中,根据事故历史数据判别事故黑点路段是较为常见的方法,不同国家事故黑点路段的鉴别阈值也不相同,例如挪威认为事故黑点路段是长 1 km、4 年内发生 10 起以上人员伤亡交通事故的路段,中国公安部交通管理局定义 2 km 范围内的道路、1 年之中发生 3 次重大交通事故的路段为事故多发段。但是上述事故黑点路段鉴别阈值只能作为参考,对于不同的道路,事故黑点路段也应该有基于道路本身事故统计特征的判断标准,本书尝试运用 TOPSIS 方法鉴别温丽高速事故黑点路段。

考虑到温丽高速(K117—K189)多数路段为分离式车道,两侧公路线形组合特征不同,因此本书分别将温丽高速(K117—K189)右线(温州方向)和左线(丽水方向)以 1 km 为单位长度共划分为 144 个路段单元($i=1,2,\cdots,144$),记右线路段单元 R1—R72,左线路段单元 L1—L72,统计出 2006—2013 年每个路段单元的事故总量、事故总伤亡(死亡、重伤、轻伤)人数及总封道时间,同时将各路段事故总伤亡(死亡、重伤、轻伤)人数按照式(3-28)换算成事故当量伤亡人数:

$$D_s = k_1 D_1 + k_2 D_2 + k_3 D_3 \tag{3-28}$$

其中，D_s, D_1, D_2, D_3 分别为事故当量伤亡人数、事故死亡人数、事故重伤人数及事故轻伤人数，k_1, k_2, k_3 分别代表死亡人数、重伤人数、轻伤人数换算为当量伤亡人数的系数值，根据已有交通事故伤亡人数鉴定研究成果，本书取 $k_1=1, k_2=0.33, k_3=0.1$。

温丽高速2006—2013事故统计数据如表3-5、表3-6所示。

表3-5　温丽高速右线（温州方向）2006—2013年事故统计数据

路段序号	路段桩号	事故总量/起	总伤亡人数/人				总封道时间/h
			死亡	重伤	轻伤	当量伤亡人数	
R1	K117—K118	12	0	1	2	0.53	0
R2	K118—K119	8	0	0	1	0.1	1
R3	K119—K120	5	0	0	1	0.1	0
R4	K120—K121	17	1	2	3	1.96	1.42
R5	K121—K122	18	2	1	4	2.73	0
...	...	...	...	...	...	...	...
R72	K188—K189	7	0	0	1	0.1	0.5

表3-6　温丽高速左线（丽水方向）2006—2013年事故统计数据

路段序号	路段桩号	事故总量/起	总伤亡人数/人				总封道时间/h
			死亡	重伤	轻伤	当量伤亡人数	
L1	K117—K118	12	0	1	2	0.63	3.38
L2	K118—K119	33	2	1	16	3.93	17.72
L3	K119—K120	33	11	6	14	14.38	19.83
L4	K120—K121	25	1	3	3	2.29	1.15
L5	K121—K122	24	3	3	2	4.19	3.97
...	...	...	...	...	...	...	...
L72	K188—K189	5	0	0	1	0.1	0.97

本书选取事故总量、事故当量伤亡人数、总封道时间作为路段安全性评价指标（$j=1, 2, 3$），运用TOPSIS方法分别对温丽高速右线（温州方向）及左线（丽水方向）的路段单元进行安全评价。根据以往研究经验，多数学者将事故总量、事故伤亡人数经常作为评判事故严重程度的直接指标，而本书选取的总封道时间可以通过反映事故对公路交通的影响作为反映事故严重程度的间接指标，因此本书设置事故总量、事故当量伤亡人数、总封道时间的安全评价权重值为 $w_1=0.4, w_2=0.4, w_3=0.2$ 时，由式（3-11）可以得到温丽高速右线（温州方

向)与左线(丽水方向)的路段单元安全性排序(按照 C 值从小到大的顺序)如表 3-7 和表 3-8 所示。

表 3-7 温丽高速右线(温州方向)路段安全性排序

序号	路段序号	路段桩号	事故总量/起	当量伤亡人数/人	总封道时间/h	C
1	R59	K175—K176	32	5.89	17.98	0.110 7
2	R7	K123—K124	36	3.19	21.88	0.279 2
3	R17	K133—K134	32	3.29	10.32	0.355
4	R10	K126—K127	37	2.26	11.42	0.393 3
5	R64	K180—K181	34	3.09	1.35	0.419 8
6	R47	K163—K164	20	4.36	2.58	0.453 4
7	R45	K161—K162	19	3.89	3.33	0.489 5
8	R13	K129—K130	19	2.96	2.75	0.561 1
9	R9	K125—K126	20	2.29	8.77	0.565 3
10	R69	K185—K186	20	2.76	1.37	0.572 2
11	R61	K177—K178	23	1.86	6.60	0.574 4
12	R32	K148—K149	20	2.42	4.20	0.583
13	R56	K172—K173	20	2.49	2.40	0.587 1
14	R5	K121—K122	18	2.73	1.00	0.598
15	R26	K142—K143	21	1.96	4.82	0.601 4
16	R28	K144—K145	17	2.43	6.48	0.604 1
17	R18	K134—K135	19	2.19	2.38	0.621
18	R63	K179—K180	21	1.63	1.92	0.637 3
19	R25	K141—K142	17	2.16	1.58	0.650 4
20	R33	K149—K150	20	1.43	3.17	0.657 2
21	R54	K170—K171	16	1.83	6.75	0.660 8
22	R4	K120—K121	17	1.96	1.42	0.666
23	R50	K166—K167	15	1.43	8.92	0.686 4
24	R15	K131—K132	14	1.96	2.92	0.695 7
25	R68	K184—K185	16	1.53	1.42	0.709 6
26	R23	K139—K140	15	1.63	0.75	0.717 3
27	R20	K136—K137	9	2.33	1.25	0.720 3

续表

序号	路段序号	路段桩号	事故总量/起	当量伤亡人数/人	总封道时间/h	C
28	R62	K178—K179	16	1.06	3.95	0.729 5
29	R6	K122—K123	16	0.73	6.22	0.734 1
30	R24	K140—K141	14	1.53	0.50	0.738
31	R48	K164—K165	12	1.63	0.00	0.755 6
32	R31	K147—K148	16	0.76	0.83	0.757 8
33	R55	K171—K172	15	0.63	4.00	0.766
34	R67	K183—K184	14.	0.83	2.67	0.776 9
35	R38	K154—K155	15	0.43	0.50	0.787 3
36	R36	K152—K153	11	1.2	0	0.801 9
...	...	...	...	...	...	...
72	R57	K173—K174	3	0	0	1

表 3-8 温丽高速左线(丽水方向)路段安全性排序

序号	路段序号	路段桩号	事故总量/起	当量伤亡人数/人	总封道时间/h	C
1	L3	K119—K120	33	14.38	19.83	0.154 4
2	L17	K133—K134	44	7.71	14.13	0.337 3
3	L10	K126—K127	44	8.74	4.00	0.358 2
4	L59	K175—K176	46	5.63	9.60	0.426 9
5	L64	K180—K181	33	6.19	2.50	0.513 3
6	L2	K118—K119	33	3.93	17.72	0.517
7	L7	K123—K124	34	3.39	7.32	0.576 7
8	L45	K148—K149	22	5.85	2.67	0.603 9
9	L32	K125—K126	22	5.55	3.03	0.613 9
10	L9	K121—K122	31	2.62	3.00	0.637 7
11	L5	K185—K186	24	4.19	3.97	0.644 4
12	L69	K134—K135	18	4.29	7.77	0.669 6
13	L18	K161—K162	23	2.53	9.60	0.675 7
14	L61	K177—K178	26	2.13	6.15	0.679 6
15	L4	K149—K150	25	2.29	1.15	0.703

续表

序号	路段序号	路段桩号	事故总量/起	当量伤亡人数/人	总封道时间/h	C
16	L33	K120—K121	17	4.39	1.33	0.703
17	L50	K159—K160	22	2.06	2.55	0.732 4
18	L56	K166—K167	16	3.19	1.40	0.756 4
19	L28	K156—K157	17	2.49	1.08	0.772
20	L54	K170—K171	18	1.73	3.30	0.776 5
21	L48	K164—K165	18	1.53	1.83	0.786 5
22	L47	K163—K164	17	1.76	1.40	0.792 2
23	L46	K162—K163	15	1.96	0.00	0.809 2
…	…	…	…	…	…	…
72	L35	K151—K152	2	0	0	1

根据表 3-7、表 3-8 温丽高速路段安全性排序结果,选取 $C=0.8$ 作为事故黑点路段的识别阈值,将 $C<0.8$ 的路段单元判断为事故黑点路段。因此温丽高速右线(温州方向)的事故黑点路段为安全性排序前 35 位的路段,事故黑点路段事故总数占右线事故总量的 70.04%;温丽高速左线(丽水方向)的事故黑点路段为安全性排序前 22 位的路段,事故黑点路段事故总数占左线事故总量的 55.63%。

3.4.3 事故黑点路段线性条件致因分析

公路线形主要由平面、纵断面和横断面线形组成,几何线形设置不合理会对公路交通安全产生较大威胁。考虑到温丽高速(K117—K189)横断面特征(路面宽度、路肩宽度等)差异性较小,因此本书重点讨论平面线形及纵面线形对特定类型交通事故发生的影响。

本书将上一节鉴别出的 57 个事故黑点路段作为研究对象,选取纵断面坡度方向(上坡记为 1,下坡记为 0)、高程差绝对值及高程标准差作为纵断面线形主要特征,选取平曲线半径和缓和曲线长度与平曲线半径的比值(下文称"缓和比例")作为平面线形主要特征,并将事故黑点路段 i 的第 j 种 ($i=1,\cdots,57; j=1,\cdots,5$) 线形特征记为 x_{ij}。

根据温丽高速事故研究报告,追尾、撞固定物和翻车为事故主要类型,因此本书将事故黑点路段的事故数按照追尾、撞固定物和翻车三种典型事故类型进行划分,记路段 i 的第 k 种事故类型数量为 y_{ik},分别计算事故黑点路段每一类事故类型事故数量的平均值 $\mu_k=\{\mu_1, \mu_2, \mu_3\}$。当 $y_{ik}>\mu_k (i=1,2,\cdots,57; k=1,2,3)$ 时,定义路段 i 的第 k 类事故类型为"相对高发"事故,标记 $y'_{ik}=1$;当 $y_{ik}\leqslant\mu_k (i=1,2,\cdots,57; k=1,2,3)$ 时,定义路段 i 的第 k 类事故类型为"相对低发"事故,标记 $y'_{ik}=0$,由此可以整理温丽高速(K117—K189)线形特征及追尾、撞固定物和翻车三种典型事故类型的事故级别如表 3-9、3-10 所示。

表 3-9 温丽高速事故黑点路段线形特征

序号	路段序号	路段桩号	坡度方向 x_{i1}	高程差绝对值 x_{i2}/m	高程标准差 x_{i3}/m	平曲线半径 x_{i4}/m	缓和比例 x_{i5}
1	R59	K175—K176	1	41.16	14.74	1 400	0.13
2	R7	K123—K124	1	44.18	13.96	3 500	0
3	R17	K133—K134	0	23.76	17.63	1 200	0.13
4	R10	K126—K127	0	78.6	19.06	850	0.18
5	R64	K180—K181	0	21.86	22.31	2 500	0
6	R47	K163—K164	1	0	22.81	6 000	0
7	R45	K161—K162	1	68.81	22.28	1 100	0.14
8	R13	K129—K130	1	45.8	12.06	4 000	0
9	R9	K125—K126	0	19.47	10.4	850	0.17
10	R69	K185—K186	1	1.76	2.6	2 100	0.12
11	R61	K177—K178	1	30	12.75	1 700	0.13
12	R32	K148—K149	1	0.26	3.17	750	0.19
13	R56	K172—K173	0	69	22.8	4 000	0
14	R5	K121—K122	1	16.99	11.85	10 000	0
15	R26	K142—K143	1	4.65	2.46	1 000	0.15
16	R28	K144—K145	0	4.88	2.35	10 000	0
17	R18	K134—K135	0	28.24	8.85	1 200	0
18	R63	K179—K180	0	42.51	16.79	2 500	0
19	R25	K141—K142	0	3.04	3.32	900	0.16
20	R33	K149—K150	1	0.35	3.43	2 300	0.05
21	R54	K170—K171	1	54.3	21.52	8 000	0
22	R4	K120—K121	0	7.99	11.72	10 000	0
23	R50	K166—K167	0	2.61	16.27	750	0.17
24	R15	K131—K132	0	5	2.02	10 000	0
25	R68	K184—K185	1	1.71	1.3	2 100	0.12
26	R23	K139—K140	0	1.18	2.4	720	0.33
27	R20	K136—K137	0	5.04	2.67	1 000	0.15
28	R62	K178—K179	0	29.43	13.67	2 500	0
29	R6	K122—K123	1	11.14	6.86	10 000	0

续表

序号	路段序号	路段桩号	坡度方向 x_{i1}	高程差绝对值 x_{i2}/m	高程标准差 x_{i3}/m	平曲线半径 x_{i4}/m	缓和比例 x_{i5}
30	R24	K140—K141	0	1.17	1.85	900	0.16
31	R48	K164—K165	0	23.05	19.88	6 000	0
32	R31	K147—K148	1	1.18	3.15	800	0.15
33	R55	K171—K172	1	5	21.78	8 000	0
34	R67	K183—K184	1	4.88	3.22	2 500	0
35	R38	K154—K155	1	3.91	2.84	1 200	0.14
36	L3	K119—K120	0	11.66	8.56	2 000	0
37	L17	K133—K134	1	28.62	22.75	1 200	0.15
38	L10	K126—K127	1	61.74	16.83	1 000	0.16
39	L59	K175—K176	0	61.41	24.97	1 000	0.15
40	L64	K180—K181	1	50.53	28.07	2 500	0
41	L2	K118—K119	1	25.63	12.86	2 000	0.12
42	L7	K123—K124	0	51.76	13.19	2 500	0
43	L45	K148—K149	0	78.15	20.36	1 070	0.14
44	L32	K125—K126	0	0.26	3.17	750	0.15
45	L9	K121—K122	1	31.33	13.83	1 000	0.15
46	L5	K185—K186	0	16.99	11.85	10 000	0
47	L69	K134—K135	0	1.76	2.6	2 100	0.12
48	L18	K161—K162	1	39.38	12.31	1 200	0
49	L61	K177—K178	0	20	13.14	3 000	0
50	L4	K149—K150	1	7.99	11.72	10 000	0
51	L33	K120—K121	0	0.35	3.43	2 300	0.06
52	L50	K159—K160	1	0.49	17.81	750	0.17
53	L56	K166—K167	1	53.8	21.81	4 000	0
54	L28	K156—K157	1	4.88	2.35	10 000	0
55	L54	K170—K171	0	44.76	21.12	10 000	0
56	L48	K164—K165	1	10	20.23	2 500	0
57	L47	K163—K164	1	10	20.96	2 500	0

表 3-10 温丽高速事故黑点路段事故类型统计

序号	路段序号	路段桩号	追尾事故数 y_{i1}/起	追尾事故分级 y'_{i1}	撞固定物事故数 y_{i2}/起	撞固定物事故分级 y'_{i2}	翻车事故数 y_{i3}/起	翻车事故分级 y'_{i3}
1	R59	K175—K176	12	1	15	1	4	1
2	R7	K123—K124	11	1	17	1	8	1
3	R17	K133—K134	11	1	18	1	3	1
4	R10	K126—K127	17	1	14	1	5	1
5	R64	K180—K181	16	1	15	1	3	1
6	R47	K163—K164	7	0	12	1	1	0
7	R45	K161—K162	10	1	8	0	1	0
8	R13	K129—K130	9	1	8	0	2	0
9	R9	K125—K126	12	1	5	0	3	1
10	R69	K185—K186	7	0	11	0	2	0
11	R61	K177—K178	10	1	10	0	2	0
12	R32	K148—K149	3	0	15	1	1	0
13	R56	K172—K173	12	1	7	0	1	0
14	R5	K121—K122	8	0	7	0	2	0
15	R26	K142—K143	4	0	15	1	2	0
16	R28	K144—K145	4	0	12	1	1	0
17	R18	K134—K135	4	0	11	0	3	1
18	R63	K179—K180	1	0	16	1	4	1
19	R25	K141—K142	1	0	13	1	2	0
20	R33	K149—K150	5	0	13	1	2	0
21	R54	K170—K171	7	0	8	0	1	0
22	R4	K120—K121	10	1	5	0	0	0
23	R50	K166—K167	2	0	8	0	5	1
24	R15	K131—K132	3	0	9	0	0	0
25	R68	K184—K185	4	0	10	0	1	0
26	R23	K139—K140	6	0	8	0	1	0
27	R20	K136—K137	3	0	6	0	0	0
28	R62	K178—K179	5	0	9	0	1	0

续表

序号	路段序号	路段桩号	追尾事故数 y_{i1}/起	追尾事故分级 y'_{i1}	撞固定物事故数 y_{i2}/起	撞固定物事故分级 y'_{i2}	翻车事故数 y_{i3}/起	翻车事故分级 y'_{i3}
29	R6	K122—K123	5	0	9	0	2	0
30	R24	K140—K141	3	0	11	0	0	0
31	R48	K164—K165	2	0	10	0	0	0
32	R31	K147—K148	3	0	12	1	1	0
33	R55	K171—K172	10	1	3	0	2	0
34	R67	K183—K184	3	0	8	0	2	0
35	R38	K154—K155	5	0	7	0	2	0
36	L3	K119—K120	18	1	12	1	3	1
37	L17	K133—K134	16	1	23	1	5	1
38	L10	K126—K127	21	1	19	1	2	0
39	L59	K175—K176	23	1	14	1	7	1
40	L64	K180—K181	13	1	16	1	3	1
41	L2	K118—K119	12	1	15	1	4	1
42	L7	K123—K124	16	1	13	1	2	0
43	L45	K148—K149	13	1	8	0	0	0
44	L32	K125—K126	1	0	18	1	1	0
45	L9	K121—K122	15	1	13	1	2	0
46	L5	K185—K186	15	1	7	0	1	0
47	L69	K134—K135	3	0	13	1	2	0
48	L18	K161—K162	6	0	13	1	3	1
49	L61	K177—K178	13	1	10	0	3	1
50	L4	K149—K150	15	1	7	0	2	0
51	L33	K120—K121	1	0	14	1	1	0
52	L50	K159—K160	10	1	9	0	3	1
53	L56	K166—K167	6	0	4	0	5	1
54	L28	K156—K157	2	0	12	1	2	0
55	L54	K170—K171	6	0	10	0	2	0
56	L48	K164—K165	4	0	10	0	3	1
57	L47	K163—K164	2	0	13	1	1	0
	事故数平均值 μ		8.18		11.19		2.23	

将事故黑点路段线形特征作为自变量集 $x_{ij}=\{x_{i1},x_{i2},x_{i3},x_{i4},x_{i5}\}(i=1,2,\cdots,57;j=1,2,\cdots,5)$,将追尾事故分级 y'_{i1}、撞固定物事故分级 y'_{i2} 和翻车事故分级 y'_{i3} 分别作为自变量集 x_{ij} 的因变量建立 Logistic 回归模型:

$$\ln(odds_1)=\ln\left[\frac{P(y'_{i1}=1\mid x_{ij})}{P(y'_{i1}=0\mid x_{ij})}\right]=w_{10}+\sum_{j=1}^{5}w_{1j}x_{ij}(i=1,2,\cdots,57) \quad (3-29)$$

$$\ln(odds_2)=\ln\left[\frac{P(y'_{i2}=1\mid x_{ij})}{P(y'_{i2}=0\mid x_{ij})}\right]=w_{20}+\sum_{j=1}^{5}w_{2j}x_{ij}(i=1,2,\cdots,57) \quad (3-30)$$

$$\ln(odds_3)=\ln\left[\frac{P(y'_{i3}=1\mid x_{ij})}{P(y'_{i3}=0\mid x_{ij})}\right]=w_{30}+\sum_{j=1}^{5}w_{3j}x_{ij}(i=1,2,\cdots,57) \quad (3-31)$$

其中,$odds_k=\{odds_1,odds_2,odds_3\}(k=1,2,3)$ 分别表示追尾、撞固定物、翻车三种事故类型事故相对高发与相对低发的比值,$w_{k0}=\{w_{10},w_{20},w_{30}\}$ 分别表示追尾、撞固定物、翻车三种事故类型 Logistic 回归模型的截距,$w_{kj}=\{w_{1j},w_{2j},w_{3j}\}(k=1,2,\cdots,3;j=1,2,\cdots,5)$ 分别表示第 j 种线形特征对追尾、撞固定物、翻车三种事故类型事故相对高发的影响因子。

运用 Score 检验法计算 Logistic 回归模型中事故黑点路段线形因素对追尾、撞固定物和翻车三种事故类型事故是否相对高发影响因子 $w_{kj}=\{w_{1j},w_{2j},w_{3j}\}(k=1,2,\cdots,3;j=1,2,\cdots,5)$ 的显著性水平如表 3-11 所示。

表 3-11 线形因素影响因子显著性水平统计表

事故类型	线形特征				
	坡度方向 x_{i1}	高程差绝对值 x_{i2}	高程标准差 x_{i3}	平曲线半径 x_{i4}	缓和比例 x_{i5}
追尾事故分级 y'_{i1}	0.995	0.001	0.053	0.745	0.341
撞固定物事故分级 y'_{i2}	0.612	0.973	0.940	0.038	0.386
翻车事故分级 y'_{i3}	0.666	0.202	0.002	0.016	0.039

选择 95% 置信区间内(显著性水平≤0.05)线形因素影响因子作为主要影响因子,则高程差绝对值为影响追尾事故分级的主要因子,平曲线半径为影响撞固定物事故分级的主要因子,高程标准差、平曲线半径及缓和比例为影响翻车事故分级的主要因子。

重新建立主要线形因素对追尾事故分级、撞固定物事故分级、翻车事故分级影响的 Logistic 回归模型,可以得到追尾事故分级 y'_{i1} 与高程差绝对值 x_{i2} 的回归关系(如式 3-32 所示),撞固定物事故分级 y'_{i2} 与平曲线半径 x_{i4} 的回归关系式(如式 3-33 所示),翻车事故分级 y'_{i3} 与高程标准差 x_{i3}、平曲线半径 x_{i4} 及缓和比例 x_{i5} 的回归关系(如式 3-34 所示)。

$$\ln(odds_1)=\ln\left[\frac{P(y'_{i1}=1\mid x_{ij})}{P(y'_{i1}=0\mid x_{ij})}\right]=-1.468+0.054x_{i2}(i=1,2,\cdots,57) \quad (3-32)$$

$$\ln(odds_2)=\ln\left[\frac{P(y'_{i2}=1\mid x_{ij})}{P(y'_{i2}=0\mid x_{ij})}\right]=0.548-2\times10^{-4}x_{i4}(i=1,2,\cdots,57) \quad (3-33)$$

$$\ln(odds_3)=\ln\left[\frac{P(y'_{i3}=1\mid x_{ij})}{P(y'_{i3}=0\mid x_{ij})}\right]=1.153+0.186x_{i3}-0.001x_{i4}-16.909x_{i5}(i=1,2,\cdots,57)$$

$$(3-34)$$

将主要线形因素自变量代入到回归模型中可以计算出各事故类型在相应事故路段"相对高发"的期望概率 $P(y'_{ij}=1)(i=1,2,\cdots,57;j=1,\cdots,5)$,定义 $P(y'_{ij}=1)\geqslant 0.5$ 为该事故类型在相应事故黑点路段期望"相对高发"($y'_{ij}=1$),$P(y'_{ij}=1)<0.5$ 为该事故类型在相应事故黑点路段期望"相对低发"($y'_{ij}=0$),由此可以对比 Logistic 回归模型计算得到的事故分级期望值与实际事故分级如表 3-12~表 3-14 所示。

表 3-12 追尾事故分级实际值与模型期望值对比

		追尾事故分级期望值		正确率/%
		$y'_{ij}=0$	$y'_{ij}=1$	
追尾事故分级实际值	$y'_{ij}=0$	25	7	78.1
	$y'_{ij}=1$	11	14	56.0
模型整体预测正确率/%				68.4

表 3-13 撞固定物事故分级实际值与模型期望值对比

		撞固定物事故分级期望值		正确率/%
		$y'_{ij}=0$	$y'_{ij}=1$	
撞固定物事故分级实际值	$y'_{ij}=0$	14	16	46.7
	$y'_{ij}=1$	4	23	85.2
模型整体预测正确率/%				64.9

表 3-14 翻车事故分级实际值与模型期望值对比

		翻车事故分级期望值		正确率/%
		$y'_{ij}=0$	$y'_{ij}=1$	
翻车事故分级实际值	$y'_{ij}=0$	31	7	81.6
	$y'_{ij}=1$	6	13	68.4
模型整体预测正确率/%				77.2

由表 3-12~表 3-14 可知,针对追尾事故分级、撞固定物事故分级与翻车事故分级所建立的 Logistic 模型预测准确率分别为 68.4%、64.9% 和 77.2%,对未来公路线形安全设计具有一定程度的参考意义。

3.4.4 事故黑点路段改善建议

根据 3.4.3 节中对各种事故类型"相对高发"主要线形影响因子的分析,可以从线形角度有针对性地提出温丽高速不同事故黑点路段的安全改善建议。

1. 追尾事故"相对高发"路段线形分析及安全改善建议

根据追尾事故分级 Logistic 回归模型,高程差绝对值为影响追尾事故是否"相对高发"

的主要线形影响因子。根据表 3-15 追尾事故"相对高发"事故黑点路段数据整理结果,可以发现追尾事故高发路段高程差绝对值普遍较大,其中事故黑点路段 R10、R45、R56、L10、L59、L45 的高程差绝对值更是超过了 60 m,使得平均纵坡(高程差绝对值与路线长度的比值)大小超过 6%,超过《公路工程技术标准》中平均纵坡 5.5% 的最大设计标准。

表 3-15　温丽高速追尾事故高发事故黑点路段

路段序号	路段桩号	高程差绝对值/m	追尾事故数量/起
R59	K175—K176	41.16	12
R7	K123—K124	44.18	11
R17	K133—K134	23.76	11
R10	K126—K127	78.6	17
R64	K180—K181	21.86	16
R45	K161—K162	68.81	10
R13	K129—K130	45.8	9
R9	K125—K126	19.47	12
R61	K177—K178	30	10
R56	K172—K173	69	12
R4	K120—K121	7.99	10
R55	K171—K172	5	10
L3	K119—K120	11.66	18
L17	K133—K134	28.62	16
L10	K126—K127	61.74	21
L59	K175—K176	61.41	23
L64	K180—K181	50.53	13
L2	K118—K119	25.63	12
L7	K123—K124	51.76	16
L45	K148—K149	78.15	13
L9	K121—K122	31.33	15
L5	K185—K186	16.99	15
L61	K177—K178	20	13
L4	K149—K150	7.99	15
L50	K159—K160	0.49	10

单位里程高程差绝对值过大,对于下坡车辆而言会影响制动效能,降低刹车效率;对于上坡车辆而言则会减少行车视距,容易引发追尾事故。因此对于单位里程高程差绝对值相

对较大的事故黑点路段,应该通过提前设置陡坡警告交通标志、设置减速带等方法改善其交通安全状况。

2. 撞固定物事故"相对高发"路段线形分析及安全改善建议

根据撞固定物事故分级 Logistic 模型,平曲线半径为影响撞固定物事故是否"相对高发"的主要线形因子。根据表 3-16 温丽高速撞固定物"相对高发"事故黑点路段数据整理结果,可以发现撞固定物"相对高发"事故黑点路段多位于平曲线半径较小的路段,其中 15 个事故黑点路段平曲线半径小于等于 2 000 m,属于急弯路段。

表 3-16 温丽高速撞固定物事故高发事故黑点路段

路段序号	路段桩号	平曲线半径/m	撞固定物事故数量/起
R59	K175—K176	1 400	15
R7	K123—K124	3 500	17
R17	K133—K134	1 200	18
R10	K126—K127	850	14
R64	K180—K181	2 500	15
R47	K163—K164	6 000	12
R32	K148—K149	750	15
R26	K142—K143	1 000	15
R28	K144—K145	10 000	12
R63	K179—K180	2 500	16
R25	K141—K142	900	13
R33	K149—K150	2 300	13
R31	K147—K148	800	12
L3	K119—K120	2 000	12
L17	K133—K134	1 200	23
L10	K126—K127	1 000	19
L59	K175—K176	1 000	14
L64	K180—K181	2 500	16
L2	K118—K119	2 000	15
L7	K123—K124	2 500	13
L32	K125—K126	750	18
L9	K121—K122	1 000	13
L69	K134—K135	2 100	13

续表

路段序号	路段桩号	平曲线半径/m	撞固定物事故数量/起
L18	K161—K162	1 200	13
L33	K120—K121	2 300	14
L28	K156—K157	10 000	12
L47	K163—K164	2 500	13

平曲线半径过小往往容易使高速行驶的车辆产生侧滑,同时对于温丽高速这种隧道和桥梁较多的山区道路,急弯的出现会对驾驶员的视距产生较大影响,增加驾驶员的心理压力,进而诱发车辆与公路基础设施的碰撞事故。因此对于平曲线半径较小的急弯路段,应当通过设置急弯警告交通标志和减速带降低车辆通过该路段的速度,同时在工程设计阶段可以通过设置缓和曲线衔接急弯和直线路段,降低急弯路段对行车安全的影响。

3. 翻车事故"相对高发"路段线形分析及安全改善建议

根据翻车事故分级 Logistic 模型,高程标准差、平曲线半径及缓和比例为影响翻车事故是否"相对高发"的主要线形因子。根据表中温丽高速翻车事故"相对高发"事故黑点路段数据整理结果,可以发现翻车事故高发事故黑点路段的高程标准差普遍较大,其中 R64、L17、L59、L64、L56、L48 的高程标准差超过 20 m,反映出这些路段的高程起伏较大,车辆通过时所产生的离心力变化较大,容易导致车辆失控;同时翻车事故高发事故黑点路段的平曲线半径及缓和比例较小,其中 R18、L18 的平曲线半径小于 2 000 且缓和比例为 0,反映出上述路段为急弯路段且未设置缓和曲线,车辆通过时容易产生侧滑而导致翻车事故的发生。

表 3-17 温丽高速翻车事故高发事故黑点路段

路段序号	路段桩号	高程标准差/m	平曲线半径/m	缓和比例	撞固定物事故数量/起
R59	K175—K176	14.74	1 400	0.13	4
R7	K123—K124	13.96	3 500	0	8
R17	K133—K134	17.63	1 200	0.13	3
R10	K126—K127	19.06	850	0.18	5
R64	K180—K181	22.31	2 500	0	3
R9	K163—K164	10.4	850	0.17	3
R18	K148—K149	8.85	1 200	0	3
R63	K142—K143	16.79	2 500	0	4
R50	K144—K145	16.27	750	0.17	5
L3	K179—K180	8.56	2 000	0	3
L17	K141—K142	22.75	1 200	0.15	5

续表

路段序号	路段桩号	高程标准差/m	平曲线半径/m	缓和比例	撞固定物事故数量/起
L59	K149—K150	24.97	1 000	0.15	7
L64	K147—K148	28.07	2 500	0	3
L2	K119—K120	12.86	2 000	0.12	4
L18	K133—K134	12.31	1 200	0	3
L61	K126—K127	13.14	3 000	0	3
L50	K175—K176	17.81	750	0.17	3
L56	K180—K181	21.81	4 000	0	5
L48	K118—K119	20.23	2 500	0	3

对于存在急弯的翻车事故高发路段应该通过设置急弯警告交通标志及减速带降低车辆通过该路段的速度，同时在工程设计阶段设置缓和曲线衔接直线路段和急弯路段；对于路面起伏较大的路段应该设置减速带降低车辆通过速度，保证车辆的通行安全。

参考文献

[1] 交通运输部. 2019 年交通运输行业发展统计公报[R]. 北京：交通运输部，2020.

[2] 中国产业信息网. 2020 年中国汽车保有量及驾驶员数量分析[EB/OL]. (2021-01-18)[2021-04-01]. https://www.chyxx.com/industry/202101/924253.html.

[3] Highway Safety Information System. http://www.hsisinfo.org/

[4] 冯桂炎. 公路设计交通安全审查手册[M]. 北京：人民交通出版社，2000.

[5] 任福田，刘小明. 论道路交通安全[M]. 北京：人民交通出版社，2001.

[6] 郭忠印，方守恩. 道路安全工程[M]. 北京：人民交通出版社，2003.

[7] Mannering F L, Shankar V, Bhat C R. Unobserved heterogeneity and the statistical analysis of highway accident data[J]. Analytic Methods in Accident Research, 2016, 11: 1-16.

[8] Behnood A, Mannering F. Time-of-day variations and temporal instability of factors affecting injury severities in large-truck crashes[J]. Analytic Methods in Accident Research, 2019, 23: 100102.

[9] Li Y, Song L, Fan W. Day-of-the-week variations and temporal instability of factors influencing pedestrian injury severity in pedestrian-vehicle crashes: A random

parameters logit approach with heterogeneity in means and variances[J]. Analytic Methods in Accident Research, 2021, 29: 100152.

[10] Yu M, Zheng C J, Ma C X. Analysis of injury severity of rear-end crashes in work zones: A random parameters approach with heterogeneity in means and variances[J]. Analytic Methods in Accident Research, 2020, 27: 100126.

[11] Yu H, Yuan R Z, Li Z N, et al. Identifying heterogeneous factors for driver injury severity variations in snow-related rural single-vehicle crashes[J]. Accident Analysis & Prevention, 2020, 144: 105587.

[12] Behnood A, Mannering F. The effect of passengers on driver-injury severities in single-vehicle crashes: A random parameters heterogeneity-in-means approach[J]. Analytic Methods in Accident Research, 2017, 14: 41-53.

[13] Behnood A, Mannering F L. An empirical assessment of the effects of economic recessions on pedestrian-injury crashes using mixed and latent-class models[J]. Analytic Methods in Accident Research, 2016, 12: 1-17.

[14] Mannering F. Temporal instability and the analysis of highway accident data[J]. Analytic Methods in Accident Research, 2018, 17: 1-13.

第四章

基于历史事故数据和非参数模型的分析方法

数据驱动方法是指包括数据挖掘、机器学习、深度学习、强化学习等在内的先进数据处理技术,能够处理海量数据,且预测精度高[1]。然而,大多数数据驱动模型都是非参数模型,又被称为"智能黑箱",通常无法解释事故形成的机理,且利用现有数据驱动模型挖掘出的事故因果关系一般不具推广性和通用性[2]。典型的非参数模型通常可以分为基于实例的算法(Instance-based algorithms)、正则化算法(Regularization algorithms)、决策树算法(Decision tree algorithms)、贝叶斯网络(Bayesian networks)、聚类算法(Clustering algorithms)、关联规则算法(Association rule algorithms)、神经网络算法(Artificial neural network algorithms)、深度学习算法(Deep learning algorithms)、降维算法(Dimensionality reduction algorithms)、集成算法(Ensemble algorithms)、强化学习(Reinforcement learning)等。

当数据库较为庞大时(譬如自然驾驶数据),传统统计模型、先进的异质性/内生性模型、因果推断模型都存在一定应用难度。此时,数据驱动方法较为适用。目前,数据驱动方法在事故研究领域的潜力仍未被完全发掘,面对数据量较小的应用场景,研究者们更倾向于选择模型解释力更强的统计学方法。然而,人工智能技术的飞速发展为交通自动化领域的研究者提供了便利。研究者通过调用并微调封装好的模型,对事故进行分析及预测。然而,这一过程通常也需要结合人类判断和过往经验,并非完全智能。本章将着重对基于历史事故数据和非参数模型的分析方法展开介绍。

4.1 典型非参数模型:数据驱动模型

4.1.1 单分类器模型

1. 决策树模型

决策树(Decision Tree,DT)是一种常用于回归和分类的非参数学习方法(见图 4-1 及链接),其优点在于训练速度快、模型可解释性强,因此被广泛用于事故分析领域,典型的决策树算法包括 ID3 算法、C4.5 算法和 CART 算法。

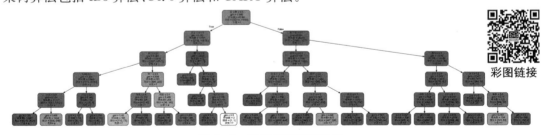

图 4-1 决策树模型可视化

CART 算法的鲁棒性和可移植性较其他两种算法更胜一筹,通常采用基尼指数来定义信息的增益并进行属性划分;基尼指数越小,样本纯度越高,分类效果越好。决策树容易产生过拟合,且泛化性能较差,在实际应用中,通常采用剪枝、设置叶节点复杂度等策略避免此类问题。

基尼系数定义如下:

$$Gini(D) = 1 + \sum_{k=1}^{K} \left(\frac{|C_k|}{|D|}\right)^2 \tag{4-1}$$

其中,D 表示样本集合,$Gini(D)$ 是 D 的基尼系数,K 表示类的数量,C_k 表示样本子集。

2. 支持向量机模型

支持向量机(Support Vector Machines,SVM)是一种从样本数据出发按照监督学习方式对数据规律进行学习并进行二分类的广义线性分类器,由于其具有非线性拟合能力和较强小样本学习能力,不易陷入局部最优,因此也常被使用在事故风险评估研究中。

模型基本思想是在特征空间找到一个最优分离超平面(Optimization hyperplane),将样本分类并且满足误分类最小(Structural risk minimization principle),学习策略为间隔(Margin)最大,即两个异类支持向量到超平面的距离之和最大,寻找最优结果的过程为凸二次规划问题。当训练样本线性可分时,距离超平面最近的训练样本点为支持向量(Support vector),可用线性方程划分平面;当数据在低维线性不可分时,可以通过核函数映射到高维转化为线性可分。划分平面的方程可分别表示为:

$$\boldsymbol{w}^\mathrm{T}\boldsymbol{x} + b = 0 \tag{4-2}$$

$$\boldsymbol{w}^\mathrm{T}\boldsymbol{\phi}(\boldsymbol{x}) + b = 0 \tag{4-3}$$

其中训练样本集为 $D = \{(x_1, y_1), (x_2, y_2), \cdots, (x_n, y_n)\}$,$y$ 为二分类因变量,$\boldsymbol{w}$ 为法向量,决定超平面的方向,b 为位移项,决定超平面与原点之间的距离,$\boldsymbol{\phi}(\boldsymbol{x})$ 表示将 $\boldsymbol{x}$ 映射后的特征向量。求解 SVM 模型中的最优分离超平面可表示优化问题,如式(4-4)所示,其中当训练数据线性不可分时,引入松弛变量,进行软间隔最大化。

$$\min_{\boldsymbol{w}, b, \boldsymbol{\varepsilon}} \frac{1}{2} \boldsymbol{w}^\mathrm{T}\boldsymbol{w} + C \sum_{i=1}^{n} \varepsilon_i \tag{4-4}$$

其中:$y_i[\boldsymbol{w}^\mathrm{T}\boldsymbol{\phi}(x_i) + b] \geqslant 1 - \varepsilon_i, \varepsilon_i \geqslant 0, i = 1, 2, \cdots, n$;$\varepsilon_i$ 为松弛变量;C 为用于调节对错分样本惩罚程度的惩罚参数,C 越大代表越不能容忍误差,C 过大和过小分别容易导致模型的过拟合和欠拟合。可通过拉格朗日乘子法将上述优化转换为对偶变量的优化,从而通过求解和原问题等价的对偶问题[式(4-5)]获得最优解,并引入核函数简化问题[式(4-6)],通常而言,核函数存在多种形式,目前多采用线性核、多项式核、径向基核(RBF)以及 Sigmoid 核。RBF 核函数的公式如式(4-7)所示,其中 γ 为内核参数,γ 越大,支持向量越少,反之支持向量越多,支持向量的个数影响模型训练和预测的速度。

$$\max_{\alpha} \sum_{i=1}^{n} \alpha_i - \frac{1}{2} \sum_{i=1}^{n} \sum_{j=1}^{n} \alpha_i \alpha_j y_i y_j (x_i)^\mathrm{T} x_j \tag{4-5}$$

$$\max_{\alpha} \sum_{i=1}^{n} \alpha_i - \frac{1}{2} \alpha_i \alpha_j y_i y_j k(x_i, x_j) \tag{4-6}$$

其中,α_i, α_j 是拉格朗日乘子,x_i, x_j 是模型输入特征,y_i, y_j 是模型输出标签,$k(x_i, x_j)$ 是模型

所需核函数。$\sum_{i=1}^{n} \alpha_i y_i = 0, C \geqslant \alpha_i \geqslant 0$

$$k(x_i, x_j) = \exp(-\gamma \parallel x_i - x_j \parallel^2), \gamma > 0 \tag{4-7}$$

3. K 邻近算法

K 邻近(K-Nearest Neighbor, KNN)算法是一种基于邻居的监督学习,为基本的分类与回归学习算法,经常应用于决策边界不规则的分类情况。

其基本原理为基于某种距离度量找出训练集中与给定新实例最靠近的 k 个训练样本,然后基于这 k 个"邻居"的信息进行预测,在分类预测中,为找到这 k 个样本中出现最多的类别标记作为预测结果。K 邻近算法是典型的懒惰学习算法,训练过程不能用显式表达,仅简单地存储训练数据的信息,没有相关参数训练,测试时将测试样本与训练样本进行比较和计算距离,最终实现判别。KNN 模型含有三个要素:k 值、距离的度量、分类决策规则。其中,k 值的选择高度依赖数据,当 $k=1$,为最邻近算法,通常 k 值过小易导致过拟合,降低预测效果;k 值越大越能抑制噪声的影响,但是过大也会使得分类界限模糊并且不相关的实例对结果产生影响,可使用交叉验证法确认 k 值。实际算法应用中,距离可通过公式(4-8)计算:

$$d_{ij} = \left(\sum_{1}^{m} \mid x_{im} - x_{jm} \mid^p \right)^{1/p} \tag{4-8}$$

式中:d_{ij} 是实例 i 和 j 之间的距离,x_{im} 和 x_{jm} 分别是两个实例第 m 个自变量的值。当 p 值为 2 时,距离为常用的欧氏距离(Euclidean distance),p 为 1 时,距离为曼哈顿距离(Manhattan distance)。K 邻近算法具有易于理解和实现的优势,适用于数值型和离散型数据,对稀有事件进行分类,但由于其计算较为复杂、计算量大,并且模型可解释性较差,因而在应用中适用于样本量较小和样本较平衡的情况。

4. 多层感知机模型

在机器学习领域,多层感知机模型(Multi-Layer Perceptron, MLP)又称为人工神经网络(Artificial Neural Networks, ANN),是一种模仿人类神经网络行为特征,进行大规模并行信息处理的算法。由于该算法为分布式存储、高度冗余和非线性运算,因此算法具有较强的运算速度、学习能力、适应性和容错能力,已经成为一种强大的分类和回归分析模型。M-P 神经元模型是对神经网络的首次数学抽象,针对于单个的神经元进行了数学建模,主流的神经网络模型为多层前馈神经网络(Multi-Layer Feed-forward NN),以层(Layer)为基本单位,每一层都可想象为由若干个 M-P 神经元排列组成的神经层,包含输入层、隐层和输出层。

目前已有多种训练神经网络的算法被提出,包括反向传播神经网络(Back-propagation, BP)、卷积神经网络(Convolutional NN, CNN)、长短时记忆神经网络(Long Short-term Memory Networks, LSTM)等,其中 BP 算法的结构较为简单、可塑性强、数学意义明确,因此应用最为广泛。BP 算法原理是在迭代的每一轮中利用梯度来更新结构中的参数,最终使得损失函数最小化,训练过程分为信号正向传播和误差逆向传播,根据逆向传至隐层的误差对神经网络连接权和阈值进行调整,最终迭代停止并得到最优结果。BP 算法首先计算损失函数的梯度,如式(4-9)所示,继而进行局部梯度的反向传播,如式(4-10)所示。

$$\delta^{(m)} = \frac{\partial L(y, v^{(m)})}{\partial v^{(m)}} \phi'_m(u^{(m)}) \qquad (4-9)$$

$$\delta^{(i)} = \delta^{(i+1)} \boldsymbol{w}^{(i)T} \phi'_i(u^{(i)}) \qquad (4-10)$$

式中:δ 代表局部梯度,v 为激活值,m 表示层数,第 i 层(L_i)与 $i+1$ 层之间的权值矩阵为 $\boldsymbol{w}^{(i)}$,$u^{(i)}$ 为 L_i 中神经元,ϕ'_i 为激活函数运算符"×"代表矩阵乘法。激活函数代表模型结构中的非线性扭曲力,常见的有 Sigmoid 函数[式(4-11)]、双曲正切函数[式(4-12)]、线性整流函数、ReLU 函数等,Python 的 Scikit-learn 库中默认激活函数为双曲正切函数。神经网络的隐含层数以及每层神经元数(节点数)是模型估计中的关键参数,影响模型训练效果和误差,实际计算中可以精度曲线为参考进行决定。

$$\phi(x) = \frac{1}{1 + e^{-x}} \qquad (4-11)$$

$$\phi(x) = \frac{e^x - e^{-x}}{e^x + e^{-x}} \qquad (4-12)$$

4.1.2 集成分类器模型

1. Bagging 分类器

随机森林算法(Random Forest,RF)是典型的 Bagging 分类器,在以决策树为学习器构建 Bagging 集成的基础上,进一步在决策树的训练过程中引入了随机属性选择。多用来对挖掘出的影响因素进行重要度排序,识别出影响事故风险的关键因素。决策树在选择划分属性时是在当前结点的属性集合中选择一个最优属性,而随机森林每划分一个分类回归树时都是基于自助采样(Bootstrap sampling)方法,从原始样本中随机选择出一个包含 k 个属性的子集,然后再从这个子集中选择一个最优属性用于划分。

随机森林拥有决策树的所有优点,同时弥补了决策树的一些缺陷。首先随机森林规避了单一决策树可能出现的过拟合或误差较大问题。通过对特征引入随机扰动,随机森林可以使个体模型之间的差异进一步增加,提升最终模型的泛化能力。其次随机森林算法通过对每个决策树取平均,能够减少预测误差提升预测精度,还能够处理具有高维特征的样本,进而有效运行在大数据集上。

随机森林模型预测精度主要受以下方面影响:树之间的相关性(相关性增高会导致预测不准确性)、每一棵树的预测精度(单棵树预测精度的增加会提升整体森林的预测精度),以及森林中树的总数(在计算效率条件下,通常树的数量越大,模型效果越好)。通常计算前需要对三个主要参数进行标定:森林中树的个数(Num of estimators)、树的最大深度(Max depth)和分割节点时考虑的特征的随机子集的大小(Max features)。随机森林除了用来进行模型分类预测,还能通过计算特征重要度对模型特征进行筛选(图 4-2)。

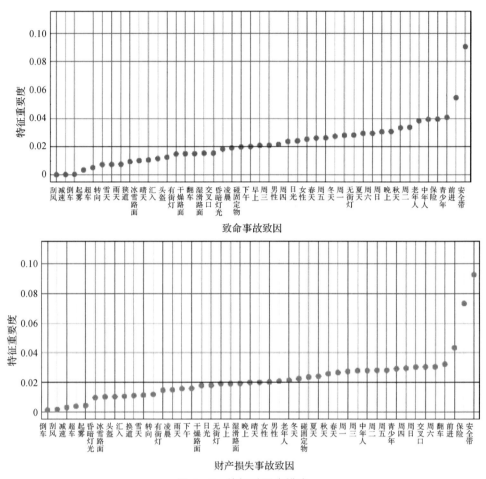

图 4-2 特征重要度排序

2. Boosting 分类器

Boosting 是一种通过组合弱学习器来产生强学习器的通用且有效的方法。常用的 Boosting 分类器包括 AdaBoost、梯度提升决策树（Gradiant Boosting Decision Tree，GBDT）、XGBoost。

AdaBoost 是一种迭代算法，其核心思想是针对同一个训练集训练不同的分类器，即弱分类器，然后把这些弱分类器集合起来，构造一个更强的最终分类器。AdaBoost 算法是通过改变数据分布实现的，它根据每次训练集之中的每个样本的分类是否正确，以及上次的总体分类的准确率来确定每个样本的权值，并将修改后的权值输入下层分类器进行训练，然后将每次训练得到的分类器融合起来，作为最后的决策分类器。AdaBoost 具有简单易用、不易过拟合、检测速率高等优点，常用于二分类或多分类的应用场景，但是该算法在实现过程中为取得更高的检测精度通常需要较大的训练样本集，在每次迭代过程中，训练一个弱分类器则对应该样本集中的每一个样本，每个样本具有很多特征，因此增加了从庞大的特征中训练得到最优弱分类器的计算量。

完整的 AdaBoost 算法如下：

给定 $(x_1, y_1), \cdots, (x_m, y_m)$，其中 $x_i \in X, y_i \in Y(Y=\{-1, +1\})$；
初始化 $D_1(i) = \frac{1}{m}$；
对于 $t = 1, 2, \cdots, T$；
- 以 D_t 分布训练弱分类器；
- 得到带有误差项 $\epsilon_t = P_{t \sim D_t}[h_t(x_i) \neq y_i]$ 的弱假设：$h_t : X \rightarrow \{-1, +1\}$；
- 令 $\alpha_t = \frac{1}{2} \ln\left(\frac{1-\epsilon_t}{\epsilon_t}\right)$；
- 迭代：
$$D_{t+1}(i) = \frac{D_t(i)}{Z_t} \times \begin{cases} e^{-\alpha_t}, & h_t = y_i \\ e^{\alpha_t}, & h_t \neq y_i \end{cases}$$
$$= \frac{D_t(i) \exp(-\alpha_t y_i h_t(x_i))}{Z_t}$$

其中，Z_t 是 D_{t+1} 分布的标准化因子；
- 最终假设为：
$$H(x) = \text{sign}\left[\sum_{t=1}^{T} \alpha_t h_t(x)\right]$$

与 AdaBoost 算法不同，GBDT 算法在迭代的每一步构建一个能够沿着梯度最陡的方向降低损失（Steepest-descent）的学习器来弥补已有模型的不足。AdaBoost 算法对异常点（outlier）比较敏感，而梯度提升算法通过引入 Bagging 思想、加入正则项等方法能够有效地抵御训练数据中的噪音，具有更好的鲁棒性。GBDT 算法原理如下：

初始化 $f_0(x) = \text{argmin}_\gamma \sum_{i=1}^{N} L(y_i, \gamma)$；
令 $m = 1, \cdots, m$；
- 令 $i = 1, 2, \cdots, N$，计算
$$r_{im} = -\left[\frac{\partial L(y_i, f(x_i))}{\partial f(x_i)}\right]_{f=f_{m-1}};$$
- 在目标区域 R_{jm} 中拟合 r_{im}，其中 $j = 1, 2, \cdots, J_m$；
- 对于 $j = 1, 2, \cdots, J_m$，计算
$$r_{im} = \text{argmin}_\gamma \sum_{x_i \in R_{jm}} L(y_i, f_{(m-1)}(x_i) + \gamma);$$
- 迭代更新 $f_m(x) = f_{m-1}(x) + \sum_{j=1}^{J_m} I(x_i \in R_{jm})$

输出 $\hat{f} = f_M(x)$

XGBoost 为 AdaBoost 和 GBDT 的改进算法，也是典型的 Boosting 方法，其核心思想在于通过不断地添加新树来拟合旧树残差，从而改善模型性能。其目标函数表示如下：

$$Obj = \sum_{i=1}^{n} l(y_i, \hat{y}_i^{t-1} + f_t(x_i)) + \Omega(f_t) + \epsilon \tag{4-13}$$

通过一阶和二阶泰勒展开来近似目标，即：

$$f(x + \Delta x) \simeq f(x) + f'(x)\Delta x + \frac{1}{2} f''(x) \Delta x^2 \tag{4-14}$$

$$Obj \simeq \sum_{i=1}^{n} l\left[y_i, \hat{y}_i^{t-1} + g_i f_t(x_i) + \frac{1}{2} h_i f_t^2(x_i)\right] + \Omega(f_t) + \epsilon \tag{4-15}$$

其中,

$$g_i = \partial_{\hat{y}^{(t-1)}} l(y_i, \hat{y}^{(t-1)}) \quad (4-16)$$

$$h_i = \partial^2_{\hat{y}^{(t-1)}} l(y_i, \hat{y}^{(t-1)}) \quad (4-17)$$

4.1.3 分类器模型的应用

非参数模型在交通安全研究领域已有广泛应用。早期研究多针对单分类器模型展开,文献[3]使用随机森林分类器分析山区事故特征与严重程度之间的相关关系,并基于特征提取进行事故特征危险程度排序。文献[4]比较了随机森林、决策树、K 邻近、感知向量机、逻辑回归模型在交通冲突判别方面的性能,结果表明大部分模型的预测精度超过 90%,相较而言,随机森林和决策树模型的预测准确度较稳定,呈现较佳性能。文献[5]比较了 K 邻近、支持向量机、随机森林和多元 Logit 回归模型对事故严重程度的分类效果,并发现 K 邻近算法拥有最佳性能。另外还有研究采用决策树模型评估山区车辆事故[6]、行人伤亡[7]、卡车事故[8]等车辆危险状态的严重程度、发生可能性以及影响机理。

随着非参数分类器的不断发展,学者们开始采取融合模型。文献[9]建立两层堆叠模型:第一层包括随机森林分类器、Adaboost 分类器、GBDT 分类器,第二层为逻辑回归分类器。通过与感知向量机、支持向量机、随机森林单分类器的对比,该文献证实了堆叠模型拥有较好预测和分类性能。文献[10]采用合成少数类过采样(Synthetic Minority Oversampling Technique,SMOTE)、随机欠采样(Random Undersampling,RUS)、随机过采样(Random Oversampling,ROS)等算法处理不平衡事故数据集,并分别结合感知向量机、支持向量机、随机森林对比模型预测性能,结果表明 SMOTE 算法和感知向量机相结合能够获得最佳预测性能。文献[11]构建基于数据方法的融合型分类器判别事故风险,分别采用 Bagging 和 Boosting 算法重构贝叶斯分类器、K 邻近分类器、支持向量机分类器、多层感知机分类器,结果表明融合朴素贝叶斯、贝叶斯网络、K 邻近分类器、支持向量机分类器、多层感知机分类器的 Boosting 结构具有最佳预测性能。文献[12]提出支持向量机模型来处理事故预测中复杂、大、多维的空间数据,并考虑空间邻近对事故预测的影响,研究结果表明考虑空间邻近的支持向量机模型在模型拟合和预测性能上优于基础支持向量机模型。

4.2 基于机器学习方法的事故严重程度预测分析

4.2.1 特征工程

对于机器学习算法而言,数据和特征决定了机器学习的上限,而模型和算法只是逼近这个上限。因此,在将数据输入机器学习模型之前,需要进行一定的特征工程,因为从数据里面提取出来的特征质量有时会直接影响模型的结果。从本质上而言,特征工程其实是一个如何

 第四章 基于历史事故数据和非参数模型的分析方法

展示和表现数据的问题,在实际应用时,需要把数据以一种"良好"的方式展现出来,从而使得各类机器学习模型得到更好的效果。如何从原始数据中去除低效数据和特征是特征工程的关键问题。典型的特征工程包括数据预处理、特征提取、特征选择等过程,表 4-1 总结了特征工程中的典型方法及其在 Python 中的调用方法。

表 4-1 特征工程典型方法

内容	典型方法	Python 调用方法
数据预处理	标准化法:标准化法是一种常见的去量纲化方法,其前提为特征值服从正态分布,标准化法将特征转为标准正态分布	from sklearn. preprocessing import StandardScaler StandardScaler(). fit_transform(data)
	区间缩放法:区间缩放法利用了边界值信息,将特征的取值区间缩放到某个特点的范围,例如[0,1]等	from sklearn. preprocessing import MinMaxScaler MinMaxScaler(). fit_transform(data)
	定量特征二值化:定量特征二值化的核心在于设定一个阈值,大于阈值的赋值为 1,小于等于阈值的赋值为 0	from sklearn. preprocessing import Binarizer Binarizer(threshold=n). fit_transform(data)
	哑编码:将定量变量或离散变量进行相应转换,使其符合机器学习模型所需要的输入格式	from sklearn. preprocessing import OneHotEncoder OneHotEncoder(). fit_transform (data. reshape((-1,1)))
	对数转换法	from numpy import log1p from sklearn. preprocessing import FunctionTransformer FunctionTransformer(log1p). fit_transform(data)
降维	主成分分析法(Principle Component Analysis,PCA)	from sklearn. decomposition import PCA PCA(n_components=n). fit_transform(data)
	线性判别分析法(LDA)	from sklearn. lda import LDA LDA(n_components=n). fit_transform(data,target)
特征选择	方差选择法:先要计算各个特征的方差,然后根据阈值,选择方差大于阈值的特征	from sklearn. feature_selection import VarianceThreshold VarianceThreshold(threshold=n). fit_transform(data)
	卡方检验:经典的卡方检验是检验定性自变量对定性因变量的相关性	from sklearn. feature_selection import SelectKBest from sklearn. feature_selection import chi2 SelectKBest(chi2,k=2). fit_transform(data,target)
	递归特征消除法:递归消除特征法使用一个基模型来进行多轮训练,每轮训练后,消除若干权值系数的特征,再基于新的特征集进行下一轮训练	from sklearn. feature_selection import RFE from sklearn. linear_model import LogisticRegression RFE(estimator=LogisticRegression(),n_features_to_select=2). fit_transform(data,target)
	基于惩罚项的特征选择法	from sklearn. feature_selection import SelectFromModel from sklearn. linear_model import LogisticRegression SelectFromModel(LogisticRegression(penalty="l1", C=0.1)). fit_transform(data,target)

续表

内容	典型方法	Python 调用方法
特征选择	基于树模型的特征选择法：GBDT 和随机森林都可被用作基模型来进行特征选择	from sklearn. feature_selection import SelectFromModel from sklearn. ensemble import GradientBoostingClassifier SelectFromModel（GradientBoostingClassifier（））. fit_transform(data, target)

在事故严重程度分类预测任务中，特征并非总是连续值，大部分时候原始数据是无法被机器学习算法所识别的分类变量，比如驾驶员的性别（男、女），事故发生的天气（晴天、雨天、雪天），事故发生的时段（白天、夜晚）等，需要借助一定的编码手段将其转换成能够被机器学习算法所识别的输入特征，其中最常用的方法为独热向量编码（One-hot Encoding，OHE），也叫哑编码。使用哑编码，将离散特征的取值扩展到了欧式空间，离散特征的某个取值就对应欧式空间的某个点。将离散型特征使用哑编码，解决了分类器不好处理属性数据的问题，会让特征之间的距离计算更加合理，在一定程度上也起到了扩充特征的作用。但当类别的数量很多时，特征空间会变得非常大。在这种情况下，一般可以采用主成分分析（PCA）来减少维度。OHE 与 PCA 的组合在实际应用中非常广泛。一般而言，通过 Stata、SPSS 等数据分析软件或者直接调用 Python、R 中相关的库都可以直接实现哑编码，快速进行特征向量生成。

通常，经过哑编码后的事故向量可能具备很高的维度，而高维度的输入往往会加重机器学习模型的计算负担，为了进一步提高模型计算效率，对特征进行筛选或降维十分有必要。

4.2.2 数据集划分

一般而言，考量机器学习模型的性能通常从两个宏观角度出发：一是训练集代表的优化性能，二是测试集代表的泛化性能。利用数据集进行训练和测试，需要对原始训练集进行划分，产生相应的训练集（Training set）、验证集（Validation set）和测试集（Test set）。常用的数据集划分方法包括以下两种：

1. 留出法

留出法（Hold-out method）直接将整个数据集划分为三个互斥的集合作为训练集、验证集和测试集。在划分时，要尽可能保持数据分布的一致性，避免因数据划分过程引入额外的偏差对最终结果产生影响，例如在分类任务中至少要保持样本的类别比例相似。在实践中，分层采样（Stratified sampling）通常被用来划分数据以保留类别比例。然而，单次使用留出法得到的估计结果往往不够稳定可靠，一般要采用若干次随机划分、重复进行实验评估后取平均值作为留出法的评估结果。

2. 交叉验证法

交叉验证法（Cross validation method）通过将数据集划分为 k 个大小相似的互斥子集实现。通过对数据集进行分层采样，每个子集都尽可能保持数据分布的一致性。每次用 $k-1$ 个子集的并集作为训练集，剩下的那一个子集用作测试集，从而获得 k 组划分，进行 k 次训练和测试,最后返回 k 个评估结果的均值。交叉验证也被称为 k 折交叉验证(k-fold cross validation),实践应用中,k 常取值为 5~10(图 4-3)。

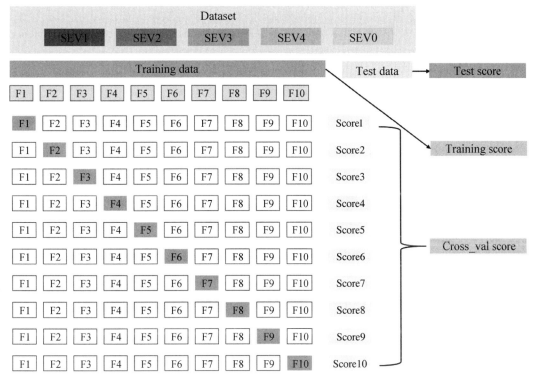

图 4-3 基于事故严重等级数据库 k 折交叉验证划分

4.2.3 不平衡数据集处理

在数据分类评价指标中,全局分类正确率是指分类正确的正样本与负样本数量之和除以总的正样本与负样本的数量。正样本分类正确率是指分类正确的正样本数量除以总的正样本数量,同理可得负样本分类正确率。通过上述定义可以知道:不平衡数据中,由于负样本数量远多于正样本,少数正样本被错分并不会大幅度地降低全局分类正确率,这样会导致模型呈现虚高的分类正确率,为了解决此类问题,对不平衡数据集进行处理也是机器学习建模必不可少的步骤之一。

目前,提升机器学习分类器在不平衡数据中的性能主要采用两种方法:一是对不平衡数据分类算法的优化,但现阶段的分类算法主要根据平衡数据集进行设计,所以优化不平衡分类算法具有较大难度,且在正样本分类正确率上的性能提升并不显著;第二种方法为重采样算法,重采样算法的核心为解决输入数据正负样本分类不平衡问题,相较于优化分类算法使其更适应于不平衡数据的处理而言,重采样算法直接从输入层面入手,具有设计简单、对正样本分类正确率方面的性能有较大改善作用等显著优点。重采样方法主要包括以下三类:欠采样(Undersampling)、过采样(Oversampling)、混合采样(Mixed sampling)。

1. 欠采样方法

欠采样方法主要通过筛选并剔除一些不具代表性的负样本,使负样本和正样本达到平衡比例(图4-4),其优点是训练集达到平衡,提升了正样本分类正确率,缺点是丢失了大量的负样本特征。

典型的欠采样方法主要包括两类:基于聚类的欠采样方法(Clustering based under-sampling)和基于整合的欠采样方法(Ensembling based under-sampling)。前者主要对负样本进行聚类,并在每一个类中选取有代表性特征的样本作为负样本训练集。后者则是将负样本进行分类,利用每一类负样本和唯一的正样本对多个分类器进行训练,并对结果进行集成。

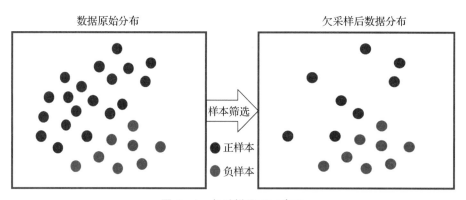

图4-4 欠采样原理示意图

2. 过采样方法

其原理和欠采样方法相反,主要通过复制并生成少数的正类样本取得正负样本间的平衡(图4-5),其优点是增加了正样本的数量,丰富了正样本的多样性,提升模型对于正样本的学习量,缺点为生成的正样本并非真实采集,可能产生样本噪声,降低正样本分类正确率。

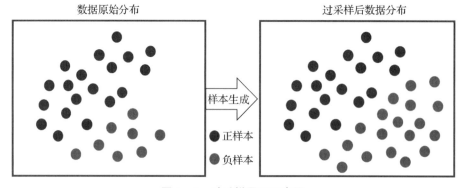

图4-5 过采样原理示意图

过采样方法采取的算法思想包括K邻近思想、聚类思想、深度神经网络思想、进化算法思想等(表),最简单易用的过采样方法为随机过采样(Random Oversampling,ROS),其基本思想在于随机复制正样本使其能够与负样本保持比例平衡。ROS方法对正样本的分类正确率有所提高,但其随机生成的正样本通常缺乏多样性,对正样本分类正确率的提升十分有限。为了解决上述问题,Chawla 等人提出了 SMOTE(Synthetic Minority Oversampling Technique)算法,作为典型的 K 邻近思想过采样方法,SMOTE 通过在每一个正样本和其 K 邻近的样本之间随机生成新样本,丰富样本的多样性,后续的改进算法包括 Borderline SMOTE、SVM SMOTE、K-means SMOTE 等,以上算法均可在 Python 中通过调用 imlearn 库实现。

表 4-2 典型过采样研究方法介绍

过采样方法	算法特点
ROS	平衡了正负样本训练集,产生的样本不具有多样性
SMOTE	生成样本具有多样性,但生成样本有可能跨越边界
Borderline SMOTE	强化了边界样本的学习
基于聚类思想	生成样本更符合样本类内的分布
基于深度神经网络特征提取思想	具有很好的普适性,样本特征容易丢失,产生噪声较多
基于半监督思想	解决样本稀少问题,但新样本噪声较多
基于样本分布特征	样本生成效果好,不具有普适性
基于进化理论	样本生成效果好,实现困难,代价大

3. 混合采样方法

混合采样方法主要将欠采样和过采样方法相结合,通过特定样本生成模型和样本筛选模型生成部分正样本、剔除部分负样本,从而达到正负样本数量的平衡(图 4-6)。相比纯粹的欠采样和过采样方法,混合采样能够减少负样本特征的丢失,同时减少生成正样本带来的噪声。

目前,样本数据的重采样方法在事故分析领域得到了一定应用,具体方向包括基于实时交通运行参数的事故风险预测、基于交通违章数据的事故风险预测、基于历史事故数据的事故等级分类、基于驾驶模拟数据的事故风险预测等,但重采样方法在事故分析领域的应用仍然有待深化,未来可以考虑在事故样本信息获取的多源属性、样本聚类距离指标的丰富度和普适度、新样本生成的去噪程度、采样边界寻找方法等方向进一步拓展。

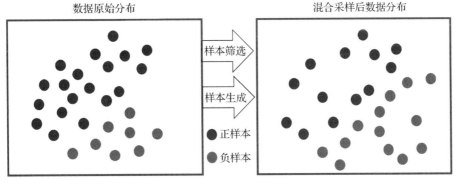

图 4-6 混合采样原理示意图

4.2.4 模型构建和微调

就机器学习算法本身的应用而言,其性能的提升主要依赖超参数的调节实现。不同机器学习分类器需要调节的关键超参数及其在 Python 中的调用方法如表 4-3。

通常而言,我们使用超参数搜索寻求使模型达到最优性能的超参数,常用的超参数搜索方法包括网格搜索(Grid-search)、手动设置及随机搜索(Random-search)等。

表 4-3 机器学习常见模型关键超参数介绍

模型	关键超参数	描述	调用方法
决策树模型(DT)	最大树深(max_depth)	针对训练样本评分很高,但测试数据集评分较低的情况(模型过拟合),常通过限定最大树深避免模型过拟合情况	sklearn.tree.DecisionTreeClassifier(max_depth=d, criterion='gini', min_impurity_decrease=n)
	节点划分最小不纯度(min_impurity_decrease)	用来指定信息熵或者基尼不纯度的阈值,当决策树分裂后,其信息增益低于这个阈值时则不再分裂	
支持向量机(SVM)	误差项惩罚系数(C)	一般取值为 10 的 n 次幂。C 越大,误分类的惩罚越大,训练集准确率很高,但泛化能力弱;C 越小,误分类的惩罚越弱,模型的泛化效果越好	sklearn.svm.SVC(C=n, kernel='rbf')
	核函数(kernel)	常用的核函数包括"linear""poly""rbf""sigmoid""precomputed",一般情况下使用"rbf"	
K 邻近(KNN)	邻近个数(n_neighbors)	通常而言,较大的 k 值能够减少分类噪声,但也容易模糊分类的边界	sklearn.neighbors.KNeighborsClassifier(n_neighbors=k, weights='uniform')
	权重函数(weights)	包括"uniform"和"distance"函数,默认为"uniform"函数	
朴素贝叶斯(NB)	拉普拉斯平滑系数(alpha)	默认值为 1,一般而言,增加该系数能够提高模型性能	sklearn.naive_bayes.BernoulliNB(alpha=n)
二项判别(QDA)	回归系数(reg_param)	通常取值为 10 的 -n 次幂	sklearn.discriminant_analysis.QuadraticDiscriminantAnalysis(reg_param=n)
多层感知机(MLP)	隐层神经元数量(hidden_layer_sizes)	Python 中的默认值为 100,该参数并非越大越好,需要根据输入数据进行调节	sklearn.neural_network.MLPClassifier(hidden_layer_sizes=n, activation='relu', solver='adam')
	隐层激活函数(activation)	常见激活函数包括"identity""logistic""tanh""relu",python 中默认的为"relu"	
	隐层权重优化器(solver)	常见优化器包括"lbfgs""sgd""adam",Python 中默认的为"adam"	

续表

模型	关键超参数	描述	调用方法
随机森林（RF）	决策树的个数（n_estimators）	若 n_estimators 太小容易欠拟合，太大不能显著提升模型，所以 n_estimators 应该选择适中的数值，Python 中默认值为 100	sklearn.ensemble.RandomForestClassifier(n_estimators=n)
AdaBoost	基学习器个数（n_estimators）	Python 的 sklearn 库中默认的基学习器为决策树，默认基学习器数量为 50，可以通过调整 n_estimators 实现	sklearn.ensemble.AdaBoostClassifier(n_estimators=n, learning_rate=a)
AdaBoost	学习率 learning_rate	表示学习器在每轮梯度迭代中的权重，较高的权重会增加基学习器的贡献度，导致较慢的优化速度，通常，调参过程要进行 n_estimators 和 learning_rate 的折中权衡	sklearn.ensemble.AdaBoostClassifier(n_estimators=n, learning_rate=a)
GBDT	学习率（learning_rate）	学习器在每轮梯度迭代中的权重，默认设置为 0.1	sklearn.ensemble.GradientBoostingClassifier(learning_rate=a)
XGboost	子节点中最小的样本权重和（min_child_weight）	该参数是建立每个模型所需要的最小样本数，如果一个叶子节点的样本权重和小于 min_child_weight，则拆分过程结束。调大该参数能够控制过拟合	Xgboost.XGBClassifier(min_child_weight=n)

4.2.5 模型评价

为了评价一个分类器的分类性能优劣，需要引入一些评估指标，常用的一些指标有准确率（Accuracy）、精确率（Precision）、召回率（Recall）、F1 分数值等。接下来以二分类问题为例详细讲解分类问题中常用的性能评估指标。

以事故严重程度分类为例，通常把需要识别的严重程度作为正类，其他严重程度作为负类，依据分类器在测试数据集上的预测准确与否，通常可以分为四种预测结果：

真阳性（True positive）：将正类预测为正类的样本数，用 TP 表示；

假阴性（False negative）：将正类预测为负类的样本数，用 FN 表示；

假阳性（False positive）：将负类预测为正类的样本数，用 FP 表示；

真阴性（True negative）：将负类预测为负类的样本数，用 TN 表示。

根据以上预测结果，常用的分类性能指标包括：

1. 准确率

准确率（Accuracy）是指对于给定的测试数据集，分类器正确分类的样本数与总样本数的比值，反映了分类器对整个样本的判定能力，即能够将正的判定为正，负的判定为负。准确率 A_{accuracy} 的计算公式如下：

$$A_{\text{accuracy}} = \frac{TP+TN}{TP+FN+FP+TN} \tag{4-18}$$

2. 精确率

精确率(Precision)是指被分类器判定为正类的样本中真正的正类样本的比重,即被分类器判为正类的所有样本中有多少是真正的正类样本,精确率 $P_{\text{precision}}$ 的计算公式如下:

$$P_{\text{precision}} = \frac{TP}{TP+FP} \qquad (4-19)$$

3. 召回率

召回率(Recall)是指被分类器正确判定的正类样本占总的正类样本的比重,即所有正类样本中有多少被分类器判为正类样本。召回率 R_{recall} 的计算公式如下:

$$R_{\text{recall}} = \frac{TP}{TP+FN} \qquad (4-20)$$

4. F1 分数

精确率和召回率反映了分类器性能的两个方面,单一依靠某个指标并不能较为全面地评价一个分类器的性能。一般情况下,精确率越高,召回率越低;反之,召回率越高,精确率越低。为了平衡精确率和召回率的影响,较为全面地评价一个分类器,引入了 F1 分数这个综合指标,其计算公式如下:

$$F1 = \frac{2P_{\text{precision}} \cdot R_{\text{recall}}}{P_{\text{precision}} + R_{\text{recall}}} = \frac{2TP}{2TP+FP+FN} \qquad (4-21)$$

5. 混淆矩阵

在机器学习领域,混淆矩阵(Confusion matrix),又称为可能性表格或是错误矩阵。它是一种特定的矩阵用来呈现算法性能的可视化效果,通常是监督学习(非监督学习,通常用匹配矩阵:Matching matrix)。其每一列代表预测值,每一行代表的是实际的类别。

表 4-4 混淆矩阵

真实情况	预测情况	
	正例	反例
正例	TP	TN
反例	FP	FN

混淆矩阵往往伴随如下指标:

灵敏度(Sensitivity):正样本预测结果数与正样本实际数之比,即召回率;

特异度(Specificity):负样本预测结果数与负样本实际数之比,用 $S_{\text{specificity}}$ 表示;

$$S_{\text{specificity}} = \frac{TN}{FP+TN} \qquad (4-22)$$

假阳率(False Positive Rate,FPR):被预测为正的负样本结果数与负样本实际数之比;

$$FPR = \frac{FP}{FP+TN} \qquad (4-23)$$

假阴率(False Negative Rate,FNR):被预测为负的正样本结果数与正样本实际数之比;

$$FNR = \frac{FN}{FN+TP} \qquad (4-24)$$

6. ROC 曲线与 AUC 分数

ROC 曲线(Receiver Operating Characteristic Curve)即接受者操作特性曲线,在机器学习中,ROC 曲线的横坐标为特异度(Specificity),纵坐标为灵敏度(Sensitivity)。AUC(Area Under Curve)被定义为 ROC 曲线下的面积(ROC 的积分),通常大于 0.5 小于 1。随机挑选一个正样本以及一个负样本,分类器判定正样本的值高于负样本的概率就是 AUC 值。AUC 值(面积)越大的分类器,性能越好。

4.3 案例分析

4.3.1 数据来源

本例选取的事故案例来源自 2017 年 1 月 1 日至 2017 年 12 月 31 日在加利福尼亚发生的所有单车事故,由美国公路安全信息系统(HSIS)提供,原始数据库包括两个子数据库:
① 事故子数据库。包含描述事故信息的 40 多个基本变量(时间和地点、天气、照明、碰撞严重程度、事故类型等);② 车辆子数据库。包含 30 多个与车辆相关的特定变量,如车龄、车辆类型、驾驶员年龄、驾驶员性别等。

案例采用事故子数据库和车辆子数据库中都存在的事故编号对子数据库进行融合,为了保证数据库的有效性和可靠性,案例对融合后的事故数据库进行数据清洗,同时提取关键特征。通过数据清理和特征提取,共剔除 3 937 个事故样本,保留 33 327 个(表 4-5)。此外,为了将原始数据集转换成机器学习语言可以理解的适当形式,案例采用独热向量编码方式。以光照条件相关变量为例,日光、黄昏、黑暗—路灯和黑暗—无路灯可分别表示为[1,0,0,0]、[0,1,0,0]、[0,0,1,0]和[0,0,0,1]。同时,案例采用 SMOTE 方法来处理事故严重等级分类不平衡问题。

表 4-5 事故变量描述性统计

分类		事故严重程度等级										合计
		SEV0		SEV1		SEV2		SEV3		SEV4		
		%	频次	%	频次	%	频次	%	频次	%	频次	
时间特征(时段)	白天(10:00—16:59)	63.59	6 148	1.20	116	3.18	307	15.07	1 457	16.96	1 640	9 668
	夜晚(20:00—次日 6:59)	64.60	10 259	1.19	189	4.20	667	16.18	2 569	13.83	2 197	15 881
	高峰期(7:00—10:00;17:00—20:00)	64.22	4 995	1.07	83	3.16	246	15.51	1 206	16.05	1 248	7 778

续表

分类		事故严重程度等级										合计
		SEV0		SEV1		SEV2		SEV3		SEV4		
		频次	%	频次	%	频次	%	频次	%	频次	%	
时间特征（周期）	周一	3 566	61.36	90	1.55	248	4.27	1 057	18.19	851	14.64	5 812
	周二	3 025	65.53	42	0.91	133	2.88	689	14.93	727	15.75	4 616
	周三	2 669	66.21	37	0.92	141	3.50	580	14.39	604	14.98	4 031
	周四	2 691	65.52	45	1.10	137	3.34	565	13.76	669	16.29	4 107
	周五	2 933	65.22	37	0.82	121	2.69	669	14.88	737	16.39	4 497
	周六	3 320	65.32	62	1.22	186	3.66	766	15.07	749	14.74	5 083
	周日	3 198	61.73	75	1.45	254	4.90	906	17.49	748	14.44	5 181
环境特征（天气）	晴天	15 263	63.97	304	1.27	939	3.94	3 965	16.62	3 389	14.20	23 860
	恶劣天气（多云/雨雪/刮风）	6 139	64.85	84	0.89	281	2.97	1 267	13.38	1 696	17.91	9 467
环境特征（路面条件）	干燥	1 6801	63.89	336	1.28	1035	3.94	4 380	16.66	3 746	14.24	26 298
	湿滑	4 165	65.24	48	0.75	162	2.54	769	12.05	1 240	19.42	6 384
	其他恶劣路面条件（冰雪/泥泞）	436	67.60	4	0.62	23	3.57	83	12.87	99	15.35	645
环境特征（灯光条件）	日光	10 298	63.55	184	1.14	491	3.03	2 507	15.47	2 725	16.82	16 205
	黄昏	855	63.66	12	0.89	52	3.87	199	14.82	225	16.75	1 343
	黑暗—有路灯	4 254	64.94	65	0.99	250	3.82	1 109	16.93	873	13.33	6 551
	黑暗—无路灯	5 995	64.97	127	1.38	427	4.63	1 417	15.36	1262	13.68	9 228
道路特征（道路类型）	城市高速	1 2791	65.54	165	0.85	601	3.08	2 890	14.81	3 070	15.73	19 517
	城市双车道	566	63.67	9	1.01	36	4.05	141	15.86	137	15.41	889
	城市多车道（非高速）	913	65.35	16	1.15	51	3.65	209	14.96	208	14.89	1 397
	乡村高速	2 511	63.03	72	1.81	178	4.47	609	15.29	614	15.41	3 984
	乡村双车道	3 131	59.71	89	1.70	274	5.23	1 013	19.32	737	14.05	5 244
	乡村多车道（非高速）	1 213	65.71	35	1.90	60	3.25	292	15.82	246	13.33	1 846
	其他	277	61.56	2	0.44	20	4.44	78	17.33	73	16.22	450

续表

分类		事故严重程度等级									合计
		SEV0		SEV1		SEV2		SEV3		SEV4	
		频次	%	频次	%	频次	%	频次	%	频次	%	
事故特征（事故类型）	刮擦	232	1.08	0	0.00	6	0.49	44	0.84	58	1.14	340
	固定物碰撞	17 995	84.08	293	75.52	891	73.03	3 871	73.99	4103	80.69	27 153
	单车	1 745	8.15	85	21.91	294	24.10	1 199	22.92	787	15.48	4 110
	其他	1 430	82.95	10	0.58	29	1.68	118	6.84	137	7.95	1 724
事故特征（事故地点）	超出中间隔离带	83	64.84	3	2.34	7	5.47	18	14.06	17	13.28	128
	超出司机左侧路肩	6 815	58.40	108	0.93	476	4.08	2 064	17.69	2 206	18.90	11 669
	左侧路肩	31	50.00	5	8.06	1	1.61	16	25.81	9	14.52	62
	左侧车道	1 237	85.08	6	0.41	22	1.51	107	7.36	82	5.64	1 454
	中间车道	1 542	89.60	3	0.17	13	0.76	90	5.23	73	4.24	1 721
	右侧车道	2 137	83.90	7	0.27	33	1.30	192	7.54	178	6.99	2 547
	右侧路肩	150	59.06	4	1.57	9	3.54	44	17.32	47	18.50	254
	超出司机右侧路肩	8 616	59.89	246	1.71	620	4.31	2547	17.70	2 357	16.38	14 386
	其他	791	71.52	6	0.54	39	3.53	154	13.92	116	10.49	1 106
车辆特征（车辆类型）	重卡	1 281	76.94	20	1.20	41	2.46	185	11.11	138	8.29	1 665
	小汽车	17 180	63.60	300	1.11	962	3.56	4 249	15.73	4321	16.00	27 012
	皮卡	2 734	62.36	68	1.55	207	4.72	777	17.72	598	13.64	4 384
	公交车	30	57.69	0	0.00	3	5.77	8	15.38	11	21.15	52
	其他	177	0.83	0	0	7	0.03	13	0.06	17	0.08	214
车辆特征（车辆操作）	减速/停车	197	75.48	1	0.38	6	2.30	28	10.73	29	11.11	261
	前进	8 483	76.12	45	0.40	209	1.88	1041	9.34	1 366	12.26	11 144
	离开车道	3 311	55.97	138	2.33	348	5.88	1171	19.79	948	16.02	5 916
	倒车	95	95.00	0	0.00	0	0.00	3	3.00	2	2.00	100
	超车	26	40.00	3	4.62	7	10.77	18	27.69	11	16.92	65
	换道	286	64.13	4	0.90	14	3.14	64	14.35	78	17.49	446
	转向	2 244	60.42	43	1.16	151	4.07	712	19.17	564	15.19	3 714
	其他	6 760	0.58	154	0.01	485	0.04	2 195	0.19	2 087	0.18	11 681
合计		21 402		388		1 220		5 232		5 085		33 327

如表 4-5 所示,事故严重程度可分为五个等级:0—仅财产损失事故(SEV0);1—致命事故(SEV1);2—重伤事故(SEV2);3—轻伤事故(SEV3);4—无明显伤亡事故(SEV4)。在 33 327 起事故中,64.22%导致仅财产损失事故,1.16%导致致命事故,3.66%导致重伤事故,15.70%导致轻伤事故,15.26%的车祸导致无明显伤亡事故。

4.3.2 参数调节及结果分析

本例对五个子数据集分别进行训练集、交叉验证集、测试集划分,并应用十个机器学习模型对单车事故严重程度进行预测。为了缩小可避免的人因误差和不可避免的贝叶斯误差之间的差距,采用网格搜索方法对多参数进行优化,具体参数包括二项判别(QDA)中的正则化参数、支持向量机(SVM)中的 gamma 值、K 邻近算法(KNN)中的邻域数、朴素贝叶斯(NB)中的拉普拉斯平滑参数(alpha)、决策树(DT)中的最大树深、随机森林(RF)中的基学习器数量,AdaBoost 和 GBDT 中的学习率,XGBoost 中子树实例权重的最小和,多层感知机(MLP)中隐层的规模。

训练数据集的高精度通常表示较为理想的优化效果,而验证或测试的高精度则表示训练模型具有良好的泛化能力。同时,如果训练精度和验证精度变化过大,模型可能会过度拟合。图 4-7 至图 4-16 给出了本例的超参调整可视化过程,从图中可大致看出,对于事故严重程度二分类问题,以上十种非参数的分类性能存在较大差异。

对于 QDA 模型,随着正则化参数的增加,其精度也不提升,且不同事故严重程度子数据集对应的最优正则化参数也存在一定差异。通过对正则化参数进行微调,QDA 模型的性能有了很大的提高。然而,在支持向量机模型中,模型精度对 gamma 的变化并不敏感。同样,MLP 模型的精度曲线也表现出相对稳定的趋势。对于 KNN 模型,随着邻域数的增加,训练精度呈下降趋势,而验证和测试精度在达到阈值前呈上升趋势。SEV1 数据集中 NB 模型的精度曲线呈波动趋势,alpha=140 时验证精度最高。对于基于决策树分类器的模型(DT、RF、AdaBoost、GBDT、XGBoost),结果表明树深越大,分类性能越好。对于 AdaBoost 和 GBDT 等基于集成思想的模型,模型的精度与学习率有关,当学习率超过一定阈值时,模型的性能会急剧下降,因为学习率越大,模型的优化过程就越不收敛。

表 4-6 至表 4-10 展示了基于最优参数调节结果的不同数据子集确定的最终模型性能。可见,无论是训练数据、验证数据还是测试数据,这 10 个模型在致命事故(SEV1)预测中均表现良好,平均预测准确率分别达到 99.27%、99.04%和 98.66%。RF 模型在训练集中的预测准确率最高(99.71%),与 MLP(99.70%)相差不大。然而,RF 的泛化能力似乎不如其他基于树的模型。

在重伤事故(SEV2)预测准确率方面,训练数据集、验证数据集和测试数据集的平均值分别为 96.40%、95.52%和 96.14%,略低于致命事故数据集的平均值。值得注意的是,在致命事故数据中,RF 的训练精度仍然是最高的,但泛化能力较差。

从表 4-8 可以看出,10 个模型在准确预测轻伤事故(SEV3)方面的性能并不理想,而对于无伤亡事故数据集(SEV0),其预测性能更差。不同事故严重度的预测性能差异可能是由于样本分布不均衡导致。此外,也有学者发现轻伤事故数据集能获得较高的预测精度。

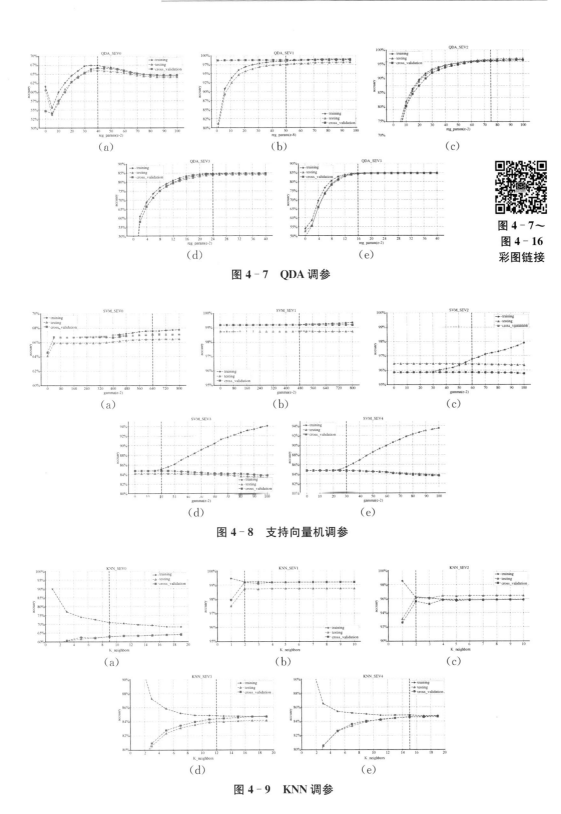

图 4-7 QDA 调参

图 4-8 支持向量机调参

图 4-9 KNN 调参

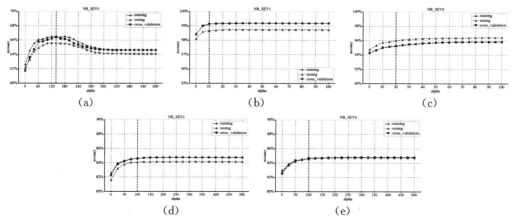

图 4-10 朴素贝叶斯调参

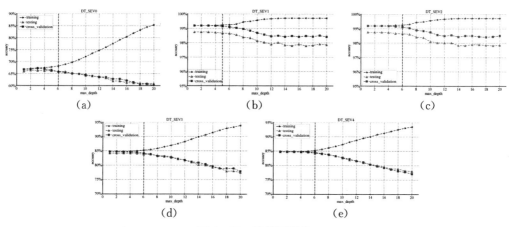

图 4-11 决策树调参

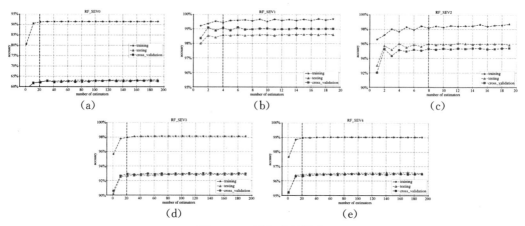

图 4-12 随机森林调参

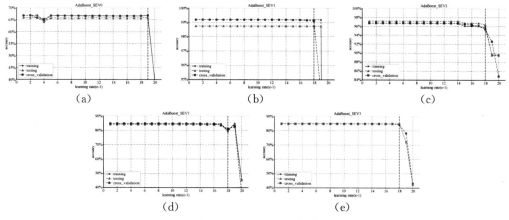

图 4-13 AdaBoost 调参

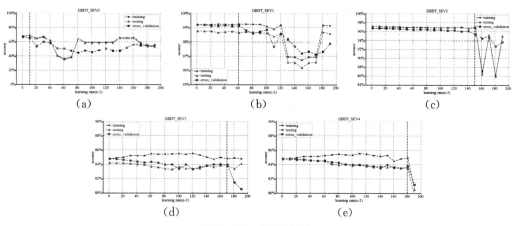

图 4-14 GBDT 调参

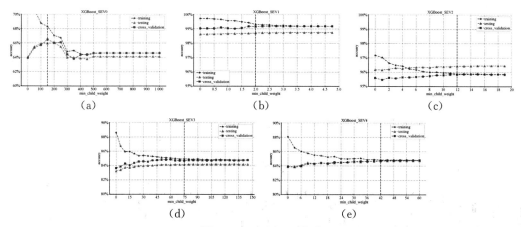

图 4-15 XGBoost 调参

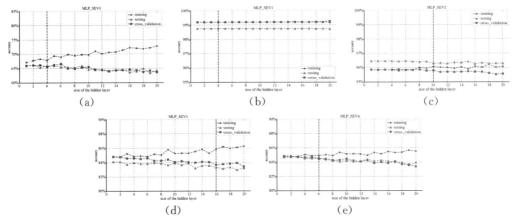

图 4-16 MLP 调参

表 4-6 SEV1 数据集预测精度结果

SEV1	Training	Cross_validation	Test
QDA	99.05%	98.84%	98.49%
SVM	99.19%	99.19%	98.75%
KNN	99.19%	99.17%	98.75%
NB	98.71%	98.72%	98.43%
DT	99.18%	99.18%	98.75%
RF	99.71%	99.01%	98.65%
AdaBoost	99.19%	99.19%	98.74%
GBDT	99.20%	99.11%	98.74%
XGBoost	99.56%	99.04%	98.67%
MLP	99.70%	98.97%	98.62%
Average	99.27%	99.04%	98.66%

表 4-7 SEV2 数据集预测精度结果

SEV2	Training	Cross_validation	Test
QDA	95.86%	95.86%	96.46%
SVM	96.32%	95.86%	96.45%
KNN	95.87%	95.72%	96.37%
NB	94.31%	94.31%	94.86%
DT	95.87%	95.86%	96.49%
RF	98.93%	95.44%	96.02%
AdaBoost	95.86%	95.84%	96.46%
GBDT	95.98%	95.80%	96.44%
XGBoost	97.03%	95.47%	96.16%
MLP	97.94%	95.02%	95.67%
Average	96.40%	95.52%	96.14%

表 4-8 SEV3 数据集预测精度结果

SEV3	Training	Cross_validation	Test
QDA	84.75%	84.75%	84.18%
SVM	89.14%	84.38%	84.04%
KNN	84.83%	84.59%	84.08%
NB	82.56%	82.20%	81.64%
DT	84.76%	84.65%	84.19%
RF	95.36%	82.61%	82.27%
AdaBoost	84.74%	84.66%	84.03%
GBDT	85.13%	84.62%	84.12%
XGBoost	88.13%	83.45%	83.11%
MLP	90.43%	80.99%	81.50%
Average	86.98%	83.69%	83.32%

表 4-9 SEV4 数据集预测精度结果

SEV4	Training	Cross_validation	Test
QDA	84.80%	84.80%	84.72%
SVM	88.58%	84.51%	84.57%
KNN	84.87%	84.62%	84.58%
NB	82.93%	82.67%	82.90%
DT	84.82%	84.80%	84.73%
RF	95.11%	82.59%	82.95%
AdaBoost	84.81%	84.77%	84.74%
GBDT	85.03%	84.65%	84.67%
XGBoost	87.47%	83.80%	83.77%
MLP	89.98%	81.14%	81.80%
Average	86.84%	83.84%	83.94%

表 4-10 SEV0 数据集预测精度结果

SEV0	Training	Cross_validation	Test
QDA	66.87%	66.51%	65.72%
SVM	67.98%	67.07%	66.52%
KNN	67.05%	64.24%	64.49%

续表

SEV0	Training	Cross_validation	Test
NB	62.64%	61.92%	62.26%
DT	67.29%	67.23%	66.27%
RF	91.46%	62.82%	63.21%
AdaBoost	66.83%	66.30%	66.01%
GBDT	68.21%	66.69%	66.4%
XGBoost	78.24%	63.44%	64.21%
MLP	81.00%	62.07%	62.21%
Average	71.76%	64.83%	64.73%

参考文献

[1] Mannering F, Bhat C R, Shankar V, et al. Big data, traditional data and the tradeoffs between prediction and causality in highway-safety analysis[J]. Analytic Methods in Accident Research, 2020, 25: 100113.

[2] Yu H, Li Z N, Zhang G H, et al. Fusion convolutional neural network-based interpretation of unobserved heterogeneous factors in driver injury severity outcomes in single-vehicle crashes[J]. Analytic Methods in Accident Research, 2021, 30: 100157.

[3] Li L C, Prato C G, Wang Y G. Ranking contributors to traffic crashes on mountainous freeways from an incomplete dataset: A sequential approach of multivariate imputation by chained equations and random forest classifier[J]. Accident Analysis & Prevention, 2020, 146: 105744.

[4] Xing L, He J, Li Y, et al. Comparison of different models for evaluating vehicle collision risks at upstream diverging area of toll plaza[J]. Accident Analysis & Prevention, 2020, 135: 105343.

[5] Iranitalab A, Khattak A. Comparison of four statistical and machine learning methods for crash severity prediction[J]. Accident Analysis & Prevention, 2017, 108: 27-36.

[6] Abellán J, López G, de Oña J. Analysis of traffic accident severity using Decision Rules via Decision Trees[J]. Expert Systems With Applications, 2013, 40(15): 6047-6054.

[7] Jung S, Qin X, Oh C. Improving strategic policies for pedestrian safety enhancement using classification tree modeling[J]. Transportation Research Part A: Policy and Practice, 2016, 85: 53-64.

[8] Chang L Y, Chien J T. Analysis of driver injury severity in truck-involved accidents using a non-parametric classification tree model[J]. Safety Science, 2013, 51(1): 17-22.

[9] Tang J J, Liang J, Han C Y, et al. Crash injury severity analysis using a two-layer Stacking framework[J]. Accident Analysis & Prevention, 2019, 122: 226-238.

[10] Elassad Z, Mousannif H, Moatassime H A. A proactive decision support system for predicting traffic crash events: A critical analysis of imbalanced class distribution[J]. Knowledge-Based Systems, 2020, 205: 106314.

[11] Elassad Z, Mousannif H, Moatassime H A. A real-time crash prediction fusion framework: An imbalance-aware strategy for collision avoidance systems[J]. Transportation Research Part C: Emerging Technologies, 2020, 118: 102708.

[12] Dong N, Huang H L, Zheng L. Support vector machine in crash prediction at the level of traffic analysis zones: Assessing the spatial proximity effects[J]. Accident Analysis & Prevention, 2015, 82: 192-198.

第五章
基于人—车—路—环境复杂系统联合仿真的分析方法

信息技术、计算机技术以及多维传感技术的成熟应用,为搭建可靠的虚拟仿真实验环境提供了便利。道路交通安全是一个复杂系统,存在人、车、路、环境等多方因素的交互效应和动态影响。无论如何,受限于安全、技术、理论模型结构等条件的限制,基于实际系统(实车试验、实际数据分析、实际调研等)的道路交通安全分析法无法兼顾所有因素,受限于高昂的人力和财力成本,基于驾驶模拟器的方法也难以短时间内得到普及。为此,以计算机为物理载体的虚拟仿真实验方法在科学研究过程中就显得极为重要,尽管该方法也存在一些诸如真实度有待提高等方面的不足,但仍可以满足大多数注重复杂过程的研究需求。

一般来说,基于计算机虚拟仿真的人—车—路—环境系统分析法是在计算机上运行已经建立的人车路环境模型上进行仿真试验,具备成本低、可重复、可视化、环境参数易修改等优点,对高危行驶工况、极端恶劣环境影响、交通事故参数再现、多维因素耦合分析等领域的研究意义重大。

5.1 人—车—路—环境复杂系统

5.1.1 三种研究方式对比分析

目前在人—车—路—环境复杂系统的研究方面,国内外研究者们主要采取的方式有3种:

① 基于真人真车的实车试验。由于安全、成本和时间问题,仅限于确保安全情形下的常规性的验证试验,多为车辆研究、设计和生产部门采用。

② 基于驾驶模拟器的仿真试验。根据人、车、路(环境)三要素研究侧重点的不同,国内外主要从三个方面开展研究,即面向人的驾驶仿真、面向汽车的开发和设计的驾驶仿真和面向道路(或环境)的驾驶仿真。

③ 基于计算机的虚拟试验仿真。它是实车和驾驶模拟器试验的基础,能完成各种复杂、恶劣条件下的系统试验。

总的来说,基于计算机的虚拟仿真实验,是实车和驾驶模拟器试验的基础,能完成各种复杂、恶劣条件下的系统试验。对于实车试验,考虑安全因素,多用于试验验证。而驾驶模拟器在展现驾驶者行为特性方面具有无与伦比的优越性,能非常好地体现人—车以及人—环境的互动,但对于车辆动力学和车—路耦合作用的精确体现目前还无能为力。

第五章将重点介绍基于计算机的虚拟试验方法,它适合分析各种恶劣条件下的人—车—路—环境系统的耦合作用,具有成本低、可重复、可视化、环境参数易修改等优点,但其同样具备一些难点,比如对驾驶者特性的体现、多系统的联合建模以及耦合作用的解耦方面。

5.1.2 道路交通安全系统数字化建模仿真的必要性

1. 公路是一种在设计上不同于其他工业产品的产品

公路也是一种产品,但其设计目前仍然不能像工业产品那样经过"设计—样品—试验—修改设计"。

在过去几十年里,手工计算、纸上画图的设计手段已经被 CAD 技术所取代,但平、纵、横分开考虑的设计习惯依旧没有改变,设计者全凭以往的先进经验和设计规范来把握线形质量,因此很难有针对性地修改设计方案。

公路也是一种产品,且由于其投资大、生产周期长,是融于自然环境中的带状构造物,环境的特性决定了每条路线都是唯一的,修建过程对环境的改动很大,所以公路工程产品不具备工业产品如汽车的那种批量性,也不可能进行实体样本试验。设计者不能像对待工业产品那样,用"设计—样品—试验—修改设计"手段实物测试出公路路线的使用性能。大量的设计缺陷和疏漏被带到运营中后,导致公路几何特性与车辆行驶特性、驾驶人特性三者之间不匹配,最终形成众多的事故多发路段(多发位置)。所以,时至今日,在很多情况下行驶安全和驾乘舒适这两个基本性质仍得不到保证。

2. 传统公路交通事故多发路段的识别方法主要依赖于已发生的历史事故数据

在国内外,对事故多发路段已有较多的研究,存在着多种识别方法和理论,例如事故次数法、事故率法、矩阵法、质量控制法、丹麦模型、交叉口模型、层次分析法、时间序列法、动态聚类法、交通冲突技术、累计频率曲线法等。受到各种客观条件的限制,这些方法各有优缺点,但都依赖于交通事故历史数据,因而缺少时效性,难以系统地反映交通事故与实际道路因素的内在联系,而且都是针对已建道路而言的,无法在道路设计阶段对设计道路的行车安全性进行潜在的事故多发路段识别。

3. 对"死亡路段"或"莫名"事故的分析仍缺乏系统的数字化分析和再现技术

根据报道,在一些路段经常连续发生多起"莫名"交通事故,由于这些交通事故的原因一直没有得到合理的解释,这种路段就被称为"死亡路段"。例如,2008 年 7 月 17 号江苏"龙虎网"报道,宁连高速南京长江二桥交警大队的曾警官(交通事故组的组长)介绍,5 年以来,他接了数十起二桥段莫名事故报警案件,平均每年达到了 12 起,他对莫名事故总结出几点共同特征——"都发生在北汊河、南汊河大桥的桥面上,前后左右方向均无车辆,驾驶员也处于正常状态,无疲劳驾驶无饮酒,车辆状态当时也正常,车速也在要求范围内,均为单方事故"。2008 年 5 月 16 号江苏"龙虎网"报道,在宁连高速公路六合竹镇境内的 59 km 至 61 km 一段,今年以来已有 8 辆小型客车侧翻或撞向防撞护栏,事故警官分析了这 8 起"莫名"事故,这可能是高速行驶过程中遇到突变横风造成的。

由此看来,如果能够将公路—驾驶人—车辆—交通环境四者结合起来进行类似于机械产品那样的虚拟行驶试验,进而评估道路几何设计的质量或者揭示事故多发的形成机理,显然是一种比较理想的路线质量检验和测试以及事故形成机理分析的数字化手段和技术。该种多系统耦合下的公路行车安全虚拟试验技术有助于在道路设计阶段就发现设计存在的问题,并及时修改,从而提高设计的科学性、合理性。

5.1.3 虚拟仿真行车实验

以一定路段上行驶车辆与路面、环境载荷间的相互作用为基础,充分应用和集成国内外专家、学者们已经在车辆、道路、交通和风工程的各自领域取得的研究成果,本着依托现有的车辆动力学建模、道路线形安全设计和环境风数值模拟方法,通过环境荷载、线形条件、路面条件、驾驶行为等边界条件的处理、解耦条件设置,进行人—车—路—环境系统的联合建模和数字仿真分析,各子系统间的关系如图5-1所示。

图 5-1 各子系统间关系的示意图

在道路设计、道路交通安全理论、汽车操纵动力学等理论分析的基础上,使用 AutoCAD 与 DICAD 软件联合获取道路设计指标参数,使用 ADAMS/Car 软件构建车辆整车模型,使用 MATLAB/Simulink 与 ADAMS 的联合构建和加载驾驶员模型。最终构建人—车—路—环境仿真系统的仿真示意图(图5-2)。

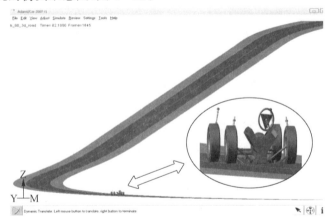

图 5-2 人—车—路—环境仿真系统的仿真示意图

一般来说,构建好的仿真模型需要经过可靠性验证,常使用基于试验数据的方法,即在相同的边界条件下,将真实试验的数据与仿真试验的数据相比较,根据比较结果对模型进行修改。

最后,利用验证好的模型进行道路安全分析。选取并构造道路安全性评价指标,如轨道跟踪误差、转向任务间隔、方向盘峰值转速、侧向加速度、垂直荷载、行车速度连续性等,通过改变道路几何条件、路面湿滑条件、横风荷载的大小和方向、行车速度、驾驶行为等参数,得到各种行车条件对驾驶安全的影响规律,解释公路某些路段交通事故多发的形成机理。

在接下来的几节中,将围绕概念基础、发展历程、依托软件和构建过程等几个方面,详细介绍驾驶员模型、车辆动力学模型、数字化三维道路模型和公路环境风动力学模型等子系统,并最终通过实例向读者展示如何基于构建好的仿真模型开展道路安全分析。

5.1.4 复杂系统仿真软件介绍

车辆动力学领域常用的计算方法及软件可分为四类:面向目标设计的仿真软件、产生数值结果的多体软件、产生代数方程的多体软件和由用户提供模型的软件包[1]。四种仿真方法的优缺点比较见表5-1。

表5-1 车辆动力学仿真软件比较

仿真软件	优点	缺点
面向目标设计的仿真软件	比较便宜 模型的正确性已被验证 适用于解决专门的问题	不能改变模型 不能对设计问题进行研究 可能包含与所研究问题无关的内容
数值型多体动力学软件	有工业标准,如ADAMS软件 有分析复杂问题的强大功能 有动画仿真功能 有与CAD软件包连接的预处理器 可进行参数化优化设计	价格昂贵 耗费大量机时
代数型多体动力学软件	能有效利用机时 价格不贵 具有解决复杂问题的功能	不如数值型软件包先进 比数值型的功能少
程序工具箱	价格便宜 适用于设计开发 适应于各种场合	如果模型未包括在内,必须先建立模型 不适合解决复杂的系统(自由度一般不超过50)

仿真软件的选择考虑的主要因素是软件成本、可用性、用户经验和软硬件设施等。程序工具箱仿真软件(如 MATLAB 和 MATRIX),通常是多个分析程序的集合,其模型通常由用户提供,这些分析程序可处理系统的微分方程,并按设计者要求给出数据结果,对于较简单的模型,运动方程可由手工推导出来并在软件中方便建模分析。这种方法的最大优点是:模型一旦建立,程序即能快速有效地生成适合于设计者需要的输出;如果参数变化,模型也便于修改和重新设计。

Simulink 是 MATLAB 中最重要的组件之一,主要用于实现工程问题的模型化和动态仿真。它提供了一个动态系统建模、仿真和综合分析的集成环境;在该环境中,使用者无需书写大量仿真程序,只需通过简单直观的鼠标点击,就可以构造出复杂的系统;Simulink 还可以和 MATLAB 实现无缝结合,从而调用 MATLAB 功能强大的库函数[2]。Simulink 仿真工具平台的优势主要体现在以下六个方面:

① 支持线性、非线性系统仿真;
② 支持连续、离散系统仿真;
③ 提供大量模块,方便用户快速地建立动态系统模型;
④ 应用领域广泛;
⑤ 结构和流程清晰;
⑥ 具备较高的开放性。

MATLAB/Simulink 用法简单,用户相对容易掌握,通过 MATLAB 提供的交互式语言文件(.m),用户可方便编写脚本文件或函数文件实现设计算法。而对于 Simulink,只要有正确的动力学模型,即可在图形界面建立直观的仿真模型。因此,考虑到建模方便性和后续参数化分析的需要,常采用程序工具箱方法来建立车辆—路面耦合系统动力学仿真模型,选用的仿真软件为 MATLAB/Simulink 软件。

汽车是一个复杂的多体系统,外界载荷的作用更加复杂多变,人—车—路—环境的相互作用使汽车动力学模型的建立、分析、求解始终是一个难题。随着数字技术的快速发展,虚拟样机技术随之产生,目前已在国内外产品开发中得到广泛的应用,它不仅大大缩短了产品开发时间,还节省了制作大型物理模型的高昂费用,避免了试制过程中的大量风险。ADAMS 是虚拟样机技术在机械系统动力学仿真分析应用中的杰出代表,它以多体系统动力学理论为基础,为汽车的动力学分析提供了强有力的工具[3]。

多体仿真软件建模是将汽车每个部件看作是刚性体或弹性体,它们的连接是通过各种约束来描述,多体动力学软件自动生成运动学和动力学方程,并利用软件内部的数学求解器准确地求解。利用多体动力学仿真模型可从整车或总成的运动学和动力学出发,对零部件进行几何拓扑和材料特性的优化,真正实现汽车虚拟设计[4]。

5.2 驾驶员模型

驾驶员模型最初是为了提高飞机飞行品质提出来的。20 世纪 50 年代初期人们开始研究人对飞行品质的影响,50 年代后期,控制论和计算机技术的发展促进了驾驶员模型的建立。50 年代末,D. T. McRuer 等人首次提出用传递函数来表示驾驶员模型[5]。1960 年驾驶员模型开始应用到汽车领域,并在与汽车结合的过程中不断发展进步,形成了目前较为成熟的驾驶员模型体系。本书研究的驾驶员模型专指汽车驾驶员模型,以下均简称驾驶员模型。

5.2.1 驾驶行为建模理论

驾驶员作为道路交通系统的信息处理者、决策者、调节者与控制者,在行车过程中,需要连续不断地从道路环境中获取道路交通信息,并对其进行加工、处理,然后做出决策进而操纵车辆行驶。因此,驾驶行为实际上是一个循环的信息反馈、加工处理过程。驾驶员是信息链中的核心,决定着信息链能否顺利传输。

驾驶行为主要由感知、判断决策和动作三环节组成,在这一过程中,各环节因人或物而异,在这里表示为受驾驶行为形成主因子的制约,图 5-3 中虚线框部分所示为本书主要应用的驾驶员模型。由图 5-3 可知,道路上来往车辆、行人、道路交通标志及汽车的行驶方向、速度等外界环境信息,经过驾驶员的感知成为待驾驶行为处理的信息,在驾驶行为形成主因子的影响下,对信息进行判断决策而后产生驾驶动作并输出给汽车,汽车因接收到驾驶信号而发生相应的运动状态变化。然后,汽车运动状况和后续道路环境信息再反馈传递给驾驶员,驾驶员依上述过程进行新的信息加工,直至驾驶结束。

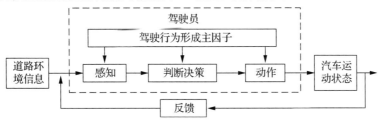

图 5-3 驾驶员模型

图 5-3 展示的是预瞄跟踪模型,除此之外,应用比较成熟的还有智能控制模型,智能控制模型是基于模糊控制理论和人工神经网络而建立的驾驶员模型,这种模型的出现有效促进了智能车辆驾驶员模型的发展。

模糊控制模型是用模糊数学及其控制理论来描述人的操纵行为,一定程度上能够反映出人的思维能力,为汽车智能控制提供技术支持。模糊控制模型的核心是设计一种模糊逻辑控制器来模拟驾驶员行为,优点在于:不需知道被控对象精确的数学模型,鲁棒性强,适于解决过程控制中的非线性、强耦合、时变、滞后等问题,采用"语言型"控制,易于形成知识库[6]。最基本的模糊控制驾驶员模型如图 5-4 所示。其中 E 表示汽车的实际行驶侧向位移与预期轨迹侧向位移的偏差,EC 为偏差变化率,U 为方向盘转角,$\dfrac{\mathrm{e}^{-T_d S}}{1+T_h S}$ 为时间滞后环

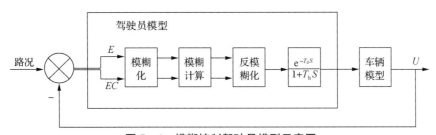

图 5-4 模糊控制驾驶员模型示意图

节,T_d 为神经反应滞后时间,T_h 为惯性滞后时间。

神经网络控制理论是将神经网络与控制理论相结合而提出的智能控制方法,其已成为智能控制一个新的分支。神经网络强大的自学习和非线性映射能力使其在智能控制系统中得到广泛应用,通过神经网络在线或离线训练,让预先建立的模型对所收集的信息进行学习,训练出相应的控制器网络。基本的神经网络驾驶员模型示意图如图 5-5 所示,其中 δ_1 为前轮综合侧偏角,$\dfrac{e^{-T_d S}}{1+T_h S}$ 为时间滞后环节,δ 为方向盘转角,y_1 为侧向速度,S 为复变量,y 为侧向位移。由此可以看出该神经网络模型的输入为道路曲率、车辆侧向速度、车辆侧向位移,输出为方向盘转角[7-8]。

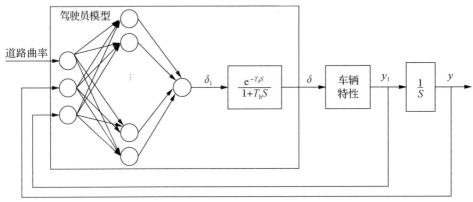

图 5-5 神经网络驾驶员模型示意图

上述模型都是基于方向控制的驾驶员模型,基于速度控制的驾驶员模型和方向速度综合控制的驾驶员模型在此不再赘述,读者可详细参考何杰教授于 2016 年著作的《人—车—路环境复杂系统建模与分析》[9]27-29。

5.2.2 驾驶员模型在 ADAMS 中的应用

汽车是一个复杂的多体系统,外界载荷的作用更加复杂多变,"人—车—路"三位一体的相互作用使汽车动力学模型的建立、分析、求解始终是一个难题。随着数字技术的快速发展,虚拟样机技术随之产生,目前已在国内外产品开发中得到广泛的应用,它不仅大大缩短了产品开发时间,还节省了高昂的制作大型物理模型的费用,避免了试制过程中的大量风险。本节以多体动力学软件 ADAMS 和仿真软件 MATLAB/Simulink 为例,详细阐述驾驶员模型的搭建、标定和应用。

1. 基于 MATLAB/Simulink 的驾驶员模型

简化的预瞄优化神经网络驾驶员模型在以往的研究中多是通过高级计算机语言编译完成的,很少采用 MATLAB/Simulink 可视化界面建立模型。Simulink 是 MATLAB 中的一种可视化仿真工具,使用者无需编写复杂的程序,只需要通过选择相应的模块,就可以构造出复杂的系统,上文图 5-5 所示的神经网络驾驶员模型可在 Simulink 界面下建立可视化仿真模型。

如图5-6所示,在Simulink中,通过调用信号源(Sources)模块库的恒指常数(Constant)模块确定神经网络的阈值与连接权;通过调用连续系统(Continuous)模块库的积分环节(Integrator)实现道路信息的产生;再通过调用神经网络(Neural Network Blockset)模块库中的点刺激(Dotprod)模块、传递函数(Transfer Fcn)实现模型中各神经元间的权值和传递函数的叠加综合;通过调用信号延时(Transport Delay)模块实现驾驶员的滞后环节;最后通过调用接受(Sinks)模块库的输出(Out)模块输出驾驶员控制信息并作为车辆模型的输入。

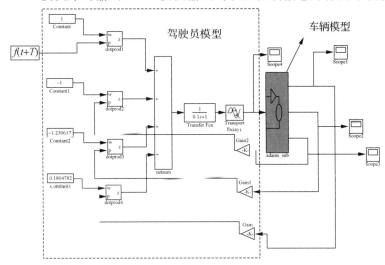

图 5-6 基于 Simulink 的驾驶员模型

2. 驾驶员模型与 ADAMS

ADAMS 是虚拟样机技术在机械系统动力学仿真分析应用中的杰出代表,它以多体系统动力学理论为基础,为汽车的动力学分析提供了强有力的工具。因此本章着重介绍驾驶员模型与 ADAMS 各模块之间的连接与实际应用。

(1) 驾驶员模型与 ADAMS/Solver 的连接

虽然 ADAMS 软件中自带驾驶员模块 ADAMS/Driver,但它只能面向由 ADAMS/Car 建立的车辆模型。目前工程中很多车辆模型都是在 ADAMS/View 中建立的,而 ADAMS/View 中并没有相应的驾驶员模块,所以无法对所建的车辆模型进行闭环仿真试验。

考虑到 ADAMS 汽车动力学软件最核心的部分为其求解器 ADAMS/Solver,如果能将在 ADAMS/View、ADAMS/Car 甚至在 Motion/View 中建立的整车模型[汽车的模型数据集文件(*.adm)],以及在 Fortran 语言下建立方向与速度综合控制驾驶员模型加入到 ADAMS 中,并在 ADAMS/Solver 界面下进行仿真试验,那么对人—车—路闭环系统的操纵稳定性的研究水平将得到广泛的提高。

各研究单位所应用的车辆建模软件是不同的,在 ADAMS/Solver 下应用的驾驶员模型最大程度地融合了各种车辆动力学模型,因此其实用性也是最好的。图5-7为在各种软件下建立的车辆模型在 ADAMS/Solver 中与驾驶员模型的连接应用。

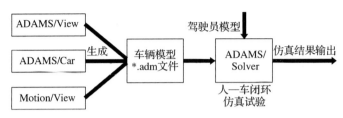

图 5‑7　驾驶员模型在 ADAMS/Solver 中的应用

（2）驾驶员模型与 ADAMS/Car 的连接

ADAMS/Car 是专门针对汽车行业而开发的软件，能够快速建造高精度的整车虚拟样机。ADAMS/Car 中的内嵌模块 ADAMS/Driver 可以对 ADAMS/Car 中整车模型进行各种工况下的开环和闭环仿真试验。通过分析 ADAMS/Driver 的原理可以看出，其驾驶车辆的过程为在一定范围内的寻优过程。如果能够在 ADAMS 中建立一个与 ADAMS/Driver 平行的基于误差分析法的驾驶员模块，就会使仿真过程大大简化，为此在 ADAMS/Car 中引入驾驶员模型也是非常有必要的。

ADAMS/Car 自带的标准整车试验的驾驶员控制模型，可以实现开环转向仿真事件（Open-loop steering events）、稳态回转仿真事件（Cornering events）、直线仿真事件（Straight-line events）、路线跟踪（Course events）仿真事件、驱动控制文件（File driven events）仿真、静态和准静态演算（Static and quasi-static maneuvers）以及 ADAMS/smartDriver 智能驾驶等七种常用人—车闭环仿真过程。

（3）驾驶员模型与 ADAMS/View 的连接

虽然工程中很多车辆模型都是在 ADAMS/View 中建立的，但是 ADAMS/View 中并没有相应的驾驶员模块，无法对车辆模型进行闭环仿真试验。故要在 ADAMS/View 中进行人—车闭环仿真实验，需要在 ADAMS/Solver 与驾驶员模型连接的基础上，利用 ADAMS/Solver 编译生成动态链接库（.dll）进行驾驶员模型的连接。

具体操作为：在 ADAMS/View 模块菜单 Settings 下的 Solver 设置对话框中设置外部执行并选择所建立的动态链接库，然后进一步进行仿真设置，在菜单 Simulate 中选择"Simulate Script/import ACF"并导入仿真设置文件（.acf）。当动态链接库与仿真设置文件均成功导入后即可进行仿真试验。

表 5‑2　驾驶员模型与 ADAMS 各模块连接的特点

连接模块	Solver	Car	View
特点	与各种驾驶员模型融合好、实用性好、针对性强	过程简化、使用方便	可根据需求自定义构建车辆模型

3. ADAMS 与 Simulink 联合控制系统构建

ADAMS 中建立的复杂车辆模型，在仿真的过程中，有时需要施加复杂的控制模型。ADAMS/Controls 就提供了这样的一个平台，它可以把 ADAMS 与控制模型的设计软件结合起来，目前兼容的软件有 MATLAB、EASY5 和 MATRIX。本书采用的驾驶员模型是基于 MATLAB/Simulink 建立的,因此可以利用 ADAMS/Controls 工具实现车辆模型和驾驶员模型的结合。

如图 5-8 所示,ADAMS 与 Simulink 结合的实现有以下四个方面：

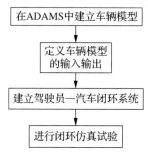

图 5-8　ADAMS 与 Simulink 控制系统的结合

(1) 在 ADAMS 中建立车辆模型

可以采用 ADAMS/Car 中的共享车辆模型 MDI_Demo_Vehicle,也可以在 ADAMS/View 中建立车辆模型。

(2) 定义车辆模型的输入输出

在 ADAMS/Controls 中,确定方向盘转角为车辆模型的输入,输出为侧向加速度、侧向速度和侧向位移,即可输出包含整车模型参数的联合仿真文件。此外,在 ADAMS 事件构造器中设置车辆行驶速度,方向盘控制方式设置为无控制。

(3) 建立驾驶员—汽车闭环系统

将 ADAMS 中的车辆模型导出到控制系统,形成一个如图 5-9 所示的驾驶员—汽车闭环系统。在这个闭环系统中,驾驶员模型的输出——方向盘转角将作为车辆模型的输入控制车辆转向方向,车辆的行驶状况,其侧向加速度、侧向速度和侧向位移将作为控制模型的输入反馈给驾驶员。

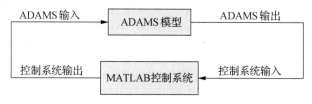

图 5-9　驾驶员—汽车闭环系统

(4) 进行闭环系统仿真试验

在建立了驾驶员—汽车闭环系统后,可以在 Simulink 中进行联合仿真试验,试验结果可在 ADAMS 后处理中打开,并得到所需的曲线图以及直观的仿真动画。

5.3 车辆动力学模型

5.3.1 汽车的操纵稳定性

汽车的操纵稳定性是影响汽车主动安全性的重要性能之一,因此,如何评价和设计汽车的操纵稳定性、获得良好的汽车主动安全性一直是关于汽车的最重要的课题。

汽车操纵稳定性是指在驾驶员不感到过分紧张、疲劳的条件下,汽车能遵循驾驶员通过转向系及转向车轮给定的方向行驶,且当遭遇外界干扰时,汽车能抵抗干扰而保持稳定行驶的能力。

汽车是由驾驶员控制的,因此,汽车操纵稳定性应该是包含驾驶员在内的人—车闭环系统特性,即汽车操纵稳定性包括相互联系的两个部分:一是操纵性,是指在驾驶者不感到过分紧张、疲劳的条件下,汽车能遵循驾驶者通过转向系及转向车轮给定的方向行驶的能力;二是稳定性,是指汽车遭遇外界干扰时,汽车能抵抗干扰而保持稳定行驶的能力。

汽车的操纵稳定性由于受研究目的、驾驶任务、人为感觉及环境条件等多种因素影响,使其研究和评价错综复杂。关于汽车操纵稳定性研究和评价已发表的文章不计其数,并提出了各种复杂的仿真模型、评价指标、实验方法和实验手段,但迄今为止还没有找出公认的能够客观定量评价操纵稳定性的好方法。因此,今天的汽车工业仍然以对样车的主观评价作为最终的开发。

目前,对操纵稳定性的研究和评价主要从以下三个方面进行:

① 通过试验,测量开环和闭环条件下汽车的主要运动量,研究汽车及人—车闭环系统的特性,并对此进行研究和评价;

② 通过试验中驾驶员的主观感觉,对汽车的特性进行研究和评价;

③ 通过汽车动力学模型和人—车闭环系统模型,从理论上来研究和评价汽车的操纵稳定性。

5.3.2 操纵稳定性评价

要对操纵稳定进行全面、正确的评价,需要从多个不同的角度去考虑。下面介绍操纵稳定性评价的六个角度。

1. 指令反应评价与扰动反应评价

操纵稳定性的评价包括两个方面:对驾驶员指令反应的评价和对外界扰动反应的评价。前者属于主动特征,后者属于被动特征,二者相互区别又有着内在的联系。

2. 力输入反应与角输入反应

驾驶员通过作用在转向盘上的力使转向盘产生一定的角位移来控制汽车的转向运动，即驾驶员给汽车的转向指令可以分为两大类：力指令与角度指令。相应地，汽车的指令反映特性可以分为力输入反应特性与角输入反应特性。目前角输入特性的研究相对丰富，但是力输入特性和回正性、路感有紧密联系，也具有重要意义。

3. 不同"工作点"下的评价

汽车以不同车速在不同路面上行驶可能达到的侧向加速度不同，"工作点"就是指由特定工况变量所确定的三维空间点。

4. 线性区与非线性区

如果汽车各部分的力学特性都与转向的剧烈程度无关，则系统的输入、输出之间呈线性关系。但是当离心力与附着力的比值相当大以后，轮胎、悬架、转向系统就会出现明显的非线性特性。尤其在接近侧滑的工况下，汽车的运动特性变得与线性区的运动特性完全不同。一般来说，线性区意味着汽车在附着系数较大的路面上做小转向运动，而非线性区意味着汽车在附着系数较小的路面上做大转向运动。因此线性区评价是基本的，但是汽车在接近侧滑的非线性区内工作会使操纵稳定性严重恶化，从行车安全的角度，非线性区的评价也是十分重要的。

5. 稳态评价与动态评价

稳态是指没有外界扰动、车速恒定、转向盘上的指令固定不变，汽车的输出运动达到稳定平衡的状态，但是这种"稳态"在汽车的实际行驶中很少出现。动态是与之相对的概念，实际的驾驶环境会对驾驶员的输入指令造成扰动，如换道、急刹车、加速等，因此动态评价的结果更有意义。

6. 开环评价与闭环评价

把汽车本身看作一个系统，按照对控制系统操纵性、稳态品质和瞬态响应特性的一般性要求，来分析和研究汽车运动特性的方法称为开环方法。这种方法是把操纵稳定性作为汽车自身的性能，是一种不包括驾驶员特性的汽车性能，可以按图 5-10 的开环系统进行研究和评价。开环方法所应用的基础是经典控制理论，依据汽车的稳态和瞬态分析，使用不足、过度转向特性和转向输入的阶跃响应特性，来对汽车的操纵性进行评价。但是开环方法很难直接应用在实际中。

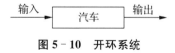

图 5-10　开环系统

事实上，汽车的性能是通过人的操纵来实现的，因此，为更全面彻底地研究和评价汽车的操纵稳定性，就应考虑到驾驶员特性与汽车特性的配合问题，如图 5-11 所示，即把汽车作为人—车闭环系统的被控环节，根据整个系统特性的分析和综合，对汽车的操纵稳定性进行研究和评价，这种方法称为闭环方法。

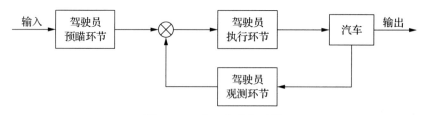

图 5-11 人—车闭环系统

5.3.3 汽车行驶特性

本节主要参考公路安全缺陷快速识别技术应用研究[10]。

1. 汽车行驶的动力特性

汽车在道路上行驶,必须同时具备两个条件:第一,汽车牵引力必须平衡于汽车的行驶阻力;第二,牵引力不能大于轮胎与路面之间的最大行驶阻力,即汽车行驶必须同时满足以下两个关系式:

$$\lambda D = f + i + \frac{\delta}{g}a \tag{5-1}$$

$$T \leqslant \varphi G_k \tag{5-2}$$

式中:D——汽车动力因素;

λ——"海拔—功率—总质量"修正系数;

f——滚动阻力系数;

i——道路纵坡度;

δ——惯性力系数;

g——重力加速度(m/s^2);

a——汽车行驶加速度(m/s^2);

T——牵引力(N);

φ——轮胎与路面间附着系数;

G_k——驱动轮荷载。

2. 车辆下行运动方程式

下行车辆受到发动机惯性制动力 F、空气阻力 F_w、滚动阻力 F_f、坡度阻力 F_i、惯性阻力 F_j 作用,其受力平衡方程为:

$$i_k F = F_w + F_f - F_i + F_j = \frac{C_D A (v - v_w)^2}{21.15} + G(f - i) + \frac{\delta G}{g}\frac{dv}{dt} \tag{5-3}$$

为便于计算,等式左边可用汽车排气量、传动比、活塞行程等微观参数替代,记作:

$$-\left(11.25 + \frac{i_0 i_k v S'}{10.94 r}\right)\frac{V_H i_0 i_k}{r \eta_T} = \frac{C_D A (v - v_w)^2}{21.15} + G(f - i) + \frac{\delta G}{g}\frac{dv}{dt} \tag{5-4}$$

式中:i_k——变速器的传动比;

i_0——主减速器的传动比;

S'——活塞的行程(m);
V_H——车辆的排气量(L);
r——车轮工作半径(m);
η_T——传动系的机械效率;
C_D——空气阻力系数;
A——汽车迎风面积(m^2);
v——行车速度(km/h);
v_w——风速(km/h);
G——汽车重力(N)。

3. 汽车行驶的稳定特性

汽车在行驶过程中,随着运动状态的改变,汽车的受力情况亦将发生相应的变化。当这种变化达到某一程度时,将引起汽车的纵向或横向失稳,从而导致纵向或横向倾覆、倒溜或侧滑现象的发生。为了保证汽车行驶的稳定性,道路设计必须满足以下条件:

$$i < i_\varphi = \frac{G_k}{G}\varphi \tag{5-5}$$

$$R \geqslant R_{min} = \frac{v^2}{127(\varphi_h + i_h)} \tag{5-6}$$

或

$$v \leqslant v_{max} = \sqrt{127R(\varphi_h + i_h)} \tag{5-7}$$

$$i \leqslant i_{max} - \frac{v^2}{127R} i_h \tag{5-8}$$

式中:i_φ——驱动轮不发生滑移的临界纵坡角度;
G_k——驱动轮荷载(N);
G——汽车重力(N);
φ——轮胎与路面间附着系数;
v——行车速度(km/h);
R——弯道曲线半径(m);
φ_h——横向附着系数;
i_h——横向超高坡度;
i_{max}——最大纵坡度;
R_{min}——弯道曲线半径最小值(m);
v_{max}——行车速度最大值(m/s)。

4. 横向附着系数 φ_h 的取值

横向附着系数 φ_h 的大小,影响到驾驶员和乘客的情绪紧张程度或舒适程度,详见表 5-3。

表 5-3　φ_h 与驾驶员的感觉

φ_h	驾驶员驶过曲线时的感觉	皮肤对电流的反应相对值
0.01	稍感到有曲线,驾驶员不紧张	1.00
0.15	稍感到有曲线,驾驶员不大紧张,无不舒服感	>1.05～1.10
0.20	感到通过曲线,感到明显紧张,稍有不稳定	>1.10～1.25
0.25	40%人感到不舒适,驾驶员相当紧张	>1.25～1.40
0.30	所有通过曲线的人,都感到不舒适	1.50
0.35	非常不舒适,很紧张,有侧滑危险,不稳定	1.70
0.40	站不住,欲倒,车有倾覆之险	>1.70

如果 φ_h 值过大,驾驶员为减少离心力往往采用大回转,这样容易离开车道,增大了发生事故的可能性。据美国公路部门的研究,φ_h 值在 0.11～0.16 为舒适界限。综合行车安全、经济舒适各方面的要求,参考专家实验数据,可按表 5-4 取用 φ_h 值。

表 5-4　建议采用的 φ_h 值

计算车速/(km·h^{-1})	120	100	80	60	40	30
φ_h	0.10	0.12	0.12	0.14	0.14	0.15

5.3.4　基于 ADAMS 的车辆动力学模型构建

以某品牌 CRV 车辆为原型,采用 ADAMS/Car 软件建立该车的整车动力学系统模型,本模型参数的获得方法为:关键点的坐标由 CAD 模型获得;运动部件的质心与转动惯量通过计算、试验等方法获得;起缓冲减振作用的零部件,如减振器、橡胶组件、弹性轮胎等的特性参数通过查找资料和试验获得。后续虚拟试验均使用此车辆模型。

1. ADAMS/Car 模块介绍

ADAMS/Car 是 MDI 公司与奥迪(Audi)、宝马(BMW)、雷诺(Renault)和沃尔沃(VOLVO)等公司合作开发的轿车专用分析软件包,集成了他们在汽车设计、开发方面的专家经验,能够帮助工程师快速建造高精度的整车虚拟样机,其中包括车身、悬架、传动系统、发动机、转向机构、制动系统等。此外,ADAMS/Car 中融合了轮胎模块、道路模块和驾驶员模块等,工程师可以通过高速动画直观地再现在各种实验工况下(例如天气、道路状况、驾驶员经验)整车的动力学响应,并输出影响操纵稳定性、制动性、乘坐舒适性和安全性的性能参数,从而减少对物理样机的依赖,而仿真时间只是进行物理样机试验的几分之一[11]。

2. ADAMS/Car 建模步骤

ADAMS/Car 是一个建立车辆模型的专业模块。它允许创建车辆子系统的虚拟样机模型,并可以像分析物理样机一样分析虚拟样机模型。通过 ADAMS/Car,使用者可以快速创建悬架和整车装配体,然后分析这些装配体,了解车辆的性能和特性。

ADAMS/Car 有两种模式：① 标准界面。当离开模板，创建和分析悬架和整车装配体时使用标准界面。标准用户和专家用户都可以使用 ADAMS/Car 标准界面。② 模板建造器。使用者如果有专家用户权限，就可以使用 ADAMS/Car 模板建造器建立新的模板，这些模板在 ADAMS/Car 标准界面下使用。

通常情况下，ADAMS/Car 模块采用自下而上的建模顺序，即整车模型和系统总成模型建立于子系统模型基础之上，而子系统则是基于模板的，模板在模板建造器中建立。因此，建立模板是首要的关键步骤，其具体过程介绍如下：

① 物理模型的简化。对零件进行整合，机械系统的物理抽象；根据子系统中各个零件之间的相对运动关系，定义各零件的"Topological Structure"（拓扑结构），获取模型的运动学（几何定位）参数，建立抽象系统的运动部件、约束，从而建立运动学模型。

② 确定"Hard Point"（硬点）。这里的硬点是指各零件间连接处的关键几何定位点，确定硬点就是在子系统坐标系内给出零件之间连接点的几何位置。

③ 确定零件的动力学参数、创建"General Part"（整合零件）。把没有相对运动关系的零件定义为一个"General Part"（整合零件），以下简称为"零件"。计算或测量整合零件的质量、质心位置以及绕质心坐标系三个坐标轴的转动惯量。需要指出的是，这三个坐标轴方向必须分别与绝对坐标系的三个坐标轴平行。

④ 创建零件的"Geometry"（几何模型）。在硬点的基础上建立零件的几何模型。由于零件的动力学参数已经确定，因此几何模型的形状对动力学仿真分析结果实际上无任何影响，但在运动学分析中，零件的外轮廓直接关系到机构运动校核，而且考虑到模型的直观性，零件的几何形状还是应尽可能地贴近实际结构。

⑤ 定义"Constrain"（约束）和"Bushing"（衬套）。按照各个零件间的运动关系确定约束类型，通过约束将各零件连接起来，从而构成子系统结构模型。定义约束时，要注意约束副的方向。为清楚显示约束关系，可通过修改"Icon Setting"（图标设置）和约束副的"Appearance"（显示）来获得合适的约束副的尺寸和颜色。定义约束是正确建模的重要步骤，它直接关系着系统自由度的合理性。定义衬套可以更加真实准确地反映车辆部件间的相互作用情况。

⑥ 定义"Mount"（组装）和"Communicators"（输入输出通讯器）。Mount 和 Communicators 是 ADAMS/Car 中专有的模型，它用以各子系统之间变量传递，保证各子系统之间能够正确组装并顺利开展实验。

⑦ 将建立的模板转换为子系统，需在标准界面下完成。

⑧ 完成各子系统的组装。在组装过程中，ADAMS/Car 自动嵌入整车试验台，试验台提供了各种标准化的实验条件，方便开展汽车的性能测试。

3. 整车模型的简化

汽车是一个非常复杂的系统，采用软件仿真分析时如果考虑到每个零部件，那会使建模过程变得异常烦琐，也会大大增加仿真求解的时间，甚至得不到仿真分析的结果。所以建模时需要对那些对测量目标值影响不大的零部件进行忽略和简化。然后根据零部件之间的运动关系,对零部件进行重新组合,把没有相对运动关系的零部件组合为一体,确定重新组合后零部件间的连接关系和连接点的位置。

动力学仿真分析时不会考虑零部件的具体形状,而是根据输入该零部件的特性参数进行计算,所以建模时只需输入重新组合后的零部件质量、质心位置及转动惯量等质量特征参数。鉴于模型在分析时的直观性,可在连接点的基础上建立零部件的几何形体,然后按照零部件间的运动关系确定约束类型,通过约束连接各零部件,从而建立该机构的动力学分析模型。

在建立整车模型时,可对整车系统进行如下一些简化:

① 除了轮胎、阻尼组件、弹性组件及橡胶组件以外,将其余零件认为是刚体,在仿真分析过程中不考虑它们的变形,将簧载质量看作一个具有六个自由度的刚体。

② 对于刚体之间的柔性连接做适当的简化,用线性弹性橡胶衬套来模拟实际工况下的动力学特性,各运动副内的摩擦力忽略不计。

③ 在实际工况中,横向稳定杆相当于扭杆弹簧,可将其简化为刚性的杠杆与扭簧机构。

④ 由于发动机模块及制动系模块仅用于控制车速,因此可采用 ADAMS/Car 数据库中内置的发动机及制动系模块,并将动力传递系统进行相应简化,只考虑传动半轴以后的动力传递,即驱动力矩直接加在等速万向节处。而发动机简化成一个具有相应的质量特征参数的六自由度刚体,并通过四个非线性橡胶衬套分别连接到车身和副车架。

4. 前悬架模型

悬架是车架(承载式车身)与车桥之间的传力连接装置的总称,该车型前悬架采用的是麦弗逊式独立悬架,它是一种车轮沿摆动的主销轴线(无主销)移动的独立悬架,其最大的特点是将双向作用的筒式减振器作为悬架杆系的一部分。上横臂不复存在,而是减振器活塞杆兼起主销作用并与车身连接。下面的横摆臂也是简单的三角形锻压架,以承受前桥的侧向力和弯矩,使前轮不易发生偏摆。这种悬架结构简单,增加了两前轮内侧的空间,便于发动机和其他一些部件的布置;同时悬架振动时,车轮外倾、主销后倾及轮距变化不大,占空间小,并可靠近车轮布置。缺点是减振器的活塞杆容易磨损,在减振器失效后车轮倾角变化较大。

在 ADAMS/Car 模块中建立悬架系统的数模时,只需要建立左侧悬架的数模,右侧的数模会自动对称生成。简化后的左侧前悬架系由减震器、减震器支座、轮心轴、动力输出轴、驱动轴、连杆、转向横拉杆、立柱、下横臂以及前副车架组成。悬架控制臂的一端由两个弹性衬套与副车架相连,另一端由球铰与转向节相连;副车架由前、后共四个弹性衬套与车身子系统相连;减振器下端与转向节臂由圆柱副相连,上端与车身子系统以万向节连接;定义转向摇臂与转向子系统的转向机以等速度约束副连接,转向

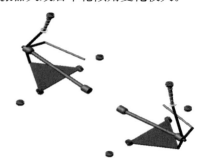

图 5-12 前悬架模型

拉杆与转向节以万向节连接,转向拉杆与转向摇臂以球铰相连;轮心轴与驱动轴由恒速副相连;驱动轴和发动机动力输出轴由恒速副相连,图 5-12 为前悬架模型。

模型中的减振器、螺旋弹簧和橡胶衬套均为弹性组件,建模时采用属性文件定义其特性。对于弹簧作用力,ADAMS/Car 采用式(5-9)进行计算。

$$Force = -k[FL - IL - DM(i,j)] \tag{5-9}$$

式中:FL——弹簧的自由长度,在属性文件中定义,$FL = 237.5$ mm;

IL——弹簧的安装长度,$IL = 227$ mm;

$DM(i,j)$——在安装长度的基础上弹簧的伸长量,正值为拉长量,负值为压缩量;

$Force$——弹簧作用力;

k——弹簧刚度,在属性文件中定义,此模型中,简化悬架刚度为弹簧的刚度,$k = 16.5$ N/mm。

5. 后悬架模型

该车型的后悬架为双叉式独立悬架。简化后的左侧后悬架系统由上横臂、下横臂、立柱、减振器支座、减振器、轮心轴以及后副车架组成。减震器上端与车身之间由橡胶衬套相连,减震器的上、下端由圆柱副和弹簧、阻尼器相连;上横臂与车身由两个橡胶衬套相连,上横臂与立柱由球铰相连;轮心轴与立柱由转动铰链相连;下横臂与立柱由球铰相连;下横臂与后副车架由两个橡胶衬套相连;后副车架与车身由六个橡胶衬套相连;减震器支座与下横臂由橡胶衬套相连,减震器支座与减震器下端由固定副相连,如图 5-13 所示。

图 5-13 后悬架模型

6. 转向系统模型

该车的转向系统是齿轮齿条式电动助力转向系统,齿轮齿条转向系统是一种广泛应用于小型车辆的转向系统,小齿轮上输入方向盘的转向,回转运动通过齿条转化为直线运动。齿条带动横拉杆往复运动和转向节回转实现汽车的转向。

ADAMS/Car 建模时简化后的转向系统由方向盘、转向轴、转向传动轴、转向输出轴、转向齿轮、转向齿条和转向齿条套组成。根据各零部件之间的相互运动关系和实际的联系方式,在 ADAMS/Car 转向系统模型中各零部件之间的约束连接关系如下:方向盘与转向轴间为旋转副,转向轴与车身间为旋转副,这两个旋转副之间为耦合铰链;转向传动轴与转向轴之间为万向节铰链,转向输出轴与转向传动轴之间为万向节铰链;转向输出轴与转

图 5-14 转向系统模型

向齿条套间为旋转副,转向齿轮与转向齿条套间为旋转副,这两个旋转副之间为耦合铰链;转向齿条与转向齿条套间为滑动副,该约束副和转向齿轮与转向齿条套间为旋转副之间为耦合铰链;转向齿条套与车身之间由两个橡胶衬套连接;转向齿条与转向横拉杆之间为球副,通过信息交互端口连接。在动力学模型中,转向齿轮与转向输出轴由橡胶衬套相连,用该橡胶衬套的轴向扭转刚度来模拟转向系的扭转刚度,如图 5-14 所示。

7. 轮胎模型

对于车辆仿真模型来说,轮胎模型是其中最为重要的部分之一。由于构成轮胎的有橡胶、帘布层等合成材料和充气结构,轮胎具有高度非线性、可压缩性、各向异性和粘弹性,其物理模型的建立较为复杂和特殊。ADAMS/Car 提供了 5 种轮胎模型,它们是:Delft 轮胎模型、Fiala 轮胎模型、Smithers 轮胎模型、UA 轮胎模型和用户自定义(User Defined)轮胎模型。由于 UA 轮胎模型的主要特点是包含轮胎的纵向、侧向松弛效应,松弛效应对轮胎的动力学性能影响较小,但是在低速或路面存在高频激励时,对滑移率有比较显著的影响,能够比较好地反映车辆在恶劣天气路面行驶的反应。UA 轮胎模型所需要的轮胎特性参数为:轮胎自由半径(mm)、轮胎胎冠半径(mm)、轮胎垂直变形量为零时的垂直刚度(N/mm)、轮胎侧偏角为零时的侧倾刚度(N/rad)、轮胎外倾角为零时的外倾刚度(N/rad)、纵向滑移刚度(N/mm)、轮胎滚动阻力矩系数(mm)、径向相对阻尼系数、静摩擦系数、动摩擦系数。

该车型使用的轮胎型号为 225/65R17,根据轮胎的特性参数,可以编制 ADAMS/Car 中的轮胎特性文件来建立轮胎模型,如图 5-15,主要参数如表 5-5 所示。

图 5-15 轮胎模型

表 5-5 轮胎主要参数

名称	内容
自由半径	215.9 mm
径向刚度	190 N/mm
侧偏刚度	60 000 N/rad
外倾刚度	3 000 N/rad
纯滚动摩擦系数	0.8
纯滑动摩擦系数	1.1

8. 动力系统模型

该车型为发动机横置、前置前轮驱动,发动机主要参数见表 5-6。该车变速箱为 5 档手动变速箱。

表 5-6 发动机主要参数

名称	内容
最大功率	125 kW/5 800 (r·min^{-1})
最大扭矩	220 (N·m)/4 200 (r·min^{-1})

图 5-16 为建立的动力传动系统，由发动机子模型、离合器子模型、变速箱子模型和差速器子模型组成。它是通过两个作用在铰接副上的运动副的作用力制动器输出差速器转矩，然后再通过输出通讯器传递至前悬架模型中的驱动轴万向节；通过四个弹性衬套与副车架相连。整个动力传动系统的各个子模型均由微分方程和函数描述而不包括任何高速旋转实体，大大提高了仿真速度。

图 5-16 动力系统模型

9. 制动系统模型

该车型的前制动器为通风盘式，后制动器为带鼓盘式，鉴于制动系统对本书研究内容影响不大，故前、后制动器均简化为盘式制动器。简化后的制动系统由制动钳和制动盘两个部分组成（图 5-17），通过以下的力矩函数来模拟计算它们之间产生的摩擦力矩。

$$T = 2 \times A \times P \times \mu \times R_\varepsilon \times STEP \quad (5-10)$$

式中：A——制动轮缸活塞面积（mm^2）；

P——制动轮缸里的制动液压（Pa），其数值计算见式（5-11）；

μ——制动钳上的摩擦衬片和制动盘之间的摩擦系数；

R_ε——有效制动半径（mm）；

$STEP$——控制函数，当制动摩擦衬片和制动盘之间的相对运动速度为 0 时停止仿真，防止制动盘发生倒转的情况。

$$P = \eta \times F \times \lambda \quad (5-11)$$

式中：η——前制动器液压与前、后制动器液压总和的比值，该液压比是通过液压调节阀来控制的，在实际的制动过程中，该比值不是一个定值，在 ADAMS 仿真分析中将该值设置为前轮刚开始抱死时的液压比；

F——仿真分析时输入的踏板力（N）；

λ——从输入的踏板力到前、后制动器液压总和的转换系数。

鉴于汽车制动稳定性影响因素的多面性和不可预知性，该制动系统建模时左、右车轮施加的是相同的制动力矩，因此这样建立的制动系统模型仅用于制动效能的仿真研究，而不能用于制动稳定性方面的分析。另外，该制动系统模型不含 ABS 功能，仅考察车辆在 ABS 系统产生作用之前的制动效能。

图 5-17 制动系统模型

10. 车身模型

因为车身的形体对仿真结果没有影响,所以在 ADAMS 里建模时常将车身系统简化成一个包含车身所有质量特性参数的球体;也可将车身数据转换成 .shl 格式的文件导入 ADAMS 中,附于含有车身质量特性参数的质点上,从而具有更好的美观性。出于条件所限,这里采用了前一种建模方法,如图 5-18 所示。

图 5-18 车身模型

ADAMS 中的车身模型实际上是簧载部分的模型,由于簧载部分的质量特性参数在实际中是很难测得的,所以整车建模时常先建一个初步的车身模型和其他子系统装配成整车模型,再根据 ADAMS 测出的整车质量特性参数来调整车身模型的质量特性参数。

汽车的静态力学参数可以用专门的试验台测定,而惯性参数的得到还需要另行试验测定。世界上测量准确、操作方便、长期性的汽车整车惯性参数测定装置为数很少。大多数情况下这些参数要通过简单的设施进行试验来得到,然而这个过程往往需要很大工作量,且所得结果准确度值得怀疑。因而使用试验公式进行估值在许多情况下是有意义的,合理的经验公式会给出准确度足够的计算结果,特别是在新型车尚未制造出来以前。

以下是计算整车转动惯量 I_x, I_y, I_z 的估值公式,这些公式是在测量和分析了 313 辆汽车的转动惯量后得到的,因而该估值公式具有很好的准确性[15]。

$$I_x = \frac{(h_r + h_g) \cdot B}{K} \cdot m \quad (5-12)$$

$$I_y = \frac{(h_r + h_g) \cdot L}{K} \cdot m \quad (5-13)$$

$$I_z = \frac{B \cdot L_z}{K} \cdot m \quad (5-14)$$

式中:m——汽车质量(kg);

h_r——车顶离地高度(m);

h_g——整车质心高度(m);

B——轮距(m);

L——汽车外形总长度(m);

L_z——轴距(m);

K——近似值常数,式(5-12)取 7.984 6,式(5-13)取 5.290 1,式(5-14)取 2.194 2。

11. 整车装配模型

通过各子系统间的信息交互端口命令,将前悬架模型、后悬架模型、转向系统模型等子系统模型装配成整车模型(图 5-19)。整车模型共包括 63 个运动部件,5 个圆柱副,12 个转动副,12个球铰,3个滑移副,8个恒速副,10个固定副,4个万向节,2个耦合副,5个垂直约束副,1个线约束,1个面约束,则整车模型的自由度数为 DOF=64×6−5×4−12×5−12×3−3×5−8×4−10×6−4×4−2×1−5×1−1×1−1×2=135。整车多体系统开环模型的效果图如图5-19所示,整车的主要参数见表5-7所示。

图5-19 整车模型

表5-7 整车主要参数

名称/单位	内容
车长/mm	4 530
车宽/mm	1 820
车高/mm	1 680
轴距/mm	2 620
空载质心坐标/mm	(1 170,−2,720)
整车整备质量/kg	1 635

5.4 数字化三维道路模型

道路是影响交通安全的重要因素。按目前国内外比较普遍的认识,道路因素造成的事故则占10%左右。长期以来,由于鉴别方法和交通事故处理流程的影响,人们在分析事故的原因时往往倾向于人为因素,割裂了各个因素的相互联系,特别是对道路因素在交通安全中的作用认识不足。道路也是一种产品,但其设计目前仍然不能像工业产品那样经过"设计—样品—试验—修改设计"再生产。道路一经建成就很难重建,即使改建,成本也是巨大的,因此道路设计阶段必须精益求精,尽量在道路施工之前发现潜在的危险点,以避免道路建成之后由于道路设计不合理造成交通事故。然而,根据目前的情况,道路设计时习惯按照平、纵、横分开考虑设计,往往忽略了各设计参数之间的相互作用。这会增加车辆、驾驶员与道路之间不匹配的概率,严重影响交通安全[16]。

因此从人—车—路系统的角度对道路进行安全性评价具有重要意义。建立合理的道路模型,与驾驶员模型、车辆模型结合对车辆行驶过程进行仿真模拟,可以弥补传统道路安全评价方法的不足,发现各种因素交互作用造成的危险路段。从而可以在道路施工前就发现道路设计不合理的地方,及时修改调整,可在避免交通事故发生的同时,节省大量的工程改建费用。

另外近几年来我国沥青路面早期破坏现象突出,现有的路面检测手段只能检测沥青路面表面的损坏程度,得不到路面结构内部的破坏信息,无法正确推断路面结构损坏的原因和具体掌握路面结构的破坏规律[17]。对道路结构和车辆荷载作用下路面结构的力学响应规律进行深入分析,从而建立能够反映道路特征的模型,对研究路面破损机理加强道路保护具有重要意义。

5.4.1 路面不平度时域模型

1. 路面不平度概述

路面不平度指的是道路表面对于理想平面的偏离,是汽车行驶过程中的主要激励,它影响车辆动力性、行驶质量和路面动力载荷三者的数值特征,对行车舒适性和安全性具有重要意义。早期对路面随机激励的研究方法是试验,用路面计直接测试实际路面以获得路面不平度,或用传感器和磁带记录仪记录汽车在真实路面上行驶时的振动加速度信号,然后在道路模拟机上换算获得路面不平度。试验法直观、有效,但费力、耗时多、不经济。随着计算机技术和其他相关学科的发展,人们开始在理论上进行路面的建模和计算机模拟,以求对汽车平顺性进行分析和预测[18]3。

道路不平度可以用不同的域信息如频域、幅值域和时域等方法进行描述,目前研究的重点集中在频域与时域这两种方法上。频域模拟法描述了道路不平度随机过程的频率结构,在汽车振动分析中可以明确地给出参与振动的频率成分及各频率成分在振动中所起作用的大小。而时域模拟法描述了道路不平度随机过程随时间推移的分布状况,更符合人们的认知习惯。

频域分析方法在汽车平顺性研究及悬架系统优化设计中发挥了很多作用,简单直观,发展得比较成熟,但只能限于系统模型自由度较小的情况,不能用在非线性系统的分析中。当自由度较大时,各自由度关系复杂,确定模型的传递函数十分困难,计算量大,效率低,给求解带来极大的不便。

而现代汽车技术无论在理论研究的深度要求方面还是在非线性特性单元(如非线性刚度悬架、非线性阻尼减振器)的应用方面已凸显出系统的非线性特性。对于非线性系统的研究,时域分析是最基本的分析方法。在研究汽车动力学系统的控制,尤其是主动悬架设计及其系统控制时,用时域分析方法有利于导出良好的控制律。路面时域建模研究同时还是车—路相互作用研究以及汽车地面力学研究的基本内容[19]。因此时域模型是本书中研究路面不平度的主要方法,也是下文讨论的主要内容。

2. 路面不平度时域模型

针对路面随机激励的时域模拟,各国学者进行了大量研究。目前,国内外最常用的模拟方法有:白噪声法、离散时间随机序列生成法、随机正弦波叠加法、快速傅里叶变换(FFT)法。

(1) 白噪声法

白噪声法是将路面高程的随机波动抽象为满足一定条件的白噪声,然后经一个假定系统进行适当变换而拟合出路面随机激励的时域模型。对应于相应道路高程PSD式,一般用式(5-15)作为路面随机激励的时域数学模型[20]:

$$q'_i(t) + \alpha u q_i(t) = \xi_i(t) \tag{5-15}$$

式中:i——同一轮辙上第 i 个轮胎;

$q_i(t)$——点 i 处激励高程时间样本;

α——与路面等级相关的路面常数;

$\xi_i(t)$——零均值白噪声随机信号;

u——车速。

(2) 离散时间随机序列生成法

离散时间随机序列生成法是基于路面不平度有理函数形式的功率谱密度表达式,建立路面不平度时间离散化模拟的递推公式。在时间序列分析中,有两类简单而又常用的模型:AR(Auto-Regressive)模型和ARMA(Auto-Regressive and Moving Average)模型。AR模型和ARMA模型法基本思想是由给定的一维随机过程的功率谱密度算得其自相关函数,由此导出其相应的AR模型和ARMA模型。ARMA模型是在AR模型的基础上建立起来的,在数字模拟应用中,ARMA系统相当于一组数字滤波器,它将白噪声变成近似具有目标谱密度或相关函数的离散随机过程或随机场[18]4。

(3) 随机正弦波叠加法

随机正弦波(或其他谐波)叠加法采用以离散谱逼近目标随机过程的模型,是一种离散化数值模拟路面的方法。随机信号,可以通过离散Fourier分析变换分解为一系列具有不同频率和幅值的正弦波。谱密度就等于由带宽划分的这些正弦波幅值的平方[21]。谐波叠加法的基本思路是:

首先,将路面不平度的方差 σ_z^2 做离散化处理为 $\sigma_z^2 = \sum G_q(f_{mid-i}) \cdot \Delta f_i$;

然后,利用随机正弦波对每个区间进行处理:$\sqrt{G_q(f_{mid-i}) \cdot \Delta f} \cdot \sin(2\pi f_{mid-i} t + \theta_i)$

最后,将对应于各个小区间的正弦波函数叠加起来,时域路面随机位移输入如式(5-16)所示:

$$q(t) = \sum_{i=1}^{n} \sqrt{G_q(f_{mid-i}) \cdot \Delta f} \cdot \sin(2\pi f_{mid-i} t + \theta_i) \tag{5-16}$$

式中:$G_q(f_{mid-i})$——功率谱(m^2/Hz);

Δf——频率区间(Hz);

f_{mid-i}——每个小区间的中心频率(Hz);

t——时间(s);

θ_i——$[0,2\pi]$上均匀分布的相互独立的随机变量。

(4) 快速傅里叶变换(FFT)法

该方法的基本思路是[22]:

首先,将单边功率谱密度 $S_q(f)$ 转换成双边谱 $S_{qq}(f)$,再根据 FFT 变换条件设置采样点与频率采样区间,即确定 N_r、Δf 等参数;

然后,利用周期图估计出的功率谱具有周期性和偶对称性,得到时序频谱模值:$|F(k)|=|DFT\{q(n)\}|=N_r\sqrt{S_{qq}(f=k\Delta f)}$ 作为随机过程的时间序列 $\{q(n)\}$,其频谱相位具有随机性。设 ξ_n 为独立相位序列,$\xi_n=\cos\phi_n+i\sin\phi_n=e^{i\phi_n}$,式中 ϕ_n 服从 $[0,2\pi]$ 的均匀分布。又因为 $F(k)$ 的实部关于 $N_r/2$ 偶对称,虚部关于 $N_r/2$ 奇对称,易得:

$$F(k)=\xi(k)|F(k)|=N_r\xi(k)\sqrt{S_{qq}(f=k\Delta f)} \quad (k=0,1,\cdots,N_r-1) \quad (5-17)$$

式中:N_r——总采样点数。

最后,将所得的复序列 $F(k)$ 进行快速傅里叶逆变换,带入后可得时域路面随机位移,如式(5-18)所示:

$$q(n)=\sum_{k=0}^{N_r-1}\sqrt{S_{qq}(f=k\Delta f)}\,e^{i\frac{2\pi kn}{N_r}} \quad (5-18)$$

3. 路面不平度时域仿真模型

在对路面不平度建立数学模型之后,需要在此基础上与车辆结合建立仿真模型,进一步研究分析各个模型的特征。根据作用轮胎的数量将仿真模型分为单点时域仿真模型和多点时域仿真模型。

(1) 单点时域仿真模型

单点时域仿真模型是车辆上某一轮胎在路面不平的随机激励下的时域模型,主要应用于 1/4 车辆模型研究[23]。将白噪声、离散时间随机序列生成、随机正弦波叠加、快速傅里叶变换(FFT)四种时域模型在相同的仿真环境和仿真条件下进行仿真分析,可以比较四种模型的仿真速度。在给定的仿真环境下,也可以比较利用四种时域模型路面随机激励随时间的变化情况,从而分析各个模型的统计学特性、算法合理性等特征。

(2) 多点时域仿真模型

对单点时域模型进行拓展建模,可得到车辆的单轮辙多点、双轮辙多点时域模型。单轮辙多点时域模型是研究车辆某一轮辙上所有轮胎在路面不平随机激励下的时域模型,主要用于多自由度车辆模型研究。双轮辙多点时域模型是研究车辆双轮辙上所有轮胎在路面不平随机激励下的时域模型,主要用于多轴多自由度多维车辆模型研究。建立单轮辙多点模型的基本思路是在给定轴距和行车速度的情况下,四种单点时域模型均通过相关变换和时延函数,拓展成同轮辙后续轮胎的多点时域模型。而在单点时域模型的基础上,四种模型应用不同的方法也可以扩展到多点双轮辙模型。

4. 总结分析

白噪声法模拟路面随机激励是目前使用较普遍的方法,特别适合用于国标路面谱时域模型的生成。该方法可以模拟具有指定功率谱密度（PSD）特征的单变量/多变量二维和高维均匀高斯（Gaussian）随机场。白噪声法具有计算量小、速度快的优点，但算法烦琐、模拟精度较差。

离散时间随机序列生成法计算简单、易于实现。但是其模拟精度取决于采样间隔大小、所取随机数数量，以及服从(0,1)均匀分布的伪随机数生成算法的精度。

随机正弦波叠加法尤其适用于实测道路谱的时域模拟，这对于在非标道路和非等级公路上行驶汽车的平顺性研究具有重要意义。该方法算法简单直观、数学基础严密、适用路面范围广。但在模拟多维随机场，比如纵横向二维路面高程时，其计算量大，一般采用傅里叶变换算法提高其计算效率。

快速傅里叶变换（FFT）法具有普适性，适用于任意指定谱特征的随机过程的模拟，是目前道路模型构建的较优选择。通过算法改进，解决了多维随机场的仿真问题。然而，如何准确选择离散点数目增加了算法本身的复杂度。

经过系统研究，本书给出了上述四种方法的综合评价结果，如表 5-8 所示。

表 5-8 道路模型的综合评价

	白噪声	随机正弦波叠加法	FFT	离散时间随机序列生成法
仿真速度	★★★★★	★★	★★★★★	★
稳定性	★★★★	★★★	★★★★	★★★★★
适用范围	★★★★	★★★★	★★★★★	★★★★
可拓展性	★★★	★★★★	★★★★★	★★★★
综合评价	★★★★	★★★☆	★★★★☆	★★★☆

注：星级越高，效果越好；★代表全星，☆代表半星。

5.4.2 二维路面模型向三维路面模型的转化

三维随机路面模型是利用多体动力学仿真软件对人—车—路环境系统进行仿真研究的基础，准确合理的三维随机路面模型也会增强仿真结果的说服力。鉴于目前对于二维路面模型的研究较为成熟，那么建立三维路面模型最直接、便捷的方法就是将已有的二维路面模型拓展为三维路面模型。目前已经应用的主要有两种方法：① 将路面不平度随机激励时域模型拓展为三维随机路面模型；② 将平面设计模型拓展为三维路面模型。

1. 路面不平度随机激励时域模型向三维随机路面模型的转化

国内外对反映路面不平度模型的研究主要经历了线性到非线性、频域到时域、数学模型到仿真输出的过程。具体到时域模型本身而言，其经历了单点到多点、单轮辙到双轮辙、二维到三维的发展历程。我国对多点双轮辙时域模型的研究已较为深入，对三维随机路面模型的研究也取得了一定的成果，但三维路面的模型体系还有待进一步完善与深化。

本书给出一个基本的拓展思路，如图 5-20 所示。基于对现有常用路面不平度模型的分析对比,选择适合特定仿真实验的单点路面不平度模型,并将其拓展为三维路面不平度模型,其后使用 MATLAB 软件将模型计算结果导出,通过编写路面文件的形式作为输入条件引入 ADAMS 仿真环境,从而实现对人—车—路环境的联合仿真,发现道路设计不合理之处。

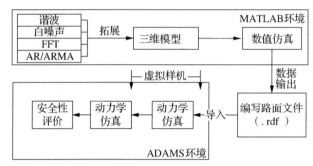

图 5-20 三维路面不平度时域模型建立思路

考虑到 FFT 法优异的性能,本书将专门介绍该方法的单点路面随机高程模型,如式(5-19)所示。

$$q(n) = \sum_{k=0}^{N_r-1} \sqrt{S_{qq}(f=k\Delta f)}\, e^{i\left(\frac{2\pi k n}{N_r}+\phi_n\right)} \tag{5-19}$$

式中,n——离散采样点序号;

$q(n)$——第 n 个采样点时刻对应的路面高程;

N_r——总采样点数;

S_{qq}——双边功率谱;

f——频率;

Δf——采样频率;

ϕ_n——属于$[0, 2\pi]$间的随机数。

设时间采样间隔为 Δt,则 $q(n)$ 为 $n \times \Delta t$ 时刻的路面高程。设行驶速度恒定为 u,则 $n \times (u \times \Delta t) = n \times \Delta x$,$N_r \times (u \times \Delta t) = N_r \times \Delta x = X$。其中,$x$ 是道路采样点距采样原点的长度,X 是道路纵向总长度。

将式(5-19)中 e 的指数的分子、分母同乘 $u \times \Delta t$,可得式(5-20)。

$$q(n) = \sum_{k=0}^{N_r-1} \sqrt{S_{qq}(f=k\Delta f)}\, e^{i\left[\frac{2\pi k(nu\times\Delta t)}{N_r u\times\Delta t}+\phi_n\right]} = \sum_{k=0}^{N_r-1} \sqrt{S_{qq}(f=k\Delta f)}\, e^{i\left[\frac{2\pi k x}{X}+\phi_n\right]}$$
$$\tag{5-20}$$

由于路面不平度具有随机各态历经的特性,因此可在路面的横向也进行一定的离散过程[24]。设路面任一点坐标为(x,y),则三维空间中路面的不平度如式(5-21)所示。

$$q(x,y) = \sum_{k=0}^{N_r-1} \sqrt{S_{qq}(f=k\Delta f)}\, e^{i\left[\frac{2\pi k x}{X}+\phi_n(x,y)\right]} \tag{5-21}$$

式中:x——纵向坐标;

y——横向坐标;

$\phi_n(x,y)$—— 路面上任意点(x,y)处,属于$[0,2\pi]$间的随机数;

k——第k个采样点;

X——道路纵向总长度。

2. 二维设计路面模型向三维路面模型的转化

完整的道路线形是平、纵、横三方面设计指标综合而成的空间曲线,可使用专业的道路设计软件互动式道路及立交 CAD 系统 DICAD 来进行设计。首先,在 DICAD 中设计平曲线线形,平曲线线形包括直线、圆曲线以及缓和曲线;其次,在设计的平曲线的基础上设计纵曲线,纵曲线线形主要是直线和圆曲线;待平纵线形设计完成后,输出道路逐桩坐标表。

接下来在 ADAMS/Car 软件中的道路建模器中建立三维平滑路面模型,定义变量包括道路各个标记点处的空间坐标、标记点处道路宽度、道路横截面坡度角、道路左侧和右侧摩擦系数。各个标记点顺序连接成道路的中线,为车辆跟踪的预期轨迹。

5.4.3 基于 ADAMS 的数字化三维道路模型构建

ADAMS 软件中提供的路面文件十分简单,对于汽车性能仿真而言显然不够;另外,复杂三维路面文件的构建研究还刚起步,没有一个普适、标准的方法。因此,建立生成三维路面文件的通用模型,将各种试验路面数字化,以满足不同仿真试验要求,显得尤为重要。

ADAMS 中,路面模型以路面文件(.rdf)的形式表现,采用三角网格法构建适用于 ADAMS 的三维路面,生成的路面文件适用于 ADAMS/View 和 ADAMS/Car 等环境,具有通用性[25]。

1. 路面模型的组成

路面文件通常包含 7 部分:路面文件类型,路面谱在 X、Y、Z 方向上的比例(X_Scale, Y_Scale, Z_Scale),位置原点(ORIGIN),路面谱向上的方向(up),地面坐标系方向相对于大地坐标系方向的转换矩阵(**ORIENTATION**),路面谱的节点(**Nodes**),路面谱单元(**Elements**)等。核心部分是 **Nodes** 与 **Elements**。**Nodes** 是四维向量矩阵,由节点序号及该节点的三维坐标构成;**Elements** 是五维向量矩阵,由 3 个节点序号及该单元的摩擦因数组成。只需确定 **Nodes** 矩阵和 **Elements** 矩阵,即可以生成相应的路面文件。

2. 通用模型构建

考虑不失一般性,使用字母表示路面的纵向长度和横向宽度,创建编写三维路面文件的通用型模型。设路面纵向总长度为 X,采样长度为 Δx,横向总长度为 Z,采样长度为 Δz,通常选取 $\Delta x = \Delta z$,则纵向、横向采样点总数分别为 $N_x = \dfrac{X}{\Delta x}+1$, $N_z = \dfrac{Z}{\Delta z}+1$。将形成的三维路面投影到水平面上,得到 $N_x \times N_z$ 的点阵,如图 5-21 所示。

Nodes 与 **Elements** 的创建流程如图 5-22 所示。

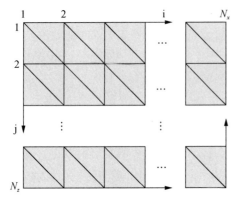

图 5‑21　三维路面水平面投影图

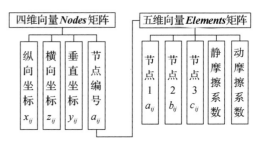

图 5‑22　节点及单元创建流程图

（1）节点生成算法

由图 5‑21 可确定 **Nodes** 的总数为 $N_{Nodes}=N_x \times N_z$。设四维向量 **Nodes** 的第 i 行、第 j 列元素为 $(a_{ij},x_{ij},z_{ij},y_{ij})$。

节点编号 a_{ij}：依据"先横后纵、由小到大"的原则将节点进行编号。即 $a_{ij}=i \times N_z+j$；

纵向长度 x_{ij}：相同 i 对应的点，其 x 值相同，即 $x_{ij}=\Delta x \times (i-1),(i=1,2,\cdots,N_x)$；

横向宽度 z_{ij}：相同 j 对应的点，其 z 值相同，即 $z_{ij}=\Delta z \times (j-1),(j=1,2,\cdots,N_z)$；

路面高程 y_{ij}：通过计算获得 $N_{Nodes}(N_x \times N_z)$ 个数据，经过拉直运算为列向量即可。

（2）单元生成算法

每 3 个相邻的 **Nodes** 组成一个 Element，进而形成矩形路面，由图 5‑22 可确定 **Elements** 的总数 $N_E=2(N_x-1)(N_z-1)$。设五维向量 **Elements** 矩阵的第 i 行、第 j 列元素为 $(a_{ij},b_{ij},c_{ij},1,1)$，$a_{ij},b_{ij},c_{ij}$ 为对应的节点编号，后两个"1"分别为静摩擦因数与动摩擦因数。

在 MATLAB 中编写的通用性 **Elements** 生成算法如下所示。

```
%生成节点矩阵 A
A=zeros(Nx,Ny);
for i=1:Nx;
for j=1:Ny;
A(i,j)=(i-1)* Ny+j;
end
end
% 创立 Elements 矩阵 R,flag 为计算控制参数
R=zeros(2*(Nx-1)*(Ny-1),5); flag=1;
% Elements 的上三角形编号规则
for i=1:(Nx-1)
for j=1:(Ny-1);
    R(flag,1)=A(i,j); R(flag,2)=A(i,(j+1));
R(flag,3)=A((i+1),j); R(flag,4)=1;
R(flag,5)=1; flag=flag+1;
end
end
%Elements 的下三角形编号规则
```

```
for i=2:Nx;
for j=1:(Ny-1);
    R(flag,1)=A(i,j); R(flag,2)=A(i,(j+1));
R(flag,3)=A((i-1),(j+1)); R(flag,4)=1;
R(flag,5)=1; flag=flag+1;
end
end
```

3. ADAMS 中三维路面生产算例

以某特定 C 级路面为例,建立三维路面文件。

建设一条纵向长 90 m,横向宽 4.5 m 的三维路面,采样间隔为 0.02 s。纵向车速恒为 $u=50$ km/h $=13.89$ m/s。则 $u×\Delta t=13.89×0.02=0.277\ 8$ m,近似地取 $\Delta x≈0.3$ m,并令 $\Delta z=0.3$ m。可得 $N_x=301,N_z=16$,投影在水平面上形成 301×16 的点阵。

将使用 MATLAB 仿真得到的路面不平度特征,按照通用路面模型标准生成路面文件,并导入 ADAMS,从而得到仿真所需的三维路面。三维路面结构效果如图 5-23 所示。

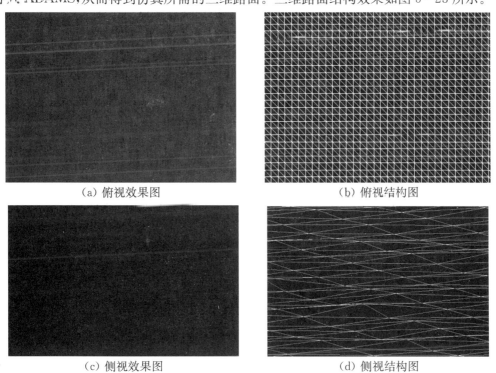

(a)俯视效果图　　　　　　　(b)俯视结构图

(c)侧视效果图　　　　　　　(d)侧视结构图

图 5-23　三维路面结构效果图

创建的三维 FFT 路面不平度模型,以及三维路面通用模型,具有通用性与易拓展性,可以在任意指定的路面等级和车速条件下,便捷地创建相应的仿真模型及路面文件,为 ADAMS 中虚拟样机的研究提供了丰富的仿真环境,为车辆优化和设计、路面不平度和谱分析、道路数据库建立以及人车路大系统分析等方向的科研工作者提供了新的思路。

5.5 公路环境风动力学模型

汽车在行驶中,常常会受到环境风的干扰而受到气动力的作用。气动力直接影响汽车的驱动特性、稳定性、操作性、加速性能和噪声特征等,也是影响汽车和道路交通安全性的一个重要方面。因此研究气动力的数值计算、建立道路行车力学模型对虚拟实验建模、提高道路交通安全具有重要意义。

5.5.1 影响汽车操纵稳定性的空气作用力及模型描述

汽车在行驶过程时,受到复杂的作用力。不仅受到来自地面的作用力,而且还受到周围气流的气动力和力矩的作用,如图 5-24 所示。

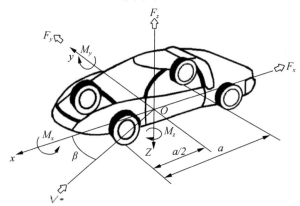

图 5-24 汽车所受到的气动力及力矩

为了便于研究,把作用在运动汽车上的气动力和力矩,分为相互垂直的三个分力和绕轴的三个力矩。如图 5-24 中的坐标系所示,坐标原点位于前、后轴中心的地面上,x、y 轴所在的平面表示路面。在对称气流($\beta=0$)作用时,气动升力 F_z 和气动阻力 F_x 同时存在,另外还有纵倾力矩 M_y;在非对称气流($\beta\neq0$)作用时,汽车除了受到上述的力和力矩外,这时车辆还受到了气动侧向力 F_y、绕 x 轴的侧倾力矩 M_x 和绕 z 轴的横摆力矩 M_z。常用重心位置作为纵倾力矩的参考点。气动六分量 M_x、M_y、M_z 以及 F_x、F_y、F_z 决定了总的气动力矢量。

1. 气动阻力

与汽车运动方向相反的空气力为气动阻力,通常用以下公式表示:

$$F_x = \frac{1}{2}S\rho V_\infty^2 C_D \tag{5-22}$$

式中:S——汽车迎风面的投影面积,单位为 m²;

ρ——空气密度,标准状态下为 1.225 kg/m³;

V_∞——合成气流相对速度,单位为 m/s;

C_D——空气阻力系数,通常由风洞试验来确定;

当行驶中的汽车受到侧风干扰时,气动阻力系数有增大趋势。

2. 气动升力及纵倾力矩

车辆在行驶过程中,由于车身上、下部气流的流速不同,导致车身上部和下部形成一定的压力差,因此产生了气动升力及纵倾力矩。通常用以下公式计算:

$$F_z = \frac{1}{2} S \rho V_\infty^2 C_z \tag{5-23}$$

$$M_y = \frac{1}{2} S a \rho V_\infty^2 C_{My} \tag{5-24}$$

式中:C_z——气动升力系数;

a——轴距,单位为 m;

C_{My}——纵倾力矩系数。

气动升力和纵倾力矩对高速行驶汽车的操纵稳定性有很大的影响,尤其对轿车而言,在设计阶段更应该充分考虑升力的问题,因为升力在强风作用下可达到几百甚至几千牛,这一附加力致使车辆前轮的负荷减小,破坏汽车的操纵稳定性;同时后轮负荷减小,驱动力减小。因此,气动升力对汽车的侧风稳定性有较大影响。

3. 侧向力及横摆力矩

当气流与汽车垂直对称面之间存在一个夹角时,则会产生一个侧向气动力。造成这个力的原因通常有两个:一是行驶中的车辆受到侧向风作用;二是汽车在转弯时产生了一定的"侧偏角"。侧向力的表达式为:

$$F_y = \frac{1}{2} S \rho V_\infty^2 C_y \tag{5-25}$$

式中:C_y——侧向气动力系数,近似与侧偏角 β 成正比,即 $\frac{dC_y}{d\beta}$=常数。气动侧向力对 Z 轴产生的力矩称为横摆力矩,可以表示为:

$$M_z = \frac{1}{2} S a \rho V_\infty^2 C_{Mz} \tag{5-26}$$

式中:C_{Mz}——横摆力矩系数。

汽车在行驶中的稳定性受到侧向力和横摆力矩的影响。在非对称气流作用下,横摆力矩有使汽车绕垂直轴(Z 轴)转动的趋势,但是如果所产生的横摆力矩正好能减小横摆角的话,那么汽车就具有较稳定的气动性能。

4. 侧倾力矩

侧倾力矩是由来自车身侧面及其周围气流的影响而产生的。可以用以下公式来表达:

$$M_x = \frac{1}{2} S a \rho V_\infty^2 C_{Mx} \tag{5-27}$$

式中:C_{Mx}——侧倾力矩系数。

侧倾力矩可以引起车轮负荷的变化,改变汽车的转向特性。

5.5.2 "风—车—路"仿真环境中环境风建模研究

1. 风压中心位置变化

在虚拟试验中,如何将侧向风模型与车辆模型进行耦合是虚拟建模的重点,只有虚拟模型尽可能地接近实车试验情况,才能保证试验结果的正确性。在汽车侧风敏感性试验建模过程中,关键是侧向风及其作用过程的模拟。

汽车空气动力学模型中,把作用在车身侧面的相关气流产生的分布气动力可看作作用于一点的集中作用力,该点称为"风压中心"(C.P)。气动力对该点显然不产生力矩,但对于与风压中心相距某一距离的其他任何点,将会产生一个气动力矩[26]。当风压中心位于质心(C.M)之前时,侧向力对质心产生一个顺风向的横摆力矩,加大汽车侧向偏移的幅度;反之,则产生一个逆风的横摆力矩,有利于减小汽车的侧向偏移。因此,风压中心的位置变化对汽车受侧风作用下的动态响应有着重要影响,真实模拟实车试验过程的风压中心的位置变化可以保证虚拟试验的精确性。

汽车侧向风敏感性试验过程中,由于汽车受侧风作用面随行驶位置而改变,因此风压中心位置也随之变化。如图 5-25 所示,当汽车通过侧风区时,汽车在驶入侧风区($0—t_1$)和驶离侧风区($t_2—t_3$)时段内,风压中心沿纵向和垂向发生漂移,漂移曲线与车速和汽车侧面形状有关;当汽车完全处于侧风区时(图中所示时间 b 实际为 t_1 至 t_2 时间段),风压中心位于汽车纵截面的形心位置,图示以汽车作为参考物,在 b 时间段内 C.P 与 C.M 的相对位置不变。

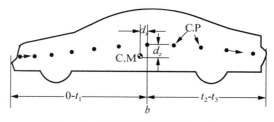

图 5-25 风压中心位置变化示意图

在 ADAMS 中,可以参照于一点定义某点的运动轨迹。假设模型中风压中心坐标为(x,y,z)、质心坐标为(X,Y,Z),使 $x=d_x+X, z=d_z+Z$,即可模拟风压中心沿纵向和垂向的漂移。仿真设置中,只需定义风压中心相对于质心按照$(d_x,0,d_z)$运动,软件按照定义路径和质心运动轨迹计算确定风压中心的瞬时位置。

2. 风压中心建模

由于汽车纵截面为不规则图形,其形心位置不容易计算,本书采用 CAD 软件对其进行求解。然而,各时刻的风压中心的位置与车速和汽车侧面形状有关,影响因素复杂,难以求解,本书对其进行了如下处理:

① 将汽车纵截面沿纵向 5 等分,从车头到车尾标记为区域 1、区域 2、区域 3、区域 4 和区域 5,如图 5-26 所示。

② 分别求出区域 1 的形心(记为Ⅰ),区域 1+区域 2 的形心(记为Ⅱ),区域 1+区域 2+区域 3 的形心(记为Ⅲ),区域 1+区域 2+区域 3+区域 4 的形心(记为Ⅴ),整车形心(记为Ⅵ)。

③ 分别求出区域 5 的形心(记为Ⅶ),区域 5+区域 4 的形心(记为Ⅷ),区域 5+区域 4+区域 3 的形心(记为Ⅸ),区域 5+区域 4+区域 3+区域 2 的形心(记为Ⅹ)。

④ 将计算坐标对应换算成 ADAMS 中点的坐标,如表 5-9 所示。

⑤ 计入车速,得某车速下风压中心距质心(空载整车质心)d 沿纵向(x 轴)的时间分布 d_x 和垂向(z 轴)的时间分布 d_z。

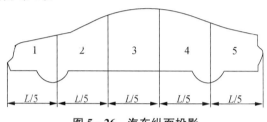

图 5-26 汽车纵面投影

表 5-9 汽车纵截面形心坐标及面积

	Ⅰ	Ⅱ	Ⅲ	Ⅴ	Ⅵ	Ⅶ	Ⅷ	Ⅸ	Ⅹ
x 坐标/m	−0.316	0.159	0.676	1.172	1.477	1.767	2.126	2.563	3.060
y 坐标/m	0.501	0.583	0.685	0.697	0.687	0.718	0.739	0.691	0.635
区域面积/m²		0.55	1.30	2.27	3.32	3.95	3.41	2.65	1.68	0.64

汽车以车速 v 通过侧风作用区,由式(5-28)可得风压中心相对于车辆坐标系的位置漂移,T_5 时刻时风压中心位于汽车受侧向风作用面形心处。

$$\begin{cases} T_1 = L/5v & \text{Ⅰ} \\ T_2 = 2L/5v & \text{Ⅱ} \\ T_3 = 3L/5v & \text{Ⅲ} \quad (0 \leqslant T_1、T_2、T_3、T_4 < t_1) \\ T_4 = 4L/5v & \text{Ⅴ} \\ T_5 & \text{Ⅵ} \quad (t_1 \leqslant T_5 \leqslant t_2) \\ T_6 = t_2 + L/5v & \text{Ⅶ} \\ T_7 = t_2 + 2L/5v & \text{Ⅷ} \quad (t_2 < T_6、T_7、T_8、T_9 \leqslant t_3) \\ T_8 = t_2 + 3L/5v & \text{Ⅸ} \\ T_9 = t_2 + 4L/5v & \text{Ⅹ} \end{cases} \quad (5-28)$$

表 5-10 为轿车通过侧风带时风压中心距质心距离 d 沿纵向(x 轴)的时间分布 d_x 和垂向(z 轴)的时间分布 d_z。图 5-27 为采用 AKISPL(Akima Spline)函数通过三次样条插值所得曲线($v = 110$ km/h)。AKISPL 为 ADAMS 自带的函数,用于自定义路径规划或力和力矩。

表 5-10 侧向风敏感性试验中 d_x 和 d_z 的时间分布

	t/s											
$v=50$ km/h	0	0.06	0.13	0.19	0.25	0.32	0.43	0.50	0.56	0.62	0.68	0.75
$v=80$ km/h	0	0.04	0.08	0.12	0.16	0.20	0.27	0.31	0.35	0.39	0.43	0.47
$v=110$ km/h	0	0.03	0.06	0.09	0.11	0.14	0.20	0.23	0.26	0.29	0.31	0.34
d_x/m	−1.77	−1.00	−0.79	−0.27	0.22	0.53	0.53	0.82	1.18	1.61	2.11	2.61
d_z/m	−0.2	−0.18	−0.097	0.005	0.017	0.007	0.007	0.038	0.059	0.011	−0.045	−0.05

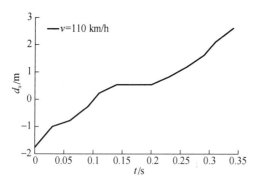
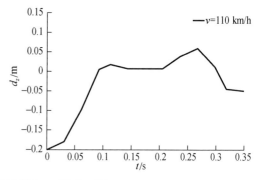

图 5-27 d_x 和 d_z 时变曲线（$v=110$ km/h）

3. 稳态侧风模拟

根据侧向风敏感性试验规定，试验中产生侧风为稳态侧风，可根据侧向力表达式(5-28)计算侧向风作用力。由于该试验中汽车横摆角很小，仿真计算时通常假设侧风发生器产生的侧风的方向（y 轴正向）始终垂直于车身纵断面，因此，$C_y=1$，式(5-29)化简为式(5-30)。

$$F_y = \frac{1}{2}A_y\rho v_s^2 C_y \tag{5-29}$$

$$F_y = \frac{1}{2}\rho A_y v_s^2 \tag{5-30}$$

式中：ρ——空气密度，取 $\rho=1.225$ kg/m³；

A_y——汽车受侧风影响区域的侧向面积；

v_s——侧风风速。

表 5-11 为计算得侧向风作用力的时间分布。图 5-28 为轿车车速为 110 km/h 时采用 AKISPL 三次样条插值所得样条曲线。

表 5-11 侧向风敏感性试验中侧向风作用力的时间分布

	t/s											
$v=50$ km/h	0	0.06	0.13	0.19	0.25	0.32	0.43	0.50	0.56	0.62	0.68	0.75	2
$v=80$ km/h	0	0.04	0.08	0.12	0.16	0.20	0.27	0.31	0.35	0.39	0.43	0.47	2
$v=110$ km/h	0	0.03	0.06	0.09	0.11	0.14	0.20	0.23	0.26	0.29	0.31	0.34	2
A_y/m^2	0	0.55	1.30	2.27	3.32	3.95	3.95	3.41	2.65	1.68	0.64	0	0
F_y/N	0	163	386	673	985	1 172	1 172	1 012	786	498	190	0	0

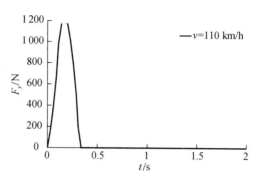

图 5‑28 侧向风敏感性试验中侧向风作用力曲线

4. 非稳态侧风模拟

由于侧风方向和强度随机变化,对随机侧风的模拟不能采用上述气动力公式计算侧风作用力,本书对于随机侧风的模拟做了如下采样处理。首先使用气压传感器采样车辆通过侧风区时侧面某点的压强变化,由压强乘以侧风作用面积得到侧向风作用力的时间分布。图 5‑29(a)为某路段测量所得的随机阵风模型,图 5‑29(b)为轿车以 110 km/h 通过此路段受到的侧风作用力,侧向风作用时长为 0.34 s。

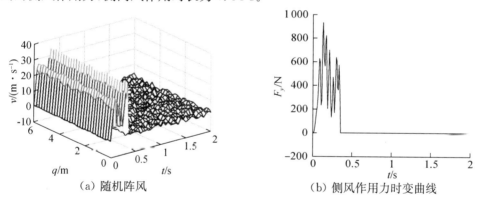

(a) 随机阵风　　　　　　(b) 侧风作用力时变曲线

图 5‑29 随机侧向风的模拟

5.6 基于人—车—路—环境联合仿真的安全应用

5.6.1 耦合模型的可靠性验证

将道路模型、车辆模型、驾驶员模型载入到"File Driven Events"仿真项,这就构建了驾驶员—道路—车辆闭环仿真系统,可进行指定车型在建成的道路模型上的整车动力学仿真。但在使用构建好的仿真模型开展研究之前,验证仿真系统的可信度是关键。验证存在不同的类型,例如概念模型验证、数据验证和结果验证。复杂仿真系统可信性评估是一个多人、多层次、多目标综合评估问题的求解过程,而且是在人员维、层次维、目标维、对象维、时间维的高维空间中进行,涉及大量不确定性、模糊性和复杂性因素,给可信性评估带来了极大难度[27],相关学者、专家对此进行了大量的探索研究。其中最经典的是美国国防部主导制定的仿真系统的校核、验证与验收(VV&A)规范[28],它对仿真系统VV&A方面的概念定义、原则、方法、过程等都做了全面研究。以此为基础针对不同仿真软件与不同应用领域的仿真系统验证研究不断发展丰富。

以ADAMS为代表的虚拟样机仿真系统的VV&A过程包括以下七个步骤[29]:

① 制订VV&A评估计划。在开发虚拟样机之前就应进行概念化仿真系统VV&A计划,建立VV&A方案的基本框架,包括VV&A的主要步骤和可能需要进行的评估工作列表。

② 虚拟样机软件的校核、验证。目前,虚拟样机软件都已经商业化,由于软件专利方面的原因,对仿真软件的校核、验证与验收还是一个难题。

③ 校核机械系统的物理模型。因为各个构件的运动及动力特性都已抽象成一个个物理模型,所以在把物理模型转化为虚拟样机之前,需对实际的物理模型进行校核,检查物理模型的准确性,包括构件的质量特性、几何特性及各个力学模型,这一步应是VV&A的重点工作。

④ 用户子程序的校核。虽然建立虚拟样机采用的是商业化动力学分析软件,但为扩展其应用范围,还需用户开发一些外挂程序描述系统的力学特性,因此这一步应是必不可少的一个环节。

⑤ 验证系统试验结果。这一阶段的主要目的是确认虚拟样机仿真系统在多大程度上反映了真实物理模型的运动学及动力学特性,是否具有足够的精度以达到预期应用目的。

⑥ 进行样机模型确认。负责系统验收的权威机构要审核虚拟样机系统校核、验证工作的结果,全面回顾和评价在系统仿真过程中进行的校核、验证与验收工作,并最终做出对该仿真是否可用的正式确认,对系统的可接受性问题做出验收决定。

⑦ 制定VV&A报告。VV&A报告要详细记录虚拟样机系统VV&A工作的各项成果,该报告将汇集到该仿真系统的资源仓库,并为以后的仿真应用提供依据。

以上是仿真软件整个开发应用过程的VV&A,大部分工作已经在软件进入市场竞争前就完成了。用户在具体应用ADAMS联合建模时,只需对仿真结果的准确性进行验证、对可信度进行评估。具体方法主要有以下三种[30]:

① 实践检验法。验证模型最根本的方法是实践,即将建立的联合仿真系统与真实系统在相同的条件下比较,若二者运行结果相近,则可认为模型具有较高的可信度。

② 对比检验法。与另一个经过检验的模型在相同条件下运行,通过比较运行结果的相似性判断联合仿真系统的可靠性。

③ 敏感参数分析检验法。模型中的某些参数,在系统中是有一定的变化范围的。改变这些参数,根据仿真系统输出是否有相应的合理变化,即是否有一定的灵敏度,判断模型的可信度。

5.6.2 仿真系统的道路安全性评价应用

由于研究目的的不同,人—车—路—环境系统仿真在不同方面的应用,模型的参数选择、模型评价指标等也会相应地调整。本小节将利用动力学仿真方法探索侧风影响下车辆的侧翻倾向[31]。

1. 模型构建

① 车辆模型。以某轿车和客车为基础,在 ADAMS/Car 中建立多体动力学模型,仿真模型中轿车主要由麦弗逊式前悬架、双横杆式后悬架、整体式驱动桥、齿轮齿条转向机构、前盘后鼓式制动器组成;客车模型是由双横杆式前悬架、钢板弹簧后悬架、断开式驱动桥、循环球式转向器、鼓式制动器组成。整车仿真的主要参数见表 5-12,两种车辆模型分别如图 5-30(a)(b)所示。

表 5-12 车辆模型的主要参数

主要参数	轿车	客车
长×宽×高/mm	4 870×1 834×1 472	11 980×2 540×3 600
轴距/mm	2 830	6 200
轮距/mm	1 520,1 594	2 120,1 860
空载质心坐标/mm	(1 749,−1.452 0)	(5 968,−2.899 9)
整车整备质量/kg	1 528	11 697
轮胎的自由半径/mm	332.2	531
轮胎宽度/mm	215	279.4
轮胎扁平率	0.6	0.88

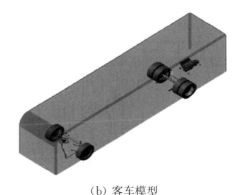

(a) 轿车模型　　　　　　　　　　(b) 客车模型

图 5-30 车辆模型

② 驾驶员模型。由于本节的主要目的是研究侧风对车辆侧翻倾向的影响,故无需考虑驾驶操纵的反馈作用,因此选择开环控制的驾驶员模型以弱化后者对侧风效用的干扰。

③ 道路模型。以江苏省南京市江宁生态大道 K0+480 至 K0+740 段(直线段)为实例

构建三维道路模型。首先通过道路专用设计软件DICAD对道路的平面和纵断面进行设计,输出道路的逐桩坐标表,然后运用 ADAMS/Car 中的"Road Build"建立相应的道路模型,图 5-31 为在 ADAMS 中建立的道路模型。

④ 侧风模型。在汽车空气动力学中,侧向风对行驶中的汽车产生侧向作用力,因此在虚拟试验中通过对风压中心施加侧向力 F_y 的作用来模拟侧向风对汽车的影响。侧向风又有稳态和非稳态之分,本书以稳态侧向风为例建立侧风模型,并且假设侧向风的方向垂直于车身纵断面,因此可以通过 5.5 节中的式(5-25)来模拟侧向风的作用力。运用 ADAMS 中的 $step$ 函数把侧风以侧向作用力的行驶加载到车辆的侧面形心上,具体的 $step$ 函数如下:

图 5-31 道路模型示意图

$$F_y = step(time, t_0, 0, t_1, F) - step(time, t_2, 0, t_3, F) \quad (5-31)$$

式中: $t_0 \sim t_3$ ——侧风作用的时段;

$t_1 \sim t_2$ ——侧风作用力保持在稳态值 F 的时间段。

2. 侧风影响下车辆侧翻倾向性的仿真实验

(1) 仿真参数设置

天气因素:选择晴天开展试验,取路面摩擦因数为 0.6;

仿真时间:共 5 秒,时间间隔为 0.01 s;

侧风带长度:考虑到大客车的车身较长,因此把侧风带的长度适当加大,该试验中取侧风带长度为 30 m,以便得到更加直观的仿真结果;

侧向风速:对公路行车安全影响较大的侧风区间约为 10~15 m/s,为确保区域试验具有统计意义,并考虑到风速对车辆侧翻的影响,取侧向风速分别为 10 m/s、12.5 m/s、15 m/s、17.5 m/s、20 m/s;

车辆速度:在城市道路设计规范中要求城市道路中车速的范围为 20~80 km/h。考虑到侧风对高速行驶的车辆影响较大及可能的超速情况,取车辆速度分别为 40 km/h、60 km/h、80 km/h、100 km/h、120 km/h;

车辆状态:因车辆起步时,初始状态往往不稳定,为了避免不稳定状况的发生,设置车辆在 0~1 s 内以初始速度匀速行驶 1 s 后开始施加侧风的作用;

风压中心:采用固定风压中心的方法,以车辆侧面的形心为风压中心进行试验。

(2) 评价指标选取

汽车开始发生侧翻时质心受到的侧向加速度称为侧翻阈值,并以单位重力加速度来表示。通常利用此值来预估汽车的抗侧翻能力,而侧翻阈值可以由以下公式来确定:

$$\frac{a_y}{g} = \frac{B}{2h_g} + \beta \quad (5-32)$$

式中：a_y——侧向加速度（m/s²）；

g——重力加速度（m/s²）；

B——轮距（m）；

h_g——质心高度（m）；

β——坡道角（°）。

该实验中道路为平直道路，所以坡度角为零，但由于该公式忽略了悬架及轮胎的弹性，且仅考虑汽车的准静态情况，所以预估值偏高。国外的一些学者对车辆的侧翻阈值进行研究，指出当车辆的侧向加速度超过侧翻阈值时车辆就会发生侧翻。因此，本节选择车辆的侧向加速度作为车辆侧翻倾向性的评价指标，由式（5-32）计算本仿真试验中轿车模型和客车模型的侧翻阈值分别为 $1.46g$ 和 $1.08g$，通过仿真试验得出两种车型在不同风速和车速条件下的侧向加速度，与车辆侧翻阈值进行比较，得出不同条件组合下车辆的侧翻倾向性。

（3）实验结果分析

通过虚拟实验结果分析，得出不同风速及车速条件组合下，车辆侧向加速度的情况（图5-32至图5-36，表5-13、表5-14）。

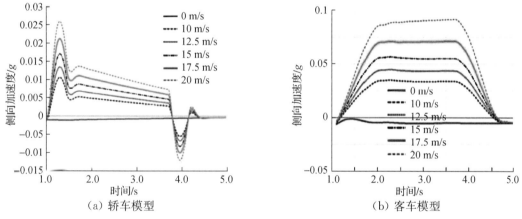

图 5-32　车速为 40 km/h 时不同风速下车辆的侧向加速度

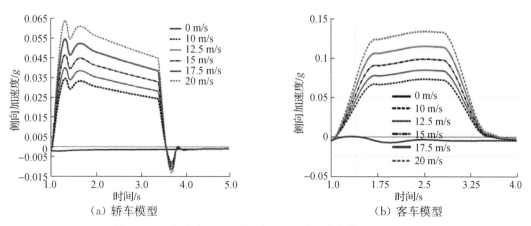

图 5-33　车速为 60 km/h 时不同风速下车辆的侧向加速度

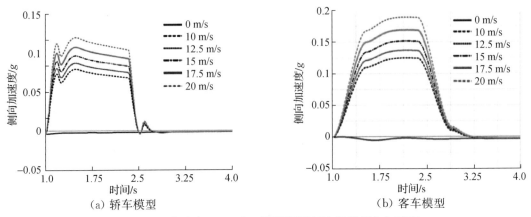

图 5-34 车速为 80 km/h 时不同风速下车辆的侧向加速度

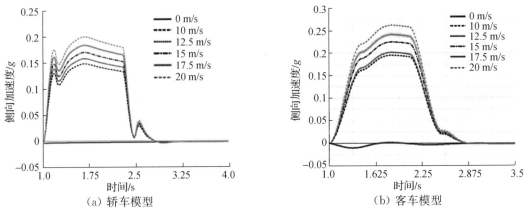

图 5-35 车速为 100 km/h 时不同风速下车辆的侧向加速度

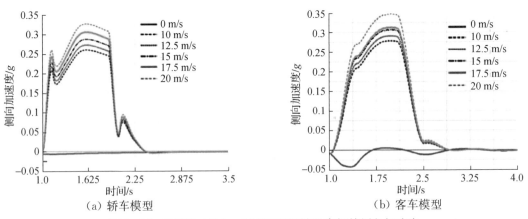

图 5-36 车速为 120 km/h 时不同风速下车辆的侧向加速度

表 5-13　晴天时不同车速及风速组合条件下轿车侧向加速度的峰值

风速	车速				
	40 km/h	60 km/h	80 km/h	100 km/h	120 km/h
10 m/s	0.010 6g	0.034 5g	0.079g	0.148 8g	0.261 2g
12.5 m/s	0.013 5g	0.04g	0.086 7g	0.158 5g	0.273 4g
15 m/s	0.017g	0.046 7g	0.095 9g	0.170 3g	0.288 4g
17.5 m/s	0.021 2g	0.054 6g	0.106 9g	0.184 3g	0.306 4g
20 m/s	0.026g	0.063 9g	0.119 5g	0.200 4g	0.327 5g

表 5-14　晴天时不同车速及风速组合条件下客车侧向加速度的峰值

风速	车速				
	40 km/h	60 km/h	80 km/h	100 km/h	120 km/h
10 m/s	0.034 9g	0.073 5g	0.125 1g	0.195 5g	0.278 9g
12.5 m/s	0.044 8g	0.085 1g	0.137 1g	0.201 6g	0.291 4g
15 m/s	0.056 8g	0.098 8g	0.151 9g	0.225 3g	0.307 5g
17.5 m/s	0.071g	0.115 2g	0.169 3g	0.241 2g	0.313 1g
20 m/s	0.089 1g	0.134 2g	0.189 4g	0.262 1g	0.347 1g

从试验结果可以看出，两种车型的侧向加速度都随着风速及车速的增加而逐渐增大，虽然上述仿真结果中没有达到车辆临界侧翻阈值，但可以看出风速和车速对车辆的侧翻倾向性有一定的影响。通过分析上述实验结果得出以下结论：

① 行驶速度对车辆侧风稳定性的影响是双方面的。由于试验中侧风带的长度固定不变，所以随着车速的增加，汽车经过侧风作用区的时间减小。侧向加速度变化的时间段减小，从这个角度来讲，汽车的侧风稳定性可能会因为侧风作用时间变短而得到改善，但由于侧向作用力与车速有关，所以速度的增加，又会加剧行车的不稳定性，车速越大时，车辆侧向加速度的峰值也就越大，所以说行驶速度对车辆的侧风稳定性的影响是双方面的。

② 在车速和风速相同的条件下，客车侧向加速度的峰值大于轿车。由于和轿车相比，客车的重心偏高、侧倾角较小，且侧向面积大，在侧风的作用下受到的侧向力较大，所以在侧风影响下更容易发生侧翻。

③ 在低速行驶时，客车侧向加速度的峰值远远大于轿车，但随着车速的增加，两者的差值减小，进一步说明侧风对高速行驶的轿车也有重要的影响，如果车速较高、风速较大，轿车也可能发生侧翻的危险。结合试验结果可以得出，不管是高速行驶的轿车还是低速行驶的客车，在侧风干扰下都有发生侧翻的危险。

3. 各因素对车辆侧翻影响的比较分析

车辆的侧翻往往是由多种因素共同耦合作用而造成的，上述仿真试验通过改变车速、风速及车型等来研究车辆的侧翻倾向性,由于客车的质心高、侧面积大等特点,客车在侧风作用下更容易侧翻,这一点从上面的结果中可以得出。选取车速和风速两个因素作为分析参数,运用双因素方差分析,得出这两种因素对车辆侧翻的影响情况。

以侧向加速度为评价指标,在上述仿真条件下进行多组试验,得到侧向加速度峰值的平均值,然后编写 SAS 程序,运用 GLM 过程进行双因素方差分析,结果如表 5-15 和表 5-16 所示。由上面的分析结果可以看出,在轿车和客车的开环试验中,风速和车速对车辆的侧翻都有影响,对轿车而言,车速的影响显著,风速也有显著的影响,但是总的来说车速的影响程度要大于风速的影响;而对客车而言,车速和风速都有显著性的影响,且两者的影响程度相当。因此,总的来说车速和风速都是车辆侧翻的重要影响因素。

表 5-15 轿车开环侧翻试验方差分析表

方差来源	平方和	自由度	均方	F 值	p 值
风速	0.005 2	4	0.001 3	21.40	0.000***
车速	0.240 7	4	0.060 2	989.30	0.000***
误差	0.009 7	16	0.000 6	—	—
总和	0.246 9	24	—	—	—

表 5-16 客车开环侧翻试验方差分析表

方差来源	平方和	自由度	均方	F 值	p 值
风速	0.012 3	4	0.003 1	247.06	0.000***
车速	0.195 8	4	0.049 0	3 934.16	0.000***
误差	0.000 2	16	0.000 6	—	—
总和	0.208 3	24	—	—	—

注:*** 表示在 1% 的显著性水平下显著。

4. 结论

本节基于多体动力学软件 ADAMS/Car 建立了风—车—路仿真环境,进行了侧风影响下车辆侧翻倾向性的开环虚拟试验,通过改变车速和风速进行不同车型下的试验,以车辆的侧向加速度作为评价指标来分析车辆侧翻倾向性。试验结果表明,随着车速及风速的增加,车辆的侧向加速度逐渐增大,而且客车受到侧风影响时参数的变化幅度更大,因此客车的侧风稳定性较差。在此基础上进一步分析了车速和风速对不同车型侧翻倾向性的影响,发现这两种因素对不同车型侧翻的影响程度不同,对轿车而言,车速的影响高度显著,风速也有显著的影响,而对客车而言,车速和风速都有显著性的影响,且两者的影响程度相当。

由于受篇幅限制,其他场景下基于人—车—路—环境联合仿真虚拟实验的安全应用在此就不详细阐述,读者可参考何杰教授于 2016 年著作的《人—车—路—环境复杂系统分析与建模》。

参考文献

[1] 喻凡,林逸. 汽车系统动力学[M]. 北京:机械工业出版社,2005.

[2] 张德丰. MATLAB/Simulink 建模与仿真[M]. 北京:电子工业出版社,2009.

[3] 马玉坤,贾策,栾延龙,等. ADAMS 软件及其在汽车动力学仿真分析中的应用[J]. 重庆交通学院学报,2004,23(4):110-113.

[4] 苏光磊. 汽车模拟器车辆动力学仿真软件的设计[D]. 哈尔滨:哈尔滨工业大学,2010.

[5] McRuer D T, Allen R W, Weir D H, et al. New results in driver steering control models[J]. Human Factors: the Journal of the Human Factors and Ergonomics Society, 1977, 19(4): 381-397.

[6] 李士勇. 模糊控制神经控制和智能控制论[M]. 哈尔滨:哈尔滨工业大学出版社,2003.

[7] 李兴泉,贺岩松,徐中明,等. 汽车方向控制驾驶员模型[J]. 重庆大学学报(自然科学版),2006,29(4):5-8.

[8] 潘峰. 人—车闭环系统驾驶员神经网络综合优化建模[D]. 长春:吉林大学,2001.

[9] 何杰. 人—车—路—环境复杂系统建模与分析[M]. 北京:科学出版社,2016.

[10] 何杰,翁辉,史登峰,等. 公路安全缺陷快速识别技术应用研究[R]. 杭州:浙江省交通运输厅,2015.

[11] 陈军. MSC. ADAMS 技术与工程分析实例[M]. 北京:中国水利水电出版社,2008.

[12] 任卫群. 车—路系统动力学中的虚拟样机:MSC. ADAMS 软件应用实践[M]. 北京:电子工业出版社,2005.

[13] 李军,邢俊文,覃文洁. ADAMS 实例教程[M]. 北京:北京理工大学出版社,2002.

[14] 陈海军. 4WS 汽车虚拟模型建模与操纵稳定性仿真[D]. 南京:南京林业大学,2007.

[15] Bixel R A, Heydinger G J, Durisek N J, et al. Developments in Vehicle Center of Gravity and Inertial Parameter Estimation and Measurement[C] // International Congress & Exposition, 1995.

[16] 徐进. 道路几何设计对车辆行驶特性的影响机理研究[D]. 成都:西南交通大学,2010.

[17] 李美杰,李志超,杨红锁. 沥青路面结构动力响应模型验证及分析[J]. 山东交通学

院学报,2014,22(1):49-52.

[18] 姜丽丽.基于傅里叶反变换的路面随机激励时域建模与仿真[D].长春:吉林大学,2007.

[19] 张永林,钟毅芳.车辆路面不平度输入的随机激励时域模型[J].农业机械学报,2004,35(2):9-12.

[20] 郑军,钟志华.非线性汽车行驶平顺性模型的神经网络优化[J].汽车工程,2001,23(3):172-176.

[21] 张永林,胡志刚,陈立平.时空相关车辆道路的高效数值仿真[J].农业机械学报,2005,36(9):13-15.

[22] 张永林,李诗龙,杨建林.汽车道路随机不平顺的时序模型重构[J].武汉理工大学学报(交通科学与工程版),2005,29(6):883-886.

[23] Cebon D. Interaction Between Heavy Vehicles and Roads[J]. Sae Technical Papers,1993.

[24] 徐延海.随机路面谱的计算机模拟[J].农业机械学报,2007,38(1):33-36.

[25] 唐光武,成思源.二维路面不平度的时域模型及计算机仿真[J].重庆大学学报(自然科学版),2000,23(6):31-34.

[26] 傅立敏.汽车空气动力学[M].北京:机械工业出版社,1998:24-30,209-212.

[27] 杜湘瑜.基于综合集成的虚拟样机测试与评估理论和方法研究[D].长沙:国防科学技术大学,2005.

[28] Balci O, Glasow P A, Muessig P, et al. Department of defense verification, validation and accreditation (VV&A) recommended practices guide[M]. Alexandria, VA: Defense Modeling and Simulation Office,1996.

[29] 吴大林,马吉胜,李伟.基于虚拟样机的仿真系统校核、验证与确认研究[J].计算机仿真,2006,23(7):69-72.

[30] 曹星平.HLA仿真系统的校核、验证与确认研究[D].长沙:国防科学技术大学,2004.

[31] 时晓杰,何杰,李培庆,等.侧风影响下车辆侧翻倾向性虚拟试验研究[J].机械设计,2014,31(6):92-96.

第六章
基于交通流仿真的道路交通安全评价方法

交通仿真技术已经渗透到交通工程领域的方方面面,除了第五章提到的车辆动力学仿真外,基于交通流仿真技术实现道路安全评价也成为仿真技术的一个重要应用。微观交通流仿真软件 VISSIM 是再现交通流时空变化特点的模拟技术,且支持二次开发,故可由此得到每个仿真车辆随时间和空间变化的运动数据,如车速、车头时距等。在实际数据不可获取时,如交通规划阶段,或受地形、天气影响,数据难以获取,此时,基于交通流仿真的技术能够实现道路安全评估。

本章首先阐述用交通流仿真进行道路安全评价的方法,再以三个不同路段的应用场景为例,介绍用仿真技术分析交通冲突的应用方法和步骤,通过模拟真实情况下的交通流特征,获取单个车辆或者车辆之间的信息,实现对路段安全评价;也可以根据多种优化设计方案构建不同模型进行对比,实现交通规划方案决策。

6.1 交通安全仿真评价方法

传统的交通安全评价方法依赖于历史统计资料,相比较于国外,中国交通事故统计数据不够完善。依靠统计调查期间的交通事故数量进行交通安全评价能够用直观的指标表明路段风险程度。但是由于事故本身具有较大的偶然性,统计周期较长,并且可能发生事件遗漏、立案事件缺失等等情况,可能会导致路段安全分析的结果不真实、不客观,从而使得安全性评估不具有较高的可靠性[1]。因此,在 19 世纪 60 年代,美国学者伯金斯等人提出了交通冲突技术(Traffic Conflict Technique,TCT),这是一种典型的非事故统计间接评价方法。TCT 的出现使得冲突数据成为交通事故数据的替代指标,解决了以事故发生概率为评价指标的弊端。用短时间内获取的大样本冲突数据开展研究,不仅能够大幅度缩短评价周期,而且能够依据一定的测量方法和判别标准对冲突类型和严重程度进行分类,通过定量分析,完成对交通设施或者路段的安全评价、诊断和事故预测等方面的工作[2-3]。除了采集实际的交通流数据,也可以借助交通流仿真软件模拟生成车辆冲突数据,实现不同优化方案的选择。

6.1.1 交通流仿真技术简介

1) 道路交通仿真软件比较

随着交通仿真软件的不断完善,结合交通仿真软件的交通冲突技术正逐渐引起相关学者关注。交通仿真技术作为智能技术的一个重要组成部分,是计算机技术在交通工程领域的一个重要应用。它可以动态地、逼真地仿真交通流和交通事故等各种交通现象,复现交通流的时空变化,深入地分析车辆、驾驶员和行人、道路以及交通的特征,有效地进行交通规划、交通组织与管理、交通能源节约与物资运输流量合理化等方面的研究。同时,交通仿真系统通过虚拟现实技术手段,能够非常直观地表现出路网上车辆的运行情况,对某个位置交通是否拥堵、道路是否畅通、有无出现交通事故,以及出现上述情况时对应的解决方案的效果,在计算机上经济有效且没有风险地仿真出来。交通仿真技术与理论的日渐成熟,使其成为一种直观、高效、低成本的交通分析手段。交通相关仿真按类别分为交通流仿真、自动驾驶仿真和交通事故复原仿真等几个类型。根据模型对于交通系统描述程度不同,交通仿真也可以分为宏观仿真、中观仿真及微观仿真[4-5],见表6-1。

表6-1 道路交通仿真软件比较

类型	优点	不足	适用范围	主要应用	软件举例
宏观交通仿真	仿真速度快,对硬件资源要求低	细节描述程度低	描述交通流宏观集聚性特征	交通基础设施建设决策、城市路网交通仿真	TransCAD、CUBE、EMME等
中观交通仿真	介于宏观与微观之间,仿真精度有所提高	不能描述车辆间的相互作用	描述车辆在路段或节点的集聚性行为	评价较大范围内交通控制和干预的措施,对交通进行最优控制	DYNASMART、DYNACSSTIM等
微观交通仿真	细节描述程度高,描述个体车辆的交通行为	交通参数与交通模型复杂,对硬件要求高,仿真速度慢	用于研究交通流与局部路段交通状况	如路段交通仿真、交叉口交通仿真等	VISSIM、AIMSUM等

宏观仿真主要是从统计学意义角度来研究交通系统特性,针对的是整体交通网络的运行效率,将交通流看成流体机制进行研究。中观仿真模型以多个车辆组成的队列为研究对象,可以研究宏观模型中描述的整体空间流量、速度等状态特性,它同时保留了微观模型中描述的个体行为特性,主要适用于面向交通诱导系统的开发与研究。微观交通仿真以车辆作为研究个体刻画系统总体特性,通过跟车、换道等微观驾驶行为模型来真实表现系统中每一个个体的交通特性。微观交通仿真重点研究单个的"驾驶员—车辆"在不同道路交通网络环境、交通组织影响和信号控制运作下的动态变化,也是验证例如道路交叉口交通冲突产生的影响、交通拥堵原因等复杂交通问题的唯一途径,针对路网中局部的路段进行交通模拟分析,并且可以精准、灵活地表现出单个车辆、车道、信号灯这些条件单元的影响,增强仿真模型的实用性和灵活性。

2) VISSIM 软件简介

VISSIM 是德国 PTV 公司开发的一个微观的、基于时间间隔和驾驶行为的仿真建模工具,用于城市交通和公共交通运行的交通建模。它可以分析各种交通条件下,城市交通和公共交通的运行状况,是评价交通工程设计和城市规划方案的有效工具[6]。

VISSIM 内部包含有交通流模拟器和信号状态产生器,两者通过接口交换模拟器内部信息和状态信息。VISSIM 模型主要由五个模块组成:道路网络、车辆组成、车流量输入、车辆路径和交通控制系统。准确描述道路几何条件并建立合适的仿真模型是交通仿真的核心内容,研究所建立的仿真模型需要逼真地展现真实道路网络上的各种实际交通行为。

（1）交通流模拟器

主要包括描述车辆纵向运动的心理—生理跟车模型（Psycho-physical car-following model）以及描述车辆横向运动的车道变换模型（Lane change model）。

心理—生理跟车模型的主要思想是：如果后方车辆与前方车辆之间的距离小于设定的安全距离时，后方驾驶员会缓慢减速以适应前方车速，直到两车距离达到期望安全距离之后，后方驾驶员才开始加速。其包括两类模型：Wiedemann74模型（用于城市内部道路驾驶跟驰行为）、Wiedemann99（用于城际道路或高速公路驾驶跟驰行为）[7-8]。

换道模型可以分为两类：必要车道变换和自由车道变换。必要车道变换是指车辆具有确定的目标车道，只有在某一节点处前完成换道，才能完成车辆出行目的，或者前方出现障碍物或所在车道前方渠化结束，这些关于所在车道有一定的使用限制也会存在车辆必须进行车道变换的需求。必要车道变换模型参数包含了该车辆和邻近车道车辆的最大减速度、单位减速度变化所需距离以及可接受减速度，当车辆变化目标车道距离逐渐减少时，变换车辆所采取的减速度会趋向于最大减速度。自由车道变换是指仿真模拟车辆变换到车辆所在车道相邻车道上以实现更高的行驶速度和行驶空间，满足驾驶舒适性而产生的驾驶行为。如本车道前方车速行驶缓慢或出现大型车辆，并且相邻车道出现较大空挡或者红灯期间交叉口邻近车道队列较短则会产生换道意图。当车辆进行自由车道变换时，VISSIM交通流模拟器会判断该车辆后方车辆与邻近变换车道车辆的行驶速度，得出期望安全距离。

（2）信号状态产生器

作为VISSIM软件中的信号控制程序，以仿真步长为基础不断地从交通仿真其中获取检测信息，决定下一仿真时刻的信号状态，并将该信息传递给交通仿真器。信号状态产生器与交通仿真器的关系如图6-1所示。

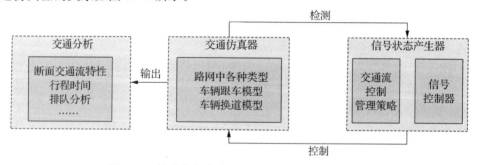

图6-1 信号状态产生器与交通仿真器的作用关系

6.1.2 间接安全评价模型

间接安全评价模型（Surrogate Safety Assessment Model，SSAM），是一款对微观交通仿真模型进行仿真冲突分析的计算软件，由美国联邦公路局（Federal Highway Administration，FHWA）于2008年研发。最新版本是2017年发布的SSAM（version 3.0），该版本增加了一些功能并提高了软件的性能。

其理论基础源于2003年Gettman与Head开展的一项关于从现有微观交通仿真模型

中提取安全评价指标的研究。该研究率先提出仿真模型中仿真冲突的定义,并讨论冲突分析指标的选取,以及根据仿真模型输出的车辆轨迹文件计算冲突评价指标的具体方法。该模型将微观模拟和自动冲突分析相结合,用交通中险些发生的车辆与车辆碰撞的频率和特征评估交通安全,无需大量的真实发生的交通碰撞和伤亡统计数据。该模型能够基于车辆轨迹数据自动进行冲突分析的前提是需要以一种标准的车辆轨迹数据格式作为输入,即轨迹信息需要包含每辆车每 0.1 s 的位置和方向。目前,有四种交通微观仿真模型支持这种轨迹格式的文件的输出:VISSIM、AIMSUN、Paramics 和 TEXAS。

总体而言,该模型通过自定义指标的输出计算结果和可视化图谱的方式,实现冲突地点、冲突类型和冲突严重程度识别,对路网冲突分析、安全评价具有很大价值。模型中仿真冲突分析常用的指标如下:

碰撞时间(Time to Collision,TTC):两车保持原有的速度和行驶轨迹不变,直至发生碰撞的时间;

后碰撞时间(Post-encroachment Time,PET):两个交通参与者通过同一公共区域的时间差;

初始减速度(Initial Deceleration Rate,DR):冲突过程中后车采取避险措施瞬间的减速度;

最大速度(Maximum Speed,MaxS):冲突过程中车辆速度的最大值;

相对速度(Maximum Speed Differential,DeltaS):冲突过程中冲突车辆间的最大相对速度。

此外,根据冲突角度的不同,即冲突车辆车头之间的夹角,模型将冲突划分为三种不同的类型:

① 变道冲突(Lane-change):车辆在变道的过程中发生的冲突(冲突角度为 30°~80°);

② 追尾冲突(Rear-end):车辆在同一条车道上发生的冲突(冲突角度为 0~30°);

③ 交叉冲突(Path-crossing):车辆以交错的方式相互逼近发生的冲突(冲突角度为 80°~180°)。

SSAM 软件不需要复杂的操作过程,其操作步骤如下:

① 从微观仿真软件输出轨迹文件(.trj)。轨迹文件是一个包含了路网中车辆走向、车辆速度和加速度等信息的二进制文件。如在 VISSIM 的 Evaluation 菜单中打开"Files",选择"Export",勾选"Configuration"里的"SSAM Trajectory"选项,在仿真完成后即可得到轨迹文件;

② 导入轨迹文件与阈值的设置。将轨迹文件加载到 SSAM 中,并设置指标的阈值;

③ 冲突指标结果输出。在菜单栏"Conficts"中,即可得到详细的冲突指标结果,同时可以将结果保存为逗号分隔文件(.csv),方便后期数据分析;

④ 统计结果输出。菜单栏"Summary"中,可以得到数据的统计结果,包括最大值、最小值和平均值等,也支持保存为逗号分隔文件(.csv);

⑤ 调整与检验。在菜单栏"Fitter"中,可以对常用的指标进行调整,如冲突类型的确

定;在菜单栏"test"中,可以对得到的数据结果进行 t 检验,判断数据结果的可靠程度;

(6) 可视化图谱。可以得到冲突点图、热力图、柱状图等形式结果,并支持自定义图谱的颜色和冲突类型的表现形式。

6.1.3 基于 VISSIM+SSAM 的安全分析

VISSIM 能够模拟得到路段中车辆的运行情况,如拥堵或畅通,但是辅助以 SSAM 软件可以分析其内部仿真车辆之间的运动关系,如相对距离和相对速度等。结合 VISSIM 与 SSAM 的安全分析方法,是对现有道路交通安全分析方法的一个重要补充。其分析流程见图 6-2,具体步骤如下:

① 开展实地调查或者计算道路设计数据;
② 在 VISSIM 中构建道路模型,进行参数标定,并进行模型验证;
③ 多种优化设计方案仿真;
④ 将 VISSIM 得到的车辆数据信息导入 SSAM,得到多种冲突指标结果;
⑤ 分析对比多种设计方案的结果,选择最优方案。

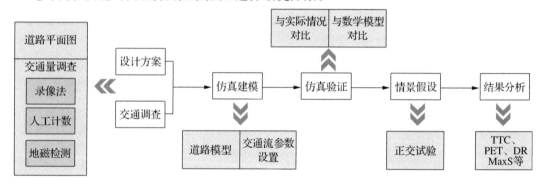

图 6-2 基于 VISSIM+SSAM 仿真的安全评价方法流程

在模型建立后,还需进行模型校准与验证。可以分两个阶段开展[10]。第一阶段,对 VISSIM 仿真模型进行校准,以重现实际路段观察到的指标,例如交通量、速度和车头时距等。首先,将现场观察到的交通流量和速度的分布与仿真模型中的分布进行比较,以确保在仿真模型中生成恰当数量的车辆,并以合理的速度运行。进一步,借助卡方检验,观察实际与模拟模型中的交通量和速度分布是否具有显著性差异。模型校准从敏感性分析着手,侧重于识别 VISSIM 中显著影响车头时距分布的关键参数,不断调整这些参数,直到实现模拟和实际中的指标具有合理的关系。第二阶段的重点是调整 VISSIM 和 SSAM 中的关键参数,以重现该场景下某种安全措施的效果。因为 VISSIM 和 SSAM 中影响模拟冲突的参数对于不同类型的冲突是不同的,同样需要进行敏感性分析,找出 SSAM 中计算交通冲突的最佳阈值。可以用平均绝对误差百分比(Mean Absolute Percent Error,MAPE)来衡量实际和模拟的交通冲突之间的差异。MAPE 可以用下式计算:

$$\text{MAPE} = \frac{1}{n}\sum_{i=1}^{n}\left|\frac{c_m^i - c_f^i}{c_f^i}\right| \qquad (6-1)$$

式中:n——观察次数;

c_m^i——时间间隔 i 内模拟产生的冲突数量;

c_f^i——时间间隔 i 内实际产生的冲突数量。

6.2 收费站安全的仿真应用

为提高高速公路通行能力,不停车电子收费系统(Electronic Toll Collection,ETC)得到大力推广,与半自动车道收费系统(Manual Toll Collection,MTC)相比,车辆的速度以及通过时间等特性有显著差异。结合我国高速公路收费站的发展趋势以及高速公路收费站交通安全影响因素,本节从交通冲突的角度对不同场景下收费站的交通安全进行分析与评价。本节以宁杭高速南京站收费站为研究对象,如图 6-3 所示,通过 VISSIM 仿真软件改变其收费车道的数量及属性,分析交通冲突确定其最佳收费车道设置方法。

图 6-3 宁杭高速南京站收费站实景图

6.2.1 交通调查

南京—杭州高速公路属长深高速(G25),是沪苏浙长三角的一条重要交通干线,是连接江苏、浙江两个经济大省的重要快速通道,也是南京与杭州两个省会旅游城市的黄金纽带。宁杭高速南京站收费站西北向(进城方向)为四车道标准高速,如图 6-4 所示,收费广场拥有 12 个收费亭,其中包括 2 个 ETC 车道和 10 个 MTC 车道,其中两条 ETC 车道位于最左侧,MTC 车道位于右侧,车辆由四条车道经过渐变段进入收费广场并进行缴费,MTC 车道内机动车平均缴费时间为 13 s,缴费时间范围在 10~20 s 内。其基础设计资料如下:总长度为 245 m,渐变段长度为 35 m;未进入收费广场时,车道宽度为 3.75 m,进入收费广场后,收费口处 MTC 车道宽度为 3.2 m,ETC 车道宽度为 3.5 m[11]。

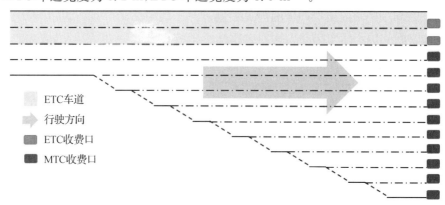

图 6-4　宁杭高速南京站收费站西北向(进城方向)车道示意图

首先,进行实地调查,选择调查的时间段为晚高峰期间,收费站 12 条车道共经过 2 203 辆机动车,其中小型车 2 008 辆,中型车 56 辆,大型车 139 辆,其交通量为 1 930 辆/h,车型组成如表 6-2 所示。

表 6-2　宁杭高速南京站收费站车型组成

车型组成	小型车	中型车	大型车
数量/辆	2 008	56	139
比例/%	87.7	3.1	9.2

调查期间,经过 ETC 车辆数为 764 辆,所占车辆比例为 34.7%,其中小型车 697 辆,中型车 19 辆,大型车 48 辆,宁杭高速南京站收费站经过 ETC 及 MTC 车辆的车型、数量如表 6-3 所示。

表 6-3　宁杭高速南京站收费站 ETC 及 MTC 车型、数量

车辆属性	车型组成		
	小型车	中型车	大型车
ETC 车辆/辆	697	19	48
MTC 车辆/辆	1 311	37	91

6.2.2　交通流仿真

(1) VISSM 仿真模型建立

由于 VISSIM 软件是对交通流仿真的软件,无法对固定的车辆进行特定行驶行为的设置,因此,对仿真模型中的车辆均采用减速进入收费车道的方式。其中四车道位置进入速度设定为 100 km/h,MTC 车辆通过 MTC 收费口时需通车缴费,即 MTC 收费口位置速度设定为 0 km/h,缴费停留时间设定为 10 s～20 s,不同 MTC 车辆的停留时间呈泊松分布;ETC 车辆通过 ETC 收费口时需减速缴费,即通过 ETC 收费口时的速度由实际情况参考设

定为 10 km/h~20 km/h,不同 ETC 车辆的速度变化呈泊松分布,相关参数设定如表 6-4 所示。于是,建立基本道路仿真模型,如图 6-5 所示。

表 6-4　不同收费口参数设定

参数	车道分类	
	MTC 车道	ETC 车道
进入速度	100 km/h	100 km/h
车辆通过收费口速度	0 km/h	10~20 km/h
车辆在收费口停留时间	10~20 s	0 s
速度函数	1	泊松分布
时间函数	泊松分布	1

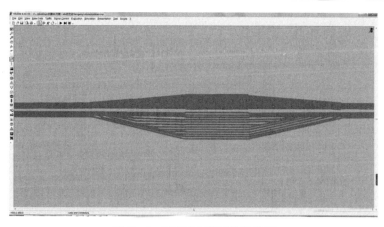

图 6-5　VISSIM 道路仿真模型

(2) 仿真结果分析

1) 仿真模型验证

根据收费站的实际情况,设置 2 条 ETC 车道,并将这两条车道设置于最左侧。仿真结果显示,在 1 h 内共产生 2 554 次车辆变道。对 VISSIM 仿真法与视频数车法获取的数据进行比较,如表 6-5 所示,VISSIM 仿真法与实际数据相差 11.87%,与实际情况所得数据相差比例较小,具有较好的数据拟合度,可用于进行收费站交通冲突分析的模拟。

表 6-5　收费站获取数据对比

数据获取方法	VISSIM 仿真法	视频数车法
车辆变道次数	2 554	2 283

2) 车道数目影响分析

在宁杭高速南京站收费站中,ETC 车辆占总通行量的 36.1%,而 ETC 收费口的数量仅占总收费口数量的 16.7%,对比 ETC 车道数目为 2 条和 3 条情景下的仿真结果。

当 ETC 车道数量设定 2 条时,收费站车道情况与原始的宁杭高速南京站收费站情况相同。变道期间车辆平均速度变化为 2.103 m/s,具体车辆变道速度变化如图 6-6 所示。

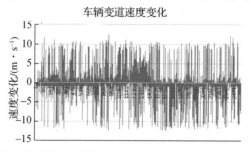

图 6-6　2 条 ETC 车道正对高速公路标准车道情况下车辆变道速度变化

当 ETC 车道设置为 3 条,MTC 车道数量变更为 9 条时,3 条 ETC 车道均顺次分布且正对高速公路标准车道,收费口设定及交通流量设定不变。1 h 内共产生 2 203 次车辆变道,变道期间车辆平均速度变化为 2.084 m/s,如图 6-7 所示。

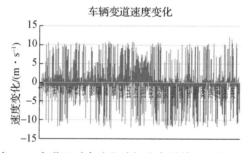

图 6-7　3 条 ETC 车道正对高速公路标准车道情况下车辆变道速度变化

3) 车道位置影响分析

对车道位置变换进行仿真时,认为多条 ETC 车道不会分离,因此主要考虑三种情况,ETC 车道设置在左侧,ETC 车道设置在右侧以及 ETC 车道设置在中间。

当 2 条 ETC 车道设置在最左侧时,此时情况与车道数目仿真中设定 2 条 ETC 车道正对高速公路标准车道相同。当 2 条车道设置在最右侧时,收费口参数设定不变,MTC 车道及 ETC 车道位置改变但数量不变,交通流量参数不发生改变。结果显示,1 h 内共产生 3 673 次变道,在变道期间车辆平均速度变化为 2.067m/s,如图 6-8(a)所示。

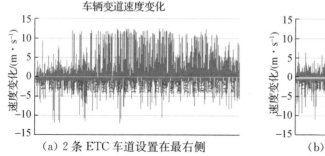

(a) 2 条 ETC 车道设置在最右侧　　　　(b) 2 条 ETC 车道设置在中间

图 6-8　车道位置变换下车辆变道速度变化

当2条车道设置在最中间位置,收费口参数设定不变,MTC车道及ETC车道位置改变但数量不变,交通流量参数不发生改变,结果显示,一小时内共产生3 559次变道,在变道期间车辆平均速度变化为1.947 m/s,如图6-8(b)所示。

4) 交通量变化影响分析

为验证当进入收费站的交通量发生变化时,收费站的交通安全是否出现较大波动,即交通变道数因子以及车辆平均速度变化因子是否出现较大波动,以两条ETC车道正对高速公路标准车道为基础模型,保持原车辆所占比例不变,仿真当交通量更改为原交通量的0.5倍、1.5倍、1.8倍以及2倍时的情况。车辆变道数及车辆平均速度随车流量变化而变化的趋势见图6-9。交通量越大,车辆变道数越多,但随着变道数逐渐增大至原交通量的两倍时,车道变道数增加趋势趋于平缓,这是由于车辆增多,造成排队长度增加,当排队长度增加到一定的长度时,车辆能够换道的选择反而减少;交通量越大,车辆平均速度变化越小,这是由于车辆增多,排队长度增加,车辆在选择变道的过程中,能够一次跨越多个车道的可能性变小,车辆的平均速度变化逐渐减小。

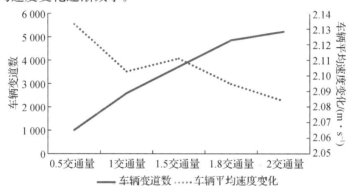

图6-9 车辆变道数及车辆平均速度变化趋势

6.2.3 基于正交试验的安全评价

当研究问题涉及的试验次数太多时,无法进行一一验证,可以用正交试验的方法设计试验。正交试验设计(Orthogonal experimental design)[12-13]是研究多因素多水平的一种设计方法,它是根据正交性从全面试验中挑选出部分有代表性的点进行试验,这些有代表性的点具备了"均匀分散,齐整可比"的特点。正交表能够在因素变化范围内均衡抽样,使每次实验都具有较强的代表性,正因为其均衡分散的特点,保证了全面实验的要求,可以实现用较少的试验次数得到最大概率上的代表性试验结果的目的。

(1) 试验设计与评价指标选取

在正交实验中,选择四个因素在3个尺度上进行设计,其分别是ETC车道数量(A)、ETC车道位置(B)、ETC车辆通过比例(C)和车辆总通过数(D)。假定ETC车道数量分别为2条、1条和3条;ETC车道位置为左侧、中间和右侧;ETC车辆通过比例为34.70%、26.03%和43.38%;车辆总通过数为1 930辆、965辆和2 895辆。选取$L_9(3^4)$正交表,不考虑试验中四个因素的交互作用，试验因素可以任意安排在正交表的各列，得到正交设计表，见表6-6。仿真结果一并填入该表。

评价试验方案的指标有车辆换道次数和速度，因此，需要构建多因素综合评价方法。用层次分析法中的方根法进行车道变换次数和速度的权重估计，得到交通冲突总体评价指标 TH。

设定车辆变道次数 k_1，车辆变道过程中产生的速度变化 k_2，对这两个指标询问相关专家的意见，并根据专家评价及1~9标度法，得到两因子的标度矩阵为 $\boldsymbol{K}=\begin{bmatrix} 1 & 3 \\ \frac{1}{3} & 1 \end{bmatrix}$。

经过归一化处理得到车辆变道次数 k_1 的权重为 $W_1=0.75$，车辆变道过程中产生的速度变化 k_2 的权重为 $W_2=0.25$。

交通冲突总体评价指标 TH 计算公式为：

$$TH = W_1 \cdot k_1 + W_2 \cdot k_2 \tag{6-2}$$

经过计算，仿真结果和交通冲突总体评价结果见表6-6。

表6-6 $L_9(3^4)$ 正交设计表

试验号	因素				变道数 /(次·h^{-1})	车辆变道速度变化/(m·s^{-1})	TH
	A	B	C	D			
1	1	1	1	1	2 554	2.103	1 916.03
2	1	2	2	2	3 463	1.986	2 597.75
3	1	3	3	3	1 722	2.090	1 292.02
4	2	1	2	3	3 731	2.104	2 798.78
5	2	2	3	1	3 205	2.017	2 404.25
6	2	3	1	2	2 021	2.105	1 516.28
7	3	1	3	2	1 208	2.088	906.52
8	3	2	1	3	3 245	2.056	2 434.26
9	3	3	2	1	3 099	2.073	2 324.77

（2）实验结果分析

根据试验结果，采用极差分析法确定各因素的优组合并确定各因素对试验指标影响的主次顺序，见表6-7。各试验因素对收费站交通安全的影响程度 $C>B>D>A$，即ETC车辆通过比例影响程度最大，ETC车道位置影响程度次之，ETC车道数量影响程度最低。根据试验结果可以看出一条ETC车道设置在最左侧时，当ETC车辆通过比例为26.03%时且车流量为1 930辆/h时，收费站安全程度最高。

表 6-7 基于交通冲突的收费站交通安全极差分析表

分析变量	试验因素			
	A	B	C	D
K1	5 805.79	5 621.32	5 866.57	6 645.05
K2	6 719.31	7 436.26	7 721.29	5 020.54
K3	5 665.55	5 133.07	4 602.80	6 525.06
k_1	1 935.26	2 478.75	1 955.52	2 215.02
k_2	2 239.77	1 873.77	2 573.76	1 673.51
k_3	1 888.52	1 711.02	1 534.27	2 175.02
极差 R	351.25	767.73	1 039.50	541.50
调整差 R'	315.99	690.65	935.13	487.13
主次顺序	$C>B>D>A$			
优组合	$A_2B_1C_2D_1$			

注：调整差 $R'=dR\sqrt{r}$，其中 r 为因素每个水平试验重复次数，d 为折算系数，与因素水平 m 有关，$d_{m=2}=0.71$，$d_{m=3}=0.52$。K_i 为某因素 i 水平对应的试验指标之和。k_i 为 K_i 的平均值（$i=1,2,3$）。

根据以上试验结果，针对该收费站提出相关措施与建议：

① 当 ETC 车道正对快速车道时，车辆变道数量达到最小，此时因车辆变道产生的交通冲突最小，收费站安全水平最高。因此，建议修建收费站时，将 ETC 车道设置在正对快速车道的位置，并在沿路位置设立 ETC 车道指示标牌，保证 ETC 车辆在标准车道内完成换道。

② 根据正交试验结果分析，当车流量不发生改变时，且 ETC 车辆通过比例为 26.03% 时，设置一条 ETC 车道的收费站的安全水平达到最佳。在实际情况中，随着 ETC 技术的快速发展及 ETC 车辆数量的增长，应根据收费站所通过的 ETC 车辆数量适当调节增加收费站 ETC 收费车道的数量。

6.3 快速路匝道入口安全的仿真应用

快速路匝道不仅是快速路系统中重要的交通节点，同时也是事故多发地[14]。在并行快速路系统中，进出口匝道的不合理设计会增加区域交通流交织情况的复杂度，从而产生严重的交通安全隐患。本节选择宁宣高速（南京机场高速）秦淮路—胜太西路区间主—辅路并行的平面入口匝道作为研究对象，如图 6-10 所示。使用大疆 Mavic Pro 无人机在该路段进行悬停拍摄，选取 9:00~9:30（高峰时段）期间采集路段交通流视频数据，整理得到路段的交通流基本特征和车辆轨迹数，进行交通冲突安全评价。进一步，用交通流仿真的方法，对匝道入口进行优化设计。

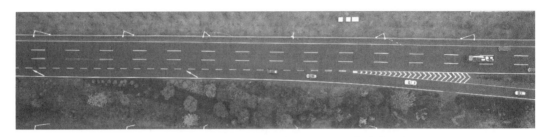

图 6-10 秦淮路—胜太西路区间入口匝道航拍图像

6.3.1 交通调查及分析

1. 交通特征分析

(1) 车流量

根据对交通调查视频的行车轨迹的识别得到交通量,如表 6-8 所示。

表 6-8 交通量

车道	车流量/(veh·h^{-1})
主线	1 686
匝道	1 386

(2) 行驶速度特征

车辆行驶速度的总体情况如表 6-9 所示,车辆行驶速度累计频率曲线如图 6-11 所示。其中主线和匝道车辆的速度存在较大差异,二者的行驶速度均值相差近 10 km/h。

表 6-9 车辆行驶速度特征

车辆类型	平均速度/(km·h^{-1})		速度标准差/(km·h^{-1})	
	平均值	标准差	平均值	标准差
总计	69.81	11.62	7.36	0.41
主线车辆	74.03	11.88	7.46	1.60
匝道车辆	64.70	8.99	7.25	1.34

(3) 行驶时间特征

类似的,绘制车辆行驶时间的累计频率曲线,如图 6-12 所示,发现主线车辆的行驶时间普遍小于匝道车辆,这样的差异主要来源于主线车辆的速度大于匝道。主线车辆平均行驶时间为 11.04 s,其值主要分布在 9~12 s 之间;匝道车辆平均行驶时间为 12.67 s,其值主要分布在 11~15 s 之间。

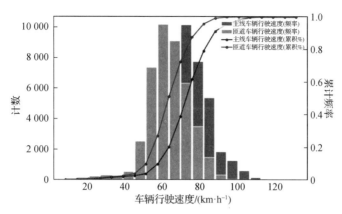

图6‑11 车辆行驶速度累计频率曲线

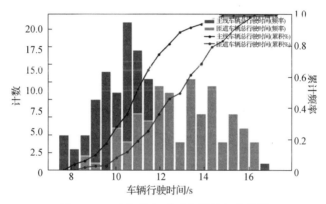

图6‑12 车辆总行驶时间累计频率曲线

2. 交通冲突特征分析

（1）交通冲突特征

以1.25 s为阈值提取的路段冲突点的空间分布如图6‑13所示。从冲突点的聚集情况来看，发生交通冲突的位置主要集中在三处：

① 匝道进口渐变段末端与主线合流位置；

② 合流区中段与匝道专用车道衔接位置；

③ 合流区末端，即匝道专用车道即将并线位置。

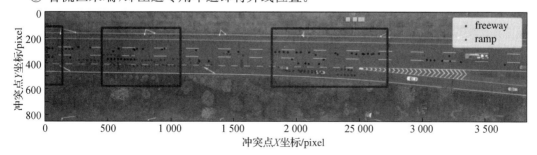

图6‑13 冲突分布图

从路段整体情况来看,合流区末端发生冲突聚集情况主要是由于辅助车道即将并线,从而导致部分还未汇入主线的匝道车辆不得不降速而与主线车辆产生冲突。

(2) 冲突严重性与初始车道的关系

将交通调查视频行车轨迹识别样本划分为安全样本和危险性样本,其统计结果见表6-10。从数量上看,匝道车辆的危险样本数更多,其发生危险的潜在风险更大。从TTC均值来看,主线车辆的TTC均值小于匝道车辆的TTC均值,但并不能说明主线车辆的冲突严重性一定大于匝道车辆,这可能是因为主线车辆的平均速度更大,距离发生潜在碰撞的时间更短所导致的。

表6-10 交通冲突严重性与初始车道的关系

车辆类型	安全样本 TTC/s			危险样本 TTC/s		
	样本数	平均值	标准差	样本数	平均值	标准差
主线车辆	336	2.553	0.774	74	0.874	0.265
匝道车辆	1 349	2.762	0.747	108	0.999	0.185

(3) 冲突严重性与行驶速度的关系

车辆速度通常作为交通冲突严重性的一个重要指标,对比安全样本和危险样本的差异,见表6-11。与一般认知不同,在进口匝道路段危险样本车辆的行驶速度比安全样本速度更低,而匝道危险样本车辆的行驶速度也比主线车辆更低,这在一定程度上说明匝道车辆的低速行驶加剧了路段的事故风险。

表6-11 交通冲突严重性与行驶速度的关系

车辆类型	安全样本速度/(km·h^{-1})			危险样本速度/(km·h^{-1})		
	样本数	平均值	标准差	样本数	平均值	标准差
主线车辆	336	65.43	10.27	74	63.73	11.94
匝道车辆	1 349	60.29	9.23	108	58.99	9.17

6.3.2 优化设计方案的仿真分析

1. 交通流仿真建模

(1) VISSIM 建模

根据道路实际参数及线型,在VISSIM中建立了仿真模型,如图6-14所示。其中检测框所围区域与交通调查行车轨迹识别范围相同。

根据实际调查的交通流数据,对跟车模型和换道模型中的参数进行设置,如图6-15所示。

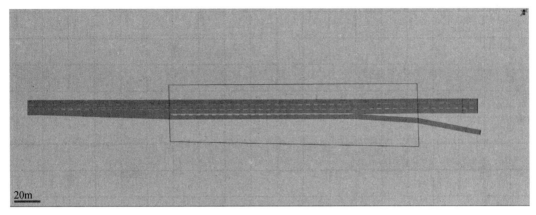

图 6-14 匝道入口路段仿真模型

图 6-15 VISSIM 模型参数设置

(2) SSAM 阈值校正

SSAM 软件能够对导入的轨迹文件(.trj)进行分析,识别文件中的交通冲突。其识别冲突的默认指标为 TTC 和 PET,其中 TTC 默认阈值为 1.5 s,PET 默认阈值为 5 s。通过对比实际冲突数和 SSAM 识别冲突数确定适合该路段的冲突阈值:TTC 阈值定为 3 s,PET 阈值定为 6 s。

(3) 仿真模型验证

在初次仿真结束后,需要对模型进行验证,判断与实际情况是否相符。若差异较大,需要调整模型的参数,以使仿真模型更大程度上准确地贴合实际情况。用于评估仿真结果的指标有很多,这里选用行程时间和交通冲突数作为判断标准。经过多次重复独立仿真后得到表 6-12 的仿真结果,主线和匝道的平均行程时间仿真误差均小于 10%,5 min 内的平均仿真冲突数误差远小于 10%,认为误差处于可接受范围内,该仿真模型参数的设置符合实际。

表 6-12　仿真行程时间结果

	主线平均行程时间	匝道平均行程时间	5 min 内平均冲突数（步长=1 s）
实际值	11.03 s	12.66 s	18
仿真值	10.69 s	13.50 s	18.7
误差	3.08%	6.63%	3.89%

2. 正交试验设计与分析

结合路段交通流特征和冲突分布特征,认为匝道与主线车辆的速度差是使得路段安全风险增加的主要原因,且影响程度十分显著。同时,速度差越大,路段发生冲突的风险越大。因此优化设计方案应当通过合理的手段,使匝道车流在合流前能加速至合理速度,而主线车流在经过合流区前能提前减速或变道,最终降低匝道和主线车流间的速度差。

从匝道车辆的角度分析,车流提速的方法主要有三种[15]:拓宽匝道宽度、延长辅助车道长度和在汇入主线前限制向右变道。从主线车流的角度考虑,车流降速的方法主要有:在合流前设置提醒标志和分车道限速。因此,本书提出考虑匝道形式、辅助车道长度、合流前限制向右变道和分道限速四个因素,进行匝道优化设计。各因素的取值情况如表 6-13 所示。

表 6-13　仿真变量说明

评价因素	取值
匝道形式	2 个水平:单车道、双车道平行式
辅助车道长度	2 个水平:不延长、延长 50 m
合流前限制向右变道	2 个水平:不限制、限制
分车道限速	2 个水平:不限速、限速

由于仿真变量及水平较多,同样采取正交试验的方法进行仿真实验。得到表 6-14 的正交试验方案。在进行正交试验时,每个实验方案均进行 5 次独立重复仿真,单次仿真时长为 600 仿真秒,仿真结束后记录每次实验的到达车辆数、平均延误和冲突数。

表 6-14　正交实验结果

方案编号	匝道宽度	辅助车道长度	汇入前限制向右变道	分车道限速	车辆数（均值）	平均延误时间(s)（均值）	冲突数（均值）	冲突优化水平
1	单车道	不延长	否	否	494.6	4.12	62.60	—
2	单车道	不延长	否	是	493.20	2.76	32.60	47.9%
3	单车道	延长 50 m	是	否	496.00	2.95	45.40	27.5%
4	单车道	延长 50 m	是	是	495.80	2.52	34.60	44.7%
5	双车道平行式	不延长	否	否	494.20	2.83	42.20	32.6%

续表

方案编号	匝道宽度	辅助车道长度	汇入前限制向右变道	分车道限速	车辆数（均值）	平均延误时间(s)（均值）	冲突数（均值）	冲突优化水平
6	双车道平行式	不延长	否	是	491.40	2.89	41.20	34.2%
7	双车道平行式	延长50 m	是	是	495.00	2.23	45.80	26.8%
8	双车道平行式	延长50 m	是	否	496.40	2.64	56.80	9.3%

仿真结果表明，在路段车辆数未发生较大改变的情况下，相比于原方案，车辆的平均延误和冲突数均有大幅下降，其中方案2的冲突优化水平最高达到47.9%，说明分车道限速能够最大程度降低冲突。

6.4 城市高架匝道出口安全的仿真应用

城市高架快速路出口匝道是城市高架快速路与地面道路衔接的重要节点，同时出口匝道落地点往往临近下游交叉口，其与地面道路所形成的交通流交织区（Length of the Weaving Areas，LWA）成为城市交通的瓶颈路段。高架快速路驶出的车辆会与地面道路车辆发生交织，车辆频繁的变换车道、急加速与急减速等行为，导致交织区产生较多的交通冲突点，使得车流延误时间增加、安全性下降。此外，交织区的拥堵可能引发车辆排队回溢于高架快速路，导致快速路上的车流行驶缓慢，影响高架快速路自身的便捷性、快速性，从而导致城市整体交通网络运输效率降低。较短的交织区内的通行秩序会更加混乱，冲突点数量更多，交织速度更低，整体衔接段的通行效率和服务水平明显下降，因此，这一类型路段设计亟待优化。

6.4.1 基于遗传算法的ORTI-D优化模型

匝道出口作为连接城市高架和辅助道路的关键节点，其设计方案是城市道路建设需要重点研究的对象。通常情况下，高架公路的出口匝道总是设计在交叉口附近，如图6-16所示，一方面能够使得车辆享有更长时间快速路的服务，另一方面，也方便车辆在驶离高架后及时调整行驶方向。匝道出口与交叉口的距离（Distance Between an Off-ramp Terminal and an Intersection，ORTI-D）直接关系到城市交通系统运行的安全和效率，这也是优化设计的关键因素。短距离的ORTI-D意味可供车辆变道和调整速度的区域具有局限性，这可能会导致严重的交通冲突；另一方面，长距离的ORTI-D使得下匝道的车辆提前离开高架，降低快速道路的利用率，提前给其他路段造成通行压力[16]。

图 6-16 位于十字路口的城市高架出口

1. 交织区长度与交通冲突严重程度的关系

选用 TTC 和 PET 作为高架出口匝道区域交通冲突指标[17-18],TTC 和 PET 的计算方法如下:

$$\text{TTC} = \frac{X_{L,t} - X_{F,t} - D_L}{V_{F,t} - V_{L,t}}, \quad \forall (V_{F,t} - V_{L,t}) > 0 \tag{6-3}$$

式中:t——时间间隔(s);
X——车辆位置;
V——车辆速度(m/s);
D——车身长度(m);
L——前车;
F——后车。

$$\text{PET} = t_{F,t} - t_{L,t} \tag{6-4}$$

式中:$t_{F,t}$——后车到达侵占线的时间;
$t_{L,t}$——前车离开侵占线的时间。

在不同的试验场景下,用 TIT(Time Integrated Time-to-collision,TIT)定义不同长度交织区域下的交通冲突严重程度分布[19]。TIT 是在研究时间范围内,低于该阈值的 TTC 与临界 TTC 间差值之和。TIT 越小,该情景越安全。

$$\text{TIT} = \sum_{t=0}^{T} [\text{TTC}^* - \text{TTC}_i(t)], \quad \forall\, 0 < \text{TTC}_i(t) < \text{TTC}^* \tag{6-5}$$

式中:TTC^*——TTC 设定的阈值;
$\text{TTC}_i(t)$——瞬时碰撞时间。

2. 交织区长度与总交通延误的关系

总交通延误(Total Traffic Delay,TTD)是用计算车辆在交织区和非交织区行驶相同距离行驶时间的差异来表示。

$$\text{TTD} = V_a \left(T_w - \frac{L}{S_a} \right) + V_h \left(T_w - \frac{L}{S_h} \right) \tag{6-6}$$

式中:V 是小时交通量(pcu/h);

V_a,V_h 分别是辅助道路和高架公路出口匝道每小时的交通量(pcu/h);

S_a,S_h 分别是辅助道路和高架公路的车辆预期速度(pcu/h);

T_w 是交织区的平均行驶时间(h),L 是交织区的长度(m)。

3. 考虑交通安全与效率的综合评价指标

用 min-max 的方法标准化交通冲突严重程度和总交通延误。

$$F(x)'=\frac{F(x)-F(x)_{\min}}{F(x)_{\max}-F(x)_{\min}} \quad (6-7)$$

$$T_d(x)'=\frac{T_d(x)-T_d(x)_{\min}}{T_d(x)_{\max}-T_d(x)_{\min}} \quad (6-8)$$

式中:$F(x)'$——无量纲的交通冲突严重程度函数;

$T_d(x)'$—— 无量纲的总交通延误函数;

$F(x)_{\min}$,$F(x)_{\max}$ 分别是交通冲突严重程度的最小值和最大值;

$T_d(x)_{\min}$,$T_d(x)_{\max}$ 分别是总交通延误的最小值和最大值。

同时考虑交通冲突严重程度和总交通延误,构建综合评价函数 $G(x)$。

$$G(x)=F(x)'+T_d(x)' \quad (6-9)$$

其最小值可以通过遗传算法计算得到。此时的 ORTI-D 为最优设计方案,能够在保证较高同行效率的情况下提高交通安全水平。

6.4.2 交通调查与仿真

1. 交通调查

以南京江北快速路高架某出口作为研究路段,在平峰时段和高峰时段分别进行交通调查。高峰时段为 18:00—18:30,平峰时段为 12:50—13:20,调查数据如表 6-15、表 6-16 所示。

表 6-15 高峰交通流量表

时段	出口匝道		内侧辅路		外侧辅路	
	大车数量	小车数量	大车数量	小车数量	大车数量	小车数量
18:00—18:05	0	87	1	60	1	18
18:05—18:10	0	88	1	51	1	19
18:10—18:15	0	91	2	58	1	19
18:15—18:20	0	85	0	45	1	12
18:20—18:25	0	90	1	46	1	15
18:25—18:30	0	77	1	42	1	17
合计	0	518	6	302	6	100

表 6-16 平峰交通流量表

时段	出口匝道		内侧辅路		外侧辅路	
	大车数量	小车数量	大车数量	小车数量	大车数量	小车数量
12:50—12:55	0	71	1	48	2	11
12:55—13:00	0	66	1	38	1	14
13:00—13:05	1	62	0	42	2	15
13:05—13:10	0	56	0	40	1	12
13:10—13:15	0	68	1	45	1	14
13:15—13:20	0	70	0	46	2	14
合计	1	393	3	259	9	80

2. VISSIM 仿真

用 VISSIM 构建两车道出匝道、一条车道辅助道路和四车道入口的高架出口匝道路段。如图 6-17 所示。拓宽区(broadening area)是车辆从出口匝道和辅助道路进入交织区(weaving area)的过渡,ORTI-D 是由拓宽区、交织区和入口路段组成。用路段的设计交通量作为 VISSIM 仿真模型中的数据输入,类似地,以设计交通速度作为平均进入速度,其他输入参数如表 6-17 所示。

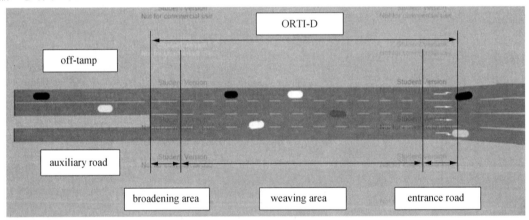

图 6-17 高架出口匝道 VISSIM 模型

表 6-17 VISSIM 模型的输入参数

仿真参数		值	注释
初始路段长度	出口匝道	100 m	禁止换道
	辅助路	100 m	—
	拓宽区	20 m	禁止换道
	交织区	200 m	—
	入口路段	25 m	禁止换道

续表

仿真参数		值	注释
设计交通量	匝道	1 650 pcu/h	左转车道、两条直行车道和右转车道的转向比为 30%、20%、20%和 30% 车辆进入匝道的平均速度为 40 km/h
	辅助路	900 pcu/h	左转车道、两条直行车道和右转车道的转向比为 20%、30%、30%和 20% 车辆进入辅路的平均速度为 40 km/h

假设交织区内的车辆的交织对象主要为匝道的右转车辆和辅助路的直行和左转车辆。因此,交织比(Weaving Proportion,WP)可由式(6-10)计算。

$$WP = \frac{V_w}{V_{total}} = \frac{V_{or} + V_{asl}}{V_{total}} \tag{6-10}$$

式中:V_w——交织车流量(pcu/h);

V_{total}——总交通量(pcu/h);

V_{or}——来自匝道的右转车流量(pcu/h);

V_{asl}为来自辅路的直行和左转车流量(pcu/h)。

6.4.3 高架 ORTI-D 结果分析

保证其他参数不变的条件下,以 5 m 为步长,将交织区长度从 35 m 增加到 230 m,得到每种情况下的轨迹数据和换道数据。根据 VISSIM 记录的轨迹数据,用 SSAM 计算每种情况的 TTC 和 PET 值。进一步,参考其他研究,设定 TTC 阈值为 4 s,PET 阈值为 5 s[20],得到不同交织区长度下的交通冲突严重程度指标 TIT 和每小时总交通延误 TTD,见表 6-18。试验结果表明,当交织区长度小于 60 m 时,TIT 值缓慢减小;当交织区长度从 60 m 增加到 170 m 时,TIT 值迅速减小;当交织区长度大于 170 m 时,TIT 的值保持稳定。观察 TTD 发现,随着交织区长度逐渐增加,TTD 的值呈现出不对称的"U"形趋势。较短交织区引起交通拥堵,如图 6-18 所示,由于交织区长度过短,使得大量车辆无法完成换道需求,因此不得不排队,造成交通拥堵,使得 TIT 和 TTD 都比较大。

表 6-18 WP=0.48 时的 VISSIM+SSAM 仿真结果

LWA/m	TCN	ATTC/s	ATT/s	TTD/h	TIT/s
35	211	2.39	12.34	7.23	2 038.26
40	213	2.43	12.13	6.87	2 006.46
45	206	2.34	11.54	6.23	2 051.76
50	196	2.41	11.48	5.98	1 869.84
55	191	2.53	11.12	5.50	1 684.62

续表

LWA/m	TCN	ATTC/s	ATT/s	TTD/h	TIT/s
60	172	2.44	10.76	5.03	1 609.92
65	168	2.54	10.64	4.73	1 471.68
70	157	2.62	10.61	4.50	1 299.96
75	124	2.49	10.36	4.10	1 123.44
80	102	2.51	10.42	3.93	911.88
85	87	2.42	10.44	3.73	824.76
90	79	2.39	10.72	3.71	763.14
95	63	2.55	10.96	3.67	548.1
100	52	2.78	11.12	3.56	380.64
105	46	2.61	11.24	3.43	383.64
110	41	2.51	11.45	3.37	366.54
115	39	2.74	11.79	3.39	294.84
120	35	2.7	11.98	3.31	273
125	33	2.63	12.31	3.33	271.26
130	32	2.87	12.58	3.30	216.96
135	29	2.71	13.06	3.43	224.46
140	27	2.64	13.27	3.36	220.32
145	25	2.45	13.75	3.49	232.5
150	26	2.71	13.97	3.43	201.24
155	21	2.76	14.19	3.37	156.24
160	19	2.65	14.52	3.39	153.9
165	16	2.43	14.88	3.42	150.72
170	14	2.62	15.39	3.57	115.92
175	14	2.71	15.8	3.64	108.36
180	10	2.54	16.46	3.90	87.6
185	13	2.76	16.9	3.99	96.72
190	11	3.11	17.2	3.99	58.74
195	12	2.87	17.77	4.18	81.36
200	11	2.88	18.22	4.28	73.92
205	8	2.74	18.49	4.26	60.48

续表

LWA/m	TCN	ATTC/s	ATT/s	TTD/h	TIT/s
210	7	2.66	18.95	4.37	56.28
215	5	3.02	19.32	4.41	29.4
220	5	2.74	20	4.68	37.8
225	6	2.98	20.15	4.57	36.72
230	7	3.14	20.61	4.68	36.12

注:TCN 为交通冲突数量,ATTC 为平均交通冲突时间,ATT 为平均行驶时间。

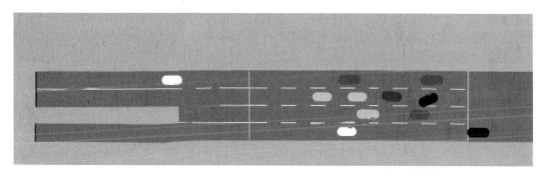

图 6-18 较短交织区形成的交通拥堵

分别绘制 TIT 和 TTD 的散点图,如图 6-19 所示,并选择反"S"形曲线函数和双曲线函数分别拟合 TIT 和 TTD 的变化趋势。反"S"形曲线的基本函数和双曲线函数可表示为:

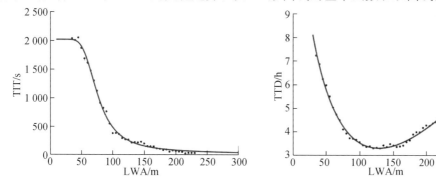

图 6-19 TIT 和 TTD 分布的散点图

得到拟合关系如下:

$$F(x)=\frac{-8.011}{-0.0045-0.1878\exp\left(1.613-\frac{439.7283}{x}\right)} \quad (6-11)$$

$$T_d(x)=-11.8258+0.0415(x+53.7851)+\frac{1380.1}{x+53.7851} \quad (6-12)$$

用拟合优度 R^2 检验拟合效果,得到 TIT 的 $R^2=0.9535$,TTD 的 $R^2=0.6832$。

用极大—极小法(min-max method)归一化处理 $F(x)$ 和 $T_d(x)$,并用遗传算法进行求解

得到综合评价指标 $G(x)_{\min}=0.0777$，此时交织区长度为135.613 m，函数曲线如图 6-20 所示。也就是说，当交织区匝道和辅路的车流量分别为 1 650 pcu/h 和 900 pcu/h，交织比例为 0.48 时，交织区的最佳长度为 135.613 m，ORTI-D 为 180.613 0 m，此时，既能够保证通行效率又能保障行车安全。

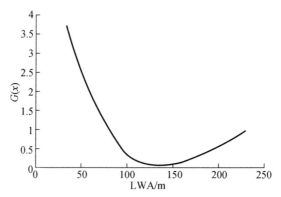

图 6-20 $G(x)$ 与交织区长度的关系图

此外，根据实际路段情况，还可以保证其他参数不变的情况下，分别调整交织比、设计交通量、进入模型的车辆平均速度、拓宽区域长度和路口入口道路等 VISS 中的其他参数，进行仿真。这里，将交织比（WP）从 0.28 变化为 0.58，得到 TIT 和 TTD 的结果如图 6-21 和表 6-19 所示。当交织比从 0.28 变为 0.58 时，最佳 ORTI-D 从 145.051 5 m 增加到 202.040 7 m。同时，从 LWA-TIT 拟合曲线和 LWA-TTD 拟合曲线看出，在其他条件相同的情况下，交织比的增加会给交织区带来更严重的交通冲突和交通延误。

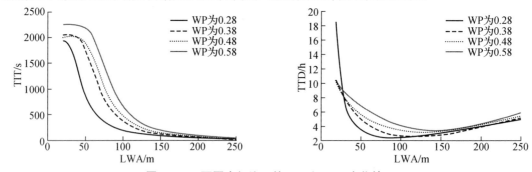

图 6-21 不同交织比下的 TIT 和 TTD 变化情况

表 6-19 不同交织比下的仿真结果

TIT: $F(x)=\dfrac{\alpha}{\lambda+\beta\exp\left(\delta-\dfrac{\gamma}{x}\right)}$			
TTD: $T_d(x)=a+b(x+c)+\dfrac{d}{x+c}$			
Test number	1	2	3	4
P_{or}	0.1	0.2	0.3	0.4

续表

P_{asl}	0.6	0.7	0.8	0.9
WP	0.28	0.38	0.48	0.58
系数 $[\alpha,\lambda,\beta,\delta,\gamma]$	[1.5562,0.0008, 0.5887,−2.4132, 206.6549]	[4.3204,0.0021, 0.0773,1.4616, 348.8892]	[11.9662,0.0059, 0.1780,1.6716, 392.4985]	[6.3286,0.0028, 0.3416,0.5467, 455.4950]
系数 $[a,b,c,d]$	[−1.1199,0.0236, −12.7189,142.0177]	[−12.2583,0.0481, 37.5099,1 153.5098]	[−11.8258,0.0415, 53.7851,1 380.1]	[−95.8494,0.1197, 269.9998,20 618.0752]
$R^2_{F(x)}$	0.8643	0.9302	0.9535	0.9541
$R^2_{T_d(x)}$	0.5249	0.6411	0.6832	0.6153
最优 LWA/m	100.0515	125.0543	135.6130	157.0407
最优 ORTI-D/m	145.0515	170.0543	180.6130	202.0407

注：P_{or} 为匝道右转车辆的交通量；P_{asl} 为辅助车道左转和直行车辆的交通量。

参考文献

[1] 张宁. 城市道路冲突点交通安全间接评价模型研究[D]. 重庆：重庆大学，2016.

[2] Perkins S R, Harris J L. Traffic conflict characteristics-accident potential at intersections[R]. Highway Research Record，1968.

[3] 朱顺应，蒋若曦，王红，等. 机动车交通冲突技术研究综述[J]. 中国公路学报，2020，33(2)：15−33.

[4] 卢守峰. 微观交通仿真[M]. 长沙：中南大学出版社，2016.

[5] 彭桦. 基于 VISSIM 城市快速路出入口几何设置研究[D]. 武汉：华中科技大学，2012.

[6] 孙璐，李颜平，钱军，等. 基于交通冲突技术的交织区交通安全评价[J]. 中国安全科学学报，2013，23(1)：55−60.

[7] 陈昊，陆建. 基于VISSIM仿真的高速公路事故交通影响[J]. 长安大学学报(自然科学版)，2015，35(S1)：226−229.

[8] Astarita V, Festa D C, Giofrè V P, et al. Surrogate safety measures from traffic simulation models a comparison of different models for intersection safety evaluation[J]. Transportation Research Procedia，2019，37：219−226.

[9] 叶红波，廖彩凤. 基于SSAM的平面交叉口交通安全评价[J]. 城市道桥与防洪，

2016(4):5-9.

[10] Huang F, Liu P, Yu H, et al. Identifying if VISSIM simulation model and SSAM provide reasonable estimates for field measured traffic conflicts at signalized intersections[J]. Accident Analysis & Prevention, 2013, 50: 1014-1024.

[11] 闫雪彤. 基于交通冲突的ETC车道设置安全评价方法研究[D]. 南京:东南大学,2018.

[12] 林瑜,杨晓光,马莹莹. 交通阻塞影响因素分析的正交试验设计方法[J]. 系统工程, 2005,23(10):39-43.

[13] 张开盛,孙健. 基于正交试验的城市信控交叉口仿真分析及优化[J]. 合肥工业大学学报(自然科学版),2017,40(8):1031-1036.

[14] 马艳丽,祁首铭,吴昊天,等. 基于PET算法的匝道合流区交通冲突识别模型[J]. 交通运输系统工程与信息,2018,18(2):142-148.

[15] 李燊. 基于交通冲突的高速公路互通立交交通安全分析方法[D]. 南京:东南大学,2017.

[16] Liu Z Y, He J, Zhang C J, et al. Optimal off-ramp terminal locating strategy based on traffic safety and efficiency[J]. Transportation Letters, 2020: 1-12.

[17] Hayward J C. Near-miss determination through use of a scale of danger[J]. Highway Research Record, 1972.

[18] Cooper P J. Experience with traffic conflicts in Canada with emphasis on "post encroachment time" techniques[J]. International calibration study of traffic conflict techniques, 1984: 75-96.

[19] Oh C, Kim T. Estimation of rear-end crash potential using vehicle trajectory data[J]. Accident Analysis & Prevention, 2010, 42(6): 1888-1893.

[20] Gettman D, Pu L, Sayed T, et al. Surrogate safety assessment model and validation: final report[R]. U.S. DEPARTMENT OF TRANSPORTATION. Federal Highway Administration, 2017.

第七章
基于驾驶模拟器的交通安全分析方法

人、车、道路环境的不断变化,使得以历史安全数据和交通基础数据为根本的统计分析方法无法分析、预测和防治未来条件下的交通安全问题,以至于无法满足基于现状和未来条件下的研究需求。在真实道路环境中研究驾驶人的行为是危险的,道路环境复杂和交通秩序混乱都是实验过程中的危险因素,道路环境影响因素对实验结论的影响是复杂的。在驾驶模拟器中进行实验研究可以保证实验过程的安全性,同时可以灵活设置道路场景模型,控制实验结论影响因素和因素水平,进行多次重复实验。基于驾驶模拟平台,可以从驾驶人的微观角度分析道路环境对驾驶人行为的影响,研究最新汽车技术(如驾驶人辅助系统)的安全性和有效性。基于数据接口技术,容易获取反映驾驶行为的多种数据。驾驶模拟器可以模拟"临界"状态,进而可以通过虚拟空间实验验证由理论推导得到的相关结论。

驾驶模拟系统利用虚拟现实仿真技术营造一个虚拟的驾驶训练环境,用户通过模拟器的操作部件与虚拟的环境进行交互,进行驾驶训练。驾驶模拟系统由动力学仿真系统、视景仿真系统、声频仿真系统、运行操作系统和数据记录系统组成,用户在驾驶舱中驾驶模拟器,计算机实时产生行驶过程中的虚拟视景、音响效果和运动感觉,使用户沉浸在虚拟环境中,给予真实的驾驶感觉。随着汽车产业的发展,驾驶模拟器也在不断演化进步。传统驾驶模拟器主要用于驾驶员培训以及交通人因分析,后因驾驶模拟器具有虚拟场景可重复实现、有效保障驾驶员和交通参与者安全等优势,其在交通研究、驾驶疲劳和分心、交通事故溯因、道路与交通设计等方面产生了广泛应用,本章将着重对此展开介绍。

7.1 驾驶模拟器国内外发展概述

汽车驾驶模拟器(Vehicle Driving Simulator,VDS)的研究在国外开展较早,起初最为广泛使用的是训练型汽车驾驶模拟器,用于对驾驶员进行驾驶教学及训练。日本政府1970年颁布法律规定汽车驾驶学校必须装备汽车驾驶模拟器,美国在20世纪70年代中期就有500多所汽车驾驶学校装备了训练型汽车驾驶模拟器,随后大多数欧洲国家相继制定了使用汽车驾驶模拟器用于培训驾驶员的法规。

20世纪80年代以来,德国、瑞典、日本、美国的各大汽车厂都分别建立了开发型驾驶模拟器。开发型汽车驾驶模拟器是一种通过构建车辆虚拟运行环境,使驾驶员获得实车驾驶感受的虚拟现实的仿真设备,一般主要由车辆实时控制系统、运动系统、视景系统、声音模拟系统、运行监控控制系统、集成信息管理系统和数据传输系统组成。从20世纪80年代兴起之后,逐渐得到了广泛的应用,尤其是近年来科学技术的进步和视景系统的升级完善,高精度的汽车驾驶模拟器带给驾驶员"沉浸感"和"身临其境感",其应用被拓展到汽车工程、人机交互设计、道路交通、交通安全等诸多方面。

7.1.1 日本代表性驾驶模拟器

1. 马自达公司

1991年,马自达公司的驾驶模拟器采用了高级的硬件平台,包括高性能的仿真计算机系统和高性能的图形处理硬件系统,其车辆动力学模型非常完善,运动系统可模拟6自由度姿态,生成的视景也非常复杂逼真。

2. 丰田公司

2007年,丰田东富士研究所投入使用的驾驶模拟器直径1.7 m、高4.5 m,圆顶实验室内可以放置实车,360°球面屏幕呈现逼真的视景,其驾乘感受十分接近实际状况。该驾驶模拟器用来研究和分析各种行车安全状况,包括打瞌睡、精神涣散、未注意路况和驾驶员身体不适等情形。

3. FORNUM8

FORNUM8公司的驾驶模拟器具有8个自由度、3D视觉与虚拟场景交互,并支持使用CarSim或者TruckSim软件。该驾驶模拟器主要用于道路安全研究、驾驶培训、驾驶员因素研究,以及车辆开发。

7.1.2 美国代表性驾驶模拟器

1. 通用公司

通用公司最初研制计划始于1989年,至今已开发出第二代产品,其性能指标居世界领先水平。通用公司于2009年投入的新驾驶模拟器用以验证新型技术与新一代汽车内饰的集成程度,现已应用并验证了安全智能型娱乐信息技术领域中的多项设计理念。该模拟器采用了7台高分辨率的投影机,用以在360°大型影院式银幕上显示虚拟路面和周边环境。置于放映区中央的汽车配备有1套可重构的内饰系统,由多块LCD(液晶显示器)屏幕组成,这些LCD屏幕用于模拟新型内饰电子系统布局方案。可重构的LCD屏幕为设计人员和工程师提供了极大的灵活性,使之在开发完成后的数小时内即可对该设计概念进行测试。通用汽车还针对驾驶员在多种情境下的行为方式开展了更加深入的自主研究。

2. 福特公司

1993年初,福特公司也开始投资研制开发模拟器。福特汽车公司于2008年研制了VIRTTEX驾驶模拟器,采用Quantum3D提供的图像生成技术,测试人员借助三维虚拟现实技术模拟驾驶环境,包括建筑物、道路信号标志等;模拟器内装有摄像头和生理测试仪,记录驾驶者在测试中的反应,用于优化车辆的安全性能。福特公司于2012年对该驾驶模拟器进行了升级,采用了更先进的图像渲染技术,可对实验进行水平360°视野的高清数码投影,并能够测量如驾驶员加速、制动的驾驶行为以及驾驶员在不同条件下的总体反应,有助于安全技术及驾驶员辅助技术的发展。

3. 爱荷华大学

爱荷华大学于 1993 年就启用了 1 300 万美元来开发汽车驾驶模拟器，1996 年又进一步增加投资 3 000 万美元，由 TRW(Thompson-Ramo-Wooldridge)公司进行改进，其产品被称为"国家高级汽车驾驶模拟器"。该模拟器主要用来进行驾驶员行为分析、车辆的安全系统测试及道路的设计规划研究等。最引人注目的是它的第一等级驾驶模拟器，是当今世界上精度最高的模拟器，具有 13 个自由度，独立的运动系统使其能够精确地重现持续性加速度、刹车操作、多车道运动以及与道路表面进行交互等动作，这些真实重现能力是第二等级的固定座椅驾驶模拟器和和第三等级的以电脑为基础的便携驾驶模拟器所达不到的，此外，它配备了 8 个 LCD 屏幕，提供了 360°真实全景视景，呈现给驾驶员更好的道路特征辨识效果，并且可以减少视觉疲劳，所有的场景以 60 Hz 的高速进行更新和显示。

7.1.3 欧洲代表性驾驶模拟器

1. 瑞典

在 20 世纪 80 年代，VTI 公司(瑞典国家道路及运输研究机构)也投资建成了汽车驾驶模拟器，用于瑞典的"人—车—路"之间的研究、道路和隧道的设计、车辆的操控、人机界面的测试、酒精和毒品对驾驶者的影响等，包括残疾驾驶员在内的驾驶行为研究。现在最新的第四代驾驶模拟器具有先进的运动系统，拥有 210°前向视景，并且允许在 X 轴和 Y 轴方向进行显著性线性运动，卡车驾驶舱和汽车乘客舱两者之间可以进行快速切换。

2. 德国奔驰公司

1985 年，奔驰公司首先研制出世界上规模最大的 6 自由度汽车动态模拟器，并成功地用于系列化高速轿车的产品开发中。2010 年推出一个类似于飞行仿真器的球体驾驶模拟器，主要目的是为了研究"驾驶行为及车辆反应"，具有 360°视景屏幕，其仿真器的计算机以超过 1 000 次/s 运算，不论驾驶者如何操作车辆，它都能真实地反映出该有的动作，例如，逼真的急加速的噪声和振动，以及急刹车时的车头下沉，如果车辆打滑，它也能靠液压系统及电动机来做出一些横移的动作，其瞬间最高时速可达 36 km/h。

3. 英国利兹大学

2006 年，利兹大学投入名为 UoLDS 的驾驶模拟器，该驾驶模拟器具有 8 个自由度，250°视景屏幕，8 通道的视觉信道以 60 Hz 频率更新，内置 5 个眼睛跟踪仪。主要用于研究驾驶分心、交通安全与人为因素、车辆设计、道路设计、残疾驾驶员以及车辆的自动操作。

4. 法国雷诺公司

雷诺公司有 2 个驾驶模拟器：CARDS 和 ULTIMATE。CARDS 拥有 6 自由度，ULTIMATE 拥有 6 自由度和 200°视景，主要用于研究驾驶员的驾驶行为。雷诺公司也参与更新驾驶模拟器软件 SCANeRTM 的工作。

7.1.4 中国代表性驾驶模拟器

1. 吉林大学

吉林大学于 1996 年建成我国首台汽车性能模拟器,拥有 6 个自由度,包括实时计算机系统、实时计算机成像系统、数据采集系统、触感模拟系统、电液伺服控制及油源,以及液压作动器、模拟舱、中央控制台、投影仪、图像开发系统。此模拟器可用于车辆主动安全性能设计、车用控制系统的开发、道路安全性能的验证和交通法规合理性的检验。

2. 同济大学

同济大学的高仿真驾驶模拟器拥有 8 自由度电动运动系统,驾驶舱为球穹顶封闭刚性结构,仿真轿车车型为 Renault Mega-neⅢ,去除发动机,保留轮胎,加载其他设备(如转向盘刹车换挡的力反馈系统和数据的输入输出设备),后视镜由 3 块 LCD 屏幕组成。投影系统有 5 个投影仪内置于驾驶舱,刷新率为 60 帧/s,球形屏幕的水平视角为 250°。控制软件为法国 OKTAL 公司(法国航空供应商 Sogeclair 的子公司)开发的商业软件 SCANeR[图 7-1(a)]。

3. 东南大学

2019 年建成多自由度驾驶模拟系统,包括 6 自由度运动平台、U-table 运动平台、驾驶舱系统、实车驾驶台、360°球面投影系统、集成测量系统、驾驶模拟综合控制系统、驾驶场景环境开发系统软件等。同时具备眼动轨迹分析、心电检测、脑电信息分析、皮肤电反应检测等驾驶人生理、心理参数检测分析功能[图 7-1(b)],驾驶模拟器建模场景如图 7-2 所示。

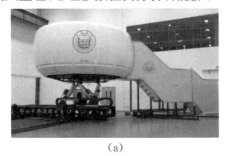
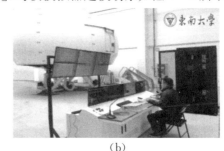

(a)   (b)

图 7-1 高级驾驶模拟器

图 7-2 驾驶模拟器建模场景

7.2 驾驶模拟器在交通安全中的应用

7.2.1 分心驾驶

根据澳大利亚道路安全委员会的定义，分心驾驶是驾驶员自愿或非自愿地转移驾驶任务（不是由于酒精、药物、疲劳等因素），而且转移任务是因为驾驶员执行另外的任务而暂时专心于与驾驶无关的事件、物体和人。这一转变降低了驾驶员的感知能力、决策水平和操作技能。

目前研究者将驾驶分心分为四类：认知分心（Cognitive distraction）、视觉分心（Visual distraction）、听觉分心（Auditory distraction）、动作分心（或称生理力学分心，Biomechanical distraction）。认知分心是指驾驶人的认知思维被其他事物吸引，从而无法正确识别道路环境。视觉分心是指驾驶人超过一定时间未注视道路环境，而将视觉注意力集中到其他事物上，比如发短信、使用导航系统等。听觉分心是指驾驶人将听觉注意力集中在其他非道路交通环境信息上，比如交谈、打电话等。动作分心是指驾驶人将一只手或者两只手从转向盘移开到其他物体上超过一定时间，如使用手持式手机通话等。实际情况下，一种次任务可能包含多种分心类型，例如发短信过程包含视觉分心（视线离开路面）、认知分心（语言编码以完成打字的任务）、动作分心（手离开转向盘），而手持式手机通话过程包含认知分心（语言编码以完成说话任务）、动作分心、听觉分心（听对方声音）。

一方面由于驾驶分心会导致严重的交通事故，实车实地实验方法具有较大的事故风险；另一方面由于驾驶模拟器可以容易采集某些数据（如车道偏移数据），且安全性更高[1]，因此国内外众多学者利用驾驶模拟器研究驾驶分心对驾驶行为的影响，同时结合眼动信息、心率、EEG（心电图）等多种生心理指标。

表 7-1 分心驾驶行为传统调查方法

方法	综述	特点
医院交谈调查法（Hospital interviews）	调查因交通事故住院的驾驶人在事故发生前或事故发生过程中曾经发生过的行为，以找到导致事故发生的原因	优点：针对性强，可以分析分心与交通事故之间的关系 缺点：侵犯隐私，需有关部门配合，存在驾驶人故意隐瞒事实的情况
自我评估调查法（Self-report surveys）	通过问卷的形式调查驾驶人对各种分心驾驶行为的频发性和危险性的主观评估	优点：简单、容易操作、成本低 缺点：存在驾驶人主观偏见和隐瞒自己真实想法的情况

续表

方法	综述	特点
路边观察法（Roadside observation surveys）	选择一个或多个观测点，对通过观测点车辆中驾驶人的分心驾驶行为进行调查，观测点一般选在信号交叉口、收费站或车速降低的路段上	优点：可以直接观察实际的驾驶人行为，成本相对较低 缺点：隐蔽分心驾驶行为不能观察到，只适用于车辆低速行驶或停止时，对高速行驶车辆中的驾驶人的分心驾驶行为并不能有效地观察
自然驾驶观察法（Naturalistic driving surveys）	在车辆上安装数据采集系统，这个系统利用摄像机、GPS（全球定位系统）、加速度计和雷达来记录驾驶人的行为及周边其他道路使用者的情况	优点：可以对驾驶人进行全程监控，捕捉到更隐蔽的分心驾驶行为，能够真实反映出分心驾驶行为 缺点：侵犯隐私，安装在车辆上的监控系统可能会对驾驶人的驾驶行为产生影响，成本最高

随着移动通信和车载导航技术的发展，智能车载设备和移动互联终端的普及，诱发分心驾驶行为的驾驶次任务越来越多，不同的驾驶次任务对驾驶人的影响不同。

目前利用驾驶模拟器研究的热点次任务包括使用手机打电话、发短信等，具体总结如表7-2所示。

表7-2 基于驾驶模拟器的驾驶分心次任务影响研究综述

	文献	主要内容
[2]	Young et al.，2014	内容：研究选取24名参与者（25～50岁），基于驾驶模拟器和眼动行为调查了手机界面（触摸屏键盘和数字键盘）是否会影响用手机打字和阅读对驾驶行为的影响。 结论：收发短信会降低驾驶速度，且减少29%的查看前方道路的时间，并增加了虚拟工作量。在数字键盘和触摸屏键盘手机上观察到的驾驶行为呈现相近的趋势。 展望：研究不同手机界面与较长短信编辑行为对驾驶安全性能的影响
[3]	Caird et al.，2014	内容：研究基于驾驶模拟器调查了977名受试者的分心驾驶行为，试验设计的分心驾驶任务包括编辑文本、阅读文本，以及编辑文本与阅读文本二者结合，选取的评价参数包括眼动、刺激、反应时间、碰撞、车道、速度和车头时距。 结论：编辑文本和阅读文本均对驾驶行为参数有负面影响。相较于编辑文本，阅读文本产生的负面影响更小。编辑文本和阅读文本会影响驾驶员充分关注道路、对应急交通事件做出响应，以及控制车辆保持固定车道、速度和车头时距的能力
[4]	Rumschlag et al.，2015	内容：基于驾驶模拟器研究了50个驾驶员（18～59岁）的年龄、性别、手机打字水平等因素对打字时换道的影响，具体的参数包括换道行为比例、换道次数、换道打字时长占比。 结论：性别对打字时换道没有显著影响，驾驶员年龄对换道百分比、打字时长占比有显著影响。此外，认为自己具有较高打字水平的人往往会涉及更多的打字时换道行为

续表

文献	主要内容
[5] Papadakaki et al.,2016	内容:该研究调查了50位专业男性驾驶员使用手机的分心驾驶行为。驾驶模拟器试验设计如下:① 驾驶时不使用手机;② 驾驶时用手机打电话;③ 驾驶时阅读文本;④ 驾驶时编辑文本。安全评价参数包括:① 转向角变化;② 跟车距离;③ 横向位置变化;④ 加速度平方和。 结论:转向角变化与驾驶时编辑文本呈负相关关系,跟车距离与打电话、阅读文本、编辑文本都有显著关系;当用手机打电话时,车辆加速度平方和显著降低
[6] Choudhary and Velaga,2017	内容:基于驾驶模拟器收集了100位受试者的驾驶行为数据,研究自变量包括简单手机通话任务、复杂手机通话任务、简单手机文本任务、复杂手机文本任务,因变量包括车道位置、换道次数、侧向加速度均值、侧向加速度标准差、转向角均值、转向角标准差、车轮回转率(SRR)等车辆运行参数。 结论:SRR 阈值超过10°时,可以用来判定和预警驾驶员的分心状态
[7] Dumitru et al.,2018	内容:选取17名受试者进行驾驶模拟试验,调查了驾驶员辅助驾驶系统(Advanced Driver Assistant System,ADAS)对分心驾驶行为的影响,选取的安全评价参数包括换道次数、速度、注视次数、注视时长。 结论:在有 ADAS 辅助系统的情况下,驾驶者驾驶更为谨慎、专心,主要体现在更少的换道行为、更低的速度、更少的分心注视次数等指标上。 展望:未来研究可以考虑采取更多的表征参数来研究 ADAS 预警系统对分心驾驶行为的影响
[8] Vollrath et al.,2021	内容:选取40名受试者进行驾驶模拟器试验,研究驾驶经验和手机打字水平对驾驶行为的影响 结论:用手机打字严重降低了驾驶安全性,驾驶经验不影响编辑手机文本,但手机打字熟练与否对驾驶时使用手机编辑文本影响较大,打字较为熟练的驾驶者受到的负面影响较小

分心驾驶对驾驶表现影响的研究主要从驾驶人生理特征、视觉特征(基于眼动仪获取,图7-3)和车辆运行状态特征三个方面展开评述。具体又包括诸多指标,如表7-3所示。

表7-3 分心对驾驶表现影响研究文献综述

驾驶表现	具体指标	分心驾驶表征
生理特征	脑电信号(EEG)	随着分心驾驶程度增加,EEG 中的 α 波频率和幅度增加[9]
	心电信号(ECG)	驾驶人处于分心驾驶状态时,心率增加、心跳间隔减少[10]
	皮肤信号	随着分心驾驶程度增加,皮肤温度升高,导电性增强

续表

驾驶表现	具体指标	分心驾驶表征
视觉特征	瞳孔	随着分心驾驶程度增加，瞳孔直径和面积增大
	视野	随着分心驾驶程度增加，驾驶人视野变小
	注视行为指标	认知分心导致驾驶人注视行为发生变化，注视点更集中，更少看道路周围物体
	眼跳行为指标	视觉分心导致实现偏移前方道路的频次增加，眼跳速度降低，眼跳幅度增加；视觉分心还导致单位时间内眼跳次、眼跳距离和视觉搜索范围减少，对外界环境的观察减少
	眨眼行为指标	眨眼频率和眨眼持续时间与认知负荷高度有关，认知分心会增加驾驶人眨眼频率
车辆运行特征	横向指标	分心驾驶可能导致两车侧向位置标准差的减少[11-13]
	纵向指标	分心驾驶导致车速下降、速度波动性增加、跟车距离增大、纵向加速度波动性增大[14-16]

以上的相关研究均借助驾驶模拟器探究驾驶分心对驾驶行为的影响，而基于驾驶模拟器实验的驾驶分心状态识别研究正在逐渐成为驾驶分心研究领域的热门。利用驾驶模拟器输出的车辆运动学数据为研究驾驶分心对驾驶行为的影响提供了客观的依据，通过数据挖掘发现不同的驾驶分心方式影响着驾驶行为的不同方面，并且如何借助驾驶模拟器实验建立有效的检测驾驶分心算法将会成为未来的研究趋势。

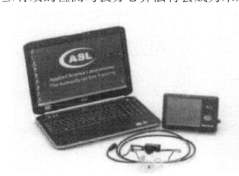

图 7-3 眼动仪系统示意图

7.2.2 疲劳驾驶

疲劳驾驶对驾驶人和车辆的影响主要体现在驾驶员对车辆的操作行为以及车辆的行驶状态。其中，驾驶员的操作行为主要是对方向盘、油门和刹车踏板的操作。

驾驶疲劳是造成严重交通事故的原因之一，因驾驶模拟器可以采集到多类车辆运动学参数数据（如速度、加速度、转向盘转角、车道偏离等），众多学者利用驾驶模拟器开展驾驶疲劳实验，从而提取出驾驶疲劳状态的特征指标，建立驾驶疲劳识别算法。

疲劳驾驶的驾驶模拟器实验较少需要精心或者特定的实验设计过程,在该领域研究中,如何提取有效的驾驶疲劳状态指标以及如何提高驾驶疲劳识别算法的精度是两个核心问题,并且这两个核心问题的研究已经相对成熟,但是这些驾驶疲劳识别算法的实际有效性却鲜见考证。

表7-4 基于驾驶模拟器的疲劳驾驶影响研究综述

文献		主要内容
[17]	Zhao et al.,2012	内容:对13位受试者进行长达1.5 h的驾驶模拟试验,提取了相关EEG和ECG参数。 结论:结果表明,在完成疲劳驾驶任务前后,脑电α、β、相对功率、事件相关电位P300波振幅、心电图近似熵、心率变异性(HRV)功率上、下频带均有显著性差异($p<0.05$)
[18]	Davenne et al.,2012	内容:基于驾驶模拟器和实车试验分别对20位和14位受试者进行疲劳驾驶测试,试验分为3个部分:① 2 h的短途驾驶(凌晨3—5点);② 4 h的中途驾驶(凌晨1—5点);③ 8 h的长途驾驶(晚上9点到次日凌晨5点),从而比较驾驶模拟器和自然驾驶环境对疲劳驾驶的影响差别。 结论:驾驶模拟器和自然驾驶环境产生对疲劳驾驶的影响没有显著差别
[19]	Morales et al.,2017	内容:对15名驾驶员进行长达两小时的驾驶模拟试验,收集其相关EEG信息、眼动信息。 结论:EEG能量图中的delta值在前1.5 h呈现上升趋势,在后0.5 h呈现下降趋势;beta值则呈现持续上升趋势;眼跳的速度呈线性递减状态,暗示随着驾驶时间的增长,驾驶员逐渐陷入疲劳驾驶状态
[20]	Walker and Trick,2018	内容:研究基于驾驶模拟器调查了不同驾驶任务的时长和疲劳程度对驾驶分心行为的影响(40名参与者),选取的评价参数包括平均车速、侧向位移标准差、危险响应时间(制动时间)、受试者自评问卷。 结论:驾驶速度和侧向位移标准差随驾驶时长的增加而增加,驾驶分心程度也随驾驶时长的增加而有所增加
[20]	Walker and Trick,2018	内容:研究基于驾驶模拟器设计了3种山区环境下的不同的驾驶场景,包括简单道路几何线性、适中道路几何线性和复杂道路几何线性,受试者被要求参与45 min的驾驶模拟试验,以获取方向盘转角、方向盘转角标准差、侧向位移等相关评价参数,并用ANOVA(方差分析)和SVM(支持向量机模型)进行相关的数据分析。 结论:道路线性设计与车辆侧向位移有显著关系,驾驶时长与方向盘转角及其标准差也成呈现显著相关性
[21]	Zeller et al.,2020	内容:基于驾驶模拟器收集了60位受试者的EEG参数,试验场景设定为山区驾驶场景,试验时长为两小时。 结论:研究表明驾驶者困意越强烈,警惕性越低,EEG负载越高。同时,驾驶补偿心理可能会在试验初期增强睡眠不足驾驶者的驾驶警惕心理
[22]	Hu and Lodewijks, 2021	内容:利用驾驶模拟器研究了睡眠相关的疲劳驾驶与眼动参数(8个眼跳参数、3个眨眼参数、1个瞳孔参数)之间的关系,共招募60名受试者,并采用T检验分析相关数据。 结论:疲劳驾驶会降低驾驶员的驾驶警惕性,疲劳驾驶会导致眨眼时长、眼跳均速、眼跳时长的增加,也会导致瞳孔直径的减小

疲劳对驾驶表现影响的研究主要也从驾驶人生理特征、视觉特征和车辆运行状态特征三方面展开评述。具体又包括诸多指标,如表7-5所示。

表7-5 疲劳对驾驶表现影响研究文献综述

驾驶表现	具体指标	疲劳驾驶表征
生理特征	脑电信号(EEG)	疲劳驾驶会导致EEG中的α波能量增加[17,23]
	心电信号(ECG)	心率(HR)和心率变异性(HRV)与疲劳和工作负荷有关,高频的心率变异率暗示着驾驶员处于困倦状态[24]
视觉特征	瞳孔	极度疲惫状态时,驾驶者的瞳孔直径会减小[25]
	眼跳行为指标	疲劳驾驶会导致眼跳速度下降[26]
	眨眼行为指标	眨眼的周期、速度和幅度和驾驶者的疲劳状态密切相关[27];当驾驶者由精神压力导致驾驶疲劳时,眨眼间隔可能会缩短[28]
车辆运行特征	横向指标	车轮转向[29]、车轮回转角[30]、侧向位置标准差[31]都与疲劳驾驶密切相关
	纵向指标	疲劳驾驶会导致车头时距的减少[32],从而增加碰撞风险[33]

7.2.3 饮酒驾驶

驾驶员酒后驾驶时是十分危险的,研究表明,随着饮酒量的增加,驾驶行为的危害也随之增加。随着血液酒精浓度(Blood Alcohol Concentrations, BAC)的增加,跟驰变化、速度变化和冲出道路的事件会增加。由于饮酒驾驶存在违法性和危险性,很难通过实车试验获取相关数据,一般针对饮酒驾驶的研究数据多来源于历史事故数据、问卷调查数据。近年来,由于驾驶模拟器的普及,许多研究者也开始采用驾驶模拟器进行饮酒驾驶试验,从而获取更直观、真实的试验数据(表7-6)。

表7-6 基于驾驶模拟器的饮酒驾驶研究综述

	文献	主要内容
[34]	Christoforou et al., 2013	内容:基于驾驶模拟器调查了49位年轻参与者的饮酒驾驶行为,并比较了受试者饮酒前后的反应时间。 结论:BAC值的升高会导致驾驶者反应时间的增加,10%的BAC升高会导致2%的反应时间延长;酒精吸收更快的参与者的驾驶表现更优,每周锻炼小于4 h的饮酒驾驶者的反应时间相对较慢
[35]	Freydier et al., 2014	内容:选取16名新手驾驶员(驾龄小于2个月,里程小于5 000 km)和16名有经验的驾驶员(驾龄3年,里程超过20 000 km)进行驾驶模拟器跟车试验。驾驶者摄入的酒精浓度设置为0、0.2 g/L、0.5 g/L,于摄入15 min后开始测量,每10 min测量一次,直到受试者BAC达到理想值。该研究选取的安全评价指标为车辆横向(横向位移标准差)和纵向控制指标(最小车间距)、反应时间、正确反应占比,数据分析方法为ANOVA。 结论:饮酒行为、缺乏驾驶经验等都会导致不佳的驾驶表现,同时,二者的交互作用也对驾驶表现具有负面作用,饮酒后的新手驾驶者比具有一定驾驶经验的饮酒驾驶者表现更糟

续表

文献		主要内容
[36]	Zhang et al.,2014	内容:基于驾驶模拟器收集了25位受试者在不同道路曲线条件下的饮酒驾驶行为表现,研究选取的评价参数包括速度和车道位置,选取的BAC值为0.00%、0.03%、0.06%、0.09%。 结论:相比清醒驾驶状态,饮酒驾驶状态在曲线路段全程获得的速度更高。较小的曲线半径能够减缓较高酒精浓度下的驾驶速度。其次,当驾驶者体内酒精浓度较高时,其驾驶速度的波动性也会增加。酒精和曲线半径对速度标准差的影响具有交互性,较小的曲线半径会增加高酒精浓度驾驶情况下的速度标准差。此外,饮酒后的驾驶者倾向于靠右侧车道驾驶,较高的酒精破坏了车辆的横向稳定性
[37]	Li et al.,2016	内容:基于驾驶模拟器进行双盲试验(Double-blind experiment),选取52名受试者研究饮酒驾驶对驾驶行为的影响,受试者被要求在50 km/h和80 km/h的时速进行紧急制动和跟随制动,研究选取的评价参数包括制动反应时间(Braking Reaction Time,BRT)、侧向位移标准差(Standard Deviation of Lane Position,SDLP)以及速度标准差(Standard Deviation of Speed,SDSP)。 结论:制动反应时间及侧向位移标准差和酒精高度相关,BAC升高一个单位可以导致BRT和SDLP下降0.3%和0.2%;高频饮酒者比低频饮酒者和不饮酒者的制动反应时间快10.2%和30.6%
[38]	Wan et al.,2017	内容:基于驾驶模拟饮酒试验调查了28位受试者(0.08% BAC、安慰剂)对停车标志和红灯的反应,评价参数选取包括速度、减速度均值、最大减速度、侧向位移标准差等。 结论:饮酒驾驶会损害驾驶者控制车速和方向的能力,增加其对红灯及停车标志的反应时间
[39]	van Dyke and Fillmore, 2017	内容:基于驾驶模拟器试验研究了20名健康驾驶者在BAC为0.08%及0.05%时的危险驾驶行为。该试验设置了多车道、高流量的驾驶环境,并以TTC(预估碰撞时间)作为评价参数。 结论:0.08% BAC会导致TTC减少,从而增加驾驶风险;0.05% BAC值导致的驾驶风险低于0.08% BAC
[40]	del Valle and Šucha, 2019	内容:基于驾驶模拟器对72位参与者进行饮酒驾驶试验,将参与者分为乐观有违章史组、悲观无违章史和乐观无违章史,研究不同群体的饮酒驾驶行为差异。 结论:在没有严格控制或不控制酒精摄入的情况下,乐观有违章史组的驾驶表现不如另外两组。此外,相比不控制和不严格控制酒精摄入,这类人群在严格控制酒精摄入情况下更容易犯驾驶错误
[41]	Yadav and Velaga,2019	内容:基于驾驶模拟器研究了不同BAC值对驾驶者反应时间的影响。试验共选取79名受试者,BAC值分别设定为0.00%、0.03%、0.05%和0.08% 结论:0.03%、0.05%和0.08%的BAC值分别导致驾驶者对行人穿越斑马线的反应时间增加36%、53%和94%,对交叉口停车事件的反应时间增加64%、78%和116%

续表

文献		主要内容
[42]	van Dijken et al.,2020	内容:30 名参与者在酒精(0.05%)和安慰剂的影响下在驾驶模拟器中执行相关驾驶任务,以研究酒精对驾驶控制水平(转向、平均速度和速度变化)以及驾驶欲操纵水平(超车期间与其他车辆的距离、对交通灯变黄的反应时间以及对突然汇流车辆的反应)的影响。 结论:酒精对驾驶控制行为具有抑制作用,饮酒后的受试者对车辆的控制能力受损,且车速呈现较大波动。饮酒也会影响驾驶者的车辆欲操纵水平,具体表现为超车时车间距的减小及对黄灯反应时间的增加
[43]	Yadav and Velaga,2021	内容:检验 44 名受试者(21~25 岁)在酒精浓度为 0.00%、0.03%、0.05% 和 0.08%情况下的制动过渡时间,试验分别设置了乡村和城市驾驶环境。 结论:在乡村驾驶环境中,0.03%、0.05% 和 0.08% BAC 的饮酒驾驶者的制动过渡时间分别减少 16%、28% 和 52%;在城市驾驶环境中,该值为 23%、37%、53%

目前,基于驾驶模拟器的饮酒驾驶试验最常用的指标包括侧向位移标准差(Standard Deviation of Lane Position,SDLP)、速度标准差(Standard Deviation of Speed,SDSP)、换道次数、平均速度。有研究表明,酒精能够显著增加 4 cm±0.5 cm 的侧向位移标准差和 0.38 km/h±0.10 km/h 的速度标准差[44]。同时,该研究也指出驾驶模拟器的平台会影响 SDLP 测量的维度,更高的 BAC 值和固定的驾驶模拟器平台可能会导致驾驶表现下降更多。

7.2.4 道路设计和交通设计

驾驶模拟器可以较为真实地还原实际道路,并且具备重复性好、成本低等优势,并且能够测试驾驶员对不同类型道路的可接受程度,从而对道路的安全性、科学性和人性化做出评价,在道路修建之前便能够找出潜在的危险,防患于未然。因而在道路设计规划阶段,基于驾驶模拟器的实验研究一方面可为道路设计规划提供有利的参考,另一方面可以通过驾驶模拟器实验结果与相似道路实地实验结果的对比去修正驾驶模拟器实验结果的某些参数,使驾驶模拟中仿真设计道路的结果更真实准确。

交通标志是交通设计的重要内容之一,其视认性、位置的科学性、标志信息的有效性等方面与交通设计密切相关,亦与驾驶员的主观认知和感受联系紧密。利用驾驶模拟器开展的交通设计研究中,众多学者聚焦于交通标志的设计与研究,驾驶模拟器可以记录驾驶员与交通标志进行信息交流时较为真实的驾驶行为和反应,从而可以定量化分析在车辆运动状态下的驾驶员对交通标志的主观感受,为交通标志的评价提供可靠的参考依据。

驾驶模拟器不仅是交通标志方面研究的热门工具,而且也有助于交通设计中其他重要内容的研究。通过驾驶模拟器实验可以定量分析某种交通设计对交通参与者的影响或者定量评价某个交通设计方案,在越来越关注"以人为本"的交通设计趋势下,该领域的驾驶模拟器实验应在驾驶员选择方面做出更为详细和缜密的考虑,使交通设计更具有普适应用价值或者增强针对特定驾驶员群体而进行的交通设计适应性(表 7-7)。

表 7-7 基于道路和交通设计的交通事故研究综述

文献		主要内容
[45]	Calvi, 2018	内容:基于驾驶模拟器研究双车道凸形竖曲线乡村道路的减速策略。该研究的主要策略为在凸型竖曲线道路涂绘白色标志带、红色标志带和发光标志带。 结论:红色减速标志带能够显著降低双车道凸形竖曲线乡村道路的车速(-6 km/h)
[46]	Chen et al., 2018	内容:基于驾驶模拟器检查道路线形对偏离车道行为的影响。试验共招募 30 位驾驶者,试验道路设置为山区双向四车道高速公路。车道偏离任务的设定包括:数据库Ⅰ(保持原车道、偏向左侧车道、偏向右侧车道),数据库Ⅱ(保持车道、偏向曲线内侧车道、偏向曲线外侧车道)。该研究基于随机参数 Logit 模型分析了相关的解释变量,并且融合随机参数,以解释驾驶群体潜在的异质性。 结论:路段的水平曲率、上游 300 m 处水平曲率差值显著增加车道偏离,上坡和下坡显著降低车道偏离。曲线方向、带有中间带或路肩的车道和行驶速度被识别位为随机参数,可能降低也可能增加车道偏离次数
[47]	Farahmand and Boroujerdian, 2018	内容:该研究在驾驶模拟器中搭建了 3 种不同的场景,包括简单、中等和复杂的道路线形水平,从而研究道路线形和驾驶者警惕性之间的关系。每个驾驶者被要求在每个场景进行长达 45 min 的驾驶行程,并输出方向盘移动(Steering Wheel Movements, SWM)、方向盘移动标准差(Standard Deviation of Steering Wheel Movement, SDSWM)、侧向位置稳定性(Area Between Trajectory and Road's Centerline, ABTC) 结论:更多的水平曲线能够提高驾驶者的驾驶警惕性,复杂的水平线性可能会降低驾驶者在轻松驾驶状态的警惕性
[48]	Bassani et al., 2019	内容:基于固定平台的驾驶模拟器研究了道路水平线形的设计问题,并分析了能见视野(Available Sight Distance, ASD)对车辆速度和轨迹的影响。为了排除其他因素的干扰,该驾驶模拟器场景不设置限速标志、路边植物、交通障碍等。 结论:ASD 增加时,车辆的速度和轨迹偏离中心线的波动会减小,对于拥有相同 ASD 值的不同曲线路段而言,车辆的速度和横向控制行为也存在差异。道路曲线半径、方向、轨迹到视线盲点的距离都会影响驾驶行为。该研究指出,ASD 的设计应该比需要的视线距离略大即可,因为过大的 ASD 值可能会导致驾驶员超速驾驶
[49]	Jeong and Liu, 2019	内容:基于驾驶模拟器研究了驾驶次任务适宜度(4 个等级)、道路曲线半径(4 个等级)、曲线方向(2 个等级)对驾驶行为的影响。试验测量的参数主要包括眼动数据、车辆车道位置控制水平、24 名驾驶者的主观问卷数据。 结论:在曲线道路上执行视觉和思考方面的次任务会降低驾驶者对道路的注视时间和频次,从而使车辆处于不稳定的状态。在较为陡峭的曲线路段驾驶时,执行次任务的驾驶者注视道路的时间和频率更高,但其控制车辆保持固定车道驾驶的能力更弱。相比听觉—思考类次任务,视觉—说话类次任务对驾驶者提出更高的视觉要求

续表

文献		主要内容
[50]	Marciano, 2020	内容:试验招募了18位驾驶者,基于驾驶模拟器设计不同广告牌对驾驶表现的影响。试验场景是双向四车道的市郊道路,长28 km。广告牌的设置场景包括:loaded(带有少量图片和大量文字的彩色广告牌)、graphical(带有大量图片和少量文字的彩色广告牌)、minimal(带有少量图片、少量文字、少量色彩的广告牌)。结论:loaded和minimal组广告牌严重影响道路安全,graphical组广告牌只对个别驾驶场景有负面影响
[51]	Yang et al.,2020	内容:基于驾驶模拟器和眼动仪研究了高速公路中文—英文双语引导标志的有效性(如图7-4所示)。试验共设计3组人员:中国人(C)、通过专业汉语水平测试的外国人(FC)、没通过专业汉语水平测试的外国人(F)。结论:对于C组和FC组,当驾驶标志上的中文地名数不超过5个时,其驾驶行为没有显著差异。当双语引导标志的地名超过5个时,这两组试验者的驾驶表现显著下降。该研究表明,双语交通引导标志的地名数量不宜超过5个,且由于字数过小,双语标志中的英文地名对驾驶者的引导作用微乎其微
[52]	Meuleners and Roberts, 2020	内容:基于驾驶模拟器研究了驾驶员在驾驶分流菱形交叉口的驾驶表现,并与标准交叉口进行了比较。研究选取201位(18~80岁)驾驶者完成了驾驶模拟器试验和相关问卷,评估参数包括驶出车道的时间、车道偏离次数、遵守限速、交通事故、违规驾驶行为等。结论:通过r-ANOVA分析,该研究发现分流菱形交叉口发生的闯红灯事件概率比标准交叉口更高,需要更明显的交通标志和道路标记来进行引导

图7-4 基于驾驶模拟器和眼动仪检测交通标志设计合理性

7.2.5 交通事故研究

驾驶模拟器凭借其低成本和"安全性"可以模拟重现各种接近现实生活的危险场景,如醉酒驾驶、突遇行人等突发交通事件,并且可以详细地采集被试者在各种场景下的操作信号和车辆状态参数,以此分析交通事故发生前后的驾驶行为变化以及引起交通事故的影响因素等(表7-8)。

表 7-8 基于驾驶模拟器的交通事故研究综述

文献		主要内容
[53]	Bélanger et al., 2015	内容:选取 4 组驾驶者(青年组 1:21~36 岁,35 人;老年组 1:65~83 岁,27 人;青年组 2:21~38 岁,27 人;老年组 2:65~83 岁,27 人),进行驾驶模拟试验,研究 6 种不同场景下青年、老年人群对 2 种不同驾驶模拟器平台的驾驶行为差异。 结论:老年驾驶者在处理多任务时,驾驶风险增加;在同时需要转向和制动的驾驶场景中,老年组发生事故的概率显著增加;对于青年组而言,大部分事故是由过快的驾驶速度导致的。对同年龄段受试者而言,初级和中级驾驶模拟平台的观测结果不存在显著差异
[54]	Li et al., 2016	内容:利用驾驶模拟器研究手机使用和驾驶者性别对追尾避撞事故的影响。该试验招募 42 名驾驶者,试验设计场景包括:不使用手机、使用手机(非手持)、使用手机(手持)。该研究选取的评价参数包括制动反应时间、减速调整时间、最大减速率、最小车头时距。 结论:尽管手机使用者会进行一定的驾驶补偿行为,但使用手机的碰撞风险仍然高于不使用手机。其次,非手持并不能消除手机使用带来的事故隐患;在紧急情况下,女性驾驶者的制动速度更快、制动减速度更大,且保持安全车头时距的能力强于男性驾驶员
[55]	Huang et al., 2020	内容:基于驾驶模拟器搭建高速公路有雾驾驶环境,并模拟不同速度条件下车队追尾事故。试验收集 8 位参与者(22~26 岁)的驾驶数据,道路参数为双向四车道,20 km 长(16 km 直线和 4 km 曲线段)。对照实验组包括无雾、轻雾(能见度为 150 m)、浓雾(能见度为 60 m),速度为 40 km/h、60 km/h、80 km/h、100 km/h。 结论:雾的浓度增加时,车队长度会显著减小,驾驶员倾向于保持较为稳定的跟车距离;有雾天气和较短的车辆间距缩短驾驶者的反应时间、增加急刹概率。尽管存在驾驶补偿行为,有雾天气下的车队追尾事故的概率仍然呈增加趋势,更低的限速值能够显著减少有雾天气下车队追尾事故的发生
[56]	Shangguan et al., 2020	内容:基于驾驶模拟器模拟了有雾场景下的追尾事故预防行为,并采取 2×4×6 的正交试验研究 2 种安全标准场景、4 种能见度、6 种道路线性对驾驶行为的影响。 结论:能见度降低会增加追尾风险,道路线性对追尾事故预防有显著影响,下坡路更加安全(图 7-5)
[57]	Elassad et al., 2020	内容:基于驾驶模拟器招募了 107 名受试者(89 名男性,18 名女性,年龄为 20~45 岁),研究白天时有雾、雨、雪三种天气状况下的驾驶行为和事故风险。研究选取的评价参数包括车辆动力学参数(速度、横向加速度、纵向加速度、TTC、发动机转速、轮胎温度、刹车、转向、道路线形(直线、曲线、上坡、下坡等)。研究采用多种数据重采样方法和机器学习模型对事故进行了预测。 结论:数据重采样方法能够显著提高事故预测性能,采用 SMOTE 和 MLP 模型融合的事故预测模型取得的预测性能最佳

续表

文献		主要内容
[58]	Zhao et al., 2021	内容:首先基于视频数据分析了驾驶员和骑行者的相关碰撞信息,并根据预估碰撞时间(TTC)和制动反应时间(BRT)进行回归分析,研究二者与碰撞事故之间的潜在联系;其次,该研究利用驾驶模拟器模拟了车辆与骑行者的避撞场景和碰撞场景,并对比分析了 TTC、BRT、车辆减速度等相关参数。 结论:根据逻辑回归的结果,BRT 与碰撞事故的发生有显著关联。根据驾驶模拟器试验结果,相比碰撞场景,TTC、BRT 和车辆减速度在避撞场景的值更小

考虑到安全性,基于实车实验研究交通事故的研究较少,驾驶模拟器未来将在该领域研究继续发挥重大的作用,但如何消除或者减少驾驶员在驾驶模拟器中的"安全感",进而提高交通事故模拟场景的逼真度是一个需要验证的问题。

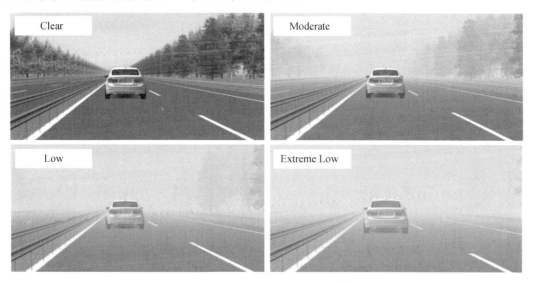

图 7-5 驾驶模拟器模拟不同能见度场景

7.2.6 驾驶模拟器有效性验证

驾驶是一项涉及多种因素的复杂活动[59]。由于驾驶性能取决于许多技术和人为因素,人工复制这些性能是一个相当大的挑战。驾驶模拟器的有效性问题已经持续了几十年。有效性通常取决于外部因素和生态因素:外部有效性与因果关系有关,涉及人、车、路在内的各种因素;生态有效性则往往对比实车试验和模拟驾驶之间的差距,常常选取的参数包括车辆运行参数和驾驶员心理度量[60]。(表 7-9)

表 7-9　基于驾驶模拟器有效性研究综述

文献		主要内容
[61]	Underwood et al.,2011	内容:对比了驾驶者在真实道路和驾驶模拟器中的风险感知差异。 结论:无论是在驾驶模拟器还是在真实道路的情况下,对于更有经验或专业的驾驶者而言,他们都能更早、更长时间地感知并且观察危险物体
[62]	Casutt et al.,2014	内容:研究对比了实车试验和驾驶模拟器中,老年驾驶者的认知活动差异及联系。试验选取了 244 名无神经和心理疾病的老年人,每人进行长达 7 周的试验过程,其中第一周、第七周进行实车路测和认知水平测试,第二周、第四周和第六周进行驾驶模拟试验。 结论:驾驶模拟器获取的数据能够代表老年驾驶者的实车试验驾驶行为和认知表现
[63]	Zöller et al.,2015	内容:该研究选取 60 名驾驶者进行实车试验,47 名驾驶者进行驾驶模拟试验,并根据实车试验进行复刻,在驾驶模拟器中搭建追尾事故场景,验证驾驶模拟器是否能够有效模拟避撞系统(图 7-6)。 结论:由于缺乏有效的前庭反馈,静态驾驶模拟器无法有效模拟动态碰撞场景
[64]	Meuleners and Fraser,2015	内容:对 47 名驾驶者(18~69 岁,平均年龄 34.8 岁)进行驾驶模拟和实车试验。试验场景设置为天气条件良好、中低密度交通量,行驶速度 40~70 km/h。受试者被要求进行一些驾驶任务(检查后视镜,观察左、右、前侧,以特定速度行驶,调整速度,在正确的车道位置行驶,正确使用刹车,遵守停车标志,遵守交通信号灯等),任务执行错误率为最终评价参数。 结论:就检查后视镜,观察左、右、前侧,保持速度,遵守停车标志,遵守信号灯任务而言,驾驶者在驾驶模拟器和实车试验的表现不存在显著差异,证明了驾驶模拟器的相对有效性
[65]	Zöller et al.,2019	内容:根据驾驶模拟器和实车试验对比研究了城市交叉口制动行为,共选取 5 个城市交叉口,以交叉口到达时间差(Time to Intersection, TTI)为参数,评估并验证驾驶模拟器的有效性。 结论:驾驶模拟器和实车场景的城市交叉口制动行为存在差异,相比驾驶模拟器,试验参与者在真实驾驶场景中的制动行为发生得更早。可见在驾驶模拟器场景中进行制动试验时,需要更为细致地设计交叉口场景,从而增加场景还原度
[66]	Hussain et al., 2019	内容:基于驾驶者的驾驶速度自我感知和驾驶模拟器实际输出参数以及驾驶模拟器和实车试验的速度差异判定驾驶模拟器的有效性。 结论:在遮挡汽车仪表盘的情况下,驾驶者在驾驶模拟器和实车试验场景中的感知速度差别不大,但实际速度差别很大,驾驶模拟器可能会导致驾驶者以更高的速度行驶
[59]	Gemonet et al., 2021	内容:对比两组试验者在 40 min 的实车试验和驾驶模拟环境中的驾驶行为和主观感觉,从而验证驾驶模拟器有效性。对比选取的参数包括速度、速度标准差、制动力和发动机转速。 结论:结果表明从第 6 min 开始,驾驶模拟器和在实车试验的驾驶表现参数差距逐渐稳定,驾驶模拟晕车问卷(Simulator Sickness Questionnaire, SSQ)和 NASA 工作量评估问卷(NASA Raw Task Load Index, NASA RTLX)结果表明驾驶者在两种情况下的驾驶感觉有显著差别

图 7-6　基于驾驶模拟器还原视频场景

7.3　驾驶模拟器应用前景

目前,国内外的很多大学、科研机构和企业都在积极开发或者引进开发型驾驶模拟器。从设备本身来看,未来科学技术的革新将使驾驶员在驾驶模拟舱内的行车驾驶感受更加逼真,极大降低由使用驾驶模拟器引起的不舒适感;同时,根据不同类型的研究目的,将会使用具有不同优势的驾驶模拟器,正如瑞典 VTI 公司的驾驶模拟器具有卡车驾驶舱,通用公司针对汽车内饰和车内信息娱乐投入使用新的驾驶模拟器,这无疑将会增强仿真精度和采集数据的可靠性。在中国的交通安全研究领域,驾驶模拟器可在以下三方面发挥积极作用。

1. 交通安全研究方面

主要研究周边人为因素、自然因素的变化对驾驶人安全驾驶行为的影响,具体可包括但不限于:

第一,在雨雪、大风、团雾、风沙、冰冻等恶劣天气下,考虑能见度、摩阻系数、风向风速等因素对驾驶人的驾驶行为影响:

① 不同恶劣天气条件下,驾驶人的跟车行为、变道行为、突发事件的应变反应等研究;
② 不同恶劣天气条件下,驾驶人的心跳、呼吸、体温、眼动等生理特征变化研究;
③ 不同恶劣天气条件下,驾驶人的生理特征与驾驶行为的关联性研究。

第二,进出隧道、涵洞时,光线突变对驾驶人的驾驶行为影响:

① 各种典型条件下的隧道场景(不同等级道路隧道、不同照明条件隧道、不同交通量隧道等)下驾驶行为特征研究;
② 进出隧道时驾驶人的注视点、视野、瞳孔变化的分析;
③ 进入隧道时驾驶人的暗适应时间、出隧道时的亮适应时间;

④ 进出隧道时驾驶行为的特征及其与视觉特征的关联性研究。

第三,周边车辆的变道、超车、刹车,对向车辆的大灯闪烁、超车等对驾驶人的驾驶行为影响:

① 周围车辆速度离散性、加速、减速、急刹车对本车驾驶行为的影响;

② 周围车辆的变道、超车行为对本车驾驶行为的影响;

③ 本车的加速、减速、变道、超车行为的生成条件研究(驾驶人的特性、周围车辆行驶特征);

④ 对向不同类型车辆(小汽车、大货车)、不同类型车头大灯(氙气大灯、卤素大灯)、不同车速、不同道路线性、不同中央隔离设施(灌木绿化带、护栏、双黄标线)条件下,闪烁、长亮大灯对本车驾驶行为的影响;

⑤ 对向不同类型车辆(小汽车、大货车)、不同车速、不同道路线性、不同超车行为(合法、违法)对本车驾驶行为的影响。

第四,突发事件、大型活动等其他紧急情况对驾驶人的驾驶行为影响:

① 车辆在突发事件、大型活动造成的瓶颈处的驾驶行为(排队等待、排队加塞、车辆并道)研究;

② 突发事件、大型活动情况下,交通诱导信息对驾驶行为的影响;

③ 与行人、非机动车混行条件下,驾驶行为特征分析。

2. 驾驶人心理与行为方面

主要研究驾驶人内在心理、生理因素的变化对驾驶人行为的影响,具体可包括但不限于:

第一,酒精、药物等对驾驶行为的影响:

① 体内酒精含量、生理反应与驾驶行为(安全驾驶、冒险驾驶)之间关联性分析;

② 药物(止咳糖浆、感冒药、安眠药等)对驾驶行为的影响(影响起始时间、影响程度、持续时间)。

第二,车内温度、空气、音乐等车内环境对驾驶行为的影响:

① 车内温度变化对驾驶行为的影响;

② 空气质量(二氧化碳含量等)对驾驶行为的影响;

③ 在不同道路环境下(不同类型、节奏的音乐)对驾驶行为的影响。

第三,疲劳、兴奋、抑郁、沮丧等状态对驾驶行为的影响:

① 疲劳、兴奋、抑郁等状态对驾驶人应急反应能力的影响;

② 疲劳、兴奋、抑郁等状态对驾驶人的驾驶特征的影响;

③ 基于生理反应和驾驶行为差异性的驾驶人疲劳、兴奋、抑郁等状态辨识。

3. 基于安全因素的交通设施设计

用于交通设施设计、交通设施安全隐患评估及改善,具体可包括但不限于:

第一,山区道路,"U"形转弯口,高速公路进出匝道、大型隧道、涵洞、大型交叉口、互通、立交等交通基础设施的设计、安全隐患评估和改善:

① 大货车比例过大的普通公路上车辆的驾驶行为研究和安全隐患分析；

② 山区公路的车辆驾驶行为研究和安全隐患分析；

③ 不同道路曲率的转弯处车辆的驾驶行为研究和安全隐患分析；

④ 不同类型进出口匝道口、匝道与主路之间的不同衔接方式、不同进出口匝道间距等条件下的驾驶行为研究和安全隐患分析；

⑤ 基于驾驶行为的人型隧道、涵洞等交通基础设施的安全隐患分析，及其道路宽度、坡度、照明、安全设施的设计；

⑥ 基于驾驶行为的交叉口安全隐患分析，以及交叉口的道路、信号设施、标志标线设计方案优化；

⑦ 基于驾驶行为的立交设施安全隐患分析，以及立交道路的曲率、坡度等参数的优化。

第二，各类标志标线、减速装置、中央隔离栏、信号灯等交通设施的设计、安全隐患评估和改善：

① 在不同道路线性条件下，基于驾驶行为的交通安全管理设施（标志标线、减速装置、中央隔离栏）的布设设计；

② 事故易发点段处的交通安全管理设施布设设计；

③ 交叉口的交通诱导、交通信号控制设施布设设计。

4. ITS（智能交通系统）中的人—车—路系统研究

用于ITS研究与技术开发，具体可包括但不限于：

第一，干线公交绿波控制系统对公交驾驶人驾驶行为的影响分析：

① 速度诱导对公交驾驶员的驾驶行为分析；

② 交叉口信号灯倒计时诱导对公交驾驶员的驾驶行为分析；

③ 车载速度诱导设备设计对驾驶行为的影响分析。

第二，交通信息诱导技术对驾驶行为的影响：

① 路外电子信息诱导对驾驶人驾驶行为的影响；

② 车载信息诱导装置对驾驶人驾驶行为的影响。

此外，针对驾驶模拟器的本土化应用，其未来的研究方向包括但不限于以下三点：

① 城市交通事故研究。世界范围内，中国交通事故死亡人数居高不下，原因包括混杂的城市交通环境、与交通行为不匹配的交通设计、相对薄弱的交通法律法规意识、不良的驾驶行为等。可以利用驾驶模拟器模拟实际中的交通环境或者即将建设的道路设施，通过分析人在交通事故中的反应和目标车辆的状态变化，研究交通环境、道路设施、人机交互以及驾驶员心理和行为关系，这有助于改善交通设计的安全性，降低交通事故发生率，为制定交通安全措施提供参考。

② 驾驶行为模型的参数标定。我国目前与人因素有关的碰撞避免模型、车辆跟驰模型、期望间距模型等驾驶行为模型大多采用国外的研究成果，其中不乏被引用至国内各类通行能力手册和交通控制规范等。但是，中国驾驶员的生理特征和驾驶行为不同于国外的研究样本，所以需要对这些驾驶行为模型中的参数进行重新标定，使其符合中国国情。驾驶模

拟器可以作为一个良好的实验交通工程方法的支撑，深化分析人—车—路—交通环境四者之间的相互作用机制，得出中国驾驶员在一些典型场景下的驾驶心理与驾驶行为特征。

③ 关注老年驾驶员的驾驶行为。根据2011年统计数据，中国现在有1%的驾驶员超过60岁，10%的驾驶员年过半百，35～50岁的驾驶员占驾驶员总人数的45%。20年后，中国第一个数量庞大的老龄驾驶员群体将形成。如今，多数发达国家已经迈入老龄化社会，老年驾驶员的驾驶行为研究受到了越来越多的关注，例如，日本重新制定了安全带标准，以应对老年驾驶员的增长。驾驶模拟器可以研究不同类型驾驶员的行为差异，通过其聚焦老年驾驶员的驾驶行为，这将会改善我国的交通法规、驾驶辅助系统、交通设计等诸多方面，从而提高中国老年驾驶员的行车安全。

参考文献

[1] Weir D H. Application of a driving simulator to the development of in-vehicle human-machine-interfaces[J]. IATSS Research, 2010, 34(1): 16 - 21.

[2] Young K L, Rudin-Brown C M, Patten C, et al. Effects of phone type on driving and eye glance behaviour while text-messaging[J]. Safety Science, 2014, 68: 47 - 54.

[3] Caird J K, Johnston K A, Willness C R, et al. A meta-analysis of the effects of texting on driving[J]. Accident Analysis & Prevention, 2014, 71: 311 - 318.

[4] Rumschlag G, Palumbo T, Martin A, et al. The effects of texting on driving performance in a driving simulator: The influence of driver age[J]. Accident Analysis & Prevention, 2015, 74: 145 - 149.

[5] Papadakaki M, Tzamalouka G, Gnardellis C, et al. Driving performance while using a mobile phone: A simulation study of Greek professional drivers[J]. Transportation Research Part F: Traffic Psychology and Behaviour, 2016, 38: 164 - 170.

[6] Choudhary P, Velaga N R. Analysis of vehicle-based lateral performance measures during distracted driving due to phone use[J]. Transportation Research Part F: Traffic Psychology and Behaviour, 2017, 44: 120 - 133.

[7] Dumitru A I, Girbacia T, Boboc R G, et al. Effects of smartphone based advanced driver assistance system on distracted driving behavior: A simulator study[J]. Computers in Human Behavior, 2018, 83: 1 - 7.

[8] Vollrath M, Clifford C, Huemer A K. Even experienced phone users drive worse while texting—A driving simulator study[J]. Transportation Research Part F: Traffic Psychology and Behaviour, 2021, 78: 218 - 225.

[9] Sonnleitner A, Treder M S, Simon M, et al. EEG alpha spindles and prolonged brake reactiontimes during auditory distraction in an on-road driving study[J]. Accident Analysis & Prevention, 2014, 62: 110 - 118.

[10] Engström J, Johansson E, Östlund J. Effects of visual and cognitive load in real and simulated motorway driving[J]. Transportation Research Part F Psychology and Behaviour, 2005, 8(2):97 - 120.

[11] Kountouriotis G K, Spyridakos P, Carsten O, et al. Identifying cognitive distraction using steering wheel reversal rates[J]. Accident Analysis & Prevention, 2016, 96: 39 - 45.

[12] Kountouriotis G K, Merat N. Leading to distraction: Driver distraction, lead car, and road environment[J]. Accident Analysis & Prevention, 2016, 89: 22 - 30.

[13] Li J, Dou Y, Wu J, et al. Distracted driving caused by voice message apps: A series of experimental studies[J]. Transportation Research Part F: Traffic Psychology and Behaviour, 2021, 76: 1 - 13.

[14] Rudin-Brown C M, Young K L, Patten C, et al. Driver distraction in an unusual environment: Effects of text-messaging in tunnels[J]. Accident Analysis & Prevention, 2013, 50:122 - 129.

[15] Muhrer E, Vollrath M. The effect of visual and cognitive distraction on driver's anticipation in a simulated car following scenario[J]. Transportation Research Part F: Traffic Psychology and Behaviour, 2011, 14(6): 555 - 566.

[16] Kaber D B, Liang Y, Yu Z, et al. Driver performance effects of simultaneous visual and cognitive distraction and adaptation behavior[J]. Transportation Research Part F: Traffic Psychology and Behaviour, 2012, 15(5): 491 - 501.

[17] Zhao C L, Zhao M, Liu J P, et al. Electroencephalogram and electrocardiograph assessment of mental fatigue in a driving simulator[J]. Accident Analysis & Prevention, 2012, 45: 83 - 90.

[18] Davenne D, Lericollais R, Sagaspe P, et al. Reliability of simulator driving tool for evaluation of sleepiness, fatigue and driving performance[J]. Accident Analysis & Prevention, 2012, 45: 677 - 682.

[19] Morales J M, Díaz-Piedra C, Rieiro H, et al. Monitoring driver fatigue using a single-channel electroencephalographic device: A validation study by gaze-based, driving performance, and subjective data[J]. Accident Analysis & Prevention, 2017, 109: 62 - 69.

[20] Walker H E K, Trick L M. Mind-wandering while driving: The impact of fatigue, task length, and sustained attention abilities[J]. Transportation Research Part F: Traffic Psychology and Behaviour, 2018, 59: 81 - 97.

[21] Zeller R, Williamson A, Friswell R. The effect of sleep-need and time-on-task on driver fatigue[J]. Transportation Research Part F: Traffic Psychology and Behaviour, 2020, 74: 15-29.

[22] Hu X Y, Lodewijks G. Exploration of the effects of task-related fatigue on eye-motion features and its value in improving driver fatigue-related technology[J]. Transportation Research Part F: Traffic Psychology and Behaviour, 2021, 80: 150-171.

[23] Jagannath M, Balasubramanian V. Assessment of early onset of driver fatigue using multimodal fatigue measures in a static simulator[J]. Applied Ergonomics, 2014, 45(4): 1140-1147.

[24] Hu X Y, Lodewijks G. Detecting fatigue in car drivers and aircraft pilots by using non-invasive measures: The value of differentiation of sleepiness and mental fatigue[J]. Journal of Safety Research, 2020, 72: 173-187.

[25] Xu W, Wanyan X, Zhuang D, et al. Pilot's visual attention allocation modeling under fatigue[J]. Technology & Health Care, 2015, 23: S373-S381.

[26] Diaz-Piedra C, Rieiro H, Suárez J, et al. Fatigue in the military: Towards a fatigue detection test based on the saccadic velocity[J]. Physiological Measurement, 2016, 37(9): N62-N75.

[27] Åkerstedt T, Ingre M, Kecklund G, et al. Reaction of sleepiness indicators to partial sleep deprivation, time of day and time on task in a driving simulator - the DROWSI project[J]. Journal of Sleep Research, 2009, 19(2): 298-309.

[28] Horiuchi R, Ogasawara T, Miki N. Fatigue evaluation by detecting blink behaviour using eyeglass-shaped optical sensor system[J]. Micro & Nano Letters, 2017, 12(8): 554-559.

[29] Du H J, Zhao X H, Zhang X J, et al. Effects of fatigue on driving performance under different roadway geometries: A simulator study[J]. Traffic Injury Prevention, 2015, 16(5): 468-473.

[30] Zhang H, Yan X P, Wu C Z, et al. Effect of circadian rhythms and driving duration on fatigue level and driving performance of professional drivers[J]. Transportation Research Record: Journal of the Transportation Research Board, 2014, 2402(1): 19-27.

[31] Wang X, Xu C. Driver drowsiness detection based on non-intrusive metrics considering individual specifics[J]. Accident Analysis & Prevention, 2016, 95: 350-357.

[32] Zhang H, Wu C Z, Yan X P, et al. The effect of fatigue driving on car following behavior[J]. Transportation Research Part F: Traffic Psychology and Behaviour, 2016, 43: 80-89.

[33] Yeung J S, Wong Y D. The effect of road tunnel environment on car following

behaviour[J]. Accident Analysis & Prevention, 2014, 70: 100-109.

[34] Christoforou Z, Karlaftis M G, Yannis G. Reaction times of young alcohol-impaired drivers[J]. Accident Analysis & Prevention, 2013, 61: 54-62.

[35] Freydier C, Berthelon C, Bastien-Toniazzo M, et al. Divided attention in young drivers under the influence of alcohol[J]. Journal of Safety Research, 2014, 49: 13. e1-18.

[36] Zhang X J, Zhao X H, Du H J, et al. Effect of different breath alcohol concentrations on driving performance in horizontal curves[J]. Accident Analysis & Prevention, 2014, 72: 401-410.

[37] Li Y C, Sze N N, Wong S C, et al. A simulation study of the effects of alcohol on driving performance in a Chinese population[J]. Accident Analysis & Prevention, 2016, 95: 334-342.

[38] Wan J Y, Wu C X, Zhang Y Q, et al. Drinking and driving behavior at stop signs and red lights[J]. Accident Analysis & Prevention, 2017, 104: 10-17.

[39] van Dyke N A, Fillmore M T. Laboratory analysis of risky driving at 0.05% and 0.08% blood alcohol concentration[J]. Drug and Alcohol Dependence, 2017, 175: 127-132.

[40] del Valle C H C, Šucha M. Effects of alcohol and perceived controllability in optimistic offender drivers[J]. Transportation Research Part F: Traffic Psychology and Behaviour, 2019, 64: 58-69.

[41] Yadav A K, Velaga N R. Modelling the relationship between different Blood Alcohol Concentrations and reaction time of young and mature drivers[J]. Transportation Research Part F: Traffic Psychology and Behaviour, 2019, 64: 227-245.

[42] van Dijken J H, Veldstra J L, van de Loo A J A E, et al. The influence of alcohol (0.5‰) on the control and manoeuvring level of driving behaviour, finding measures to assess driving impairment: A simulator study[J]. Transportation Research Part F: Traffic Psychology and Behaviour, 2020, 73: 119-127.

[43] Yadav A K, Velaga N R. Modelling brake transition time of young alcohol-impaired drivers using hazard-based duration models[J]. Accident Analysis & Prevention, 2021, 157: 106169.

[44] Irwin C, Iudakhina E, Desbrow B, et al. Effects of acute alcohol consumption on measures of simulated driving: A systematic review and meta-analysis[J]. Accident Analysis & Prevention, 2017, 102: 248-266.

[45] Calvi A. Investigating the effectiveness of perceptual treatments on a crest vertical curve: A driving simulator study[J]. Transportation Research Part F: Traffic Psychology and Behaviour, 2018, 58: 1074-1086.

[46] Chen Y X, Quddus M, Wang X S. Impact of combined alignments on lane departure: A simulator study for mountainous freeways[J]. Transportation Research Part C: Emerging Technologies, 2018, 86: 346-359.

[47] Farahmand B, Boroujerdian A M. Effect of road geometry on driver fatigue in monotonous environments: A simulator study[J]. Transportation Research Part F: Traffic Psychology and Behaviour, 2018, 58: 640-651.

[48] Bassani M, Catani L, Salussolia A, et al. A driving simulation study to examine the impact of available sight distance on driver behavior along rural highways[J]. Accident Analysis & Prevention, 2019, 131: 200-212.

[49] Jeong H, Liu Y L. Effects of non-driving-related-task modality and road geometry on eye movements, lane-keeping performance, and workload while driving[J]. Transportation Research Part F: Traffic Psychology and Behaviour, 2019, 60: 157-171.

[50] Marciano H. The effect of billboard design specifications on driving: A driving simulator study[J]. Accident Analysis & Prevention, 2020, 138: 105479.

[51] Yang Y Q, Chen J Y, Easa S M, et al. Driving simulator study of the comparative effectiveness of monolingual and bilingual guide signs on Chinese highways[J]. Transportation Research Part F: Traffic Psychology and Behaviour, 2020, 68: 67-78.

[52] Meuleners L B, Roberts P. Diverging diamond interchanges: A driving simulator study[J]. Transportation Research Part F: Traffic Psychology and Behaviour, 2020, 71: 250-258.

[53] Bélanger A, Gagnon S, Stinchcombe A. Crash avoidance in response to challenging driving events: The roles of age, serialization, and driving simulator platform[J]. Accident Analysis & Prevention, 2015, 82: 199-212.

[54] Li X M, Yan X D, Wu J W, et al. A rear-end collision risk assessment model based on drivers' collision avoidance process under influences of cell phone use and gender: A driving simulator based study[J]. Accident Analysis & Prevention, 2016, 97: 1-18.

[55] Huang Y, Yan X D, Li X M, et al. Using a multi-user driving simulator system to explore the patterns of vehicle fleet rear-end collisions occurrence under different foggy conditions and speed limits[J]. Transportation Research Part F: Traffic Psychology and Behaviour, 2020, 74: 161-172.

[56] Shangguan Q Q, Fu T, Liu S. Investigating rear-end collision avoidance behavior under varied foggy weather conditions: A study using advanced driving simulator and survival analysis[J]. Accident Analysis & Prevention, 2020, 139: 105499.

[57] Elamrani Z E A, Mousannif H, Al Moatassime H. A proactive decision support system for predicting traffic crash events: A critical analysis of imbalanced class

distribution[J]. Knowledge-Based Systems, 2020, 205: 106314.

[58] Zhao Y Q, Miyahara T, Mizuno K, et al. Analysis of car driver responses to avoid car-to-cyclist perpendicular collisions based on drive recorder data and driving simulator experiments[J]. Accident Analysis & Prevention, 2021, 150: 105862.

[59] Gemonet E, Bougard C, Honnet V, et al. Drivers' performances and their subjective feelings about their driving during a 40-min test on a circuit versus a dynamic simulator[J]. Transportation Research Part F: Traffic Psychology and Behaviour, 2021, 78: 466-479.

[60] Galy E, Paxion J, Berthelon C. Measuring mental workload with the NASA-TLX needs to examine each dimension rather than relying on the global score: An example with driving[J]. Ergonomics, 2018, 61(4): 517-527.

[61] Underwood G, Crundall D, Chapman P. Driving simulator validation with hazard perception[J]. Transportation Research Part F: Traffic Psychology and Behaviour, 2011, 14(6): 435-446.

[62] Casutt G, Martin M, Keller M, et al. The relation between performance in on-road driving, cognitive screening and driving simulator in older healthy drivers[J]. Transportation Research Part F: Traffic Psychology and Behaviour, 2014, 22: 232-244.

[63] Zöller I, Betz A, Mautes N, et al. Valid representation of a highly dynamic collision avoidance scenario in a driving simulator[J]. Transportation Research Part F: Traffic Psychology and Behaviour, 2015, 31: 54-66.

[64] Meuleners L, Fraser M. A validation study of driving errors using a driving simulator[J]. Transportation Research Part F: Traffic Psychology and Behaviour, 2015, 29: 14-21.

[65] Zöller I, Abendroth B, Bruder R. Driver behaviour validity in driving simulators—Analysis of the moment of initiation of braking at urban intersections[J]. Transportation Research Part F: Traffic Psychology and Behaviour, 2019, 61: 120-130.

[66] Hussain Q, Alhajyaseen W K M, Pirdavani A, et al. Speed perception and actual speed in a driving simulator and real-world: A validation study[J]. Transportation Research Part F: Traffic Psychology and Behaviour, 2019, 62: 637-650.

第八章
基于车辆微观动力学参数的交通安全分析

基于车辆微观动力学参数开展道路安全分析是一个较为新颖的研究方向,但目前学术界尚无有关微观动力学参数的明确定义,使用微观动力学参数开展道路安全分析的研究也少之又少。一般来说,车辆在正常行驶的过程中处于一个相对"平衡"的状态(称为"安全平衡系统"),而轮胎、挡风玻璃、车身侧体等部件时刻与外界发生着力的作用,这些微观作用力会对平衡系统产生或显著或不显著的影响,那么,这些直接作用于车辆安全平衡系统的力,与事故风险之间究竟有没有关联?如果有的话,这些作用力与其他维度因素(人、路、环境)的变化之间是否存在一定的响应规律?微观作用力、各维度因素、事故风险三者之间又是否具备显著的联动效应?这些问题对道路交通安全的研究至关重要,本章将围绕以轮胎受力特征为代表的微观动力学参数,面向上述三个问题展开分析,为读者揭示微观动力学参数在事故风险分析中的突出作用。

8.1 车辆微观动力学参数概述

8.1.1 微观动力学参数基础

1. 微观动力学参数的概念

基于宏观层次,可将道路交通事故定义为车辆在道路上的行驶途中因过错或者意外造成的人身伤亡或者财产损失的事件。它由下列要素构成:① 必须是车辆造成的,没有车辆就不能构成交通事故;② 是在道路上发生的;③ 在运动中发生,是指车辆在行驶或停放过程中发生的事件,若车辆处于完全停止状态,行人主动去碰撞车辆或乘车人上下车的过程中发生的挤、摔、伤亡的事故,则不属于交通事故;④ 有事态发生,即有碰撞、碾压、刮擦、翻车、坠车、爆炸、失火等其中的一种现象发生;⑤ 造成事态的原因是人为的;⑥ 必须有损害后果的发生,损害后果仅指直接的损害后果,且是物质损失,包括人身伤亡和财产损失。

继续解读可以发现,"运动的车辆"是交通事故的核心,其致因是驾驶员的错误操作,然而,除了少数由驾驶员自身因素导致的事故之外,如因药物、酒精作用或疲劳驾驶等(实际上,有研究证明不合理的道路设计和环境也会促使疲劳的出现),大部分的错误操作是外部条件的不合理突变,使得驾驶员在紧急情况下来不及做出正确的反应和决策,使车辆的运动状态发生险态突变,从而引发严重的交通事故。因此,如果可以捕捉到"运动的车辆"在危险条件下的微观动力学状态改变规律,识别出潜在的事故风险或高危路段,将对道路交通安全的改善具有深远的意义。

本书将车辆在正常行驶时机体各组分(轮胎、座椅、挡风玻璃、车身侧体)受到来自外部因素作用的受力特征(方向、大小、变化率等)统称为微观动力学参数。从定义可以看出,微观动力学参数本质上是"车辆"这一维度的因素在"人""路""环境"等其他维度因素耦合作用下表现出的综合响应,当外围刺激较小时,微观动力学响应不足以破坏车辆的安全平衡状态,而当微观动力学响应超出系统可忍耐的安全裕度,便有可能导致行车失稳,进而诱发严重程度不一的交通事故。因此以微观动力学参数为纽带开展交通安全分析,不仅能够通过微观动力学参数的异动映射事故风险,还可以更好地梳理事故风险链(外围环境的变化—微观动力学参数异动—交通事故)的演变规律,为事故预防和交通安全管理工作提供帮助。

2. 微观动力学参数的研究现状

现阶段,道路交通安全方向的研究依然集中在对天气、交通流、驾驶行为和道路设施等因素的探讨,相比于这些偏宏观的因素,行驶中汽车的微观动力学状态的演变或许能够更加精确地表征潜在事故风险的高低,甚至更为直接地揭示事故发生的内在机理。尽管如此,目前学术界对微观动力学参数的关注仍旧太少,使得有关它的研究呈现出分散、不系统的现状。有关微观动力学参数的研究没有形成类似驾驶行为、交通流等专业的门类,更多地以自然驾驶研究的一个分支(子方向)出现。

表8-1给出了有关微观动力学参数的研究情况。轮胎力是最具代表性的微观动力学参数,已有多个研究表明轮胎各个方向的荷载或力矩与道路交通事故风险、路面致险缺陷、沥青内部损伤以及不合理线形设计都具有显著的关联。其次是车辆各组件的侧向加速度,多用来研究汽车的行驶稳定性、侧翻侧滑倾向性等。除此之外,少数研究还探讨了质心气动力、纵向加速度、横摆角速度等微观动力学参数在稳态驾驶、黑点识别和公路安全设计方面的应用。

表8-1 微观动力学参数应用现状

微观动力学参数	应用领域	文献来源
汽车质心气动力	侧偏、侧滑事故分析	[1]
侧向加速度	驾驶特性分析	[2]
侧向加速度	事故风险分析	[3]
纵向加速度	黑点识别	[4]
轮胎侧偏角	安全车速分析	[5]
轮胎六分力	沥青路面疲劳损伤分析	[6]
车轮垂直荷载	道路线形安全评价	[7]
轮胎侧向反力	车辆失稳分析	[8]
左右轮垂直力差、横摆角速度	公路安全设计分析	[9]

轮胎之所以在道路交通安全领域被广泛讨论,是因为其具备其他组件所没有的独特性质,具体分析如下:

(1) 轮胎是车辆稳态运动的根基

车辆由发动机提供原动力,但将动力转化为持续且平滑的位移依靠的却是轮胎。轮胎不仅负责实现车辆的移动,还可通过以下功能确保汽车的平稳运行:传送牵引和制动的扭力,保证车轮和路面之间有良好的附着性,以提高汽车的动力性、制动性和通过性;与汽车悬架共同缓和汽车行驶时所受到的冲击,并使由此而产生的振动衰减,改善操纵稳定性。

(2) 轮胎是车辆与路面接触的唯一载体,是车—路作用力传递的纽带

车辆与道路的相互作用通过轮胎实现,一方面承载着车身的载荷,一方面负责传导路面对车辆的激励。因此,当路面的构造或破损(后文统称作"致险缺陷")威胁到行车安全时,势必会对轮胎造成与常态下完全不同的作用效果,通过数据建模、仿真实验等手段,挖掘轮胎力中蕴含的"险态信号",便可识别道路上的潜在事故风险,为道路交通安全管理提供支撑和帮助。

(3) 轮胎可以体现多因素的耦合作用

大部分外界条件对行车安全的作用效果都能在"车—路"动力学耦合状态——轮胎力的变化中得到体现,如图8-1所示。通常来说,事故风险链有以下3种:① 环境/道路条件的不合理突变—驾驶员异常操作—车辆运行状态变化—交通事故;② 驾驶员错误操作—车辆运行状态变化—交通事故;③ 环境/道路条件的不合理突变—车辆运行状态变化—交通事故。由图8-1可知,这些过程基本都可以通过轮胎力的异常波动映射,只需要通过先进的设备获取车辆在正常行驶时实时的轮胎力数据,利用数理统计、数学模型、机器学习等手段剖析风险的传递规律,便可以实现对多因素耦合作用下的事故风险识别与预测。

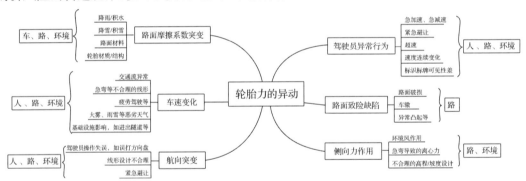

图8-1 轮胎力与多维因素的耦合关系

8.1.2 轮胎动力学概述

轮胎是汽车的重要部件之一,所有地面的作用力都是通过轮胎作用在汽车上的,轮胎的基本功能包括:支撑整个车辆;与悬架共同作用,抑制由路面不平引起的振动与冲击;传递纵向力以实现加速、驱动与制动;传递侧向力,实现车辆转向。

1. 轮胎六分力基础

研究轮胎动力学特征首先要分析轮胎的受力情况。汽车在行驶过程中,轮胎受到三个方向的力及绕三个轴的力矩,即轮胎六分力。为了便于研究人员统一进行轮胎动力学的分析,国际汽车工程师协会(SAE)制定了标准的轮胎运动坐标系,并定义了轮胎的作用力和力矩,如图8-2所示。轮胎受到的六分力是指轮胎三个平动自由度上的力和三个转动自由度

上的力矩。具体来说分别为纵向力(F_x)、侧向力(F_y)、法向力(F_z)、翻转力矩(M_x)、滚动阻力矩(M_y)、回正力矩(M_z)。

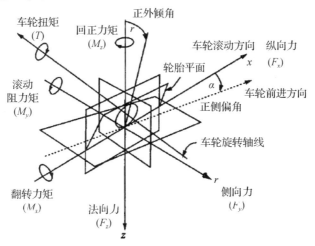

图 8-2　SAE 轮胎运动坐标系

其中对汽车动力学影响较大的是轮胎纵向力、侧向力和回正力矩。纵向力是指地面对轮胎作用力在地面内沿 x 轴方向的分量,其作用是对汽车进行驱动或者制动。侧向力是指地面对轮胎作用力在地面内沿 y 轴的分量,根据轮胎转向或外倾的方向,侧向力使轮胎向相应的方向运动,实现汽车的转向。回正力矩是指地面对轮胎作用力绕 z 轴旋转的轮胎分力矩,其说明了纵向力和侧向力在道路平面内的作用点偏离接触中心,影响汽车的回正性能。

2. 轮胎动力学模型

不同类型的轮胎在不同工作条件下受到的六分力是不同的,轮胎动力学模型就是研究轮胎六分力与轮胎结构参数和使用参数之间的关系,如图 8-3 所示。

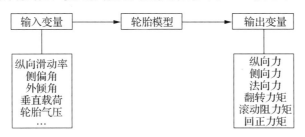

图 8-3　轮胎输入输出关系图

轮胎动力学模型对汽车动力学仿真计算结果影响很大,在选择轮胎模型时需要根据具体应用情况考虑实用性、精确度、与汽车动力学模型匹配等问题。选择合适的轮胎动力学模型的前提是了解各种模型的特点。根据建模方法不同可以将轮胎动力学模型分为四类,分别为轮胎理论模型、轮胎经验模型、轮胎半经验模型、轮胎自适应模型。

轮胎理论模型是通过对车轮的受力分析,对轮胎结构和形变机理的数学描述,建立受力与相应参数之间的函数关系,其中比较有代表性的是 Gim 模型、Fiala 模型。

轮胎经验模型是通过对大量的轮胎力特性的试验数据进行回归分析，建立轮胎力特性与拟合参数之间的经验公式。由于模型本身的局限性，目前应用较少。

轮胎半经验模型是在轮胎理论模型的基础上通过大量的实验确定边界条件简化模型参数建立的。其中比较有代表性的是魔术公式，以及郭孔辉院士建立的幂指数公式半经验模型。

轮胎自适应模型是在理论和试验数据的基础上，通过模拟生物体的某些结构和功能，针对各种不同输入参数建立起来的对外界环境具有一定自适应能力的智能模型。其中比较有代表性的是神经网络轮胎模型和基于遗传算法的轮胎模型[10]。

四种轮胎动力学模型的优缺点对比见表 8-2。

表 8-2 四种轮胎动力学模型优缺点对比

模型名称	优点	缺点	应用
理论模型	能清楚表示轮胎特性形成机理，不需要实验数据	形式复杂，计算困难	汽车动力学模拟控制领域的理论分析和基本预测
经验模型	公式简单，便于计算，精度较高	需要大量的实验数据，预测能力差	—
半经验模型	表达式简单，精度高	预测能力较差	便于在汽车动力学仿真中应用
自适应模型	建模效率高，精度高，计算量小，预测能力强	预测能力强，难以进一步优化	在轮胎动力学建模和仿真领域应用前景良好

3. 轮胎理论模型

轮胎理论模型包括轮胎制动—驱动特性理论模型、自由滚动轮胎侧偏特性理论模型和制动—驱动工况下的轮胎侧偏特性理论模型。轮胎制动—驱动特性理论模型描述的是滑动率和制动力—驱动力之间的关系。轮胎制动—驱动特性是影响汽车制动安全性与加速性的重要特性，也是研究制动—驱动工况下的轮胎侧偏特性的基础。自由滚动轮胎侧偏特性理论模型描述的是在侧偏角一定的情况下，滑动率与侧向力和回正力矩之间的关系，主要用于汽车操纵稳定的研究。制动—驱动工况下的轮胎侧偏特性理论模型研究的是汽车在不同程度的制动或驱动工况下行驶时的轮胎侧偏特性。

4. 轮胎六分力测试技术

(1) 六分力测试技术发展史

轮胎六分力测试技术的发展过程见图 8-4。轮胎六分力的测试最早开始于 20 世纪 30 年代，美国的固特异公司和 U. S. Rubber 公司分别在光滑钢制转鼓、平坦和弯曲表面进行了六分力测试的研究。随后，世界上第一台高速平带轮胎六分力试验机及世界上第一台 Flat-trac 平带式轮胎六分力试验机相继问世。尽管起步较晚，但我国吉林大学的郭孔辉院士团队于 1984 年成功研发出了国内首款平板式轮胎六分力试验机，极大地促进了我国汽车工业和车辆动力学产业的发展[11]。但上述测试机均为大型的固定式轮胎性能检测设备，如图 8-5

所示,难以应用于道路交通安全领域的实车试验。多维传感技术和智能通信技术的发展弥补了这一不足,现阶段,搭载微型六分力传感器的测试仪(简称"六分力仪")为实车道路测试创造了条件。

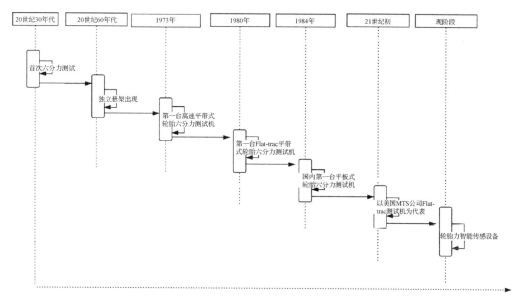

图 8-4　轮胎六分力测试技术的发展过程

图 8-5　传统的轮胎六分力测试机

（2）六分力仪结构原理

六分力仪的原理较为复杂。汽车行驶时,转动的车轮受力情况极其复杂,直接利用传感器或电测方法来测量其所受的各种力和力矩是无法实现的,因此需要设计一种测力仪,测力仪的机械结构应保证轮胎所受的各种力都将被传递到其上,要有利于实现非电量信息转化为电量信息,而且能排除同时作用的各个力、力矩间的相互干扰,同时要考虑安装方便和通用性的要求[12]。

依据上述要求,设计轮胎六分力测力仪,其结构如图 8-6 所示。

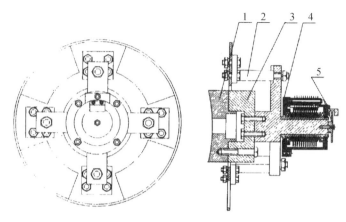

1—轮毂；2—测力筋；3—连接盘；4—集流器；5—电磁转角测量机构

图 8-6　六分力仪结构简图

六分力测力仪主要由连接盘、4根测力筋、集流器和电磁转角测量等机构组成。在汽车行驶时，轮胎与地面之间产生的力经过轮胎、车轮、轮盘、轮毂、悬架传递到车身上。这种测力仪的设计思路是切断从轮盘至轮毂间力的传递，在其间连入测力仪，使力的传递路线改为：轮胎—车轮—轮盘—测力仪—轮毂—悬架—车身。由于轮盘与轮毂是由测力仪连接，因此可以保证三个方向力和三个方向力矩都将通过测力仪。另一方面，轮盘上的各个力和力矩都将以4根测力筋分别受拉压、弯曲的形式表现出来，可以通过电阻应变片较为方便地测量。将测力仪与一个连接盘相连，再将其与轮毂连接，当测力仪用于测量不同汽车时，只要安装一种专用的连接盘即可，这保证了通用性。

（3）六分力仪设备及工作流程介绍

六分力仪的设备主要包括以下六部分：

① 六分力信号采集仪，具体包括轮毂适配器、信号传感器、无线信号发射器、特制轮胎、水平支撑支架。六分力信号采集仪的各部分安装流程如图 8-7 所示。

图 8-7　六分力信号采集仪的各部分安装流程

② 无线信号接收器 DTR-24R。
③ 六分力车轮分析仪 MFT-306T。
④ 多功能记录仪 TMR-200（控制模块 TMR-211）。

⑤ 蓄电池 2 个。
⑥ 笔记本电脑 1 台，负责道路实验的数据实时采集。

六分力测试系统的整体构架示意图如图 8-8 所示。

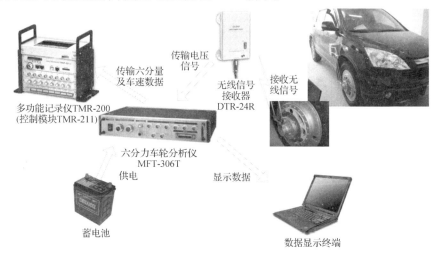

图 8-8 六分力测试系统的整体构架示意图

该车轮六分力仪采用的构架方案为主流的模式：传感器＋智能采集系统＋计算机。车轮力传感器、转速传感器以及车速传感器等负责独立完成对车轮力传感器数据以及相应通道传感器数据的采集。通过用于高速数据传输的单向并行总线和用于各模块间控制信息传输的双向串行总线并存的总线结构，实现传感器与无线信号接收器 DTR-24R 之间的高速数据传输与协调通信控制。主模块将采集到的数据按照 1 ms 定时，通过 USB 总线上传至多功能记录仪 TMR-200 保存和显示。通过配套数据处理/分析软件（六分力车轮分析仪 MFT-306T）对各类采集信号进行分析和处理。车轮六分力仪具体的工作流程如图 8-9 所示。

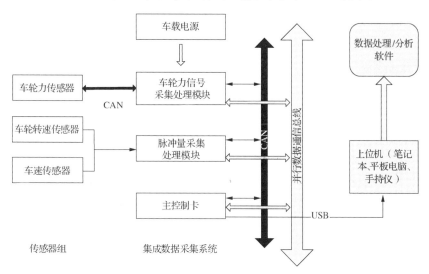

图 8-9 车轮六分力仪的工作流程

8.1.3 微观动力学参数的获取途径

微观动力学仿真、实车试验是两类最具代表性的获取数据的途径,其中实车试验又包括测试性道路试验和自然驾驶实验。微观动力学仿真主要依靠第五章所述的人—车—路—环境虚拟仿真系统实现,在此就不再赘述,以下主要介绍实车试验的方法。

1. 测试性道路试验

测试性道路实验是指在特定路段、指定环境下开展的,驾驶员承担明确试验任务和驾驶要求的短暂性道路试验。这类试验的持续时间往往在几个小时到几天不等,其间数名驾驶员依据实验策划者预先告知的要求,在目标路段上执行规定的驾驶任务。执行任务期间,车上除了搭载着各类数据采集设备外,往往还搭乘着试验策划或监管人员,负责监督驾驶员、检查设备、管理实时数据等。

马勇等人[13]针对驾驶人在换道时若出现决策失误,极易引发交通事故的问题,在真实交通环境中进行了实车试验。根据需求共招募了12名驾驶员,并在试验前预先告知了他们需要遵循的行驶路线和驾驶要求,试验采集了车辆运动状态、驾驶人操作行为以及头部运动特性、周围交通环境等数据,并最终基于采集到的数据构建了BP神经网络模型解决了目标问题。

付锐等人[14]以道路试验数据为基础,分析了换道时本车与周围车辆的相对速度和距离对换道行为的影响,确定了不同速度级别下允许驾驶人执行换道操作的安全间距。最后,提出不同速度级别下针对本车周围车辆条件的预警规则,并进行了验证。

Rasch[15]等人在实车试验中招募了18名驾驶经验丰富的司机,采集了车辆实时位置数据、速度数据和航向数据,用以研究超越非机动车时的行驶安全问题。招募的驾驶员涵盖不同的年龄段、职业和性别,确保研究结论的普适性。与之前两项研究不同的是,这项试验是在专业设计的封闭式道路(与外界交通流隔离)上进行的,这样的试验场景设定不仅可以强化试验的可拓展性,方便修改环境参数并反复进行类似的试验,还能够最大限度地确保试验参与者的安全;但采集到的数据的真实性会较差。

2. 自然驾驶实验

自然驾驶研究(Naturalistic Driving Studies,NDS)是指自然状态下(即无任何干扰的日常驾驶状态)利用高精度数据采集系统观测、记录驾驶员真实驾驶过程的研究[16]。自然驾驶实验和测试性道路试验的主要区别为:

① 自然驾驶实验具备与实际完全一致的内部驾驶环境和外部驾驶环境;
② 自然驾驶实验的驾驶员招募人数较大,往往多达几十人至上千人不等;
③ 自然驾驶实验一般不划定具体的行驶路线,且没有具体的驾驶任务和要求,驾驶员按照每天的正常出行需求驾驶(例如通勤、购物、访友等);
④ 自然驾驶实验的持续时间较长,可持续数个月至数年不等;
⑤ 可以获得规模大、代表性强、真实可靠的数据样本,有利于分析人—车—路—环境多因素的耦合作用和联动效应,强化道路交通安全研究的靶向性和实践性。

自然驾驶实验的这些特征决定了它采集的数据全面、真实、可靠且样本代表性广泛,非常适合于驾驶行为特征分析和模型标定与验证。但同样的,其缺点在于耗时长、成本大、实验过程的可控性较差等。自然驾驶研究是由美国在 2006 年依托战略性公路计划Ⅱ(The second strategic highway research program)提出并发起的,该计划于 2015 年终止,其间共组织了 2 800 辆汽车参与实验,采集了前所未有的大规模的多源异构数据,包括驾驶行为数据、车辆运行参数数据、交通流数据以及道路环境数据,对驾驶行为特性分析、碰撞风险机理挖掘、交通事故预防管理、道路安全设计优化等领域的研究意义重大。

我国开展自然驾驶研究的时间较晚,同济大学联合通用汽车中国公司、美国弗吉尼亚理工大学交通研究中心,于 2012 年合作开展了国内首个"自然驾驶研究项目",共计 60 位驾驶员参与了这一项持续 3 年的大规模实验。实验车辆上装配有国际先进的多普勒雷达、摄像头、显示器、数据集成记录器等一整套数据采集系统,全时监测和记录驾驶员的实际驾驶过程。该实验于 2015 年截止,其间以王雪松教授为代表的多个著名学者取得了丰厚的研究成果,为改善我国道路交通安全环境作出了突出贡献。

驾驶特性分析是自然驾驶研究的主要关注点,相对来说,仅有少数研究探讨了微观动力学参数与事故风险的关系。Dingus[17]提出了当车辆的侧向加速度>0.6g 或纵向加速度>0.7g 的时候,事故风险概率将显著增加,该结论初步证实了动力学参数可以被视作交通事故风险的"触发器";Kluger[4]利用纵向减速度代替传统的事故统计指标构建计数模型对路段的事故风险进行预测,准确率为 78.5%。

前述 3 种途径的总结性对比见表 8-3。本书面向使用的便捷性、方法的可拓展性、数据的真实性、结果的准确性和实验成本等 5 个侧面对微观动力学仿真、测试性道路试验和自然驾驶实验做了对比。微观动力学仿真是成本最低、使用最便捷的研究方法,仅需在计算机软件平台上构建仿真模型,即可在很短的时间内获得大规模的微观动力学参数数据,且环境参数易修改,可在不同仿真场景下拓展更多条件,但其真实性和准确性较差(构建的仿真环境是否可以可靠地反映实际条件下的人—车—路—环境耦合情况尚需验证);自然驾驶实验可以完美弥补微观动力学仿真实验的不足,但该方法需要耗费大量的资金成本和时间成本,严重阻碍了该方法的普及;相对来说,测试性道路试验可以在一定程度上中和两者的优势,即在大幅节约成本的前提下,获取较为真实可靠的微观动力学参数数据,并能够在实验条件允许的范围内拓展实验参数(如人工设障、设置积水、改变照明条件、调整车速和驾驶行为等),以增强研究结果的准确性和普适性。

表 8-3 三种微观动力学参数获取途径的特点对比

研究方法	便捷性	可拓展性	真实性	准确性	成本(时间、金钱、人力等)
仿真实验	★★★	★★★	★☆	★☆	★★★
测试性道路试验	★★	★☆	★★☆	★★	★★
自然驾驶实验	★	★	★★★	★★★	★

注:星级越高,效果越好;★代表全星,☆代表半星。

因此，本章 8.2 节和 8.3 节将使用装载轮胎六分力仪的车辆开展测试性道路试验，解决本章开头提出的 3 个问题：

① 这些直接作用于车辆安全平衡系统的力，与事故风险之间究竟有没有关联？

② 如果有的话，这些作用力与其他维度因素（人、路、环境）的变化之间是否存在一定的响应规律？

③ 微观作用力、各维度因素、事故风险三者之间又是否具备显著的联动效应？

8.1.4 基于测试性道路试验的分析框架

1. 准备工作

试验以测试车轮受力情况为目的，为了得到更加全面和准确的测试结果，需要在不同的条件下进行多次试验。一般情况下，需以不同的车速在不同的时间段和不同天气条件下完成若干次试验。由于车轮六分力仪的数据记录装置内存有限，所以在进行测试前，要对较长的试验路段进行分段，以确保收集到整个路段的完整数据。

2. 车型、车轮的选择及设备安装

在选择试验车辆时，根据实验需要，选择带有巡航功能的车辆，以保证车辆可以在恒速状态下行驶，车辆的外观应考虑到测试重点的需求，如在多环境风路段测试，应选择迎风面积较大的车型。根据车辆动力学理论可知，车辆转向轮的受力情况更复杂，具有更好的受力测试性能，而车轮六分力仪也是针对转向轮而设计，为了减小测试设备对驾驶员的影响，一般选择右前轮作为设备安装车轮。

3. 测试性道路试验

在进行正式道路实验之前，需要在路面条件良好的平直路段上进行设备调试，以确保测试仪器正常运行，并对设备初始参数值以及时间等进行调整设定。安装行车记录仪可以将行车过程中的道路标志标线、道路环境、驾驶员视线等情况以音视频文件的形式记录下来，为安全评价提供更全面的资料。

4. 评价指标的选取

该方法是基于车轮六分力仪来进行实车测试，所以测试结果中提供的参数指标主要包括转向轮所受的侧向力、纵向力、垂向力和翻转力矩、滚动力矩、回正力矩以及车速，根据这些指标参数，可以得出其动力学响应特征。

5. 数据整理

收集试验数据后，研究者使用后处理软件 TMR-7200 对数据进行处理，将各个参数采集的离散数值转化为连续的曲线形式，更直观地体现各指标的特征。

6. 结果分析

试验所测的各动力学指标分别代表车辆不同的运动状况和趋势，所以在不同指标出现异常响应的路段，车辆可能出现的事故类型也必然会有区别，通过统计模型、机器学习、深度学习、安全评价等手段,将试验结果中车轮受力情况以及指标出现的异常浮动与交通事故数据统计结果进行对比分析,寻找不同微观动力学参数与事故类型之间存在的联系。

8.2 基于微观动力学参数的事故风险分析方法

本节主要解决的问题为:微观动力学参数与事故风险之间是否存在数学关联? 为此,本书设计了一套可移植的分析方法[18]。同样选择温丽高速K117至K189段为研究对象,为便于分析,分别将该段公路的左线和右线以1 km为单位划分成72个独立单元(记为L1,L2, L3,…,L72和R1,R2,R3,…,R72),使用8.1.3节中的八分力仪收集目标路段上的轮胎力数据,然后构建计量经济学模型探索微观动力学参数与事故风险之间的映射关系。由于六分力仪还可以同时记录实时车速,因此本节涉及的事故风险分析指标(解释变量)为6个微观动力学参数F_x、F_y、F_z、M_x、M_y、M_z,以及车速V,因变量为路段的事故风险水平(高—1,低—0)。考虑轮胎力最能充分反映车—路之间的动力学状态,因此在研究中主要调查"道路"这一维度因素的致险机理。

8.2.1 试验方案设计

1. 试验目的
准确提取遍历目标路段的轮胎六分力和车速的数据,挖掘其中蕴含的"险态信号"。

2. 试验环境
采取控制变量的思想设定试验环境,即控制除了道路因素以外的其他因素对轮胎力的干扰,以准确剖析车—路之间的动力学耦合作用。

① 自然环境维度:选取晴朗、无风的天气,隔离雨、雪、雾等自然环境因素的影响;

② 交通环境维度:选取自由流的行车环境,最大程度弱化交通流紊乱对轮胎六分力造成的异常激励;

③ 车辆维度:选取无机械故障、车况优良、轮胎使用状态正常的商用轿车,避免由于车辆自身动力故障、爆胎、转向失敏等意外原因造成数据异常;

④ 驾驶员维度:选取驾龄在15年以上的经验丰富的驾驶员执行驾驶任务,在试验全程采取常态化的普遍驾驶行为;驾驶员执行驾驶任务前休息充分,且没有服用任何可能干扰驾驶状态的药物;驾驶员对试验意图充分领悟;全程有监督人员陪同。

3. 试验过程及原始数据
驾驶员在既定的试验环境下,驾驶试验车辆于目标路段行驶3个循环(往返温州与丽水3次),以100 Hz(每10 ms检测一个数据)的频率采集轮胎六分力数据和车速数据,高频率、多组次的试验方案可以最大限度地保障研究的严谨和试验结果的准确。图 8-10 展示了实验过程中数据采集的现场。

图 8-10　试验场景图

通过试验,共获得了 3 000 万余条的大规模数据,图 8-11 给出了原始数据的波动及分布情况。

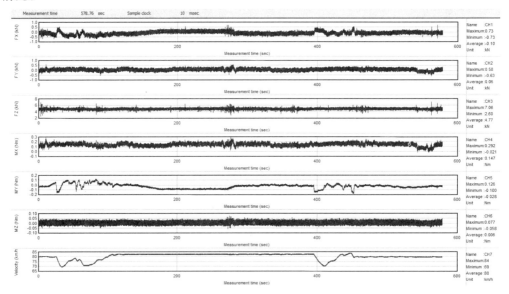

图 8-11　典型路段的现场实验曲线图

8.2.2　基于数据分布特征的直接分析法

针对测试性道路试验的结果,尤其是大规模的多源异构数据,进行有效数据同步、融合、清洗、除噪等预处理操作是必要的,这些手段可以显著改善数据质量,为取得一个精确满意的研究结果奠定基础。由于数据处理技术并非本书的重点,因此本节不再对相关内容进行介绍,感兴趣的读者可以参考数据处理技术领域的书籍或文献进行学习。本书基于时间戳

第八章 基于车辆微观动力学参数的交通安全分析

和定位标签实现了数据同步和融合,基于拉依达准则和小波变换实现了数据的清洗和除噪,从而获取了可用于科学研究的理想数据集。

本节根据预处理后的车辆六分力及车速的曲线图,找出指标异常的路段[19]。由于实验过程中,车辆配备了高清行车记录仪,可以更好地反映行驶路段上的真实的行驶环境和驾驶员视野,故在分析数据过程中,采用联合具体路段行车影像的方法,对各试验路段进行安全性评价,经过对各指标对应曲线的核查,主要有以下 9 处路段出现了动力学指标的异常现象:

1. 右线事故风险分析

对右线(金华到温州方向)进行实验数据采集,得到车辆行驶过程中的速度、车轮侧向力等参数变化情况,如图 8-12(a)、图 8-13(a)、图 8-14(a)所示。

(1) 第一段:K119+000 至 K122+000

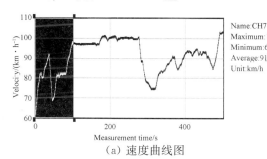

(a) 速度曲线图　　　　　　　(b) 大梁山隧道入口前实景图

图 8-12　第一段 K119+000 至 K122+000

该路段位于大梁山隧道入口附近,由于为长距离上坡路段,如图 8-12(b)所示,导致实验结果中速度曲线的波动性较大,如图 8-12(a)所示。由图 8-12(a)中加黑部分曲线可知,车辆的速度均匀性较差,故该路段为事故易发路段的可能性较大。

(2) 第二段:K140+000 至 K145+900

该路段位于戈溪外村沿江桥上,由图 8-13(a)可看出,车辆在该路段的车轮侧向力曲线呈现频繁且无序波动的波动趋势,而图 8-13(b)显示该路段为长距离连续反向弯道,且有横风影响,故该路段为事故易发路段的可能性较大。

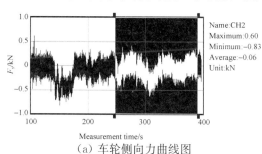

(a) 车轮侧向力曲线图　　　　　　　(b) 连续弯道实景图

图 8-13　第二段 K140+000 至 K145+900

(3) 第三段:K149+150 至 K149+590

该路段前后均为平直道路,但在该路段处出现小段急弯,如图 8-14(b)所示。由图 8-14(a)可看出,车轮侧向力曲线在此路段发生了突变,故该路段为事故易发路段的可能性较大。

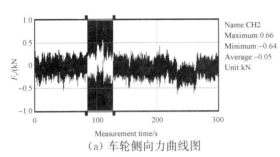
(a) 车轮侧向力曲线图

(b) 急弯实景图

图 8-14　第三段 K149+150 至 K149+590

2. 左线事故风险分析

对左线(温州到金华方向)进行实验数据采集,得到车辆行驶过程中的速度、车轮侧向力、车轮翻转力矩、车轮纵向力等参数变化情况,如图 8-15(a)、图 8-16(a)、图 8-17(a)、图 8-18(a)、图 8-19(a)、图 8-20(a)所示。

(1) 第一段:K175+300 至 K173+600

该路段位于风门亭隧道内,由实验结果速度曲线图可看出[图 8-15(a)],车辆在该路段(图中加黑部分曲线)的速度均匀性较差,而图 8-15(b)显示该隧道内的道路有明显的弯道,且风门亭隧道位于由剑石隧道、戈岙隧道、风门亭隧道、鹤城隧道组成的隧道群中间,易造成驾驶员情绪压抑和视觉疲劳,故该路段为事故易发路段的可能性较大。

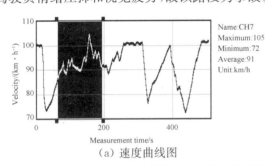
(a) 速度曲线图　　　　　　　(b) 风门亭隧道内实景图

图 8-15　第一段 K175+300 至 K173+600

(2) 第二段:K166+600 至 K165+600

该路段位于东岙隧道出口处,由实验结果图 8-16(a)可看出,车辆在该路段(图中加黑部分曲线)的速度曲线出现较大波动,而图 8-16(b)显示该出口处的道路有明显的弯道,且长时间在隧道内驾驶的驾驶员,易在隧道出口处被明显的光强差晃眼,故该路段为事故易发路段的可能性较大。

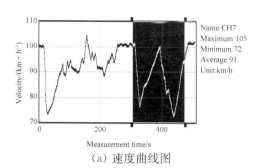

(a) 速度曲线图

(b) 东岙隧道出口实景图

图 8-16　第二段 K166+600 至 K165+600

(3) 第三段：K163+400 至 K162+700

该路段位于雷石隧道进口附近，由图 8-17(a)可看出，车辆在该路段(图中加黑部分曲线)的车轮侧向力曲线出现较大波动，而图 8-17(b)和(c)显示该隧道入口处和隧道内的道路有明显的连续反向弯道，故该路段为事故易发路段的可能性较大。

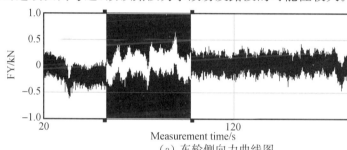

(a) 车轮侧向力曲线图

(b) 雷石隧道入口实景图

(c) 雷石隧道内实景图

图 8-17　第三段 K163+400 至 K162+700

(4) 第四段：K149+400 至 K144+400

该路段位于戈溪外村沿江桥，由图 8-18(a)可看出，车辆在该路段(图中加黑部分曲线)的车轮侧向力曲线出现较频繁的波动，而图 8-18(b)显示该处有较大的弯道，且受横风影响，故该路段为事故易发路段的可能性较大。

(5) 第五段：K137+600 至 K134+678

由图 8-19(a)可看出，车辆在该路段的车轮翻转力矩曲线呈现出较大的波动，而图 8-19(b)和(c)显示该路段为长距离连续反向弯道，故该路段为事故易发路段的可能性较大。

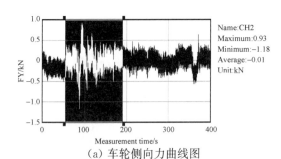
(a) 车轮侧向力曲线图

(b) 弯道

图 8-18　第四段 K149+400 至 K144+400

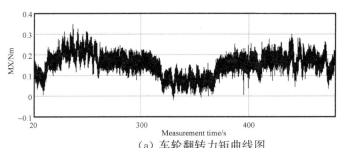
(a) 车轮翻转力矩曲线图

(b) 左弯

(c) 右弯

图 8-19　第五段 K137+600 至 K134+678

（6）第六段：K125+700 至 K122+700

该路段位于大梁山隧道入口前，从实验结果图 8-20(a)来看，并无异常动力学响应，但由于该路段为长距离上坡路段且有弯道，如图 8-20(b)所示，故该路段为事故易发路段的可能性较大。

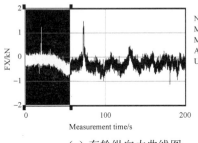
(a) 车轮纵向力曲线图

(b) 大梁山隧道入口前路段

图 8-20　第六段 K125+700 至 K122+700

3. 结果总结

纵观上述 9 个典型路段,每一个事故易发路段均有导致其发生事故的各种因素,主要包括:急弯、连续弯道、长坡、长隧道、隧道出入口、横风等,表 8-4 比较了以上实验结果与上一章中通过事故统计得出的结果路段,并找出各相应路段的线形特征。

表 8-4 实车实验分析结果

序号	实车实验结果路段	数据分布特征	路段环境条件特征	主要事故类型
1	K119+000 至 K122+000	速度均匀性差	长上坡路段	追尾
2	K140+000 至 K145+900	侧向力曲线整体波动趋势	长距离连续变向弯道、横风	撞固定物、翻车
3	K149+150 至 K149+590	车轮侧向力突变	小段急弯	撞固定物、翻车
4	K175+300 至 K173+600	速度均匀性差	长距离隧道群、驾驶员视觉疲劳、弯道	撞固定物
5	K166+600 至 K165+600	速度均匀性差	长隧道出口、弯道	翻车
6	K163+400 至 K162+700	侧向力曲线整体波动趋势	隧道入口、连续反向弯道	追尾
7	K149+400 至 K144+400	车轮侧向力频繁波动	弯道、横风	撞固定物
8	K137+600 至 K134+678	车轮翻转力矩曲线整体波动趋势	长距离连续反向弯道	撞固定物
9	K125+700 至 K122+700	无明显异常响应	长距离上坡、弯道	追尾

将上述高风险路段的识别结果与路段的历史事故数量进行比对,发现吻合度达到 89%。线形特征与事故类型的对照也反映出两者之间的对应关系:速度均匀性差的路段发生追尾事故的概率更大,侧向力变化异常的路段发生撞固定物和翻车事故的概率更大。

8.2.3 基于数学建模的间接分析法

基于微观动力学数据分布特征的直接法虽然应用简便,无需复杂的算法和模型,但当路段数量或微观动力学参数种类很多的时候,这种人工筛查的风险分析方法便难以应付。而且,直接分析法无法量化微观动力学参数对事故风险的增益作用,只能定性判断路段上事故风险的高低,缺乏解释事故风险的机理的能力。

数学模型拥有解释影响因素效能的功能(如第三章中介绍的 Logistic 系列回归模型),并且可以通过 R 语言、Python、MATLAB 等软件编写智能算法,实现大规模数据下的快速求解。接下来,本书将以数学模型为内核构建一个方法论框架,实现基于微观动力学参数的路段事故风险识别与评估。图 8-21 为该方法的流程图。

1. 交通事故频次标准化

交通事故的严重程度一般有以下 4 种形态:死亡事故、重伤事故、轻伤事故和仅财产损失的事故。很显然,死亡事故造成的社会危害要比另外两种事故严重得多。因此,在研究中必须考虑它们之间的差异,不建议直接使用绝对事故数量进行风险分析。各种事故形态之间存在标准化当量系数,换算系数是根据不同严重程度的交通事故造成的实际后果设定的,可以考虑根据表 8-5 取值。根据当量系数可以将路段上的绝对事故数转化为当量事故数,如式(8-1)所示。

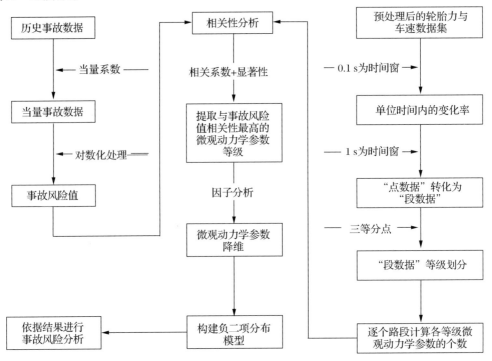

图 8-21 基于数学建模的间接分析法

表 8-5 交通事故当量系数

事故形态	死亡事故	重伤事故	轻伤事故	仅财产损失事故
当量系数	$\alpha=2.0$	$\beta=1.5$	$\gamma=1.2$	$\kappa=1$

$$N_e = N + \alpha N_1 + \beta N_2 + \gamma N_3 \tag{8-1}$$

式中:N_e——当量事故数;

N——绝对事故数;

N_1——死亡事故数;

N_2——重伤事故数;

N_3——轻伤事故数。

2. 定义事故风险值

实际中,一定时间内各路段的当量事故数量很可能相差甚远(以 5 年的时间为例,有的路段可能为 0,有的路段可能多达近百次),这为评估路段事故风险水平的高低造成阻碍(极端值的影响过大),因此采用式(8-2)将当量事故数转化为事故风险值,缩小事故统计的值域范围。即如果某个路段的当量事故数为50,所有路段的平均当量事故数为10,则该路段的事故风险值为1.7。

$$R_i = round\left[\frac{n \cdot \ln(N_{ei})}{\sum_{i=1}^{n}\ln(N_{ei})}, 1\right] \quad (8-2)$$

式中:R_i——路段i的事故风险值;

$round(x,1)$——对x四舍五入,保留1位小数;

n——路段的数量。

3. 微观动力学参数分级处理

在"道路因素"这一层面,多数情况下导致交通事故发生的往往不是某一位置点的缺陷,而是一段距离内多种不合理设计的叠加效果。目前,试验中两个采集点相隔约20 cm,仅能反映单个位置点的激励特征,因此有必要将微观动力学的"点数据"转化为"段数据"。而且,某些位置点的非险态异常激励(不会导致潜在事故风险的异常激励)会造成"点数据"产生极端值,从而使高风险路段的识别效果出现偏差。计算较长一段时间内的微观动力学参数的平均效应,可以将"点数据"转化为"段数据"的同时,克服极端值的不利影响。

除此之外,现有的数据为微观动力学参数的绝对大小,该数值与车型、载重等条件息息相关,若直接利用它们开展研究,得出的结论将不具备普适性。相比于微观动力学参数的绝对大小,单位时间内的变化率不仅可以更有效地捕捉受力特征的异常突变,而且能够在一定程度上弱化车型、载重等差异产生的影响。

运用式(8-3)计算轮胎力和车速每0.1 s的变化率,并在此基础上求取每1 s内变化率的平均值。

$$x_{t,n}^{0.1} = |data_{t+1,n}^{0.1} - data_{t,n}^{0.1}| \quad (8-3)$$

式中:$x_{t,n}^{0.1}$——轮胎力或车速n每0.1 s的变化率;

$data_{t+1,n}^{0.1}$——轮胎力或车速n在时刻$t=t+1$时的绝对大小;

$data_{t,n}^{0.1}$——轮胎力或车速n在时刻$t=t$时的绝对大小。

将上述预处理后的数据集中最大的10%定义为异常浮动数据集,通过"三等分点"将异常浮动数据集进行分级[见式(8-4)],将其分为"极端波动(级别Ⅲ)""较大波动(级别Ⅱ)""中度波动(级别Ⅰ)"3个级别。

$$x_{mn} \in \begin{cases} 级别Ⅰ, & 如果 \min_{x_n} \leq x_{mn} < \min_{x_n} + \frac{\max_{x_n} - \min_{x_n}}{3} \\ 级别Ⅱ, & 如果 \min_{x_n} \leq x_{mn} < \min_{x_n} + \frac{2(\max_{x_n} - \min_{x_n})}{3} \\ 级别Ⅲ, & 如果 \min_{x_n} \leq x_{mn} < \max_{x_n} \end{cases} \quad (8-4)$$

式中:x_{mn}——在位置m的轮胎力或车速n的变化率;

$\min_{x_n}$——异常浮动数据集中轮胎力或车速n的变化率的最小值;

$\max_{r_n}$ ——异常浮动数据集中轮胎力或车速 n 的变化率的最大值。

将所有的轮胎力和车速数据分级后,以 1 km 为路段单元分别统计各单元内属于 3 个等级的数据个数,记为 $A1$、$A2$、$A3$(后文简称"动力学指标等级")。假设某个路段单元内有 50 个 F_x 的变化率数据,其中 7 个属于级别 Ⅰ,10 个属于级别 Ⅱ,12 个属于级别 Ⅲ,则 $A1=7$,$A2=10$,$A3=12$。

4. 相关性分析

将每个路段单元的事故风险值与 3 个动力学指标等级进行相关性分析,搜寻与事故风险相关性最高的动力学指标。本节中采用皮尔逊相关系数法,结果如表 8-6 所示。通过比较显著性水平和相关系数的大小,发现 $A3$ 级别的动力学指标与事故风险值之间的关联最大,因此筛选 $A3$ 作为最终构建数学模型的解释变量。

表 8-6 事故风险值与动力学指标等级相关性分析

	事故风险值	A1						
		F_x	F_y	F_z	M_x	M_y	M_z	V
事故风险值	1.000	0.157	0.164**	0.166**	0.145**	0.286**	−0.026	0.326**

	事故风险值	A2						
		F_x	F_y	F_z	M_x	M_y	M_z	V
事故风险值	1.000	0.189**	0.202**	0.202**	0.209**	0.305**	0.048	0.329**

	事故风险值	A3						
		F_x	F_y	F_z	M_x	M_y	M_z	V
事故风险值	1.000	0.193**	0.203**	0.203**	0.207**	0.306**	0.050	0.330**

注:** 表示显著性水平为 0.05(置信度为 95%)。

5. 指标降维

由车辆动力学和轮胎动力学基础知识可知,轮胎六分力相互影响、彼此牵制,存在十分明显的相关性和共线性,无法直接基于六分力数据构建数学模型。因子分析是常用的数据降维方法,可以将多个维度相互关联的变量转化为相互独立的较少变量的线性组合,其原理如式(8-5)所示。原始变量要先通过球形检验后,方可进行因子分析。

$$\begin{aligned} X_1 - \mu_1 &= \ell_{11}F_1 + \ell_{12}F_2 + \cdots + \ell_{1q}F_q + \varepsilon_1 \\ X_2 - \mu_2 &= \ell_{21}F_1 + \ell_{22}F_2 + \cdots + \ell_{2q}F_q + \varepsilon_2 \\ &\vdots \\ X_p - \mu_p &= \ell_{p1}F_1 + \ell_{p2}F_2 + \cdots + \ell_{pq}F_q + \varepsilon_p \end{aligned} \quad (8-5)$$

式中:X_p ——原始变量;

F_q——提取出的新因子,$q<p$;

l_{pq}——因子载荷,取值范围为0~1,表示该因子可以解释原始变量信息的比重;

ε_p——仅与原始变量相关的随机误差项。

根据因子的特征值($\geqslant 1$)和累计方差($\geqslant 70\%$)[20],本节共提取出了两个动力学因子,两个因子均无法较好地反映F_x和M_z的数据信息,因此在最终的因子分析结果中,将F_x和M_z剔除,表8-7显示了最终的因子分析结果,表格中的数字为因子载荷的大小。因子1为F_y、F_z、M_x的高载荷因子,因子2为M_y和V的高载荷因子,根据轮胎动力学可知,因子1描述的主要为车辆侧向的受力特征,而因子2主要描述车辆纵向的受力特征,因此将因子1定义为横向动力学指标,因子2定义为纵向动力学指标。

表8-7 因子分析结果

变量	因子1	因子2
F_y	**0.867**	0.056
F_z	**0.836**	0.127
M_x	**0.899**	0.144
M_y	0.027	**0.658**
V	0.268	**0.669**

6. 事故风险分析模型

交通事故数据为典型的计次数据,即均为非负整数,在计量经济学领域,常使用负二项回归(Negative binomial regression)模型来拟合计次数据。负二项回归模型的原始形态为泊松回归(Poisson regression)模型,泊松回归模型是指假设在一次实验中某件事发生的概率为p,进行了n次相互独立的试验后,该事件共发生了Y次,则$Y=y$的概率为

$$P(Y=y)=C_n^y p^y (1-p)^{n-y} \quad (y=0,1,\cdots,n) \tag{8-6}$$

当$p\to 0$,$n\to\infty$,而$np=\lambda>0$时,此概率的极限为泊松分布:

$$\lim_{n\to\infty}P(Y=y)=\lim_{n\to\infty}C_n^y p^y (1-p)^{n-y}=\frac{e^{-\lambda}\lambda^y}{y!} \tag{8-7}$$

这时,该事件发生的概率是趋近于0的,因此泊松分布也被称为"稀有事件定律",也就是说,假如某事件发生的概率很小,并进行了大量的试验(n很大),则事件的发生次数大致服从泊松分布。这样的定义几乎完美适用于交通事故。由式(8-7)可知,泊松回归模型可表示为:

$$P(Y_i=y_i|x_i)=\frac{e^{-\lambda}\lambda(x_i)^y}{y!} \quad (y_i=0,1,2,\cdots,n) \tag{8-8}$$

式中:$\lambda(x_i)$——"泊松达到率",表示事件发生的平均次数;

y_i——事件发生的次数;

x——自变量序列。

在泊松分布中,有一个严格的假设,即泊松分布的期望与方差必须相等(事件的发生均

等分散)),记为 $E(Y_i|x_i)=\text{Var}(Y_i|x_i)=\lambda_i$,但这个假设与交通事故数据的分布特征明显不符,由前面的章节可知,交通事故的分布离散程度很高,不同路段的事故统计数据相差极大,因此泊松回归模型并不适用。当数据存在"过度分散"的特征时,可以使用负二项回归模型:

$$\ln\lambda_i = x_i\beta + \varepsilon_i \tag{8-9}$$

式中:β——自变量系数;

ε_i——随机扰动项;

x_i——自变量序列。

可以看出,负二项回归模型在拟合事故发生次数时增加了一项 ε_i,用于捕捉条件期望函数中的不可观测部分或个体异质性。有关计数模型的详细知识,感兴趣的读者可参考《高级计量经济学及 Stata 应用(第二版)》[21],在此就不再赘述。

本例中,以当量事故数为因变量,以两个动力学因子为自变量,构建负二项回归模型进行期望事故次数的拟合,拟合结果见表 8-8。由 Pseudo R-squared 可知该模型是有统计学意义的,可以进一步分析模型中参数的含义。

表 8-8 基于负二项回归模型的事故次数拟合结果

变量	回归系数	标准误差	t 值	p 值	显著性水平
横向动力学指标	0.097	0.050	1.93	0.054	*
纵向动力学指标	0.223	0.059	3.80	0.000	***
截距	2.898	0.047	61.43	0.000	***
Pseudo R-squared	0.016		chi2		22.050
Akaike crit. (AIC)	1 398.313		Prob>chi2		0.000

注:*** 表示 p 小于 0.01,** 表示 p 小于 0.05,* 表示 p 小于 0.1。

横向动力学指标与纵向动力学指标均具有显著的统计学意义,由回归系数可知,两个动力学指标与交通事故存在显著的正相关关系,当横向动力学指标每增加 1 个单位,路段的期望当量事故数将增加 1.10 次;当纵向动力学指标增加 1 个单位,路段的当量事故数的期望值将增加 1.25 次。可以进一步将回归系数带入数据集,计算每个路段的当量事故数期望值,并利用式(8-2)将期望值转化为期望事故风险值。本例中,所有路段的平均事故风险值为 1,因此可以选择"1"为高低事故风险的阈值,对路段的风险水平进行评价。

负二项回归模型仅为最基础的计数模型,无法解释样本异质性、变量内生性以及时空相关性等复杂问题,现有文献在这一方面已经做了大量的探索:零膨胀模型、随机参数模型、随机效应模型、嵌套模型、具有均值和方差异质性的随机参数模型等等。这些经过改善的模型能够更好地拟合期望事故次数、优化识别精度,但该方法的重点在于前述 6 个逻辑相关的步骤,最后的计数模型只需根据实际需要进行替换。

7. 方法总结

基于数学模型的间接分析法尽管过程复杂,但可以处理大规模的样本数据,并且客观解释微观动力学参数对交通事故的影响,这是基于分布特征的直接分析法做不到的。通过模型结果,了解到了微观动力学参数的确具备定量映射路段的事故风险的能力,这样的发现不仅为道路交通安全研究开辟了新的视角,还可以帮助交通安全管理部门有效识别高风险路段。

8.3 微观动力学参数在事故研究中的"纽带"作用分析

8.2节证实了微观动力学参数可以用于事故风险的分析与识别,但仍未解决以下两个疑问:微观动力学参数与其他维度因素(人、路、环境)的变化之间是否存在一定的响应规律?微观动力学参数、各维度因素、事故风险三者之间又是否具备显著的联动效应?本节将引入道路这一维度的因素,探索轮胎六分力在事故研究中的"纽带"作用[22]。

8.3.1 数据处理

1. 轮胎六分力与车速数据处理

在解决第一个问题的过程中,本书使用了数据原始的变化率来体现数据的浮动大小,而变化率的浮动是否平稳能否表征事故风险仍不明晰。已有研究表明,车辆的"加加速度"——加速度的变化率与交通事故具有显著的正相关关系[23],为此,本节将使用变化率的标准差序列来表示单位时间内轮胎六分力变化率和车速变化率的变化是否剧烈,并进一步剖析该类型的微观动力学参数指标是否具备类似的风险识别能力。

标准差是离均差平方的算术平均数的算术平方根,可以体现一个数据集的离散程度。在获取每0.1 s变化率的基础上,以1 s为时间窗分别计算出F_x、F_y、F_z、M_x、M_y、M_z和V的标准差序列,进而对每个路段单元内每类指标的标准差序列进行求和。求和完成后,每个路段对应着7个数值,这7个数值分别可以反映F_x、F_y、F_z、M_x、M_y、M_z和V的变化率是否平稳。然后依据式(8-10)将这些数据分为3类(0,1,2):

$$x_{\text{std},i}^n = \begin{cases} 0(\text{平稳变化}), & \text{如果 } \min_{x_{\text{std}}^n} \leq x_{\text{std},i}^n < \min_{x_{\text{std}}^n} + \dfrac{\max_{x_{\text{std}}^n} - \min_{x_{\text{std}}^n}}{3} \\ 1(\text{中度变化}), & \text{如果 } \dfrac{\max_{x_{\text{std}}^n} - \min_{x_{\text{std}}^n}}{3} \leq x_{\text{std},i}^n < \min_{x_n} + \dfrac{2(\max_{x_{\text{std}}^n} - \min_{x_{\text{std}}^n})}{3} \\ 2(\text{剧烈变化}), & \text{如果 } \dfrac{2(\max_{x_{\text{std}}^n} - \min_{x_{\text{std}}^n})}{3} \leq x_{\text{std},i}^n < \max_{x_{\text{std}}^n} \end{cases}$$

(8-10)

式中:$x_{\text{std},i}^n$——路段i上轮胎六分力或车速n的变化率异动水平;

$\min_{x_{\text{std}}^n}$——轮胎六分力或车速n的变化率标准差的最小值;

$\max_{x_{\text{std}}^n}$——轮胎六分力或车速n的变化率标准差的最大值。

2. 道路因素数据处理

本文共筛选了平曲线半径、缓和曲线长度、高程差、高程标准差、道路线形、隧道、沿江桥、分流区和合流区等 8 种路段特征，依据道路设计 CAD 图纸，将上述路段特征与每个路段单元进行空间匹配，并使用分类变量将道路特征变量离散化表示，如表 8-9 所示。

表 8-9 路段特征变量

变量简称	空间特征变量	类型	变量描述
a_1	高程差	连续变量	—
a_2	高程标准差	连续变量	—
a_3	道路线形	分类变量	a_{30}—直线段 a_{31}—平曲线路段 a_{32}—复合线形路段
a_4	平曲线半径	连续变量	—
a_5	缓和曲线长度	连续变量	—
a_6	隧道	分类变量	a_{60}—不含隧道 a_{61}—只含隧道出口 a_{62}—只含隧道入口 a_{63}—同时含有隧道出口和入口 a_{64}—在隧道内部
a_7	沿江桥	分类变量	a_{70}—无沿江桥 a_{71}—含有沿江桥
a_8	冲突区	分类变量	a_{80}—不含冲突区 a_{81}—只含有分流区 a_{82}—只含有合流区 a_{83}—同时含有分流区和合流区

3. 交通事故数据处理

本文共收集了 3 种类型的交通事故数据，分别是追尾、撞固定物和翻车，其分布如图 8-22 所示。为了能够客观反映路段的真实事故风险，选择以历史事故统计为风险阈值的判定依据，即将每种类型交通事故的均值作为事故风险高低的阈值。若某路段某种类型的交通事故数量低于该类型事故的均值，则该路段被定义为某类型事故的低风险路段（记为 $r=0$），否则为该类型事故的高风险路段（记为 $r=1$）。

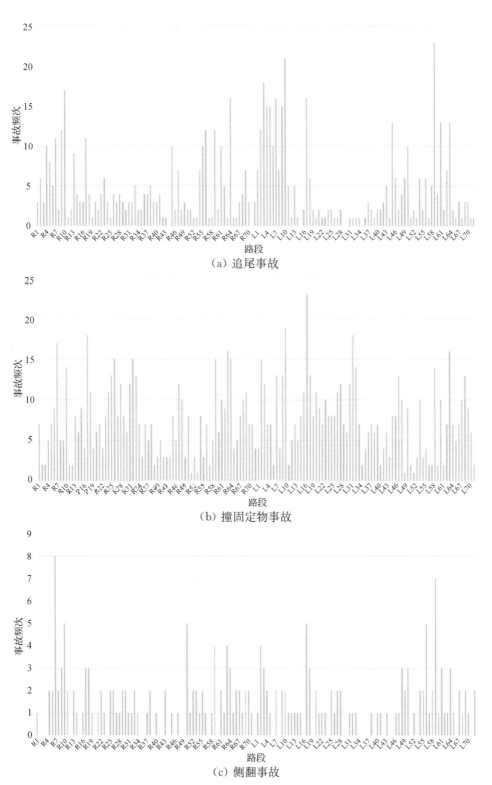

图 8-22 交通事故分布情况

8.3.2 参数变化率异动水平分析模型

道路特征是引起轮胎六分力和车速发生异常变化的主要根源,因此将道路特征作为微观动力学参数变化率异动水平分析模型的解释变量,将轮胎六分力和车速的变化率的剧烈程度作为因变量。由于因变量为有序多分类数据,本例中采用标准有序 Logistic 回归(Standard ordered logistic regression)模型分析不同道路特征对轮胎六分力变化率和车速变化率的影响。在第三章中,已经对 Logistic 系列模型进行了介绍,所以在这里仅给出标准有序 Logistic 回归模型的基本结构,如式(8-11)至式(8-13)所示。

$$U_i = \beta X_i + \varepsilon_i \tag{8-11}$$

$$K = \begin{cases} 0, & \text{如果 } U_i \leqslant \mu_0 \\ 1, & \text{如果 } \mu_0 < U_i \leqslant \mu_1 \\ 2, & \text{如果 } U_i > \mu_1 \end{cases} \tag{8-12}$$

$$P(K=0) = 1 - \frac{\exp(x_i\beta - \mu_0)}{1 + \exp(x_i\beta - \mu_0)}$$

$$P(K=1) = \frac{\exp(x_i\beta - \mu_0)}{1 + \exp(x_i\beta - \mu_0)} - \frac{\exp(x_i\beta - \mu_1)}{1 + \exp(x_i\beta - \mu_1)} \tag{8-13}$$

$$p(K=2) = \frac{\exp(x_i\beta - \mu_1)}{1 + \exp(x_i\beta - \mu_1)}$$

式中:U_i——第 i 个路段的效用值;

X_i——第 i 个路段的道路特征;

β——解释变量 X_i 的待估系数序列;

μ_0 和 μ_1——不同类别之间的效用阈值;

ε_i——仅与解释变量 X_i 相关的扰动项;

K——3 个级别的变化率浮动水平。

表 8-10 展示了标准有序 Logistic 回归模型的拟合结果。其中 F_x、F_y、F_z、M_x、M_y、M_z 和 V 均表示该类指标的变化率异动水平,表格中仅展示了置信度≥95%的回归系数。

表 8-10 道路特征与微观动力学参数之间的关系

变量	F_x	F_y	F_z	M_x	M_y	M_z	V
高程差	—	—	—	—	—	—	—
高程标准差	0.072	—	—	−0.069	−1.082	—	—
几何线形(参照:直线段)							
平曲线路段	—	−1.590	—	−1.512	−1.735	—	—
复合线形路段	—	—	—	—	−1.939	—	—
平曲线半径	—	—	−1.142	—	−0.900	−0.833	—
缓和曲线长度	—	−0.298	—	—	—	—	−0.290

续表

变量	F_x	F_y	F_z	M_x	M_y	M_z	V
隧道(参照：无隧道的路段)							
只含隧道出口	—	—	—	1.145	—	—	—
只含隧道入口	—	—	—	—	—	—	—
同时含有隧道出口和入口	—	—	1.440	—	—	—	—
在隧道内部	—	—	—	—	—	—	—
沿江桥	1.056	0.993	1.379	—	—	—	—
冲突区(参照：无冲突区的路段)							
只含分流区	—	—	—	—	−2.076	—	—
只含合流区	—	2.14	—	—	—	—	—
同时含有分流区合流区	2.690	2.071	2.948	—	—	—	—

由模型的拟合结果可以看出，除了高程差、只含隧道入口、在隧道内部等 3 种路段特征与轮胎六分力和车速均无显著关系之外，其余的路段特征均会引起特定指标的变化率发生不同剧烈程度的浮动。

① 高程标准差。路段的高程标准差可以体现路段整体的起伏情况，由表 8-10 可以看出，路段的高程标准差越大，越容易导致轮胎纵向力 F_y 的变化率产生较剧烈的浮动，但会使侧倾力矩 M_x 和滚动力矩 M_y 的变化率趋于平稳。

② 道路几何线形特征。相对于直线路段，平曲线路段会使轮胎的侧向力 F_y、侧倾力矩 M_x 和滚动力矩 M_y 的变化率趋于平稳；复合线形路段会导致滚动力矩 M_y 的变化率趋于平稳。

③ 平曲线半径。路段的平曲线半径与侧向力 F_y、侧倾力矩 M_x 和回正力矩 M_z 存在显著的负相关关系，即平曲线半径越小，上述 3 种微观动力学参数的变化率发生剧烈浮动的可能性越大。

④ 缓和曲线长度。路段的缓和曲线长度仅与侧向力 F_y 和车速显著 V 相关，缓和曲线长度越大，轮胎侧向力 F_y 和车速 V 的变化率越趋于平稳。

⑤ 隧道。相比于不含隧道的路段，只含隧道出口的路段会使轮胎侧倾力矩 M_x 的变化率趋于剧烈，同时含有隧道出口和入口的路段更容易使轮胎垂向力 F_z 的变化率发生剧烈的浮动。

⑥ 沿江桥。由模型的拟合结果显示，沿江桥会对轮胎纵向力 F_x、侧向力 F_y 和垂向力 F_z 产生正向影响，导致它们的变化率浮动更加剧烈。

⑦ 冲突区。相比于不含冲突区的路段，当某路段只含分流区时，会导致轮胎滚动力矩 M_y 的变化率趋于平稳；当某路段只含合流区时，更容易使轮胎的侧向力 F_y 的变化率发生剧烈的浮动；而当某路段同时含有分流区和合流区时，则会显著增加轮胎纵向力 F_x、侧向力 F_y 和垂向力 F_z 的变化率发生剧烈浮动的可能。

尽管如此，目前这些变化所隐含的意义并不明确。为探明不同倾向的浮动与事故风险之间的关联，将在 8.3.3 节中以不同类型的交通事故风险为因变量，构建二项 Logistic 回归（Binary logistic regression）模型分析这 7 个指标的致险机理。

8.3.3 微观动力学参数致险机理分析模型

本节将交通事故进行了细致的区分,分别介绍追尾、撞固定物和翻车等3种事故形态下的微观动力学参数致险机理。

1. 模型基本结构

在微观动力学参数致险机理分析模型中,因变量为二分类变量(路段的事故风险高低水平),因此使用二项 Logistic 回归模型作为微观动力学参数致险机理分析模型的基本架构。二项 Logistic 回归模型是交通事故致因分析领域应用最广泛、最基础的参数模型,该模型的结构如下:

$$P(Y=1|X_i)=\frac{1}{1+e^{-g(X_i)}}$$
$$P(Y=0|X_i)=1-\frac{1}{1+e^{-g(X_i)}}=\frac{1}{1+e^{g(X_i)}}$$
(8-14)

式中:$Y=1$ 和 $Y=0$——路段 i 为事故风险相对高发路段和事故风险相对低发路段。

2. 指标降维

重复使用因子分析的方法对 7 个变化率异动指标进行降维,根据累计方差和特征值的大小提取出两个动力学指标:横向稳定性指标和纵向稳定性指标。横向稳定性指标的高载荷变量为以下 3 个变化率异动指标:F_z、M_x、M_z;纵向稳定性指标的高载荷变量为以下 2 个变化率异动指标:M_y、V。

3. 模型结果分析

表 8-11 展示了二项 Logistic 回归模型的结果,为改善模型性能,模型中还纳入了以下两类变量:一是与高载荷指标无显著关系的路段特征变量,即高程差、只含隧道入口、在隧道内部;二是动力学因子中未涉及的变化率移动指标 F_z。注意,尽管 F_x 并不是两个因子的高载荷变量(因子载荷>0.5),但其对新因子的解释程度仍超过了 0.4,因此为避免共线性的影响,该指标在模型中不予考虑。

表 8-11 微观动力学参数与事故风险之间的关系

变量	追尾事故		撞固定物事故		翻车事故	
	系数	显著性	系数	显著性	系数	显著性
横向稳定性指标	−0.190	—	0.042	—	0.005	—
纵向稳定性指标	−0.743	***	0.088	—	0.146	—
F_z	−0.130	—	0.006	—	−0.037	—
高程差	0.002	—	−0.001	—	0.004	—
只含隧道入口	1.090	**	0.590	**	0.749	**
在隧道内部	0.896	*	0.430	—	0.935	***

注:* 表示 $p\leqslant0.1$,** 表示 $p\leqslant0.05$,*** 表示 $p\leqslant0.01$。

从模型结果可以看出：

① 横向稳定性指标、F_z、高程差与3种类型的交通事故均无显著关系；

② 隧道相关变量对事故风险影响显著。虽然标准有序Logistic回归模型的结果显示"只含隧道入口"和"在隧道内部"这两个道路特征与7个指标的变化率异常浮动无关，但它们却能显著提高事故发生的概率(见表8-11)，也就是说使用轮胎六分力和车速无法解释它们引发高事故风险的原因，因此需要在后期的研究中纳入更多类型的微观动力学参数，以从微观角度探明上述路段特征的致险机理。目前的研究多基于环境等宏观角度推测隧道的致险机理，例如隧道是一个黑暗、闭塞的空间，环境的突变会对正常驾驶产生干扰，从而使交通事故的风险显著增加[24-25]。

③ 纵向稳定性指标可以用来映射路段的追尾事故风险。模型估计结果显示，纵向稳定性指标越平稳(表现为数值越小)，该路段发生追尾事故的风险就越高。

本节基于严谨的二项Logistic数学模型验证了微观动力学参数与事故风险之间的确具有显著的统计学关系，但不同路段特征的致险机理仍不清晰，接下来将以微观动力学参数为纽带，探索风险是如何在路段特征—车辆动力学状态—交通事故之间传递的。

4. "纽带"作用与风险传递规律

综合标准有序Logistic回归模型和二项Logistic回归模型的估计结果，以两个动力学稳定性指标为中间变量，直观地展示不同路段特征的致险机理，如表8-12所示。至此，便可以在事故风险的角度剖析8.3.2节中轮胎六分力和车速的变化率异动水平发生不同倾向浮动的含义：

① 相较于直线路段，平曲线路段和复合线形路段会使轮胎的滚动力矩 M_y 的变化率趋于平稳，进而映射出该类型路段可能具有较高的追尾事故风险；

② 平曲线半径越大，自然驾驶时轮胎滚动力矩 M_y 的变化率浮动越平稳，追尾事故风险越高；

③ 缓和曲线长度越大，车辆的行驶速度 V 越稳定，追尾事故风险越高；

④ 相较于没有冲突区的路段，当路段仅含有分流区时，会使轮胎的滚动力矩 M_y 和车速 V 都趋于平稳，说明该类型路段具有较高的追尾事故风险；而当路段同时含有分流区和合流区时，会使车速 V 的变化率发生较为剧烈的浮动，反而表征着该类型路段的追尾事故风险较低。

表8-12 微观动力学参数的"纽带"作用

道路特征	纵向稳定性指标		追尾事故风险
	M_y	V	
平曲线路段	减小	—	增加
复合线形路段	减小	—	增加
平曲线半径	减小	—	增加
缓和曲线长度	—	减小	增加
分流区	减小	减小	增加
分流区和合流区	—	增加	减小

上述结论的第②③④点具有一个共性,即体现了显著的风险补偿现象[26];驾驶难度越小,越有可能导致追尾事故高发,如较大的平曲线半径和缓和曲线长度;而在驾驶难度较大的路段上反而追尾事故风险较低,如当路段同时含有合流区和分流区时的追尾事故风险会减小,当路段仅有分流区时追尾事故风险会增加。这极有可能是因为轻松的驾驶环境放松了驾驶员的警觉,当车流突然发生紊乱时驾驶员来不及做出准确的调整而导致追尾事故;当驾驶环境复杂时,驾驶员反而能够谨慎驾驶,从而避免与前车发生追尾。

需要注意的是,风险补偿现象的发生需要环境的复杂度超过某一个阈值,否则起不到风险补偿的效果,如结论①中,相较于直线路段,虽然平曲线路段和复合线形路段更为复杂,但仍然提升了追尾事故风险的概率。当然,这一点仍是基于模型结果的可靠推论,需要更深入地研究环境复杂度与事故风险的关联。

8.4 基于微观动力学参数的分析方法总结

经过8.2节和8.3的介绍和分析,会发现第八章开头时提出的3个问题已经得到了妥善解决,微观动力学参数在道路交通安全领域的作用也得到了肯定。映射事故风险的能力和风险传递的"纽带"作用使得微观动力学参数具备以下3点独特的优势:

① 可以利用车辆正常行驶时的微观动力学参数初步判断各路段的事故风险高低,为制定有效的事故预防措施提供帮助;

② 同时可以通过分析微观动力学参数的浮动情况为路段的优化设计提出改善建议;

③ 证实了微观动力学参数在分析事故机理方面的作用,以及可以作为事故替代指标(将在第十一章详细介绍)映射事故风险的能力,帮助交通安全分析逐步摆脱历史事故统计的束缚。

这些优势对现阶段我国的道路交通安全研究具有深远意义。我国的道路安全相关的数据库建设仍不完善,很多低等级道路和部分高等级道路缺乏交通事故的详细统计资料,或尽管有详细的事故统计,但这些事故信息的透明度和共享度较差,难以有效地服务道路交通安全相关的研究,也就无法为改善道路的交通安全水平、降低事故的风险程度制定针对性地应对办法和管理策略。这些问题在新建道路上更为突出。而如果证实了微观动力学参数具备映射不同类型事故风险的能力,那么完全可以通过测试性道路试验获取目标道路上的微观动力学参数数据,对高风险路段进行初步的评判与识别。

但截至目前,该方向的研究仍处于起步阶段。除了轮胎六分力外,亟须对其他类型的微观动力学参数开展类似的研究,从而构造一个可以映射多种事故类型和事故严重程度的高维、高精度的微观动力学参数指标集。实时动态的行车安全风险捕捉也是微观动力学参数研究的目标之一,基于微观动力学参数的异动水平表征实时的行车风险,通过与其他车载设备和路侧通信设施联通,向自车驾驶员和邻车驾驶员发出风险预警,达到对安全行车组织优化的目的。

参考文献

[1] 田林,许金良,张莹.横风作用下载重汽车在复杂路段运行的安全模型[J].长安大学学报(自然科学版),2015,35(3):21-26.

[2] 何杰,杨娇,杭文,等.考虑驾驶员行为特性的行车安全仿真试验[J].解放军理工大学学报(自然科学版),2013,14(6):668-673.

[3] Wu K F, Jovanis P P. Defining and screening crash surrogate events using naturalistic driving data[J]. Accident Analysis & Prevention, 2013, 61: 10-22.

[4] Kluger R, Smith B L, Park H, et al. Identification of safety-critical events using kinematic vehicle data and the discrete Fourier transform[J]. Accident Analysis & Prevention, 2016, 96: 162-168.

[5] 姜康,张梦雅,陈一锴.山区圆曲线路段半挂汽车列车行驶安全性分析[J].交通运输工程学报,2015,15(3):109-117.

[6] 陈一锴,何杰,彭佳,等.基于动载荷模拟的半刚性沥青路面响应分析[J].东南大学学报(自然科学版),2010,40(3):593-598.

[7] 仩秀欢,何杰.基于人—车—路虚拟试验的道路线形安全性评价[J].公路,2011,56(9):171-175.

[8] 何杰,刘霞,陈一锴,等.恶劣天气路面条件对行车安全的影响[J].交通运输工程学报,2011,11(1):58-63.

[9] 吴德华,翁辉,董熙强,等.基于动力学仿真的龙泉—浦城高速公路设计方案比选[J].公路,2013,58(9):1-8.

[10] 王和毅,谷正气.汽车轮胎模型研究现状及其发展分析[J].橡胶工业,2005,52(1):58-63.

[11] 卢荡,夏丹华.汽车轮胎六分力特性预测研究进展[J].轮胎工业,2021,41(3):185-189.

[12] 崔胜民,张京明,尚捷.汽车轮胎六分力测力仪的研制[J].橡胶工业,2001,48(8):484-488.

[13] 马勇,付锐,郭应时,等.基于实车试验的驾驶人换道行为多参数预测[J].长安大学学报(自然科学版),2014,34(5):101-108.

[14] 付锐,马勇,郭应时,等.基于实车试验数据的换道预警规则[J].吉林大学学报(工

学版),2015,45(2):379-388.

[15] Rasch A, Boda C N, Thalya P, et al. How do oncoming traffic and cyclist lane position influence cyclist overtaking by drivers?[J]. Accident Analysis & Prevention, 2020, 142: 105569.

[16] Fitch G M, Hanowski R J. Using naturalistic driving research to design, test and evaluate driver assistance systems[M]. London: Springer, 2012.

[17] Dingus T A, Klauer S G, Neale V L, et al. The 100-car naturalistic driving study, Phase II-results of the 100-car field experiment(No. DOT-HS-810-593)[R]. United States Department of Transportation, National Highway Traffic Safety Administration, 2006.

[18] Zhang C J, He J, King M, et al. A crash risk identification method for freeway segments with horizontal curvature based on real-time vehicle kinetic response[J]. Accident Analysis & Prevention, 2021, 150: 105911.

[19] 何杰,翁辉,史登峰,等. 公路安全缺陷快速识别技术应用研究[R]. 杭州:浙江省交通运输厅,2015.

[20] Washington S P, Karlaftis M G, Mannering F. Statistical and econometric methods for transportation data analysis[M]. [S. l.]: Chapman and Hall/CRC, 2003.

[21] 陈强. 高级计量经济学及 Stata 应用[M]. 2版. 北京:高等教育出版社,2014.

[22] Zhang C J, He J, Yan X T, et al. Exploring relationships between microscopic kinetic parameters of tires under normal driving conditions, road characteristics and accident types[J]. Journal of Safety Research, 2021, 78: 80-95.

[23] Pande A, Chand S, Saxena N, et al. A preliminary investigation of the relationships between historical crash and naturalistic driving[J]. Accident Analysis & Prevention, 2017, 101: 107-116.

[24] Mehri A, Sajedifar J, Abbasi M, et al. Safety evaluation of lighting at very long tunnels on the basis of visual adaptation[J]. Safety Science, 2019, 116: 196-207.

[25] Zhou Z W, Ma J X, Lu T, et al. An evaluation method for visual search stability in urban tunnel entrance and exit sections based on Markov chain[J]. IEEE Access, 2020, 8: 68559-68569.

[26] Rusli R, Haque M M, King M, et al. Single-vehicle crashes along rural mountainous highways in Malaysia: An application of random parameters negative binomial model[J]. Accident: Analysis and Prevention, 2017, 102: 153-164.

第九章

基于视频的车辆轨迹提取与交通冲突分析

在传统的研究中,大多数学者选择通过实地调研与人工计数等方式实现交通流特征的调查与获取。这种方式具有简单、易操作的优势,可适用多种道路场景的特点,但是需要耗费大量的人力、物力、财力,而且后期数据录入与统计的工作量较大,既需要较长的工作时间,也存在数据录入错误等风险;更重要的是,用这种方式得到的数据的精细度不够,难以实现车辆速度、加速度、车头时距等数据的精准采集。近年来,随着计算机视觉技术的发展与应用,借助计算机实现车辆的识别与分类,并进一步跟踪车辆轨迹的方法,正逐渐成为现阶段研究的热点内容。视频车辆轨迹识别不仅能够实时获取路段的交通流状态特征,而且能够精准捕捉车辆行驶时的运动学参数,为交通冲突微观研究提供了坚实的基础,也为道路安全研究提供了新的思路。

基于视频识别技术获取微观车辆轨迹通常通过高点录像法获取视频信息。高点录像法通过在高点架设的摄像机或无人机拍摄研究区域的车辆行驶状况视频,之后再利用视频识别技术解析图像,提取车辆轨迹数据。通过详细到每一帧的微观车辆轨迹,可以挖掘海量的车辆行驶或安全特征,这种方式具有省时、省力的优势。此外,视频拍摄所需的试验设备简单,拍摄灵活且对人力、物力耗费较少,拍摄能够重复多次,有助于提高研究的样本多样性以及对研究结果的验证。考虑到录像法拍摄角度的不同,其目标检测跟踪方法也有所差异。对于由无人机拍摄的路段交通流状态视频,本书提出基于 YOLOv4(You Only Look Once version 4)目标检测与 SORT(Simple Online and Redtime Tracking)轨迹跟踪的车辆轨迹提取算法,其方法框架如图 9-1 所示。

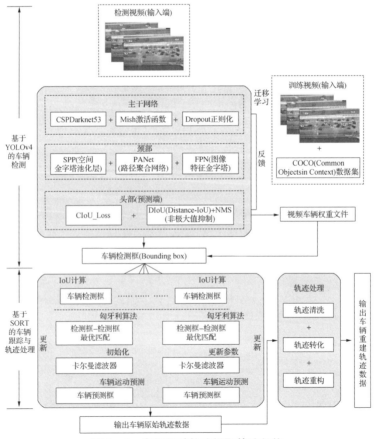

图 9-1　车辆行驶轨迹提取算法架构

9.1 车辆目标检测

国外最早开始研究通过计算机视觉(Computer Vision,CV)实现视频数据中的车辆轨迹和冲突提取。车辆识别与跟踪大多是基于 OpenCV 开发的,随着神经网络与深度学习方法的发展,其在 CV 领域的应用也越来越广泛,如 Faster R-CNN(Faster Region-Convolutional Neural Networks)、YOLO(You Only Look Once)、SSD(Single Shot Multi-box Detector)等多目标识别算法和架构,能够实现更快、更精准的目标检测。

基于深度学习的目标检测算法可以分为两类,第一类是基于候选框的双阶段目标检测(Two-stage detector),第二类是基于回归的单阶段目标检测(One-stage detector),其架构如图 9-2 所示。双阶段目标检测算法起始于 Girshick 等人[1]于 2014 年提出的 R-CNN 算法,其核心在于将传统第二阶段目标检测中使用的"滑动窗口+手工设计特征"框架替换为"候选区域(Region proposal)+卷积神经网络(Convolutional Neural Networks,CNN)"框架,即运用候选区域生成对原图进行稀疏采样,然后对候选区域利用 CNN 进行特征提取,再用 SVM 进行分类。R-CNN 算法思想的提出不仅提高了目标检测的速度与精度,更将深度学习思想首次引入到目标检测算法中,开启了目标检测的全新时代。随后在 R-CNN 的基础上,SPP-Net(Spatial Pyramid Pooling Networks)算法[2]、Fast R-CNN(Fast Region-Convolutional Neural Networks)算法[3]、Faster R-CNN 算法[4]、Mask R-CNN(Mask Region-Convolutional Neural Networks)算法[5]和 Super R-CNN(Super Region-Convolutional Neural Networks)算法[6]等相继被提出,使双阶段目标检测算法的性能得到不断提升。具体到车辆检测方面,Nguyen 等人[7]在 Faster R-CNN 的基础上运用 MobileNet 框架改善基础卷积层,同时结合非极大值抑制(NMS)解决候选框重复计算的问题,实现了对车辆的快速检测;Xu 等人[8]将特征金字塔网络模型(FPN)与 Mask R-CNN 结合,使车辆检测的速度与精度分别提高了 7.94% 和 17.53%(对比单独使用 Mask R-CNN 进行车辆检测)。

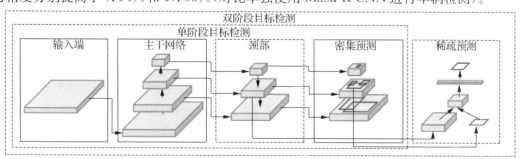

图 9-2 双阶段目标检测与单阶段目标检测框架构成图

虽然双阶段目标检测算法具有较高的精度，但是其检测速度始终无法达到较高水平，无法有效运用于具有实时目标检测需求的场景中，因此以 YOLO 算法和 SSD 算法为代表的基于回归的单阶段目标检测算法应运而生。

1. YOLOv4 检测算法的应用

YOLO 算法[9-10]直接将输入图像划分成 7×7 的网格，然后对每个网格进行回归和预测，进而得到目标物体所属的类别以及在图像中的位置，而不是像基于候选框的 R-CNN 系列那样先产生候选区域，再进行分类与回归，因此基于 YOLO 的目标检测算法可以获得较高的速度，但是由于跳过了候选区域机制，只使用 7×7 的网格回归会使得目标不能被非常精准地定位，这也导致了最初 YOLO 算法的检测精度并不是很高。在此基础上，逐渐衍生出 YOLOv2(You Only Look Once version 2)、YOLOv3(You Only Look Once version 3)、YOLOv4 算法和 YOLOv5(You Only Look Once version 5)算法。

YOLOv4 算法框架在 YOLOv3 框架的基础上进行了重大升级与改进，而 YOLOv5 并没有在 YOLOv4 的基础上进行重大革新，虽大大提升了运算速度，但整体性能仍不如 YOLOv4。因此，YOLOv4 仍然是目标检测的主流使用方法，其主体框架如图 9-3 所示。

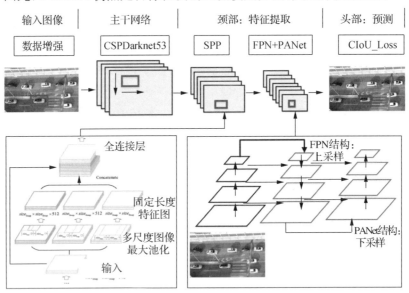

图 9-3　YOLOv4 目标检测算法主体框架

YOLOv4 是 Alexey 在 YOLOv3 算法框架的基础上，集成近年来 CNN 研究领域多种典型的优化策略，构建的一种高效且强大的目标检测模型。YOLOv4 算法整体上是由输入端(Inputs)、主干网络(Backbone)、颈部(Neck)和头部预测端(Head)四部分组成。相比较于 YOLOv3 算法，YOLOv4 算法在四个组成部分均有重大的创新与改进[11]：

① 输入端创新：YOLOv4 采用数据增强 Mosaic、cmBN(Cross mini Batch Normalization)、SAT(Self-adversarial Training)自对抗训练等数据增强方法对训练时的输入端进行改进，在丰富数据集的同时也减少了训练过程对 GPU(图形处理器)的占用；

② 主干网络创新：YOLOv4 算法的主干网络采用的是一个包含 72 个卷积层和一个全连接层的 CSPDarknet53(Cross Stage Partial Darknet 53)的网络结构，同时采用 Mish 激活函数和 Dropout 正则化方法，全面提升 CNN 的学习能力与运算速度；

③ 颈部创新：YOLOv4 算法在颈部采用了 SPP(Spatial Pyramid Pooling，空间金字塔池化层)模块将不同尺度的特征图进行融合，同时将 PANet(Path Aggregation Network，路径聚合网络)结构与原有的 FPN(Feature Pyramid Network，图像特征金字塔)结构结合在一起，从不同的主干层对不同的检测层进行特征聚合，进一步提高了检测算法的特征提取能力；

④ 头部创新：YOLOv4 算法选用 CIoU_Loss 作为预测时的损失函数，同时采用 DIoU(Distance_IoU)＋NMS(Non Maximum Suppression，非极大值抑制)作为预测框的筛选与结果输出函数，提升了预测框回归的速度与精度。

IoU(Intersection over Union)是预测目标框与真实目标边框之间交集与并集的比值，计算方法如下，用 I_{IoU}：

$$I_{IoU} = \frac{|B \cap B^{gt}|}{|B \cup B^{gt}|} \tag{9-1}$$

$$IoU\_Loss = 1 - I_{IoU} + \Re(B, B^{gt}) \tag{9-2}$$

式中：B——预测框面积；

B^{gt}——目标框面积；

IoU_Loss——基于 IoU 的损失函数；

$\Re(B, B^{gt})$——惩罚系数。

但是，IoU 不能反映预测框与目标框之间相交的方式。图 9-4 所示的三种不同相对位置的目标框与预测框的 IoU 值是相同的，但是明显第一种预测框的位置最接近目标框。为了解决这一问题，提出在 IoU 的基础上增加考虑边界框中心点距离的信息 DIoU 系数及考虑边界框中心点距离以及边界框宽高比尺度信息的 CIoU 指标系数[12]，如图 9-5 所示。CIoU_Loss 包含了一个好的预测框回归函数的三个重要的几何因素：重叠面积、中心点距离、长宽比。

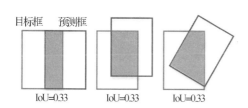

图 9-4 不同相对位置的目标框与预测框

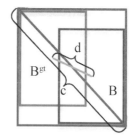

图 9-5 DIoU 和 CIoU 计算示意图

CIoU_Loss 的计算方法如下：

$$\Re_{DIoU} = \frac{d^2}{c^2} \tag{9-3}$$

$$\Re_{CIoU} = \frac{d^2}{c^2} + \alpha v \tag{9-4}$$

$$\text{CIoU\_Loss} = 1 - I_{\text{IoU}} + \frac{d^2}{c^2} + \alpha v \tag{9-5}$$

其中,$\mathfrak{R}_{\text{DIoU}}$,$\mathfrak{R}_{\text{CIoU}}$ 分别代表 DIoU 和 CIoU 惩罚系数,d 为目标框 B^{gt} 中心点与预测框 B 中心点的欧氏距离,c 为能够最小包围目标框与预测框的矩形框的对角线长度,α 为平衡参数,v 衡量的是纵横比率的一致性,v 和 α 可以由式(9-6)和式(9-7)定义(w^{gt},h^{gt},w,g 分别表示目标框与预测框的长和宽):

$$v = \frac{4}{\pi^2}\left(\arctan\frac{w^{\text{gt}}}{h^{\text{gt}}} - \arctan\frac{w}{h}\right)^2 \tag{9-6}$$

$$\alpha = \frac{v}{(1-I_{\text{IoU}})+v} \tag{9-7}$$

在运用 YOLOv4 算法进行车辆检测时,需要分为两个过程。

① 训练车辆检测权重文件。考虑到采用 COCO 数据集训练得到的权重文件无法有效运用于无人机拍摄的交通流视频的车辆检测中,因此,可以从拍摄于三个不同时段的视频中各截取 180 张图像(每隔 120 帧截取一张图像),使用边界框标注脚本程序对每张截取图像中的车辆进行标注并生成数据集,记录每一辆车的类型(分为"car""bus""truck"三种类型的车辆)与位置信息,并将结果输出至文本文件中。将数据集中 80%的图像作为训练集、20%的图像作为测试集,在 COCO 数据集训练得到的权重文件基础上,运用迁移学习的方法训练得到针对本研究中车辆检测目标的权重文件;

② 检测原视频中车辆的位置与类型。在获得目标检测权重文件的基础上,运行 YOLOv4 目标检测程序,对交通流视频中每一帧图像上的车辆进行检测,输出各车辆检测框的坐标、车辆类型及检测置信度。

用于评价检测结果的指标类型丰富多样,如精确度(Precision),召回率(Recall)和平均查准率(Average precision)等。

精确度(P)用于评价分类器预测的准确性,是正确预测为正样本(正样本为所要检测的目标类别,负样本为除正样本以外的其他目标)的数量除以预测为正样本的总数。

$$P = \frac{TP}{TP+FP} \tag{9-8}$$

召回率(R)用于评价分类器找到所有正样本的能力,是正确预测为正样本的数量占所有正样本的总数。

$$R = \frac{TP}{TP+FN} \tag{9-9}$$

平均查准率(AP)是评估分类器性能的重要指标,为不同 IoU 阈值下精确度-召回率曲线所包围的面积。

$$AP = \int_0^1 P(R)\,\text{d}R \tag{9-10}$$

式中:TP——实际为正样本且预测为正样本的数量;

FP——实际为负样本但预测为正样本的数量;

FN——实际为正样本但预测为负样本的数量。

2. 实例分析

首先,采集交通流视频数据。在苏州市西环快速路靠近金门路的一处高架出口开展实例研究。使用大疆 Mavic Pro 无人机在 61 m 的海拔高度上进行悬停拍摄,选取周六早高峰、平峰及晚高峰三个时段进行交通流视频的采集,每个时段的记录时长为 30 min。其次,运用 YOLOv4 算法对视频中的各类车辆进行检测。通过对训练得到的权重文件进行指标统计得到检测算法的平均查准率(AP)为 95.2%,平均检测速度可以达到 19.2 fps,训练过程如图 9-6 所示。此外,图 9-7 展示了某一帧车辆识别的情况,从图中能够更直观地看出,该算法对车辆的识别具有很高的准确率。

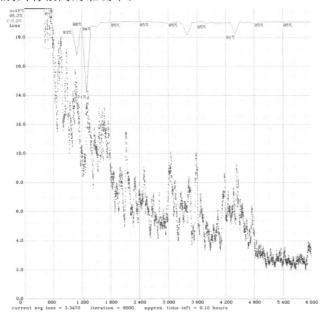

图 9-6 训练过程 Loss 及 mAP 变化示意图

图 9-7 车辆检测效果示意图

9.2 车辆轨迹跟踪

1. 基于 SORT 算法的车辆轨迹跟踪

在完成车辆检测后,需要进行目标车辆跟踪。对于出现在视频中的车辆,SORT 算法能够实现准确的定位以及跟踪。SORT 算法实质上解决的是目标检测框与下一帧目标位置预测框之间的最优关联匹配问题。其算法框架主要是由目标检测器、匈牙利算法和卡尔曼滤波算法三部分组成。其中目标检测器运用的是 YOLOv4 算法;匈牙利算法用于解决相邻两帧各目标对应位置信息之间的关联匹配;卡尔曼滤波算法用于数据降噪,其作用是将线性速度模型得到的目标预测位置信息和目标检测器得到的目标观测位置信息进行数据融合,找到最优的目标位置估计值,从而降低目标检测误差所产生的影响。具体而言,SORT 算法的运行流程如图 9-8 所示,可以分为以下四个步骤:

① 用 YOLOv4 检测模型对视频第一帧图像进行目标检测,得到第一帧图像中所有车辆目标的分类和位置(假设有 M 个目标),并各自分配一个独有 ID(Identification)。分别对每个车辆目标都初始化卡尔曼滤波跟踪器用于预测对应车辆目标在下一帧的位置。

② 用 YOLOv4 检测模型对视频第二帧图像进行目标检测,得到第二帧图像中所有车辆目标的分类和位置(假设有 N 个目标),求第一帧 M 个车辆目标和第二帧 N 个车辆目标两两目标之间的 IoU,去掉匹配值小于 IoU 阈值的匹配对,排除目标不可能的预测位置(IoU 阈值设定为 0.3),建立代价矩阵,使用匈牙利匹配算法得到 IoU 最大的唯一匹配。

③ 用第二帧中已匹配车辆目标的位置更新卡尔曼跟踪器中对应车辆目标的预测位置信息,计算第二帧时的卡尔曼增益、状态估计值和估计误差协方差,输出状态估计值用来计算下一帧中车辆目标的预测位置。对于本帧中未匹配车辆目标重新初始化卡尔曼滤波跟踪器(表明在该帧图像,新进入研究区域的车辆)。

④ 对视频第三帧图像重复步骤②的过程,匈牙利算法求解的是第二帧中卡尔曼滤波跟踪器中预测车辆目标位置与第三帧中已检测车辆目标位置之间的最优匹配,对于匹配成功的目标,用第三帧中已匹配车辆目标的位置信息更新卡尔曼滤波跟踪器中对应车辆目标的预测位置信息,并完成步骤③的整个过程,对下一帧中的车辆目标预测位置信息进行计算。

重复这个过程,直到完成视频中所有帧图像的处理。除此之外,对于跟踪器中有车辆目标预测位置信息但当前帧没有该目标检测位置信息的情况,将跳过该帧进行下一帧的处理。若连续两帧某一车辆目标都只有预测位置信息而没有检测位置信息,则认为该目标已离开研究区域,将其最后一次检测位置信息作为该目标跟踪器跟踪位置序列的终点,同时注销该车辆目标的 ID。至此,已完成车辆图像轨迹到车辆轨迹数据集的转化。

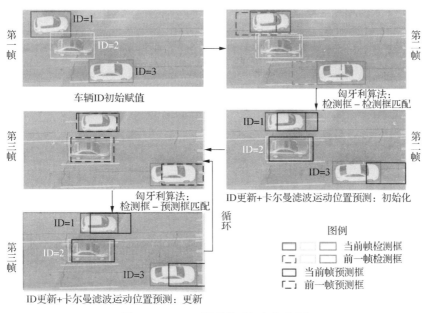

图 9-8 SORT 跟踪算法运行框架图

2. 实例分析

截取上述实例中研究区域晚高峰时段 5 min 的交通流视频作为样例,进行车辆目标检测和跟踪,得到各车辆的行驶轨迹数据集,共计 303 441 条轨迹数据,共分配了 971 个车辆 ID。该数据集包括视频帧序号 F_num,车辆编号 V_ID,车辆跟踪框左下角点像素坐标(x_1,y_1),车辆跟踪框右上角点像素坐标(x_2,y_2),车辆跟踪框中心像素坐标(x_m,y_m)等数据特征。在某一帧图像时,车辆轨迹的跟踪结果如图 9-9 所示。从图 9-9 中能够直观看出车辆的换道位置以及轨迹。

图 9-9 车辆轨迹跟踪

9.3 轨迹数据的提取与重建

9.3.1 划分研究区域

在用无人机拍摄道路交通流状态视频时,拍摄的视频通常会包含多种场景,而研究对象只是其中一部分或者几部分。因此,需要根据研究对象划分研究区域,也称为兴趣区(Region of Interest,ROI)。在原始轨迹数据集中,包含有无人机拍摄的整个视频范围内的车辆轨迹,而除了研究区域包含的数据信息以外,其余场景包含的信息都是冗余的,需要剔除。对高架出入口而言,高架路区域、道路两侧区域等都不是研究区域,因此,针对高架出口可以按照图9-10标定研究区域的位置。保留研究区域内的车辆轨迹信息,删除明显不在研究范围内的轨迹数据,包括车辆ID。

图9-10 坐标转化基准场景

9.3.2 图像与地面坐标转换

1. 齐次坐标转化

无人机拍摄视频中车辆的运动轨迹由车辆在各图像帧中的像素位置变化组成,不能代表实际路面上车辆的运动轨迹,无法直接运用于轨迹分析中,此外,由于图像畸变等因素的影响,现实中在不同车道位置运动相同一段距离的车辆在视频图像中显示像素点移动的距离会存在差异,不能直接用视频图像中像素点坐标来分析计算车辆的速度、加速度、车头时距等参数。因此提出将视频图像中的像素坐标转化为地面坐标,从而获取车辆实际行驶轨迹。一般而言,从图像坐标向地面坐标的转化是一个由二维(2D)坐标系向三维(3D)坐标系转化的过程,其中涉及无人机摄像头内部参数及无人机位置参数的转化,需要建立恰当的映射数学模型。

坐标系的转换关系通常用两坐标系中的点之间的关系矩阵表示,转换矩阵由两坐标系的旋转、平移以及摄像机内部参数决定。大地坐标系与图像坐标系的转化为三维与二维坐标系转换,转换过程比较复杂且涉及的参数众多。若路面高度差相对于无人机飞行的高度较小,视频拍摄路面可近似视为二维平面,可将大地与画面的坐标系转换问题简化为两个二维坐标系的统一(也可称为单应性变换问题),转换矩阵可采用齐次坐标系转换方法求解[10]。

齐次坐标转化的思想能够用于完成图像 ROI 区域像素坐标到大地坐标的转化。作为一种解决投影空间图像几何问题的重要工具,齐次坐标用 $N+1$ 个分量来描述 N 维坐标,同时保持坐标描述缩放不变性。例如二维齐次坐标是在笛卡尔坐标(X,Y)的基础上增加一个新分量 w,变成(x,y,w),其中笛卡尔坐标(X,Y)与齐次坐标(x,y,w)之间的关系为:

$$X=\frac{x}{w}; Y=\frac{y}{w} \tag{9-11}$$

已知图像坐标系中像素点坐标为(X_f, Y_f),其对应齐次坐标可以记为$(x_f, y_f, 1)$,地面坐标系(笛卡尔坐标系的一种)的坐标为(X_g, Y_g),其对应的齐次坐标记为(x_g, y_g, w),其中 g 表示"gnurd",f 表示"figure"。于是,地面坐标系和图像坐标系之间的齐次坐标转化关系可以表示为:

$$\begin{bmatrix} x_g \\ y_g \\ w \end{bmatrix} = \begin{bmatrix} T_{11} & T_{12} & T_{13} \\ T_{21} & T_{22} & T_{23} \\ T_{31} & T_{32} & T_{33} \end{bmatrix} \times \begin{bmatrix} x_f \\ y_f \\ 1 \end{bmatrix} \tag{9-12}$$

根据齐次坐标(x_g, y_g, w)计算得到地面坐标(X_g, Y_g):

$$X_g = \frac{x_g}{w} = \frac{T_{11}x_f + T_{12}y_f + T_{13}}{T_{31}x_f + T_{32}y_f + T_{33}} = \frac{\frac{T_{11}}{T_{33}}x_f + \frac{T_{12}}{T_{33}}y_f + \frac{T_{13}}{T_{33}}}{\frac{T_{31}}{T_{33}}x_f + \frac{T_{32}}{T_{33}}y_f + 1}$$

$$Y_g = \frac{y_g}{w} = \frac{T_{21}x_f + T_{22}y_f + T_{23}}{T_{31}x_f + T_{32}y_f + T_{33}} = \frac{\frac{T_{21}}{T_{33}}x_f + \frac{T_{22}}{T_{33}}y_f + \frac{T_{23}}{T_{33}}}{\frac{T_{31}}{T_{33}}x_f + \frac{T_{32}}{T_{33}}y_f + 1} \tag{9-13}$$

$T_{33} \neq 0$

上式可以用矩阵形式表示为:

$$\begin{bmatrix} X_g \\ Y_g \end{bmatrix} = \frac{\begin{bmatrix} a & b \\ c & d \end{bmatrix}\begin{bmatrix} x_f \\ y_f \end{bmatrix} + \begin{bmatrix} e \\ f \end{bmatrix}}{1 + \begin{pmatrix} u & v \end{pmatrix}\begin{bmatrix} x_f \\ y_f \end{bmatrix}} \tag{9-14}$$

因此,实现图像坐标向大地坐标的转化需要求解 a,b,c,d,e,f,u,v 8个参数,至少选择4个基准点建立8个求解方程。选取的基准点应当尽量覆盖全部视频画面,且任意3个点不能共线。在此基础上,随机选取检验点进行转换精度验证,利用检验点在大地坐标系中真实的坐标寻找最优转换矩阵。通过最优转换矩阵,视频画面坐标可转变研究区域的实际大地坐标,便于进一步分析研究车辆微观运动与交通流特性。

2. 实例分析

以上图所示场景为例,由无人机所拍摄的地面范围仅限于高架出口,虽然 ROI 区域图像中涉及高架出口匝道末端部分的路段,但匝道末端与地面段的水平面高度相差已经很小,可以近似将 ROI 区域看作一个平面,地面实际长度不大于 150 m。因此以高架出口地面段所处平面为基础建立大地坐标系,将坐标转化过程简化为两个二维坐标系之间的转化,即图像坐标系与地面坐标系之间的转化。将出口匝道右侧护栏延伸线作为大地坐标系水平轴,以匝道出口渐近线末端点连线及其延伸线作为大地坐标系竖直轴,在 ROI 区域内选取 4 个基准点 A、B、C、D,通过实地测量可以得到 4 个基准点的在大地坐标系中的坐标为 $A(0,5\ 400)$,$B(0,2\ 700)$,$C(7\ 500,0)$,$D(13\ 000,0)$,同时根据图像输出可以得到 4 个基准点的像素坐标为 $A'(1\ 133,1\ 142)$,$B'(1\ 121,1\ 253)$,$C'(1\ 496,1\ 364)$,$D'(1\ 778,1\ 355)$,运用式(9-14)建立方程组,求解得到图像坐标向大地坐标转化各参数的值分别为:

$a=46.85,b=5.06,c=-50.56,d=7.14,e=-5.89,f=-2.20,u=0.001,v=-1.61$

进一步,使用 MATLAB 批量完成对原始轨迹数据集中所有轨迹数据的坐标转化。

此外,还需要分别对水平方向和竖直方向上的轨迹数据小幅波动情况进行处理。在水平方向上,对比相邻两帧图像中同一车辆的跟踪框左下角点和右上角点的水平坐标(已由像素坐标转化成的地面坐标,下同),规定后一帧跟踪框的水平坐标不小于前一帧的水平坐标(车辆在高架出口不会进行倒车);在竖直方向上,对于车辆跟踪框左下角点与右上角点水平坐标在相邻两帧图像中保持不变的车辆,判定其为停车状态,保持车辆跟踪框左下角点与右上角点像素垂直坐标不变(车辆在高架出口不会进行垂直于车道线的换道)。

9.3.3 车辆轨迹数据重构

1. 基于 KD-Tree 和三次样条插值的破碎轨迹数据重构

一条完整的车辆轨迹应该包含从车辆进入场景到车辆离开场景的所有轨迹点,但由视频拍摄过程中的遮挡或者车辆目标识别跟踪算法的异常等原因,在车辆轨迹数据集中包含一些破碎轨迹。车辆轨迹数据重构的主要任务就是辨别完整轨迹与破碎轨迹,同时对"跟踪异常"导致的破碎轨迹进行匹配与连接,保证车辆轨迹的完整。

比较同一车辆 ID 对应轨迹数据起始端与终止端水平坐标在 ROI 区域内的位置,能够将车辆轨迹划分为完整轨迹、起始端完整破碎轨迹和无起始端破碎轨迹三类,并分别生成相应的轨迹数据集,不同类型轨迹的特点及判断方法如图 9-11 和表 9-1 所示。

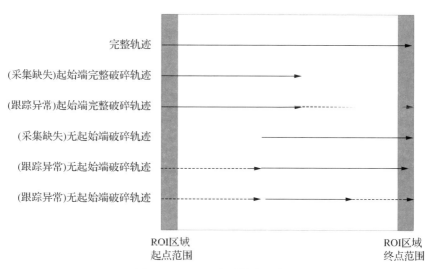

图 9-11 不同类型轨迹示意图

表 9-1 不同类型轨迹数据特点及其判定方法

轨迹数据集	轨迹破碎原因	轨迹数据特点	判定方法
完整轨迹数据集	无	能够完整表现从车辆进入画面到车辆离开画面车辆运动状态的连续轨迹数据	轨迹数据的第一点坐标位置落在ROI区域起点范围内,且轨迹数据的最后一点坐标位置落在ROI区域的终点范围内
起始端完整破碎轨迹数据集	采集缺失	仅能表现车辆进入画面运动状态的轨迹数据,且无法从无起始端破碎轨迹数据集中找到与之匹配的后序轨迹	轨迹数据的第一点对应的时刻为视频第一帧,且坐标位置落在ROI区域起点范围内,轨迹数据的最后一点坐标位置不在ROI区域的终点范围内
起始端完整破碎轨迹数据集	跟踪异常	仅能表现车辆进入画面运动状态的轨迹数据,且有可能从无起始端破碎轨迹数据集中找到与之匹配的后序轨迹	轨迹数据的第一点对应的时刻不是视频第一帧,且坐标位置落在ROI区域起点范围内,轨迹数据的最后一点坐标位置不在ROI区域的终点范围内
无起始端破碎轨迹数据集	采集缺失	无法表现车辆进入画面运动状态的轨迹数据,且无法从起始端完整破碎轨迹和无起始端破碎轨迹数据集中找到与之匹配的前序或后序轨迹	轨迹数据的第一点位置坐标不落在ROI区域起点范围内,轨迹数据的最后一点对应的时刻为视频最后一帧
无起始端破碎轨迹数据集	跟踪异常	无法表现车辆进入画面运动状态的轨迹数据,且有可能从起始端完整破碎轨迹和无起始端破碎轨迹数据集中找到与之匹配的前序或后序轨迹	轨迹数据的第一点位置坐标不落在ROI区域起点范围内,轨迹数据的最后一点对应的时刻不是视频最后一帧

在以往的研究中,相关学者通常先对破碎轨迹进行聚类,再根据聚类原型之间的相似性对聚类结果进行合并,或者通过卡尔曼滤波、小波分析等方法实现车辆破碎轨迹的重构[13-15]。本节采用 KD-Tree(K-Dimensional Tree)和三次样条插值方法对破碎轨迹数据进行重构。KD-Tree 本质上是一种分割多维数据空间的数据结构,可以应用于对多维空间关键数据的范围搜索和最邻近搜索。用 KD-Tree 的思想查找特征相似度最高的邻接轨迹,用三次样条插值算法连接匹配成功的邻接轨迹,整个数据重构流程如图 9-12 所示。

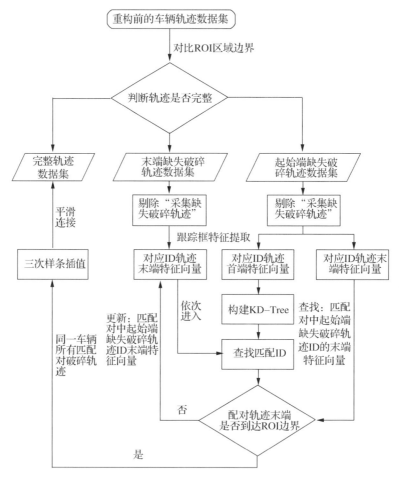

图 9-12 "跟踪异常破碎轨迹"数据重构流程图

车辆轨迹数据重构的流程按照以下四个步骤开展:

① 判断各车辆 ID 对应的轨迹数据是否完整。本节得到完整轨迹数据集包含 129 条轨迹数据,起始端完整破碎轨迹数据集中包含 44 条轨迹数据,无起始端轨迹数据集中包含 55 条轨迹数据,其中起始端完整破碎轨迹数据集中包括 36 条由于"采集缺失"而产生的轨迹数据,无起始端轨迹数据集中包括 23 条由于"采集缺失"而产生的轨迹数据,将由于"采集缺失"而产生的破碎轨迹从破碎轨迹数据集中全部剔除后继续匹配过程。

② 提取起始端完整破碎轨迹数据集中各车辆 ID 对应轨迹最后一帧中的跟踪框的长度 ($len_s = x_{s2} - x_{s1}$)、宽度($wid_s = y_{s2} - y_{s1}$)、中心点坐标(x_{sm}, y_{sm}),将其构成特征向量 $\boldsymbol{V}_s = [len_s, wid_s, x_{sm}, y_{sm}]$,同样提取无起始端破碎轨迹数据集中各车辆 ID 对应轨迹第一帧和最后一帧跟踪框的长度、宽度、中心点坐标,构成特征向量 $\boldsymbol{V}_{e-f} = [len_{e-f}, wid_{e-f}, x_{e-fm}, y_{e-fm}]$ 及 $\boldsymbol{V}_{e-l} = [len_{e-l}, wid_{e-l}, x_{e-lm}, y_{e-lm}]$。其中,s 表示起始端,sm 表示起始端平心点,s1 表示起始端跟踪框左下角点,s2 表示起始端跟踪框右上角点,e 表示特征向量,fm 表示第一帧中心点,lm 表示最后一帧中心点,$e-f$ 指第一帧特定向量,$e-l$ 指最后一帧特征向量。

③ 利用无起始端破碎轨迹数据集中所有车辆 ID 对应轨迹第一帧的特征向量 $\boldsymbol{V}_{e-f}$ 作为训练数据构建 KD-Tree,将起始端完整破碎轨迹数据集中各车辆 ID 对应轨迹最后一帧特征向量 $\boldsymbol{V}_s$ 分别加入 KD-Tree,基于向量间的欧氏距离,利用 KD-Tree 最近邻搜索算法寻找并匹配与 $\boldsymbol{V}_s$ 最相似的 $\boldsymbol{V}_{e-f}$,同时检查匹配对中无起始端破碎轨迹对应车辆 ID 最后一帧跟踪框中心坐标(x_{e-lm}, y_{e-lm})在 ROI 区域中的位置,若(x_{e-lm}, y_{e-lm})落入 ROI 区域终点范围内,则将匹配成功的全部轨迹数据存入匹配轨迹数据集中;若(x_{e-lm}, y_{e-lm})没有落入 ROI 区域终点范围内,则说明无法构成完整轨迹,需要将匹配对中起始端完整破碎轨迹对应车辆最后一帧特征向量 $\boldsymbol{V}_s$ 替换为无起始端破碎轨迹对应车辆 ID 最后一帧特征向量 $\boldsymbol{V}_{e-l}$,重新进入 KD-Tree 进行搜索、配对,重复上述步骤直到(x_{e-lm}, y_{e-lm})落入 ROI 区域终点范围,最后将这一过程产生的所有配对车辆 ID 的轨迹数据录入匹配轨迹数据集中;

④ 利用三次样条插值方法将匹配轨迹数据集中各配对车辆轨迹进行平滑连接,计算连接部分各帧车辆跟踪框的位置信息,将连接完成的轨迹存入完整轨迹数据集中。

为了衡量车辆轨迹提取架构的效用,定义轨迹提取完整度作为评价指标。由于"跟踪异常"导致的起始端完整破碎轨迹能够唯一对应进入 ROI 区域的车辆 ID,对比进入 ROI 区域总车辆数以及完整提取进入 ROI 区域车辆轨迹的数量,提出轨迹提取完整度的计算方法见下式:

$$轨迹提取完整度 = \frac{完整轨迹数量}{完整轨迹数量 + 未匹配成功起始端完整破碎轨迹数量} \quad (9-15)$$

2. 实例分析

提取上述实例中的完整轨迹,得到包含 132 条完整轨迹的数据集。即使通过上述的轨迹重构方法仍无法将所有"跟踪异常"的破碎轨迹都匹配成完整轨迹,仍然有 5 条未匹配成功的起始端完整轨迹,和 29 条未匹配成功的无起始端轨迹。经过计算,高架出入口案例中轨迹提取完整度达 96.35%。可以认为,通过车辆目标检测和跟踪,以及轨迹数据重构,该方法能够有效地进行车辆轨迹数据提取,仅有少量的车辆轨迹数据被遗漏。将前 50 条完整轨迹绘制在三维坐标系中,得到车辆时空图,如图 9-13 所示。通过 x-y 坐标可以看出各车道上车辆转向比例分布,结合观察 x-t 坐标和 y-t 可以看出各车道上车辆排队长度以及车辆在 ROI 区域内的行程时间。

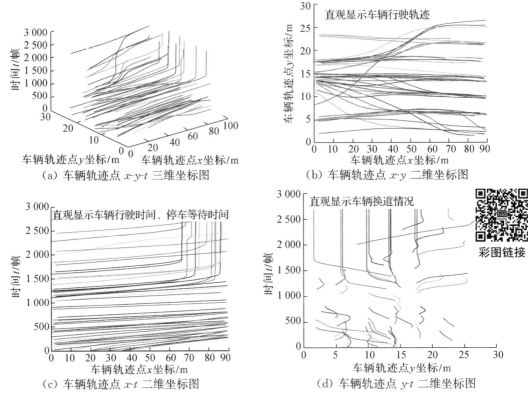

图 9-13 前 50 条完整轨迹时空图

9.4 基于轨迹数据的交通冲突分析

9.4.1 评估指标及模型

1. 评估指标 ETTC

车辆轨迹数据仅包含车辆在每一帧的位置坐标,如车辆 ID、帧数 ID(时间 ID)的信息,以上信息对于探究车辆运动状态和道路安全不够充分。为了进一步解释车辆的行驶状态以及发生潜在事故可能性,需要对数据做出进一步处理,能够得到以下车辆特征:

① 车辆 i 在时间 t 时的形心坐标,$O_t(i)$;
② 车辆 i 在时间 t 的速度,$V_t(i)$(m/s);
③ 车辆 i 在时间 t 的加速度,$A_t(i)$(m/s^2);
④ 车辆 i 在时间 t 时速度方向与 x 轴正方向之间的夹角,$\theta_t(i)$;

⑤ 车辆 i 在时间 t 的拓展（强化）碰撞距离时间 $ETTCt(i)$；
⑥ 车辆类型，包含小汽车、货车和公交车（含大客车在内），$V_{type}(i)$；
⑦ 车辆 i 的初始车道，主线车道由内向外侧进行标号，$V_{initial}(i)$；
⑧ 在时间 t 时，车辆 i 与前车 j 之间的距离，$D_{ij}(t)$；
⑨ 车辆所在周边区域的车流量，$VO_t(i)$ (vph)；

根据研究对象的不同，需要增加的一些其他的车辆运动和交通流特征。用这些丰富的车辆特征，可以更全面地进行交通安全评价。

图 9-14(a)为两辆无约束行驶的车辆临近时车辆运动状态示意图，两车在同一水平面运动，假定运动平面为二维直角坐标系，则在每一时刻，车辆 i 与 j 的中心点（形心）、速度可由向量 O_i, O_j, V_i, V_j 表示，其中车辆 i 为前车，车辆 j 为后车。在车辆碰撞事故中，车辆最外侧的边缘发生碰撞，因此车辆的外形尺寸在计算中不能忽视，C_i 和 C_j 为在某一时刻两车距离最近的点。D_{ij} 是 O_i 和 O_j 之间的距离，d_{ij} 是 C_i 和 C_j 之间的距离。在车辆的行驶过程中，车辆运动是连续的，因此各点随着时刻变化也是在平稳地移动。

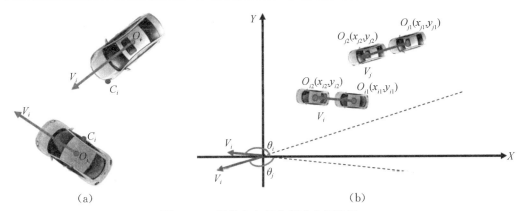

图 9-14 无约束车辆交通冲突示意图

如图 9-14(b)所示，已知车辆在连续两个时刻的形心坐标 $O(x, y)$ 和速度坐标 $V(v_x, v_y)$，则车辆行车方向和 x 轴正方向的夹角 θ 以及速度可以由式(9-16)和(9-17)表示：

$$\sin\theta = \frac{y_2 - y_1}{\sqrt{(x_2 - x_1)^2 + (y_2 - y_1)^2}} \tag{9-16}$$

$$V_1 = (v_x, v_y) = (v\cos\theta, v\sin\theta) \tag{9-17}$$

考虑到实际的车辆行车角度与计算得到角度之间的关系，车辆速度最终由式(9-18)、式(9-19)计算得到。

$$\beta = \arcsin\left(\frac{y_2 - y_1}{\sqrt{(x_2 - x_1)^2 + (y_2 - y_1)^2}}\right) \tag{9-18}$$

$$V_1 = \begin{cases} (V(-\cos\beta), V\sin\beta), & \forall x_2 < x_1 \\ (V\cos\beta, V\sin\beta), & \forall x_2 > x_1 \end{cases} \tag{9-19}$$

为了拓展 TTC 的通用性，使其预测的准确性不依赖于对车辆运动的约束，对基础 TTC 进行拓展延伸，使其能够适用于更加普遍的二维车辆运动，即能够预测不受约束的交通冲突,将拓展后的 TTC 称为拓展 TTC(Extended TTC,ETTC)[16-17]。ETTC 的定义与传统 TTC 相同,并假定两车发生冲突时的加速度恒定,计算基于车辆微观运动信息。

在车辆碰撞中,首先发生碰撞的点必然为两车最相近的点,两点之间的距离 d_{ij} 与车辆运动信息之间的关系可由式(9-20)表达。对式(9-20)两边同时求导,可得到式(9-21),其中距离的变化率为 $\dot{d}_{ij}$,两车靠近的速度则为 $-\dot{d}_{ij}$。

$$\dot{d}_{ij}^2 = \|C_i - C_j\|^2 = (C_i - C_j)^T (C_i - C_j) \tag{9-20}$$

$$\dot{d}_{ij} d_{ij} = (C_i - C_j)^T (V_i - V_j) \tag{9-21}$$

两车之间的距离和距离变化率可由下式计算得出:

$$d_{ij} = \sqrt{(C_i - C_j)^T (C_i - C_j)} \tag{9-22}$$

$$\dot{d}_{ij} = \frac{1}{d_{ij}} (C_i - C_j)^T (V_i - V_j) \tag{9-23}$$

ETTC 的计算是在某一特定时刻,且时刻是连续的,对冲突的估计可以在任意时刻进行,由于时刻间隔较小,因此可假设在某一时刻,两辆车之间的接近速度是恒定的。根据 ETTC 的定义,两车发生碰撞的情况可由式(9-24)表示,此时 ETTC 即可由式(9-25)计算得出:

$$d_{ij} + \dot{d}_{ij} \cdot \text{ETTC} = 0 \tag{9-24}$$

$$\text{ETTC} = -\frac{d_{ij}}{\dot{d}_{ij}} \tag{9-25}$$

经无人机拍摄的视频轨迹以车辆形心点坐标为对象,因此不能直接代入以上公式计算 ETTC,需对公式进行进一步的演化。受车辆形状的影响,两车辆形心之间的距离 D_{ij} 大于两车最近点之间距离 d_{ij},严格来说,D_{ij} 与 d_{ij} 之间的差值会随着两车运动之间的夹角改变而变化,但此差值难以进行详细的定义和计算。将此差值假定为前车车长以及后车车长总和的一半,这个数值比大多数实际差值大,因此减去车长影响下的两车距离要比实际距离更短,这样便能够保证考虑到所有交通冲突的可能情况,更大限度地提升车辆安全,减少距离误差对交通冲突预测的影响。式(9-26)中,L_i 为前车车长,L_j 为后车车长。根据以上分析,D_{ij} 可由式(9-27)和(9-28)计算得出,在式(9-28)中,本书假设两车中心点的靠近速度和两车临近点的靠近速度相同。

$$d_{ij} = D_{ij} - 0.5 L_i - 0.5 L_j \tag{9-26}$$

$$D_{ij} = \sqrt{(O_i - O_j)^T (O_i - O_j)} \tag{9-27}$$

$$\dot{D}_{ij} = \dot{d}_{ij} = \frac{1}{D_{ij}} (O_i - O_j)^T (V_i - V_j) \tag{9-28}$$

综上所述,ETTC 可以表示为下式:

$$\text{ETTC} = -\frac{d_{ij}}{\dot{d}_{ij}} = -\frac{D_{ij} - 0.5 L_i - 0.5 L_j}{\frac{1}{D_{ij}} (O_i - O_j)^T (V_i - V_j)} = -\frac{\sqrt{(O_i - O_j)^T (O_i - O_j)} - 0.5 L_i - 0.5 L_j}{\frac{1}{\sqrt{(O_i - O_j)^T (O_i - O_j)}} (O_i - O_j)^T (V_i - V_j)}$$

$$\tag{9-29}$$

通常使用固定的阈值(TTC threshold)判断车辆是否发生交通冲突,即判断车辆是否安全。当 TTC 的值小于阈值时,车辆不具有充足的时间避免交通冲突,为危险状态,反之则为安全状态。由于 ETTC 与 TTC 的基本定义相同,因此可以使用同样的阈值理论对车辆安全状态进行判断,TTC 的阈值通常为 2~4 s,受交通环境、驾驶员、车辆等因素的影响,阈值会发生变化。

2. 交通安全评估模型

目前被广泛应用于交通安全研究的事故风险评估模型有参数模型(Parametric model)和非参数模型(Non-parametric model)两类,分别在模型解释能力和较高预测精度方面上具有优势。

参数模型通常假设总体样本服从某个分布,此分布可由特定参数确定,非参数模型则不做任何总体分布假设,因此只能以非参数统计的方式进行模型推断。参数模型明确制定了目标函数的形式,模型可以通过数据结构化表达式和参数集表示。参数模型具有良好的理论解释性和清晰的计算结构,并且具有较快的模型学习和训练速度。然而参数模型的局限性也很明显,有限的复杂度使得参数模型通常仅能解决简单问题。此外,若原始数据不满足分布假设,可能会产生不正确的推论,因变量和自变量之间预先定义的潜在关系也同时受到模型本身的约束。

参数模型主要包含线性回归和广义线性回归模型。广义线性回归模型(GLM)是对传统线性模型的拓展延伸,通过连接函数把因变量取值变换到自变量的线性预测的取值范围$(-\infty,+\infty)$中,具有很大的灵活性并且规避了线性模型在因变量值分布方面的局限,放松了对因变量的分布限制。交通安全研究中,车辆的事故/冲突数多为非负、随机、离散或者二项分布,并不服从正态分布,因此多采用 GLM 模型进行探究[18-19]。泊松回归和负二项回归用来评估事故发生频数,当预测事故是否发生时,因变量类型为二项分布的分类变量,因此常用逻辑回归(Logistic Regression,LR)模型进行拟合和评估。

非参数模型中数据分布假设自由,算法可以自由地从训练数据中学习任意形式的函数,实现对数据的分类或者回归。相较于参数模型,非参数模型具有较高的预测精度,其对总体的假设自由增强了模型的适用性和功能性,再者还能够用更加精简的变量或者图形揭示自变量与因变量之间的关系。虽然非参数模型在以上方面具有优势,但模型通常容易发生过拟合,模型结果的可读性差,不能估计影响因素对研究对象的边际效应(Marginal effects)[20]。非参数模型通常包括决策树(Decision Trees,DT)、随机森林(Random Forest,RF)、支持向量机(Support Vector Machines,SVM)、K 邻近算法(K-Nearest Neighbor,KNN)、神经网络(Neural Networks,NN)等。

参数模型和非参数模型的分析详见第三章和第四章内容。

9.4.2 实例分析

1. 视频数据获取

选取南京市典型混合型主线收费站作为研究实例,为获取具有代表性的交通数据,共选取两个主线收费站,如图 9-15 和 9-16 所示,收费站具体信息见表 9-2。由于收费站两个方向导流各有一个分流区,因此共获得四个收费站分流区的视频数据。调研运用无人机在分流区垂直上空拍摄大范围的俯拍角度视频,视频清晰度达到 4K 超高清,为 30 帧/s(fps)。为了减少高峰时期车辆排队对分流区车辆分流行为的影响,选取每天的平峰时期进行视频拍摄,车流量适中。

图 9‑15　沪蓉高速南京收费站航拍示意图

图 9‑16　南京二桥收费站航拍示意图

表 9‑2　各收费站详细信息

类别			收费站 1	收费站 3
名称			沪蓉高速南京收费站	南京二桥收费站
所在道路			G42	南京长江第二大桥南部道路
方向			东西 由东向西(A) 由西向东(B)	南北 由南向北(A) 由北向南(B)
分流区车/通道数	A 向分流区	主线道路车道数	4	4
		ETC 通道数	3	3
		MTC 通道数	9	10
	B 向分流区	主线道路车道数	4	3
		ETC 通道数	3	3
		MTC 通道数	3	11

续表

类别	收费站1	收费站3
拍摄次数	2	1
拍摄日期	2018年3月7日 2019年11月6日	2019年11月6日
拍摄时间	平峰	平峰
拍摄时长/h	3	1.5
天气	晴天,微风	晴天,微风

2. 基于轨迹数据获得 ETTC 数据

假设驾驶员可以在每一个时间离散点决定其驾驶决策,因此车辆安全在每一时间离散点也会随之变化。基于轨迹数据,获取车辆在每一时间步长的 ETTC 并对其危险状态进行判断,车辆在每一时间步长时的安全状态被分为两种:安全和危险。计算样本视频中所有车辆在每一时间步长时的 ETTC,规定 ETTC 的时间步长为 0.1 s(每 3 帧),不考虑车辆在收费站分流区的撞物冲突。除公交车和货车(样本约占 6%)之外,共获得 1 016 辆小汽车的冲突数据。以 ETTC 为 10 s 提取样本数据,以 4 s 作为条件评判是否处于危险状态,最终总共获得 75 732 个样本,包含 59 364 个安全样本(78.39%)和 16 368(21.61%)个危险样本。需要注意的是,在数据处理过程中,首先对距离本车最近的车辆进行筛选,保证车辆最危险的状态被识别。进一步,分别以 1 s、2 s、3 s、4 s 为 ETTC 判断阈值,危险样本比例为 4.39%、9.82%、15.67% 和 21.61%。

3. 安全风险评估模型构建及结果分析

构建 LR、KNN、SVM、NN、DT 和 RF 六种评估模型[20]。为了提高模型预测效果,使用 10 折交叉验证(10-fold cross validation)将原始训练数据集分为训练子集(Training)和验证子集(Test)。

模型在不同 ETTC 阈值下的正确率(Accuracy)曲线如图 9-17 至图 9-20 所示,五种非参数模型均呈现出不同的精度曲线。一般来说,训练精度高表明训练子集具有良好的预测性能,而验证精度高则可以避免过拟合现象。因此在保证验证精度的前提下,最终选取的关键参数值具有较高的训练过程精度。

在 0 中 KNN 模型的训练精度随着 k 值(Value of k)的增大呈现波动性下降的趋势,而验证精度的变化浮动较小,当临近分类器数量为 3 时,能够保证训练和验证精度都相对较高。SVM 模型中的关键参数 RBF 核函数的 γ(Gamma)值被设定为一个具有 19 个不同值的几何序列(10^{-4} 到 $10^{-2.3}$),结果显示训练精度在第 7 个值之前较稳定,之后呈现显著上升,验证精度则在第 13 个值之后开始下降,因此选取第 13 个值作为模型参数。NN 模型的训练和验证的正确率曲线具有相似度非常高的趋势,因此选取精度最高时隐层的数量(Hidden layer size),此时为 3 个隐层。DT 模型正确率曲线的变化趋势与 SVM 模型相似,当决策树的最大深度(Max depth)为 8 层时,模型具有最高的验证精度和相对较高的训练精度。RF

模型的训练和验证的正确率始终保持在较高水平,随着树的个数(Num of estimators)增加其模型预测精度缓慢提升,为了避免过拟合现象,选取树的个数 9 为模型参数。

ETTC 值域为 2 s、3 s、4 s 条件下五个非参数模型的正确率曲线如图 9-18 至图 9-20 所示,以相同方法确定模型中关键参数的取值,具体取值已在图中显示,不做赘述。

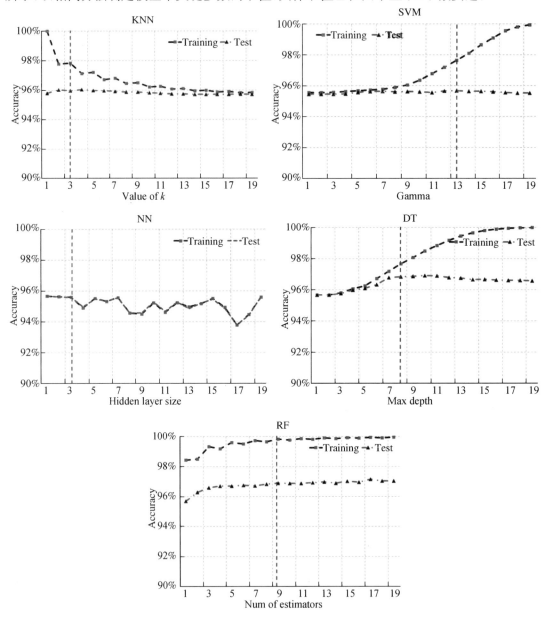

图 9-17　模型预测正确率曲线以及关键参数选取图一(ETTC threshold = 1 s)

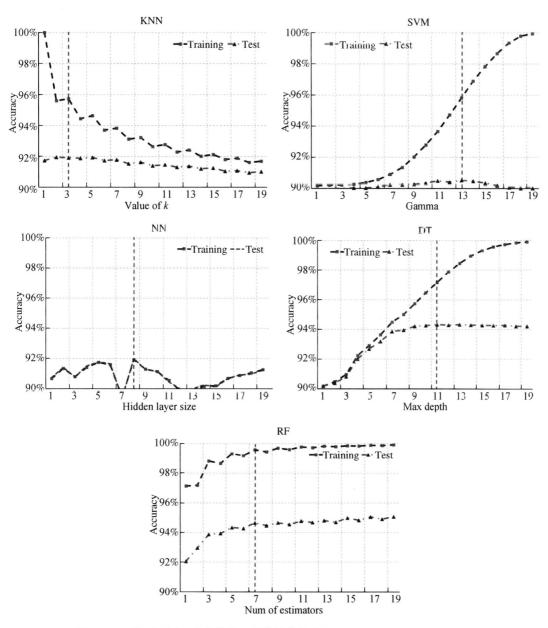

图 9-18　模型预测正确率曲线以及关键参数选取图二(ETTC threshold = 2 s)

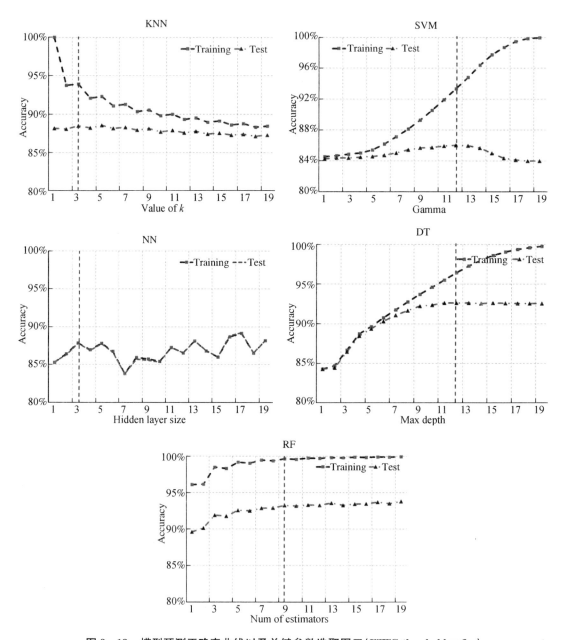

图 9‑19　模型预测正确率曲线以及关键参数选取图三（ETTC threshold = 3 s）

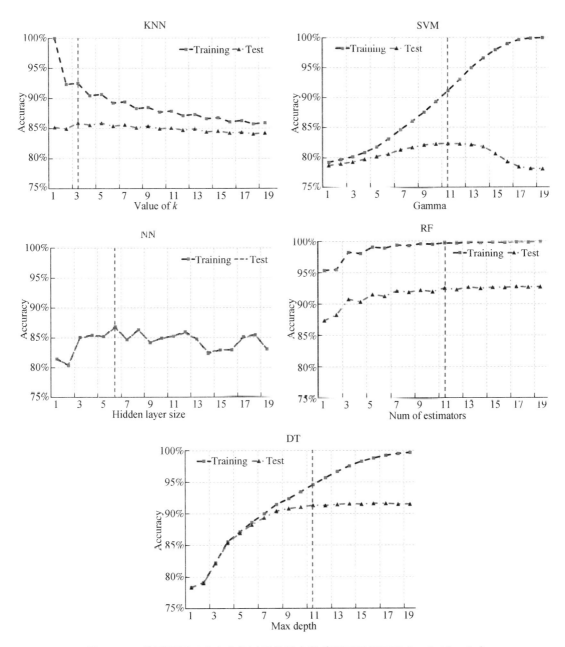

图 9-20 模型预测正确率曲线以及关键参数选取图四(ETTC threshold = 4 s)

以模型正确预测的准确度（占样本总数的百分比）对模型效果进行验证和对比，也称为模型精度，通常精度高的模型效果优于精度低的模型，表9-3列举了LR、KNN、SVM、NN、DT、RF模型在训练、验证以及预测时的精度。总的来看，大部分模型的预测精度都高于90%，表明模型的有效性。车辆微观轨迹数据提供了大量的车辆动态信息，可为预测事故风险提供更多细节，因此模型对车辆事故的评估准确度均较高。

表9-3 不同模型的训练、验证、预测精度

精度/%	LR	KNN	SVM	NN	DT	RF
ETTC threshold = 1 s						
训练(Training)	95.70%	97.84%	97.64%	95.61%	98.48%	99.82%
验证(Validation)	—	95.95%	95.67%	95.58%	96.92%	96.89%
预测(Prediction)	95.40%	96.01%	95.68%	95.37%	96.90%	96.87%
ETTC threshold = 2 s						
训练(Training)	92.60%	95.74%	95.83%	91.93%	97.16%	99.58%
验证(Validation)	—	91.93%	90.53%	91.99%	94.33%	94.66%
预测(Prediction)	92.59%	92.22%	95.35%	91.13%	94.26%	94.90%
ETTC threshold = 3 s						
训练(Training)	90.50%	93.92%	93.35%	87.82%	96.45%	99.64%
验证(Validation)	—	88.47%	86.04%	87.80%	92.64%	93.24%
预测(Prediction)	90.38%	88.75%	92.61%	84.51%	92.97%	93.52%
ETTC threshold = 4 s						
训练(Training)	89.20%	92.53%	91.13%	86.83%	94.58%	99.71%
验证(Validation)	/	85.92%	82.34%	86.69%	91.35%	92.51%
预测(Prediction)	88.60%	86.04%	88.09%	88.37%	91.27%	92.43%

随着ETTC阈值的增大，各模型预测准确度均有下降趋势，这和安全与危险样本比例变化有关。当ETTC阈值为1s和2s时，6个模型的预测精度均高于90%，其中ETTC阈值为1s时各模型预测精度差异微小，暗示各模型对分流区事故风险预测的准确率相差较小。ETTC阈值增长到2s时，LR、KNN、NN模型预测精度下降幅度大于其余三种模型，其中NN模型效果最差（91.13%）。ETTC阈值为3s时，KNN和NN模型精度下降到90%以下，预测准确度欠佳。ETTC阈值为4s时，KNN模型预测准确度最低，KNN、SVM、NN模型预测准确度低于LR模型。大部分非参数模型的训练精度高于验证和预测精度，可能原因是复杂的模型结构导致非参数模型无法避免过拟合问题，然而参数模型的结构简单有效，使得LR模型的训练和预测精度近似相等。

横向对比来看，DT和RF模型精度一直保持优于90%，模型效果始终优于其他模型。随着ETTC阈值增大，KNN、SVM、NN模型预测准确度开始表现欠佳，大部分情况预测准确度低于LR模型，表明不是所有的非参数模型效果都优于参数模型。相较于参数模型，虽然DT和RF模型具有较高的预测精度，且不需要检验数据分布假设，但其工作过程类似"黑箱"操作，无法给出明确的函数表达式，对结果解释能力欠佳，不利于捕捉各因素与车辆事故风险之间的内在联系。以DT模型的结果为例，最优模型结果为决策树最大深度分别为

8(ETTC 阈值为 1 s)、11(ETTC 阈值为 2 s)、12(ETTC 阈值为 3 s)、11(ETTC 阈值为 4 s)时,较多的层数导致决策树结构复杂,其可视性和直观性较弱,增加了实际分析的难度。由于最优决策树深度较高不便于展示,图 9-21 选取最大深度为 3 层时 DT 模型的预测结果进

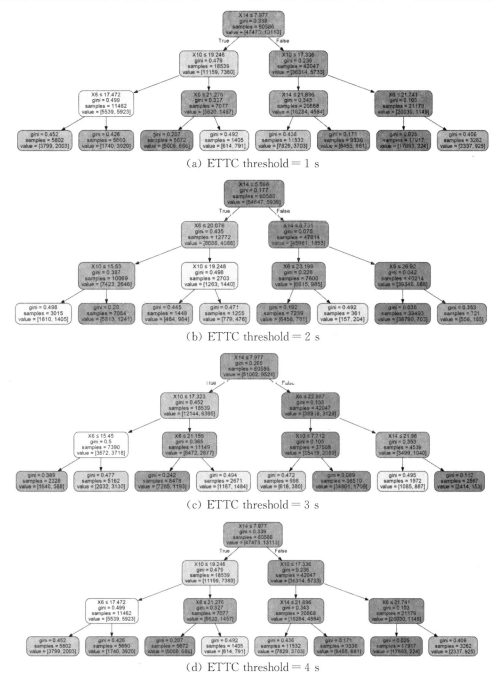

注:$X6$ 为本车速度(Fv),$X10$ 是前车速度(Lv),$X14$ 是两车距离(D_{ij})。

图 9-21 不同 ETTC 阈值情况下 DT 模型结果示例

行示例说明。如图9-21(d)所示,本车速度、前车速度、两车距离为 DT 模型主要分类器,说明这些参数是影响分流区车辆安全的关键变量。决策树第一层以两车距离对车辆事故风险进行分类,暗示此参数对分流区车辆安全最为重要,距离小于 7.977 m 的交通冲突在此层被判断为潜在事故,其余两层继而以本车速度、前车速度、两车距离为判断依据对事故进行分类。

参数模型在对分流区车辆事故风险评估时具有以下特点:首先,参数模型预测精度位于中上水平,规避了模型过拟合问题,对分流区事故风险评估具有较好的表现。其次,参数模型适用于捕捉多个解释变量与事故之间的内在联系,模型估计结果为直观的函数表达式,能够准确预测事故发生的概率,估计每一个因变量对事故的边际效应,更适用于实际工程应用。然而,若出现违反参数模型假设的情况,则会导致模型的错误估计。再者,虽然模型能够通过因变量相关性检验剔除高度相关变量,但很难完全消除因素相关对模型结果的误差影响,更重要的是 LR 模型不能横向比较各参数对事故的影响程度,难以识别出关键变量。根据以上原因,提倡应当同时使用参数和非参数模型进行事件预测,以两种方式的互补弥补模型表现的不足。

参考文献

[1] Girshick R, Donahue J, Darrell T, et al. Rich feature hierarchies for accurate object detection and semantic segmentation[J]. 2014 IEEE Conference on Computer Vision and Pattern Recognition, 2014: 580-587.

[2] He K M, Zhang X Y, Ren S Q, et al. Spatial pyramid pooling in deep convolutional networks for visual recognition[J]. IEEE Transactions on Pattern Analysis and Machine Intelligence, 2015, 37(9): 1904-1916.

[3] Girshick R. Fast R-CNN[C] //2015 IEEE International Conference on Computer Vision (ICCV). Santiago, Chile, 2015: 1440-1448.

[4] Ren S Q, He K M, Girshick R, et al. Faster R-CNN: Towards real-time object detection with region proposal networks[J]. IEEE Transactions on Pattern Analysis and Machine Intelligence, 2017, 39(6): 1137-1149.

[5] Cai Z, Fan Q, Fe Ris R S, et al. A unified multi-scale deep convolutional neural network for fast object detection[C] // European Conference on Computer Vision. Springer International Publishing, 2016.

[6] Dong C, Loy C C, He K M, et al. Image super-resolution using deep convolutional networks[J]. IEEE Transactions on Pattern Analysis and Machine Intelligence, 2016, 38(2): 295-307.

[7] Nguyen H. Improving faster R-CNN framework for fast vehicle detection[J]. Mathematical Problems in Engineering, 2019, 2019: 1-11.

[8] Xu C C, Wang G L, Yan S S, et al. Fast vehicle and pedestrian detection using improved mask R-CNN[J]. Mathematical Problems in Engineering, 2020, 2020: 1-15.

[9] 王若霄. 基于深度学习的目标检测方法研究[D]. 成都:中国科学院大学(中国科学院光电技术研究所),2020.

[10] Redmon J, Divvala S, Girshick R, et al. You only look once: Unified, real-time object detection[J]. 2016 IEEE Conference on Computer Vision and Pattern Recognition (CVPR), 2016: 779-788.

[11] Liu Z, He J, Zhang C, et al. Vehicle trajectory extraction at the exit areas of urban freeways based on the YSKT algorithm framework[J]. Journal of Intelligent Transportation Systems: Technology, Planning, and Operations, 2021.

[12] Zheng Z H, Wang P, Liu W, et al. Distance-IoU loss: Faster and better learning for bounding box regression[J]. Proceedings of the AAAI Conference on Artificial Intelligence, 2020, 34(7): 12993-13000.

[13] 尹卓. 面向交叉口冲突分析的车辆轨迹学习技术[D]. 北京:北京工业大学,2019.

[14] Kim J, Mahmassani H S. Spatial and temporal characterization of travel patterns in a traffic network using vehicle trajectories[J]. Transportation Research Part C: Emerging Technologies, 2015(59): 375-390.

[15] 刘晨强. 车辆轨迹数据与换道行为特性研究[D]. 北京:北京工业大学,2018.

[16] Xing L, He J, Abdel-Aty M, et al. Examining traffic conflicts of up stream toll plaza area using vehicles' trajectory data[J]. Accident Analysis & Prevention, 2019, 125: 174-187.

[17] 邢璐. 基于微观轨迹数据的主线收费站分流区交通安全评价研究[D]. 南京:东南大学,2020.

[18] Chang L Y, Chien J T. Analysis of driver injury severity in truck-involved accidents using a non-parametric classification tree model[J]. Safety Science, 2013, 51(1): 17-22.

[19] 郭延永,刘攀,吴瑶,等. 考虑异质性的贝叶斯交通冲突模型[J]. 中国公路学报, 2018,31(4):296-303.

[20] Xu C C, Wang W, Liu P. A genetic programming model for real-time crash prediction on freeways[J]. IEEE Transactions on Intelligent Transportation Systems, 2013, 14(2): 574-586.

[21] Xing L, He J, Li Y, et al. Comparison of different models for evaluating vehicle collision risks at upstream diverging area of toll plaza[J]. Accident Analysis & Prevention, 2020, 135: 105343.

第十章

基于视频的驾驶员姿态实时识别与行为评价方法

近年来，随着社会经济水平的发展和车辆保有量的逐年增加，道路交通事故频发，尤其营运车辆一旦发生事故就会导致严重损失。交通事故的发生与驾驶员的不良状态行为息息相关。现有的联网监控系统已不能满足智能、实时识别驾驶员危险姿态的需求。当前，计算机技术发展为动态识别驾驶员姿态提供可能，通过技术手段对驾驶员行为进行检测，并采取适当的形式进行驾驶行为干预，能很好地降低交通事故的风险。

然而，现阶段关于驾驶行为检测的研究往往只对理想环境下的局部驾驶姿态进行检测，在理论研究和市场产品两个层面都出现了研究对象和场景过于局限、识别姿态的种类有限且无法有效识别叠加性姿态、对驾驶员姿态特征研究不足等问题。本章主要针对以上问题，介绍基于视频的驾驶员双视角、多姿态实时识别与行为评价方法。

10.1 营运车辆驾驶行为监控问题概述

10.1.1 问题背景

1. 交通事故的发生与驾驶员的不良状态行为息息相关

交通事故的发生是人—车—路—环境多因素共同作用的结果，研究者普遍认为导致道路交通事故的原因约80%涉及驾驶员的因素[1-3]，而在驾驶人因素中又以超速、疲劳驾驶、错误驾驶行为居多。据统计，在道路交通安全事故中，驾驶员感知、判断和操作环节中发生失误的比率分别为54.55%，36.36%和9.09%[4]（图10-1）。可见，驾驶员及时、准确地对各种信息进行感知和判断处理是安全驾驶的关键，而疲劳驾驶、酒驾、吃东西、使用手机等行为都会严重影响驾驶员的感知和判断。

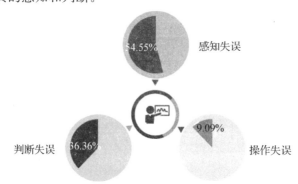

图 10-1 感知、判断、操作失误对驾驶影响程度

2. 现有静态识别不满足实时监控要求

现有营运车辆联网联控的监管办法很难实现对驾驶员行为的动态实时监测。2016年9

月交通运输部关于印发《全国重点营运车辆联网联控系统考核管理办法》的通知(交运发〔2016〕160号),要求各级道路运输管理机构和相关企业建立依托卫星定位系统技术的重点营运车辆联网联控系统,这是对班线客运和危险货物运输最新和最严的监管(图10-2)。然而,该系统的考核指标主要包括平台连通率、车辆入网率、数据交换成功率等统计指标或静态指标,缺乏动态指标或实时指标,现有技术主要通过管理人员暗访或者人工观看后台视频获取动态指标,不能自动识别驾驶员的错误驾驶行为实现实时警报。

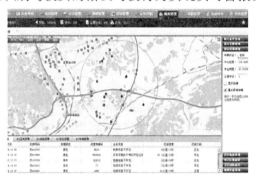

图10-2 现有营运车辆联网联控系统示意图

3. 计算机技术发展为动态识别驾驶员姿态提供可能

计算机视觉与人工智能的兴起奠定了自动识别驾驶员错误驾驶行为的技术基础。根据摩尔定律,计算机的计算能力不断解放,使得人工智能4.0时代加速来临,各种机器学习与深度学习方法得以更普遍的应用。以目标检测、运动跟踪、图像识别分类为主的计算机视觉研究成果也不断出现,计算机的处理性能全线逼近人类水平,在特定数据集上的结果甚至超过了人类水平,这给驾驶员姿态与行为的自动识别提供了技术上的可行性(图10-3)。

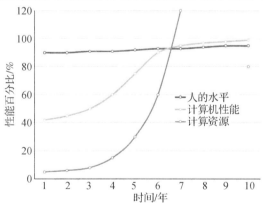

图10-3 计算机性能和计算资源变化示意图

4. 现有驾驶员姿态检测系统仍未成熟

现有的成熟驾驶员实时监测系统多为疲劳状态检测产品,还没有普遍推广,且少有对驾驶员姿态行为的检测。以德国SMI公司开发的疲劳监测系统、沃尔沃与澳大利亚国立大学开发的FaceLAB系统以及国内南京远驱科技有限公司推出的gogo850系统为代表的驾驶员检测系统为例[5],其产品均是基于驾驶员眼部睁闭的图像识别,用以判断驾驶员是否处于疲劳状态。由于产品性能和市场因素,该类产品还未能广泛普及。此外,基于面部或眼睛的驾驶员状态识别有很大的局限性,它不能避免由驾驶员错误姿态或行为带来的行驶安全隐患,而市场上还未有成熟的驾驶员姿态或行为检测系统产品。

5. 实现对营运驾驶安全的实时警报其意义重大

目前,我国的交通安全形势仍然严峻,严重危害了人民群众生命财产安全与社会和谐稳定。营运车辆在汽车责任事故中的占比很高,尤其重特大事故发生概率较大,很容易带来负面的社会影响。如果能基于复杂环境中的驾驶人图像精确识别驾驶人姿态,智能判断驾驶人行为,即可实现对营运驾驶安全的实时警报,这在驾驶员层面、营运企业层面、社会交通安全层面都有深远的实践意义。

(1) 有利于保障驾驶员人身安全,促进行车规范化、安全化

当驾驶人员出现单手驾驶、打电话、收发短信、吃东西(嗑瓜子、吃苹果等)等影响驾驶安全的行为时,系统能够自动发出警示提示驾驶员,在驾驶员无意识自控时,通过外部力量警示保证驾驶员行车安全。当驾驶员获悉自身行为被实时监管后,也会积极提升安全意识,进而形成安全驾驶的习惯。

(2) 有利于推动营运企业动态实时监管驾驶员行车,确保企业运营安全与稳定盈利

当驾驶员有不安全行为发生时,营运企业能够通过系统后台实时发出警报并监管干预。企业也可以通过动态监管数据,制定更合理、规范的行车安全奖惩制度,确保员工、乘客、财产三方安全,避免人财两空的惨剧发生,还可以塑造企业安全营运形象,保障持续稳定增长的盈利水平。

(3) 有利于营造安全、稳定的社会交通环境,塑造积极、稳定的道路交通安全形象

加强科技研究对交通安全的推动作用,结合行政管理和人为管理,建造人民群众高度信赖的道路交通运输环境。这不仅有助于促进营运企业车辆的安全驾驶,也有助于道路交通的其他参与者的安全保障,进而提升整个社会交通运输的安全程度。

10.1.2 驾驶员姿态检测方法综述

1. 驾驶员姿态检测数据获取方法

国内外学者获取驾驶员状态、行为数据主要通过三种方法:基于车辆行为的检测方法、基于驾驶员生理参数的侵入式检测方法和基于计算机视觉的非侵入式检测方法。由于车辆行为由驾驶员行为决定,研究车辆行为具有时间上的滞后性,而侵入式的检测方法在一定程度上会干扰驾驶员正常行驶,所以目前多数比较前沿的研究更倾向于使用基于计算机视觉的非侵入式检测方法。

基于车辆行为的检测方法主要通过检测车辆的异常状态来反映驾驶员的状态和行为,一般的检测参数为车辆行驶方向、轨迹、速度等。但由于其不是本源性影响因素,具有一定的滞后性,通过该方法判断驾驶员状态、行为的检测准确度较低。

基于驾驶员生理参数的侵入式检测方法主要通过分析驾驶员身体中生理信号的变化规

律来判别其是否处于驾驶疲劳状态。常见的生理信号主要包括脑电图(EEG)、心电图(ECG)、心率、呼吸频率等[6-10]。该方法需要驾驶员佩戴电极、光学标记、气压等传感装备,该检测方法的特点是精度较高,不受外界环境变化干扰,但是穿戴额外装备会对驾驶员行车造成干扰,造成安全隐患。此外,侵入式检测的成本较高,不利于大面积推广。

基于计算机视觉的非侵入式检测方法通过驾驶员行驶时的视频或图像分析驾驶员的状态和行为。该方法获取数据便捷、安全性好、检测准确度高,已经成为目前最为主流的驾驶员状态、行为检测方法,后续提及的研究方法均为基于计算机视觉的检测方法。

2. 驾驶员姿态检测区域

近年来,基于计算机视觉的驾驶员姿态检测的研究主要集中在驾驶员的头部区域,多用来监测驾驶员的疲劳或分神状况。为了从驾驶员状态检测拓展到驾驶员行为检测,需要提取驾驶员更多的肢体信息。因此,部分学者将研究区域范围扩大到由头部、双手臂、身体躯干组成的上半身[11-14]。

驾驶员头部区域研究主要通过驾驶员眼睛状态、凝视方向、面部朝向和头部姿态判定驾驶员的疲劳和分神状态。驾驶员上半身区域研究主要通过驾驶员头部、双手臂的位置信息判定驾驶员的姿态和行为是否符合正确驾驶要求。

3. 驾驶员姿态检测应用场景

目前,驾驶员姿态检测的应用场景正逐步实现从白天到夜晚,从驾驶模拟器到真实驾驶环境的拓展。能够完成真实场景下全天候的驾驶员姿态检测,是该类系统产品走向成熟的重要前提。

目前大部分研究集中于白天驾驶情况下的驾驶员姿态识别,也有部分学者考虑到夜晚行车安全的需要,利用红外视频传感器实现夜晚驾驶人姿态的检测,将驾驶员姿态检测的应用场景从白天拓展到夜晚。

在研究早期真实驾驶环境数据集较为缺乏的情况下,研究者经常会利用驾驶模拟器数据集进行实验测试。近年来,学者尝试新算法识别驾驶员姿态时也会选择模拟驾驶数据进行快速优化,然后在真实驾驶环境数据集中泛化,从而实现从驾驶模拟场景到真实应用环境场景的拓展。

4. 驾驶员姿态检测技术方法优化

随着计算机视觉领域的发展,驾驶员姿态检测技术方法也有了长足的进步。从早期肤色检测模型方法,到中期基于机器学习的检测方法,再到目前应用广泛的深度学习智能检测方法,方法的鲁棒性、准确性、实时性都有了很大的提升。

早期的驾驶员检测技术多使用肤色检测模型,包括RGB(红绿蓝)模型、YCrCb(亮度、色度)模型和HSV(色调、饱和度、明度)模型等。肤色模型可以快速从图像中提取出驾驶员的头部、双手等特征区域,但是该方法对光线的鲁棒性较低,一旦光线发生较大变化,识别准确度会急剧下降。

中期的驾驶员检测技术开始向其他图像处理方法和机器学习方法转变。方法的基本思想是收集人脸图片训练分类器来检测人脸,常用的分类器包括支持向量机、决策树、随机森林和浅层神经网络等[15-16],解决了普通肤色模型受光线干扰较大的问题。

目前,深度学习技术快速发展,基于深度学习的驾驶员状态、行为检测研究十分广泛,该方法主要运用深度卷积神经网络实现图像识别[17-18]。通过大量图像数据的训练后,识别性能远超于传统的机器学习方法。

10.1.3 现有检测方法局限性概述

1. 研究对象和场景过于局限

营运车辆驾驶员的研究不足。当前驾驶员姿态检测识别研究主要针对小汽车驾驶员,对营运车辆驾驶员尤其是危险程度较大的货车驾驶员的相关研究很少。驾驶员姿态识别系统现多由汽车厂商开发,以商用为主。而在安全驾驶层面,营运车辆驾驶员对姿态监测的安全需求更大。

夜晚姿态检测研究不足。现阶段驾驶员姿态识别研究主要在白天环境下进行,有较好的光线条件。但是据实际调查,在实际使用中,营运车辆驾驶员有约1/3的时间在夜晚条件下行驶。夜间行车的光线条件远不如白天,且目前运用较多的夜间监控多为红外摄像头,监控拍摄产生的视频图像数据集与日间拍摄数据集有较大差异,当前运用夜间数据集进行夜间驾驶员姿态监测识别的研究较少。

2. 驾驶员识别姿态种类较少

目前驾驶员姿态识别主要针对正常驾驶、操纵挡位、打电话、抽烟等单一常见姿态,仅仅涵盖了驾驶员姿态中的小部分。例如吃东西、喝水、操纵仪表盘、操作手机、不看前方、双手脱离方向盘等行为也会极大影响驾驶安全,涉及这一类姿态的研究相对较少。此外,驾驶员除了有单一姿态外,可能还会同时做出多种姿态,这一类的叠加姿态识别研究目前还处于空白阶段。

3. 驾驶员姿态特征研究不足

当前研究识别的姿态均为静态姿态,研究缺乏动态思维、系统性思维。驾驶员姿态行为的连续性、相似性、叠加性、相互影响性等多项特征均未有研究涉及。传统的静态姿态识别更适合于长周期性拍摄图像的事后识别,而在真实驾驶环境中产生的姿态行为更适合于全过程的视频图像序列的事中识别。

4. 驾驶员监测识别及预警系统研究不足

现有国内外研究主要集中于如何运用更先进的算法更准确地识别出驾驶员行为姿态的类别。然而,在实际应用中,真正有意义的是在识别出错误驾驶姿态后实时地对驾驶员进行警报提醒。因此,如何既能在驾驶员做出危险姿态时发出实时提醒,又能够不频繁地发出错误警报干扰驾驶员正常驾驶,进而构建合理、可应用的警报触发条件系统,是目前研究还未涉及的部分。学界当前研究仍停留在识别检测姿态算法层面,还未考虑如何更好地结合实际用户需求和使用场景,开发出更适合营运车辆驾驶员安全驾驶和企业管理的驾驶员检测识别及预警系统。

第十章 基于视频的驾驶员姿态实时识别与行为评价方法

10.2 驾驶员姿态识别的需求分析

10.2.1 市场环境分析

1. 政策环境

近几年来,政府部门开始对道路客、货运安全进行明确部署,着重强调了对驾驶员行为动态监管和危险行为预警的重要性。交通运输部、公安部、应急管理部等部门不断发文(表 10-1),相关企业、高校合力修编相关道路运输标准,希望进一步保障驾驶员安全行驶以及企业监管能力。

表 10-1 驾驶员安全相关政策内容

文号	名称	内容
JT/T 883—2014	《营运车辆行驶危险预警系统技术要求和试验方法》	适用于具有前方车辆碰撞和车道偏离危险状态报警功能的营运车辆预警系统
交运明电〔2016〕11号	《交通运输部关于进一步加强道路客运安全管理工作的紧急通知》	切实加强对客运车辆的动态监控。督促运输企业严格落实动态监控主体责任,加强动态监管,及时提醒和纠正驾驶员超速和疲劳驾驶等交通违法违规行为
交运令〔2016〕55号	《交通运输部公安部国家安全生产监督管理总局关于修改〈道路运输车辆动态监督管理办法〉的决定》	道路运输车辆动态监督管理应当遵循企业监控、政府监管、联网联控的原则。道路货运车辆公共平台设置监控超速行驶和疲劳驾驶的限值,自动提醒驾驶员纠正超速行驶、疲劳驾驶等违法行为
交安监发〔2017〕76号	《交通运输部关于印发〈深入开展平安交通专项整治行动方案〉的通知(交安监发)》	切实加强动态监控系统应用。各地要充分利用联网联控系统监管平台加强重点营运车辆动态监管,做好事前预防、事中事后监管工作,重点检查车辆上线率、轨迹完整率、超速报警、疲劳驾驶报警等指标
交运发〔2018〕55号	《道路旅客运输企业安全管理规范》	将动态监控作为安全生产制度的重要内容,强调"鼓励客运企业在长途客运车辆和旅游客车上安装、使用视频监控装置及其他智能科技手段,对客运车辆超员、驾驶员违规操作、疲劳驾驶、违规使用手机等行为进行监控和管理"
交办运〔2019〕101号	《交通运输部办公厅关于贯彻落实习近平总书记重要指示批示精神切实加强道路运输安全监管工作的通知》	进一步加快智能视频监控报警装置安装,"指导运输企业用好智能视频监控报警装置,发挥好智能视频监控报警装置在自动识别、自动提醒、自动纠正驾驶员不安全驾驶行为方面的作用,提升道路运输车辆安全科技保障能力,从源头预防和减少驾驶员违法违规导致的道路运输安全生产事故"

从政府发布的政策文件和标准体系可以看出,早期政策更注重车辆运行安全,中期由于信息化的持续发展,政策重心转移至车辆联网联控平台上,开始关注驾驶员的超速行为和疲劳状况。而从 2017 年开始,政策明确指向加强利用智能视频监控报警装置,对驾驶员的不安全行为和姿态进行监控识别。

2. 社会环境

为了避免道路交通安全事故造成重大损失,营运车辆的安全是重中之重。而在营运车辆使用中,货物运输比例远高于客运,对货运的监督也不及客运严格。所以现阶段,对货车司机驾驶行为的安全性保障需求很大。以货车司机为例,根据《货车司机从业状况调查报告》,分析其社会特点。

当前,我国货车司机从业年龄偏高,以中年为主。据调查样本数据显示,36~45 岁的货车司机占总群体 48.9%,占比接近一半。46~55 岁的货车司机占比 18.9%。两者合计占 67.8%。35 岁及以下的青年人占比仅为 32.2%,其中 25 岁及以下人群仅占 1.9%。青年人特别是刚踏入社会的年轻人普遍不愿意从事货车司机的职业(图 10-4)。

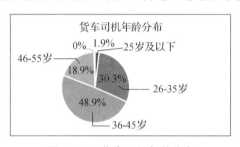
图 10-4 货车司机年龄分布

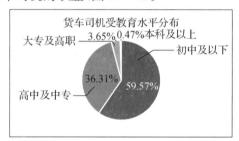
图 10-5 货车司机受教育水平分布

从受教育情况来看,货车司机文化素质偏低。近 60% 的样本司机文化水平为初中及以下,高中及中专文化水平样本司机占 36.31%,大专及高职文化样本司机占比 3.65%,本科及以上文化占比最低,仅占 0.47%(图 10-5)。货车司机是广大学历较低人员就业的重要渠道。

从从业时间来看,取得道路运输从业资格 10 年以上的司机占比 52.83%,具有较长从业经历的司机数量已经超过样本总数的一半。其中从业资格 21 年以上的司机占到 8.22%。31.4% 的司机取得道路运输从业资格 6~10 年,具有一定从业经历。这不仅与年轻人对货运司机职业的从业意愿不高有关,而且也受到从业资格获取难度大、时间过长等客观因素影响,这些因素抬高了行业进入门槛。

3. 竞争环境

市场上较为前沿的驾驶员姿态识别检测系统又名驾驶行为分析系统,目前国内该类产品主要分为两种:一种是以米乐视为代表的企业自研驾驶行为分析系统产品,另一种是以百度 AI(人工智能)为代表的驾驶行为分析平台。

(1) 米乐视驾驶行为分析系统

米乐视科技有限公司是智能车载监控安全解决方案服务商,是以可视、智慧、物联为核心技术的车载行业探索者。公司自创立以来,沿承十多年深厚的视频监控技术积累,提供多场景化的车载安全解决方案。其驾驶行为分析系统广泛应用于工程机械车、公交车、"两客一危"车辆以及特种车辆等领域。米乐视科技有限公司与三一重工集团、徐工集团、卡特彼勒、宇通客车、比亚迪汽车等公司有广泛合作。

其驾驶行为分析系统(表10-2)主要特性为车辆行驶过程中,通过内外双摄分别监控司机和前方道路,全天候监测驾驶员的疲劳状态、驾驶行为等。在发现驾驶员出现疲劳、打哈欠、眯眼睛及其他错误驾驶状态后,预警系统将会对此类行为进行及时的分析,并进行语音灯光提示。警示驾驶员、纠正错误驾驶行为的方式会触发报警声音,提醒司机采取措施;同时,报警事件会通过4G网络实时上传至云端,实现车队对车辆和司机的远程监管,提升车队驾驶安全。

表10-2 米乐视驾驶行为分析系统

产品用户	机械、汽车、物流等公司企业;政府部门
适用对象	物流车、公交车、长途客运、旅游大巴、危险品运输车、校车、出租车、泥头车及多种营运车辆
核心功能	疲劳驾驶检测:准确识别打哈欠、闭眼等疲劳相关动作,后期组合识别综合疲劳征兆,监管疲劳隐患逐步发生的过程。 危险驾驶动作检测:可检测多种危险驾驶动作,如打电话、抽烟、喝水、左顾右盼、未系安全带、故意遮挡等,可根据客户需求选择性开启。 司机身份验证:通过对比司机实时照片和数据库内照片,识别出司机身份,或给出未知身份警报
警示方式	语音灯光、触发报警声音
识别率	98%以上
识别时间	0.5 s内
优势	深入场景,覆盖出租车、客车、公交车、货车等典型车载场景; 驾驶员姿态行为识别正确率较高; 驾驶员姿态行为识别实时性较好; 适用对象广泛,涉及多种营运车辆
不足	涉及驾驶员姿态行为种类不全面,未考虑到驾驶员单手驾驶、操纵手机、操纵仪表盘、拿放东西等情形; 未涉及驾驶员叠加姿态行为的识别

(2) 百度驾驶行为分析平台

百度AI平台提供包括240项场景能力、解决方案与软硬一体组件,零算法门槛实现业务定制,提供全球领先的语音、图像、NLP(自然语言处理)等多项人工智能技术,开放对话式人工智能系统、智能驾驶系统两大行业生态,共享AI领域最新的应用场景和解决方案,为上下游合作伙伴搭建展示与交易平台,助力各行业高效实现AI升级。

百度驾驶行为分析平台(表 10-3)可供有需求企业定制个性化驾驶行为分析系统,为企业实现驾驶员安全监测相关业务 AI 升级。针对车载场景,识别驾驶员使用手机、抽烟、不系安全带、双手离开方向盘等动作姿态,分析预警危险驾驶行为,提升行车安全性。

表 10-3 百度驾驶行为分析平台

产品用户	智能车载监控安全相关厂商; 机械、汽车、物流等公司企业; 政府部门
适用对象	针对出租车、客车、公交车、货车等各类营运车辆
核心功能	驾驶员检测:识别图像中是否有人体(驾驶员),若检测到多个人体,则将目标最大的人体作为驾驶员,返回坐标位置;支持夜间红外场景 驾驶员行为识别:检测到驾驶员后,进一步识别行为属性,可识别使用手机、抽烟、不系安全带、双手离开方向盘、视角未朝前方 5 大类行为
警示方式	无
识别率	99.9%识别正确率
识别时间	毫秒级识别响应能力
优势	深入场景,覆盖出租车、客车、公交车、货车等典型车载场景; 应用灵活,针对每类属性行为,可根据实际业务需求灵活设置建议阈值; 服务稳定,拥有毫秒级识别响应能力及 99.9%的可靠性保障; 涉及驾驶员叠加行为姿态识别; 支持夜间红外场景
不足	涉及驾驶员姿态行为种类不全面,未考虑到驾驶员单手驾驶、操纵手机、操纵仪表盘、拿放东西等情形; 未涉及危险姿态警示方法; 不支持视频流

4. 发展趋势

(1) 高度重视营运车辆安全驾驶

在经济新常态形势下,公路运输总量呈平缓趋势,货运比例不断提升,营运车辆保有量缓慢下降,而单位车辆的载客、载货量却有所提高。一方面,企业为了保持自身竞争、盈利能力需要提升运输品质,提高运输服务能力;另一方面,企业从风险防控角度出发,避免道路交通事故给自身带来经济损失。这都需要大力促进营运车辆安全驾驶。

(2) 从平台联控车辆预警到驾驶员危险行为预警

当前政府部门要求切实加强动态监控系统应用。充分利用联网联控系统监管平台加强重点营运车辆动态监管,其主要指标为车辆上线率、轨迹完整率、超速报警、疲劳驾驶报警等。以车辆联网参数指标为主,部分涉及驾驶员状态指标,但是未涉及驾驶员姿态行为指标,不能从根本上防治监督驾驶员危险性操作。

(3) 人工识别到智能动态识别

由于联网联控系统监管平台已较为成熟,企业、政府监管主要通过人工后台周期性观察平台数据判断营运车辆行驶状态。但是人工识别存在不及时、易遗漏、反馈周期长的不足,未来发展趋势是通过识别系统,自动识别整体行驶过程中驾驶员的姿态、行为,并实时对有危险操作的驾驶员发出预警。

(4) 面部状态识别到行为姿态识别

现阶段联网联控监管系统以及部分驾驶员辅助系统对驾驶员的监控只包含面部范围,通过眼部数据识别驾驶员的疲劳状况,然而,疲劳状况仅仅是驾驶员危险行为的一项指标,所以目前的动态监管并不全面。由于长期驾驶行程会引起不良驾驶习惯,应该将驾驶员非正常操作动作的行为和姿态也纳入考量,将识别区域从面部扩展到整个上半身区域,将面部状态识别扩展到行为姿态识别。

(5) 姿态识别的高准确率、高实时性

营运车辆的行车安全是重中之重,所应用的驾驶员姿态识别系统既不能误判、漏判,对正常驾驶行为产生不利影响,也不能出现延迟反馈的现象,否则就起不到实时警报的作用。随着计算机计算能力和识别算法的发展,未来驾驶员姿态识别呈高精度化、高实时性的趋势。

10.2.2 用户需求分析

1. 潜在用户需求

(1) 日、夜多场景应用需求

营运车辆驾驶员作业不是正常的 8 h 工作制,按照订单要求和排班情况会有大量的夜间驾驶情形。一般夜间摄像头通过红外成像,图像的呈现方式与普通图像不同,这就要求驾驶员姿态识别系统能够适应夜间的驾驶室光线情况和红外图像。

(2) 实时准确驾驶员全姿态识别需求

驾驶员姿态识别的高准确率是应用的基本要求,现在的产品功能基本能够达到98%以上的准确率。但是,这只是针对某几种特定姿态的准确率,例如打电话、抽烟、喝水等,识别的姿态种类较少。一旦涉及驾驶员的全姿态,识别准确率就会显著下降。根据驾驶员的姿态类别,仍有拿放东西、操纵仪表盘、点击手机等多种姿态识别的需求。

现有研究或产品功能在不考虑人工观看后台视频数据的情况下,大多是对传输后的摄像头拍摄图像进行识别处理。这种处理方式一般都有滞后性的局限,只能够保留驾驶员做出危险姿态的时刻点,在事后对驾驶员做出警示或处罚,但是不能实时提醒驾驶员。从安全角度考虑,识别驾驶员危险姿态并实时发出警示,是更优的做法,这也是驾驶员姿态识别的实时性需求。

(3) 危险姿态警示需求

目前涉及驾驶员做出危险动作或姿态时进行警示的研究或产品功能较少,部分涉及的产品也仅仅通过声音提示,手段较为单一,对警示的条件和方法都没有更深入的研究。姿态识别后的实时反馈是规范驾驶员行为的重要前提之一,既要起到警示作用,又不能影响驾驶员的正常驾驶,所以如何对不同危险姿态进行多方式警示也是现阶段的需求之一。

2. 核心功能需求

(1) 日夜多场景识别功能

由于日间和夜间摄像产生的图像数据集差异较大,所以很难用一套算法模型直接识别日间、夜间的驾驶员姿态。分别使用并训练日间和夜间的驾驶员图像数据,形成自适应的算法模型。可根据图像呈现的驾驶环境判断使用日间识别模型还是夜间识别模型。

(2) 准确实时驾驶员全姿态及叠加姿态的识别功能

要求识别准确率在98%以上,识别速度稳定在毫秒级别,既要在准确率上达到使用要求,也要在实时性上支持视频流处理。

支持识别驾驶员全过程姿态。明确驾驶员手部状态,包括双手驾驶、单手驾驶、双手均不握方向盘,考虑打电话、吃东西喝水、操纵仪表盘、不看前方、拿放东西、抽烟、点击手机等行为姿态,并充分考虑姿态间的叠加性和互斥性。

(3) 驾驶员危险行为姿态警示功能

构建驾驶员姿态行为评价算法模型,将危险姿态的安全性程度判断,作为使用不同警示方式的依据。从定向和定量两个角度判定单一姿态和叠加姿态的危险程度,结合姿态的持续时间给出警示程度阈值。

驾驶员姿态行为警示功能。在不影响驾驶员正常驾驶的前提下,根据不同姿态的警示阈值使用不同程度的警示方式。

10.3 图像特征提取及识别方法综述

10.3.1 常用图像特征提取方法比较分析

图像是一种传递信息的媒介,每一张图像都拥有其特征,诸如颜色、轮廓、纹理、亮度等,人眼通过接收并分析这些高维的抽象特征,获取图像表达的信息,其中一个重要的信息就是图像分类。但在计算机视觉中的,计算机直接获取的并不是高维抽象特征,而是图像像素点的数值这一类低维特征,所以计算机处理图像本质上是对图像的像素点进行数学运算。若是直接将图像像素作为输入,使用分类器进行训练,计算机往往难以从这些低维特征中获取图像要表达的信息。

所以,为获取图像要表达的信息,即图像分类,需要将图像像素点等低维信息转化为高维信息,即图像特征提取。图像特征提取的质量将直接影响图像分类的准确性。

常见的特征提取方法根据是否有人工参与可以分为两大类:基于人工设计的图像特征提取和基于机器学习的特征提取方法。作为传统的特征提取方法,基于人工设计的图像特征提取方法的原理机制清楚,能够针对特定类型的图像设计独特的特征提取方法,但该类特征提取方法针对性强,往往只能用于某一类特定类型的图像,且受环境变化影响大,方法泛化能力差且方法鲁棒性低。基于机器学习的特征提取方法则难以认识其提取的特征的含义,但其对图像的特征提取具有通用性,方法的泛用性好,鲁棒性高。

常见的特征提取方法及其优缺点分析如下:

1. 方向梯度直方图

方向梯度直方图(Histogram of Oriented Gradient,HOG)[19]算法是经典人工特征提取算法之一,该算法根据"梯度主要存在于边缘的地方",通过统计梯度信息,以表达图像的边缘轮廓信息。HOG算法能很好地表达图像中物体的轮廓信息,且因为是进行局部区域的梯度计算,所以图像中物体的刚性形变对算法影响不大;但HOG算法有对噪声敏感、难以处理遮挡以及实时性差等缺点。

2. 局部二值模式

局部二值模式(Local Binary Pattern,LBP)[20]算法主要对图像纹理的局部特征进行描述。LBP通过计算区域与邻域像素的差值,然后基于差值对区域进行编码,实现对局部纹理特征的表达。由于其不依赖于梯度计算,故计算速度较快,广泛用于实现对图像局部特征的表达;又因为基于区域与邻域的差值进行编码,因此算法在光照剧烈变化的场景下,亦有一定的效果。

3. 尺度不变特征变化

尺度不变特征变化(Scale-Invariant Feature Transform,SIFT)[21]算法计算图像中特征点及其相关的尺度和方向的描述子,得到特征并进行图像特征点匹配。SIFT特征对噪音、旋转以及缩放等变化的影响具有一定的稳定性,且与其他类型的特征向量能进行很好的融合,可扩展性好,但是算法的计算量较大,实时性差。

4. 加速稳健特征

加速稳健特征(Speed Up Robust Feature,SURF)[22]算法基于SIFT,也是通过计算图像中特征点之间的欧氏距离进行特征点匹配,但SURF仅加入了Hessian矩阵迹判断,所以SURF算法相比于SIFT虽然提高了运算速度,但是幅度有限。

5. Gist 特征[23]

作为传统特征提取算法,Gist特征又叫全局特征信息,为场景的低维向量。算法通过对人眼识别系统的模拟,实现对图像的空间与布局信息的提取。算法不需要进行局部梯度计算、图像分割或局部特征提取,而是采用高斯滤波的方式在原始图像上进行不同方向和尺度的滤波计算得到图像特征,但作为全局特征提取方法,算法运算量依然很大。

6. 基于卷积神经网络的特征[24]

卷积神经网络通过一系列的卷积核实现从原始图像的低维特征中提取抽象高维特征,具体的原理将在后续详细介绍。基于卷积神经网络的特征提取算法能够通过设计卷积核及调整网络结构,实现图像轮廓、纹理等抽象高维特征的提取。

传统的图像特征提取依赖于人工设计,对于小数据集、低特征维度的任务,人工特征提取尚能满足需求。但对于大量数据、高维特征提取的任务,进行人工特征提取往往会导致特征信息提取不全、特征信息表达不准确等缺陷,且人工特征提取往往高度依赖算法设计者的经验和大量的试验验证。随着数据的量越来越大,图像特征维度越来越多,卷积神经网络作为最近发展起来的图像特征提取方法,使用网络模型层层提取,以获取图像的高维抽象特征,可实现轮廓、纹理等图像抽象高维信息的高效表达。

10.3.2 神经网络原理介绍

神经网络是模拟生物神经系统处理生物电信号过程建立的一种数学模型,以神经元为基础单位对生物神经元突触信号传递的类比。生物神经元的工作原理是:树突接收信号刺激,在细胞体内进行处理,当接收的信号类别合适并达到一定阈值时,神经元激活并传递信息给其他神经元。在神经网络的神经元进行数学建模时,数据输入模拟信号输入,对数据进行线性映射以模拟生物神经元的信号处理,最后的函数输出模拟信号输出。其中线性映射结果将被一个激活函数进行处理,激活函数一般是一个非线性函数,通过非线性的激活函数和线性分类器的交替组合排列,构成神经网络。理论上来说,通过变换排列方式可以实现任意复杂程度的函数。

神经网络主要由神经元、激活函数等构成,通过梯度下降法实现最优化权重的求解,主要求解过程为前向传播和导数反向传播。

1. 神经元

神经元主要由评分函数(Score function)和代价函数(Cost function)两部分构成,可以实现从原始数据到目标分类的线性映射,单个神经元可以看成是最简单的神经网络模型。

其中,评分函数公式如下:

$$f(\boldsymbol{x}_i, \boldsymbol{W}, \boldsymbol{b}) = \boldsymbol{W}\boldsymbol{x}_i + \boldsymbol{b} \tag{10-1}$$

式中:x_i——图像 i 的作为数据输入时的数字矩阵;

W——权重矩阵;

b——偏置向量。

权重矩阵 W 和偏置向量 b 对输入图像 x_i 的矩阵运算实现了原始图像到分类值域的线性映射,评分函数应在实现对输入图像进行正确分类时得到最高的值;函数则通过不断输入图像进行迭代的形式,进行 W 和 b 的更新,具体过程示意图见图10-6,其中将图像输入简化为一个(4×1)的矩阵:

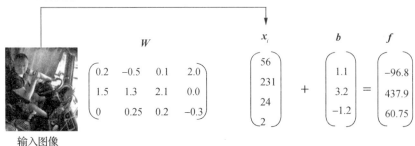

图10-6 评分函数映射示意图

2. 代价函数

代价函数是用来衡量模型的预测分类结果与实际分类结果距离的函数,损失值越大,说明模型分类的准确性就差,反之则反,主要的代价函数如下:

(1) 二次代价函数

$$C = \frac{1}{2n}\sum_x \| y(x) - a^L(x) \|^2 \quad (10-2)$$

式中:C——代价函数;

x——样本;

y——实际值;

a——模型的输出值;

n——样本的总数;

L——模型中神经元数量。

二次代价函数能够很好地表示预测值与实际值之间的差距,但是在输出神经元为 S 型函数时,二次代价函数在误差越大时,参数调整的幅度可能很小。

(2) 交叉熵代价函数

针对上述不足,提出交叉熵代价函数,其表达式如下:

$$C = -\frac{1}{n}\sum_x [y\ln a + (1-y)\ln(1-a)] \quad (10-3)$$

针对输出神经元为非线性的 S 型函数的情况,交叉熵代价函数的效果更好。

(3) 对似然代价函数

在深度学习中,Softmax 经常作为网络的最后一层,由于是多分类,且非"S"型函数,使用对数似然代价函数将会会有比较好的效果。函数表达式如下:

$$C = -\sum_i y_i \log a_i \quad (10-4)$$

式中:C——代价函数;

i——样本 i;

y_i——第 i 个输出对应的实际值;

a_i——第 i 个神经元的输出值。

3. 激活函数

激活函数通过非线性函数对线性分类器得到的值进行处理,使得网络能够解决线性不可分的问题,是使神经网络发生质变的点。常见的激活函数如下:

(1) Sigmoid 函数

Sigmoid 函数因为其函数值从 0 到 1 的变化接近于生物神经元的应激反应过程,在早期神经网络模型中使用较多,图像见图 10 - 7,其函数式 $\sigma(x)$ 为:

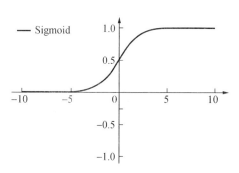

图 10 - 7 Sigmoid 函数

$$\sigma(x)=\frac{1}{1+e^{-x}} \quad (10-5)$$

尽管 Sigmoid 函数能够将函数的值域控制在(0,1),并且,当输入非常大的复数时,函数输出无限趋近于 0,如果输入非常大的正数,输出就趋近于 1。但是 Sigmoid 函数不是 0 均值,会使模型收敛速度变慢,且容易导致反向传播过程中的梯度消失,同时表达式存在幂运算,所以计算量较大。

（2）Tanh 函数

针对 Sigmoid 函数的非 0 均值输出问题,Tanh 函数作为替代方案可以很好地提供 0 均值的输出。其函数表达式 $t(x)$ 为:

$$t(x)=\frac{e^x-e^{-x}}{e^x+e^{-x}} \quad (10-6)$$

Tanh 函数图像见图 10-8。

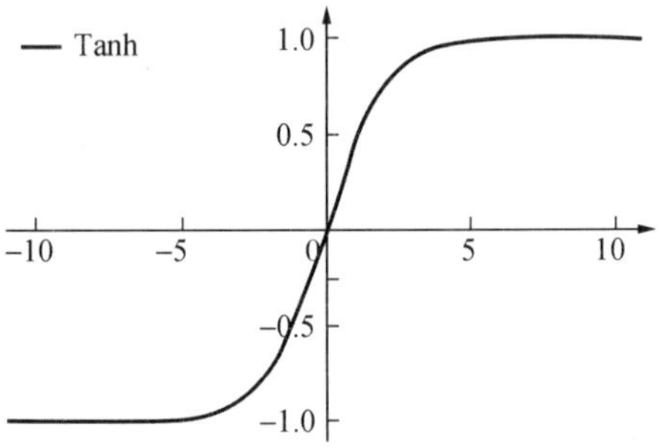

图 10-8 Tanh 函数

（3）ReLU 函数

ReLU(Rectified Linear Unit)函数的表达式 $r(x)$ 为:

$$r(x)=\max(0,x) \quad (10-7)$$

ReLU 函数的图像见图 10-9：

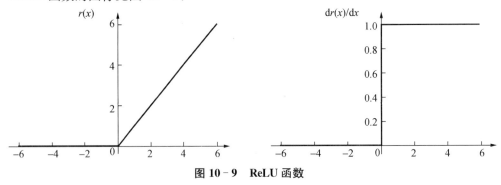

图 10-9 ReLU 函数

ReLu 函数某种程度就是一个取最大值函数,具有收敛快、计算快、不会出现梯度消失等优点。但是 ReLu 函数亦有缺陷,包括不是全区间可导,输出不是 0 均值,同时由于负半轴的梯度总是为 0,可能因为初始化或学习率过大,使某些神经元永远不会被激活。

针对 ReLU 函数在输入数据小于 0 的情况下输出总为 0,有学者提出 Leakly ReLU 函数,其表达式如下：

$$r(x)=\max(\partial x,x) \quad (10-8)$$

式中 ∂ 为一个很小的值,通常取 0.01,理论上来说,Leakly ReLU 拥有 ReLU 的所有优点,但是就实际操作上,并没有完全证明 Leakly ReLU 总是好于 ReLU。

4. 前向传播算法

通过组合神经元,可以得到如图 10-10 所示简单的神经网络模型,现将网络描述的参数约定如下：

l 表示网络的层数；

$W_{ij}^{(l)}$ 表示第 l 层第 j 单元和第 l 层第 i 单元之间的链接权重；

b_i^l 表示第 l 层第 i 单元之间的偏置项；

$a_i^{(l+1)}$ 表示第 $(l+1)$ 层第 i 单元的激活值；

前向传播算法表示从数据输入开始，经过神经元及激活函数等运算得到网络输出的过程，从 l 层向 $(l+1)$ 层传播的推导过程如下：

$$a_i^{(l+1)} = f(W_{i1}^{(l)} x_1 + W_{i2}^{(l)} x_2 + W_{i3}^{(l)} x_3 + \cdots + W_{ij}^{(l)} x_j + b_i^l) \quad (10-9)$$

令：

$$z_i^{(l+1)} = W_{i1}^{(l)} x_1 + W_{i2}^{(l)} x_2 + W_{i3}^{(l)} x_3 + \cdots + W_{ij}^{(l)} x_j + b_i^l \quad (10-10)$$

则

$$a_i^{(l+1)} = f(z_i^{(l+1)}) \quad (10-11)$$

其中，$z_i^{(l+1)}$ 表示第 $(l+1)$ 层第 i 单元的输出，x_j 表示第 j 层神经元的输入。通过将权重及偏置量矩阵化表示，以图 10-10 所示的两层神经网络为例，前向传播算法过程为：

$$\boldsymbol{z}^{(2)} = \boldsymbol{W}^{(1)} \boldsymbol{x} + \boldsymbol{b}^{(1)} \quad (10-12)$$

$$\boldsymbol{a}^{(2)} = f(\boldsymbol{z}^{(2)}) \quad (10-13)$$

$$\boldsymbol{z}^{(3)} = \boldsymbol{W}^{(2)} \boldsymbol{x} + \boldsymbol{b}^{(2)} \quad (10-14)$$

$$\boldsymbol{a}^{(3)} = f(\boldsymbol{z}^{(3)}) \quad (10-15)$$

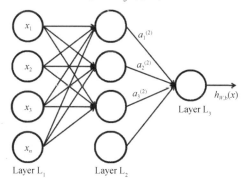

图 10-10 简单神经网络模型

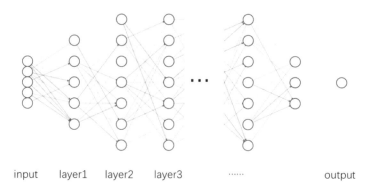

图 10-11 多层神经网络模型

神经网络可以通过增加隐藏层的方式加深网络,深度网络将有利于获得更好的分类效果。如图 10-11 所示为多层神经网络。

5. 反向传播算法

前向传播过程将输入数据进行处理并得到分类结果,随机初始化的结果往往难以达到一个比较好的结果,而使用类似穷举的方法进行随机尝试,则会浪费大量的时间与计算资源,所以 1990 年 Lecun 等提出反向传播算法(Back propagation),解决了多层神经网络的最优化权重的快速求解问题。

(1) m 样本的损失函数

反向传播算法的基本思想是复合函数求导的连式法则。假设存在 m 个样本的样本集 $\{(x^{(1)},y^{(1)}),(x^{(2)},y^{(2)}),\cdots,(x^{(m)},y^{(m)})\}$,对于单个样本的代价函数为:

$$J(w,b;x,y) = \frac{1}{2} \| h_{w,b}(x) - y \|^2 \qquad (10-16)$$

对于包含 m 个样本的数据集,总代价函数形式为:

$$\begin{aligned} J(w,b) &= \frac{1}{m} \sum_{i=1}^{m} J(w,b,x^{(i)},y^{(i)}) + \frac{\lambda}{2} \sum_{l=1}^{n_l-1} \sum_{i=1}^{s_l} \sum_{j=1}^{s_l+1} (W_{ji}^{(l)})^2 \\ &= \frac{1}{m} \sum_{i=1}^{m} \frac{1}{2} \| h_{w,b}(x) - y \|^2 + \frac{\lambda}{2} \sum_{l=1}^{n_l-1} \sum_{i=1}^{s_l} \sum_{j=1}^{s_l+1} (W_{ji}^{(l)})^2 \end{aligned} \qquad (10-17)$$

其中,$J(W,b)$ 定义的第一、二项分别为均方差项和规则化项,用于防止梯度下降或梯度消失,并能有效削弱过拟合的影响。

(2) 梯度下降法

通过将 w,b 看成自变量,使用梯度下降法求解使 $J(w,b)$ 函数最小化的 w,b,并通过随机初始化的方法减小梯度异常的可能性并打破网络的对称性。

梯度下降过程中,按照以下方式同时更新 w,b 是关键:

$$W_{ij}^{(l)} = W_{ij}^{(l)} - \alpha \frac{\partial}{\partial W_{ij}^{(l)}} J(W,b) \qquad (10-18)$$

$$b_i^{(l)} = b_i^{(l)} - \alpha \frac{\partial}{\partial b_i^{(l)}} J(W,b) \qquad (10-19)$$

其中 α 为学习效率,反向传播算法计算 m 个样本的损失函数对 W 和 b 的偏导:

$$\frac{\partial}{\partial W_{ij}^{(l)}} J(W,b) = \frac{1}{m} \sum_{i=1}^{m} \frac{\partial}{\partial W_{ij}^{(l)}} J(W,b;x^{(i)},y^{(i)}) + \lambda W_{ij}^{(l)} \qquad (10-20)$$

$$\frac{\partial}{\partial b_i^{(l)}} J(W,b) = \frac{1}{m} \sum_{i=1}^{m} \frac{\partial}{\partial b_i^{(l)}} J(W,b;x^{(i)},y^{(i)}) \qquad (10-21)$$

(3) 反向传播算法思想

对于任一个样本 (x,y),首先计算前向网络中的所有神经元的激活值;然后计算实际值与输出值之间的差值——残差,再基于链式求导法则的反向传播算法实现隐藏节点的残差值计算,实现当前参数的效果评估及优化方向计算,计算过程如下:

① 利用前向传导公式,逐层计算神经元激活值;

② 计算输出层的每个神经元的残差值：

$$\delta_i = \frac{\partial}{\partial z_i^{(n_l)}} \frac{1}{2} \| h_{W,b}(x) - y \|^2 = -(y_i - a_i^l) \cdot f'(z_i^l) \tag{10-22}$$

③ 对于 $l-1, l-2, l-3, \cdots, l-q, \cdots, 2$ 的残差计算方法如下：

$$\begin{aligned}
\delta_i^{(l-1)} &= \frac{\partial}{\partial z_i^{(l-1)}} J(W,b;x,y) = \frac{\partial}{\partial z_i^{(l-1)}} \frac{1}{2} \| y - h_{W,b}(x) \|^2 \\
&= \frac{\partial}{\partial z_j^{(l-1)}} \frac{1}{2} \sum_{j=1}^{S_l} (y_i - a_j^{(l)})^2 = \frac{1}{2} \sum_{j=1}^{S_l} \frac{\partial}{\partial z_i^{(l-1)}} (y_i - a_j^{(l)})^2 \\
&= \frac{1}{2} \sum_{j=1}^{S_l} \frac{\partial}{\partial z_i^{(l-1)}} (y_i - f(z_j^{(l)}))^2 = \sum_{j=1}^{S_l} (f(z_j^{(l)}) - y_i) \cdot \frac{\partial}{\partial z_i^{(l-1)}} f(z_j^{(l)}) \\
&= \sum_{j=1}^{S_l} (f(z_j^{(l)}) - y_i)) \cdot f'(z_j^{(l)}) \cdot \frac{\partial z_j^{(l)}}{\partial z_i^{(l-1)}} = \sum_{j=1}^{S_l} \delta_i^{(l)} \frac{\partial z_j^{(l)}}{\partial z_i^{(l-1)}} \\
&= \sum_{j=1}^{S_l} \left(\delta_i^{(l)} \cdot \frac{\partial}{\partial z_i^{(l-1)}} \right) \sum_{k=1}^{S_{l-1}} f(z_k^{(l-1)}) \cdot w_{jk}^{(l-1)} \\
&= \sum_{j=1}^{S_l} \delta_i^l \cdot W_{ji}^{(l-q)} \cdot f'(z_j^{(l-1)}) = \left(\sum_{j=1}^{S_l} \delta_i^{(l)} W_{ji}^{(l-q)} \right) \cdot f'(z_j^{(l-1)}) \tag{10-23}
\end{aligned}$$

④ 然后通过以下方式计算对应偏导：

$$\frac{\partial}{\partial W_{ij}^{(l)}} J(W,b) = a_j^{(l)} \delta_i^{(l+1)} \tag{10-24}$$

$$\frac{\partial}{\partial b_i^{(l)}} J(W,b) = \delta_i^{(l+1)} \tag{10-25}$$

10.3.3 卷积神经网络介绍

卷积神经网络主要由卷积层、池化层、激活层和全连接层构成。其中卷积层的选择和各层排列构成的结构是网络能发挥良好性能的关键。

1. 卷积层

卷积层是快速提取图像特征的关键，卷积操作主要由卷积层的神经元实现。卷积层神经元的卷积核（权重）有三个维度，可用三个参数表示：宽度 W、高度 H 和深度 D。H 和 W 组成的空间维度称为卷积核尺寸 F 或者感受野，在空间维度上卷积核与输入数据局部连接；在深度方向上的参数 D 由输入数据决定；卷积核在输入数据的空间维度上不断滑动进行卷积操作，每次滑动的像素个数 S，称为步长；最后输出一张二维激活图，激活图为卷积核对图像每个位置的反映；为控制输出尺寸可以使用零填充操作。

网络通过训练，可以改变卷积核的权重，使其在经过特定位置时就被激活，实现特征提取功能。

若输入数据的尺寸为：(W_1, H_1, D_1)，卷积核 (W, H, D)，填充尺寸 P，步长 S，卷积核数量 K，则输出的激活图尺寸为：

卷积核宽度：

$$W_2 = \frac{W_1 - F + 2P}{S} + 1 \qquad (10-26)$$

卷积核高度：

$$H_2 = \frac{H_1 - F + 2P}{S} + 1 \qquad (10-27)$$

卷积核深度：

$$D_2 = K \qquad (10-28)$$

由图 10-12 可知，卷积核对局部区域进行特征提取，并通过滑动覆盖全部区域，最终得到一个激活图；通过多个卷积核，可以实现表达不同特征的激活图的提取，也就是全特征提取。

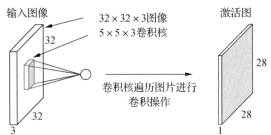

图 10-12 卷积操作实例

2. 池化层

池化层又称下采样层，主要作用是降低卷积层输出的空间尺寸，达到减少参数的效果，同时对防止过拟合也有一定的作用。但是压缩数据维度的操作必然导致部分信息的损失，但是对于信息冗余的卷积层来说，只要能保留主体信息，池化操作能有效压缩模型、提升运行速度。

池化操作主要包括最大池化和平均池化，由于池化约等于是求局部的平均值或极值，使得卷积神经网络具有了一定的平移不变形以及抗噪音能力。一个最大池化操作示意图见图 10-13：

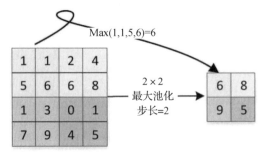

图 10-13 最大池化示意图

3. 网络结构

卷积神经网络本质上仍然是神经网络，也依赖于正向传播算法和反向传播算法实现输出计算和参数更新，影响卷积神经网络的主要是网络结构和卷积操作类型，常见卷积神经网络结构如图 10-14 所示，其中 $*N$、$*M$、$*K$ 表示会重复排列 N 次、M 次、K 次，对于一般卷积神经网络,有 $0 \leqslant N, M, K \leqslant 3$。

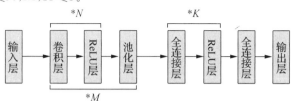

图 10-14 卷积神经网络结构示意图

10.4 全天候营运车辆驾驶员姿态特征分析及数据采集

10.4.1 驾驶员姿态特征分析

现阶段驾驶员姿态识别研究大多运用 3~4 种静态姿态数据集,更多依赖深度优化复杂的识别算法提升识别效率,非常缺乏针对驾驶员姿态本身特征的研究,而驾驶员姿态特征分析对姿态识别也有极大的影响。30 h 以上营运车辆驾驶员实际驾驶样本表明,驾驶员姿态行为有以下非常显著的特征:

1. 连续性

传统驾驶员姿态数据集中,驾驶员的同类姿态基本相似,这对数据集的处理和训练要求较低。但是在真实驾驶环境中,驾驶员的姿态是一个连续性的行为动作,姿态的连续性对姿态的边界界定影响很大,需要将姿态连续和姿态种类辨别这种对立更好地统一。例如喝水姿态,驾驶员从拿水瓶到打开瓶盖,再到将水送至嘴边,喝水,放下瓶子,拧紧瓶盖,放回水瓶,这一系列动作是一个连续过程,但是其中的哪一部分更适合作为喝水姿态去识别,哪一部分适合作为拿放东西姿态,需要明确界定范围。

如图 10-15 所示,将驾驶员从拿水瓶到方向盘上方,界定为拿放东西姿态;将打开瓶盖到把水瓶递向嘴边喝水,界定为喝水、吃东西姿态。类似吃东西、喝水、抽烟与拿放东西姿态均互有交集,较难分割,同样需要类似的定义边界方法。

(a) 拿放东西

(b) 喝水、吃东西

图 10-15 拿放东西与喝水、吃东西姿态

2. 多样性

人的行为是模糊且难以预测的,驾驶员的行为虽然会被驾驶车辆约束,但是不同的人会有不同的驾驶习惯和风格,即使同一个人也会有很多驾驶姿态行为的差异。驾驶员姿态主要由头部、躯干、双手的行为组成,各部分的行为在驾驶室范围内均有可能产生不同的姿态,各部分组成的整体姿态就会有多样性特征,这就体现出姿态种类的多样性。此外,与传统姿态数据集不同,同类姿态也可能存在较大的差异,例如在双手正常驾驶姿态中,直行驾驶和转弯驾驶的姿态就有较大区别。

3. 叠加性

驾驶员的整体姿态可由不同姿态叠加而成,这也是姿态多样性的重要原因之一。驾驶员的某些姿态行为并不互斥,相互之间不存在阻碍关系,尤其是单手驾驶姿态,可以与大部分姿态兼容叠加,例如,操纵挡位、抽烟与单手驾驶姿态均可同时发生(图 10 - 16),这就需要在一张图像中同时识别出三种驾驶员姿态。

图 10 - 16　单手驾驶、抽烟、操纵挡位叠加姿态

4. 相似性

部分驾驶员姿态由于其头部、躯干、双手位置在图像中类似,表现出强烈的相似性,会对算法的识别带来一定困难。这种情况一般分为两种,两种姿态区别仅在于手中的小体积物品,两种姿态对驾驶行为影响差别不大。例如,双手正常驾驶与夹着烟双手正常驾驶动作非常相似,一般均按照双手正常驾驶处理。另一种是两种姿态确实只因图像平面位置接近而相似,对驾驶安全性有不同影响。例如操纵仪表盘和在仪表盘附近拿放东西有强相似性(图 10 - 17),与操纵手机(架)有弱相似性,例如抽烟、吃东西姿态也有相似性因素。

(a) 操纵仪表盘　　　　　　　　(b) 拿放东西

图 10-17　操纵仪表盘与拿放东西姿态的相似性

5. 过渡性

由于驾驶员姿态具有连续性，在明确姿态边界范围后，姿态和姿态之间会产生中间区域，表明姿态具有过渡性，这一类姿态多为单手驾驶。例如，双手正常驾驶和挂挡驾驶姿态中会有短暂的单手驾驶过渡（图 10-18）。

图 10-18　过渡单手驾驶姿态

6. 交互性

驾驶员姿态相互之间会产生影响。一是部分驾驶姿态的互斥性，例如喝水和抽烟姿态无法同时产生。二是前后姿态对过渡性姿态的相互影响，对过渡性姿态的分析有利于整合确认前后姿态的类别，从而分辨强相似性姿态，部分过渡动作也可根据前后动作判断具体是什么姿态的延续或过渡。

10.4.2　驾驶员姿态数据采集

1. 数据采集环境问题分析

现阶段，科学研究往往使用控制影响因素的方法对一些工程应用问题进行分析，大多研究都开始于实验室，以便于提供相对理想的环境，抽象并简化工程应用问题，但将技术从实验室推向工程应用，则需要进一步研究技术在实际工程环境下的适应性。实践案例表示，驾驶舱环境下采集数据存在如下特点：

① 车厢震动,成像模糊。由于营运车辆要行驶在几乎所有类型的道路上,路况的好坏将直接影响车厢内摄像机设备震动幅度的大小,若震动幅度过大将直接影响采集数据的质量,正常驾驶舱环境见图 10-19。

② 设备固定困难。驾驶舱主要由金属质地的外壳和合成材料的装饰物构成,车厢内部除地板外,能够受力的点少,导致能够固定设备的位置也少;且须考虑车厢内震荡情况,固定底座需要特殊的减震处理,导致车厢内设备的固定成为一大难点。

图 10-19 正在驾驶的货车司机

2. 双视角视频数据采集

传统的驾驶员驾驶姿态信息图片数据集,诸如 Kaggle 驾驶姿态数据集、SEU(东南大学)数据集等,主要从单个角度对驾驶员的姿态信息进行采集,但单视角数据存在其缺陷:

① 单视角的信息采集导致信息损失严重。摄像机根基于光学和电子技术可以得到三维物理世界在二维平面上的投影,即平常所见的图片,维度的降低将导致局部信息的丢失,比如三维世界的立方体在平面的正投影就是长方形,见图 10-20。同样,从单个角度拍摄的驾驶员姿态照片,也会损失一个维度的信息,在实际应用时的表现就是照片中的遮挡现象,见图 10-21。因此,单角度的信息采集存在局限性,通过一个摄像机,从单角度对驾驶员姿态的信息进行采集,必然导致部分关键信息的丢失。

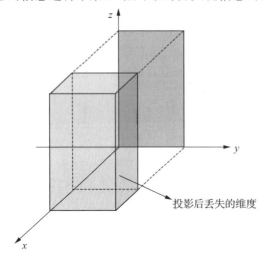

图 10-20 投影对数据丢失的影响

图 10-21 图片的维度损失现象

② 不完全信息图片数据集导致识别效果差。基于机器学习理论的识别模型的质量受数据集质量的直接影响,单视角摄像机采集的驾驶员姿态数据将丢失部分驾驶姿态信息,使得识别模型能识别的姿态有限或识别的精度不够。

基于此,单视角视频数据有其固有的缺陷,同时考虑到工业成本及信息冗余的影响,构建双视角视频数据集能够对单视角视频数据丢失的维度数据进行补充,提高基于机器学习理论的识别模型的识别精度,如图 10-22 和图 10-23 所示。

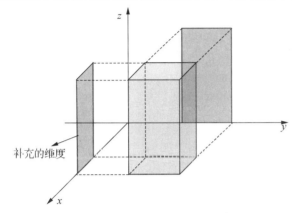

图 10-22　增加视角后维度信息的补充

图 10-23　多视角视频对遮挡信息的补充

3. 拍摄视角点确定

(1) 关键区域

绝大部分货车驾驶员在驾驶时基本都是坐在驾驶座位上,这决定了驾驶员的活动范围是有边界的;同时,本节主要根据手和头部的运动分析驾驶动作,并确定驾驶动作的类别。据此,可以确定摄像机系统视角需要覆盖的范围,即手部和头部出现频率较高且用于确定驾驶姿势的区域,称为"关键区域",基于第三章确定的危险驾驶动作,确定的关键区域如图 10-24 所示。

图 10-24　关键区域示意图

关键区域 1:驾驶员头部区域,主要涉及动作包括抽烟、使用耳机、吃东西等;
关键区域 2:车辆方向盘区域,涉及所有动作;
关键区域 3:车辆操作盘及手机导航摆放区域,涉及动作包括操作导航、仪表盘;

关键区域 4：车辆挡位杆区域，涉及动作主要包括单手驾驶、挂挡和拿放东西等。

(2) 拍摄视角

通过上述分析，分析拍摄视角的约束条件：

① 考虑所有的关键区域，视角点的摄像机需要尽可能覆盖所有的关键区域；
② 考虑驾驶舱结构及材料构成，选取能固定设备的点；
③ 考虑驾驶员感受，尽量不影响驾驶员的自然驾驶；
④ 考虑车辆震动对摄像机系统的影响。

基于上述约束，通过与专业驾驶员的充分沟通和实地的实验测量，确定驾驶舱位左上方和副驾驶座位上方两个位置作为视角点，用于固定摄像机设备，如图 10-25 所示。

图 10-25 视角点示意图

4. 数据采集

为获得自然驾驶环境下驾驶员驾驶姿态数据，本节与丹阳飓风物流公司和上海鼎辰国际物流公司合作，选取 8 名专业营运货车驾驶员，并对其进行自然驾驶环境下的跟踪拍摄。试验用摄像机为"小安华视（ANN）C3S"，主要参数如图 10-26 所示。

产品尺寸	85×102×100 (mm)
分辨率	1080P
音频	内置扬声器、拾音器、支持语音对讲
存储方式	TF卡最大128G
连接方式	无线WiFi2.4GHz
云台角度	水平355° 垂直90°
远程监控	手机APP
工作温度	0~50℃
工作湿度	<80%
红外夜视	内置红外灯，夜间自动开启
安装方式	吊装、壁装、平放
电源供电	DC5V1A

图 10-26 摄像机配置

基于先简单后深入的原则，拍摄计划主要分三个阶段，主要数据采集过程如下：

① 预试验阶段

预试验阶段主要对静止货车的驾驶舱构造进行实地调查，初步选取视角点，并进行单角

度拍摄任务。主要选取的点如图 10-27 所示:

经过实地试验,其中 3 号和 5 号视角点因为视线不能覆盖全部的关键区域被舍弃,4 号视角点因为会影响司机驾驶被舍弃,最后预试验阶段选取 1 号和 2 号视角点,并进行单视角的拍摄任务。

图 10-27 视角点选择示意图

② 数据采集阶段

为解决拍摄设备固定问题及车厢抖动导致的摄像头成像模糊问题,本节与上海鼎辰国际物流公司合作,由公司提供方案对设备进行固定,完成双视角视频数据采集设备的安装。跟车数据采集阶段主要是对自然驾驶状态下的专业货车驾驶员进行无干扰双视角视频数据采集,本次试验随机选取了公司 8 名驾驶员作为试验对象,共采集了约 10 h 双视角视频数据。

③ 针对性数据采集

由于跟车数据采集所得到的错误姿态数据的数量不足以构建后面的数据库,故针对性数据采集阶段在能保证驾驶员安全的停车场内,对错误姿势进行针对性拍摄,主要驾驶姿势包括:吃东西、抽烟等;打电话;操作仪表盘、导航等;挂挡;正常驾驶。针对性数据采集阶段选取公司 8 名驾驶员,对上述 5 种驾驶姿态进行针对性地数据采集,共采集到的 200 min 双视角驾驶姿态视频数据。

10.4.3 数据集构建

为了进行研究所涉及的驾驶姿态区域检测以及驾驶姿态分类算法的研究,本节拟建立两个数据集,并分别进行测试。第一个为 SEU 数据集,该数据集在自然环境下的小汽车内进行拍摄,为侧面拍摄,光照条件变化较大,存在局部遮挡现象,为真实驾驶环境(不包括夜间);第二个为营运车辆数据集,拟在自然环境(包括夜间)下的营运车辆内进行拍摄。

1. SEU 数据集

① 拍摄场地:行驶于自然道路的小汽车内;
② 拍摄设备:iPhone7 后置相机;
③ 拍摄要求:将相机置于副驾驶侧车门处拍摄,确保驾驶员上半身区域位于镜头中央。

SEU 图像集包含 20 名驾驶员,涵盖 20~50 岁的 14 名男性和 6 名女性驾驶员,驾驶员均为黄色皮肤,穿着不同颜色短袖或长袖,部分驾驶员佩戴头饰和眼镜。

SEU 数据集共 800 张图片,其中训练集 640 张,包含 16 名司机 4 种驾驶姿态各 10 张图像;测试集共计 160 张,包含 4 名司机 4 种姿态各 10 张。其中 4 种姿态分别为:正常驾驶、右手打电话、左手打电话和吃东西(喝水),示例见图 10-28。

图 10-28 SEU 数据集示例图像

SEU 数据集在自然道路条件下正常行车过程中采集,包含诸如阴天、晴天和下雨等天气情况,并且窗外背景动态变化,光照影响严重;驾驶姿势随意,存在部分遮挡情况等现实因素。通过 SEU 数据集对处理和识别算法进行进一步探究,完成能应用于实际场景的初步算法。

2. 营运车辆数据集

考虑到货车驾驶员的危险性相对较高,所以拍摄数据集以货车驾驶员数据集为主,分为正常驾驶数据集与补充驾驶数据集。数据集拍摄获得了鼎盛国际物流公司和丹阳飓风物流有限公司的大力协助。

正常驾驶数据集是在货车正常运营时拍摄，处于完全真实的驾驶环境中。但是该数据集存在的问题是危险姿态的比例很低，难以获取到足够数量的危险姿态样本。为了收集更全面的危险姿态样本，又进行了一次补充驾驶数据集拍摄。补充驾驶数据集是货车驾驶员在静止情况下重现平时驾驶时会做出的危险驾驶姿态、动作的全过程，以补充危险姿态样本。

此次正常驾驶数据集共收集图像 666 060 张，其中白天数据集 452 840 张，夜晚数据集 213 220 张。补充驾驶数据集中错误姿态的比例更高，共收集图像 212 331 张，其中白天数据集 161 698 张，夜晚数据集 50 633 张。整体数据集总计 878 391 张，其中白天数据集 614 538 张，夜晚数据集 263 853 张。

10.5 驾驶员姿态识别

10.5.1 双视角姿态识别

1. 网络单元设计

卷积神经网络由诸多"层"构成，前向推理通过每一层的计算实现，通过对每种层的计算量进行简要分析，设计不同的层的组合，控制计算量：

卷积层：卷积层计算量庞大，且核的尺寸越大，计算量越大，为减少网络参数，应使用小卷积核；

全连接层：全连接层包含大量参数，但计算量相对来说较小；

池化层：没有参数，运算量较小；

同时，网络计算量不仅和上述"层"有关，也和输入的特征图的尺寸有关系，尺寸减半将减少 3/4 的计算量。

最新研究表明，全连接层会产生的计算量较大，为压缩网络并减少网络计算量，去掉部分全连接层，并使用全局池化层代替，并不影响模型准确率太多；卷积层提取特征会产生大量的运算，在前几层充分降低特征图的分辨率尺寸，并使用"（1×1）＋可分离卷积"替代传统卷积，实现计算量缩减。

基于上述分析，同时为方便网络设计，构建两种卷积单元，分别为：宽视野单元 Block_A1、宽视野单元 Block_A2、深视野单元 Block_B，见图 10 - 29。

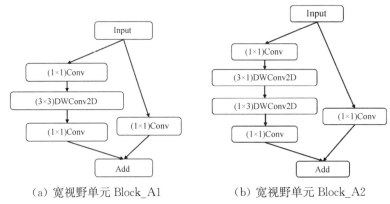

(a) 宽视野单元 Block_A1　　(b) 宽视野单元 Block_A2

图 10-29　卷积单元

宽视野单元分两条路径：主路径 1 先使用 (1×1) 卷积单元降低特征通道数，随后进入 (3×3) 深度可分离卷积，分通道卷积进行特征提取，最后再通过 (1×1) 进行特征恢复；路径 2 仅有一个 (1×1) 卷积，提供非线性，扩大网络感受野，并提供残差连接的功能，防止过拟合与梯度消失或爆炸，其中宽视野单元 Block_A2 将 Block_A1 单元里面的 (3×3) 单元替换为非对称卷积 (1×3) 和 (3×1)，以减少网络计算量，并打破对称性。

深视野单元 Block_B 的主通道与 Block_A 相同，先通过 (1×1) 卷积降维，并使用 (1×3) 和 (3×1) 两个非对称深度可分离卷积提取特征，而另一条路径则为残差连接，防止模型过拟合与梯度消失或爆炸，见图 10-30。

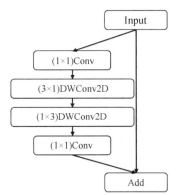

图 10-30　深视野单元 Block_B

2. 多任务网络模型设计

根据图 10-31 的识别任务及识别任务需求，基于上述网络单元设计，搭建多输出网络，其中持续型状态量作为网络第一个输出，短暂型状态量作为第二个输出，网络结构见图 10-32，主要包括：3 个宽视野、1 个深视野单元，以及众多池化层、标准化层和 Padding 层；网络总参数约为 4.2×10^5，总 FLOPs（Floating point operations per second，每秒浮点运算次数）约为 4.38×10^8。（具体设计见表 10-4）

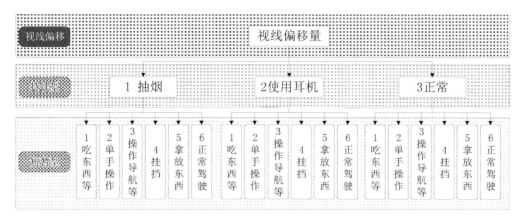

图 10-31 模型识别任务

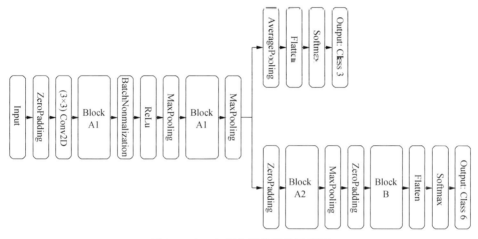

图 10-32 多任务网络结构示意图

表 10-4 多任务网络结构信息表

	Layer(层)	Chanel(通道)	k_size(核)	Stride(步长)	Output_size(输出)
	Input(输入层)	3	—	—	(382,200)
	(3×3)Conv2D(卷积层)	8	(3,3)	(2,2)	(192,101)
	Block A1	32	(3,3)	—	(192,102)
	BatchNormalization(标准化)	32	—	—	(192,102)
	MaxPooling(池化)	32	—	(2,2)	(96,50)
	Block A1	64	(3,3)	—	(96,50)
	MaxPooling(池化)	64	—	(2,2)	(48,25)
Class 3	AveragePooling(池化)	64	—	(2,2)	(24,13)
	Flatten	19 968	—	—	—
	Dense(全连接)	3	—	—	—

续表

	Layer(层)	Chanel(通道)	k_size(核)	Stride(步长)	Output_size(输出)
Class 6	Block A2	128	(1,3)(3,1)	—	(50,27)
	MaxPooling(池化)	128	—	(2,2)	(25,13)
	Block B	128	(1,3)(3,1)	—	(27,15)
	Flatten	51 840	—	—	—
	Dense(全连接)	6	—	—	—

在主干网络中,在靠近输入端使用宽视野单元,提取多尺度底层特征,同时使用MaxPooling(池化)层压缩特征图尺寸,减少模型计算量;中部构建多输出网络,实现持续型状态量的识别和传递特征图进入更深网络;后部使用深视野单元,实现更深层次的抽象特征提取,实现短暂型状态量的识别。

① 持续型状态量识别:由于持续型状态量主要是检测图像中的人体上是否有卷烟、耳机两样物品,即图像中小物品的检测识别。网络浅层的对微小特征敏感,利用网络中部的特征进行持续型状态量的识别将获得更高的准确率。

② 短暂型状态量识别:短暂型状态量主要是检测驾驶员手臂、手部及其在图像中的位置关系,由于特征较大,同时短暂型状态量的语义抽象程度较高,所以使用需要更深的网络结构,实现动作量识别。

3. 基于实测数据的模型测试

在训练时,使用 SEU-HJSRG(东南大学—鼎辰物流车辆驾驶员数据集)中的 mini 数据集,分 10 次对模型进行训练,并预留 10% 的数据用于测试集,使用测试集对模型进行检测,模型的持续型状态量和短暂型状态量识别精度均表现优秀,详细指标见表 10-5。同时,网络识别 720 张图片的耗时为 50.9 s,根据每秒 13 帧图像计算,识别 1 s 视频的时间为 0.919 0 s。

表 10-5 模型评价指标表

	精度	类项	精确度	F1 分数	识别时间
持续型	0.991 7	抽烟	0.979 9	0.989 8	50.9 s
		使用耳机	1.000 0	0.995 2	
		正常	0.993 6	0.990 5	
短暂型	0.965 3	吃东西等	0.967 5	0.952 1	
		单手操作	0.942 3	0.915 9	
		操作导航	0.977 5	0.988 6	
		挂挡	0.970 9	0.985 2	
		正常驾驶	0.993 4	0.990 1	
		拿放东西	0.973 7	0.982 3	

由表 10-5 可知，模型对持续型状态量的识别精度近似达到 1.0，表现优秀，对短暂型状态量的识别精度达到 0.965，表现优秀；同时持续型状态量识别的 F1 分数接近 1.0，短暂型状态量除"单手操作"项为 0.92 外，其他均超过 0.95，表现良好。

4. 单视角对比实验

单视角图片承载的信息量往往小于双视角图片的信息量，在识别姿势方面也因为遮挡等原因往往难以达到双视角图片作为输入数据时的精度，本节以"多任务网络模型"为基础模型，仅改变输入数据，在同等条件下进行训练，并使用测试集进行模型评价。

（1）视角 A_多任务模型

通过对 mini 数据集进行拆分，将视角 A 的图片提取出来，并使用视角 A 的图片数据作为输入，以"双视角数据模型"同样的条件，对"多任务网络模型"进行训练，模型表现见表 10-6。

表 10-6　视角 A 模型评价指标表

	精度	类项	精确度	F1 分数	识别时间
持续型	0.976 3	抽烟	0.960 2	0.974 7	24.9 s
		使用耳机	0.995 1	0.987 9	
		正常	0.980 7	0.972 9	
短暂型	0.941 7	吃东西等	0.930 8	0.930 8	
		单手操作	0.915 1	0.898 1	
		操作导航	0.988 5	0.988 5	
		挂挡	0.980 4	0.990 1	
		正常驾驶	0.971 8	0.938 8	
		拿放东西	0.981 9	0.977 6	

从精度上看持续型状态量识别精度为 0.976，比双视角精度低 1.54%，短暂型状态量识别精度为 0.941 7，比双视角精度低 2.36%，均与双视角精度相差较大；从精确度和 F1 分数上看所有项中仅"操纵挡位"的精度略微较高，其中"单手操作"F1 分数未到 0.90，效果较差。

（2）视角 B_多任务模型

同理，使用视角 B 图片对模型进行训练，模型表现见表 10-7。

表 10-7　视角 B 模型评价指标表

	精度	类项	精确度	F1 分数	识别时间
持续型	0.987 5	抽烟	0.984 8	0.992 4	36.2 s
		使用耳机	0.985 8	0.990 5	
		正常	0.996 7	0.985 6	
短暂型	0.952 8	吃东西等	0.932 9	0.947 4	
		单手操作	0.967 4	0.881 2	
		操作导航	1.000 0	1.000 0	
		挂挡	0.980 4	0.990 1	
		正常驾驶	0.980 0	0.973 5	
		拿放东西	0.982 1	0.982 1	

从精度上看持续型状态量识别精度为 0.987 5,比双视角精度低 0.42%,短暂型状态量识别精度为 0.952 8,比双视角精度低 1.25%,与双视角精度相差较大;从精确度和 F1 分数上看所有项中"操纵挡位"的精度略微较高,其中"单手操作"F_1 分数仅 0.88,效果较差。

通过上述两个实验,可以看出,使用双视角数据,可以明显提升提高持续型状态量和短暂型状态量的识别效果;并且,通过多输出模型,使短暂和持续型状态量识别时能够共用模型对于图像低级特征的提取结果,节省状态量的识别时间,相比分别识别 720 张视角 A 和 B 图片的时间,一次性识别将减少 (61.2−50.9)=10.3 s,节省约 20% 的识别时间。

5. 模型融合

根据识别要求,对于驾驶员的驾驶姿态进行识别,需要对视线偏移量、持续型状态量和短暂型状态量进行"同时"识别,通过量的叠加才能实现驾驶姿态的语义解析,所以需要将上述两个模型进行结合,设计联合识别网络模型,模型结构图见图 10-33。

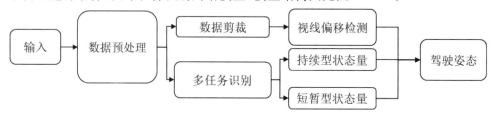

图 10-33 联合识别网络模型结构图

联合识别网络模型主要包括图 10-33 所示部分,数据预处理主要进行图片剪裁和压缩;随后第一条路径先进入数据剪裁,再进行视线偏移检测;第二条路径通过多任务识别,输出持续型状态量和短暂型状态量的识别结果;最后将三个识别结果进行叠加分析,输出驾驶姿态。

使用表 10-8 所示的设备,分别对从 15 s、2 个 100 s 的视频片段中提取的图片进行识别(其中 15 s 视频为三个动作剪辑合成的视频,2 个 300 s 视频分别为针对"使用耳机"和"抽烟"持续型状态量下的视频),其中对每秒视频提取一张图片进行识别,信息流见图 10-34,以 15 s 视频为例,视频的识别结果见表 10-9。

表 10-8 实验环境参数

条目	参数
CPU	Inter(R) Core(TM)i5-6300HQ 2.30 GHz
操作系统	Windows10
编程语言	Python3.7
深度学习框架	TensorFlow1.14.0、Keras2.3.1
其他库	Numpy、OpenCV、matplotlib、PIL 等

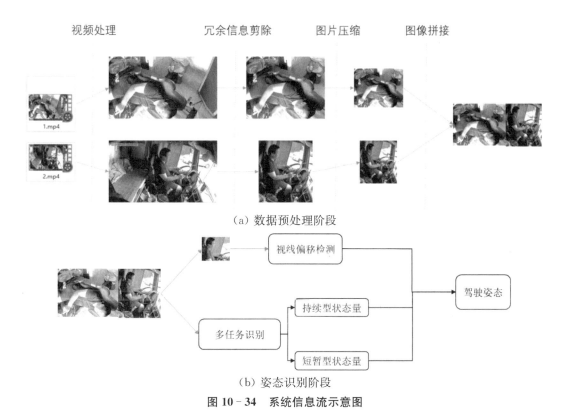

(a) 数据预处理阶段

(b) 姿态识别阶段

图 10-34 系统信息流示意图

表 10-9 视频识别输出表

秒数	偏移量	持续型				短暂型				
		抽烟	使用耳机	正常	吃东西等	单手驾驶	操纵导航	挂挡	正常驾驶	拿放东西
1	1	0	1	0	0	0	1	0	0	0
2	1	0	1	0	0	0	1	0	0	0
3	1	0	1	0	0	0	1	0	0	0
4	1	0	1	0	0	0	1	0	0	0
5	0	0	1	0	0	0	0	0	1	0
6	0	0	1	0	0	0	0	0	1	0
7	0	0	1	0	0	0	0	0	1	0
8	0	0	1	0	0	0	0	0	1	0
9	0	0	1	0	0	0	0	0	1	0
10	0	0	1	0	0	0	0	0	1	0
11	0	0	1	0	0	0	0	0	1	0
12	1	0	1	0	0	0	0	0	0	1
13	1	0	1	0	0	0	0	0	0	1
14	1	0	1	0	0	0	0	0	0	1
15	1	0	1	0	0	0	0	0	0	1

注:其中"1"表示驾驶员该时刻出现某状态,"0"表示无某状态,如第 1 s 驾驶员具有的状态是视线偏移、使用耳机和操纵导航。

对 100 s 视频进行识别,识别效果见表 10-10。由表 10-10 可知,联合模型对短暂和持续型状态量的识别效果均较好,精度均在 0.96 及以上,同时识别时间在 0.18 s 左右,实时性良好。

表 10-10 视频识别效果分析

视频片段	联合精度	视线偏移精度	持续型状态量精度	短暂型状态量精度	识别时间(持续型状态量识别时间+短暂型状态量识别时间)/s	1 s 视频识别时间/s
片段 1	0.96	0.99	0.98	0.97	34.81+20.68	0.185
片段 2	0.95	0.98	1.0	0.96	33.59+21.08	0.182
平均	0.96	0.99	0.99	0.97	110.16	0.184

10.5.2 日夜分离姿态检测模型

1. 驾驶员姿态特征及标签设计

通过观察驾驶员姿态数据集所有的视频图像,可以发现驾驶员姿态主要取决于头部及双手的位置,次要取决于与危险驾驶操作相关的物件的位置,例如水杯、耳机、香烟、仪表盘、手机等。头部、双手与物件位置的不同组合构成了驾驶员复杂的姿态类别。

适当将驾驶员姿态在一定程度上进行规范、简化,从双手位置、头部位置朝向和物件与双手、头部相对位置三个角度可以较好地表明驾驶员的姿态种类。仅考虑驾驶员双手位置状态,可将驾驶员姿态分为双手驾驶、单手驾驶和无手驾驶(双手均不控制方向盘);考虑头部位置朝向,可以看出驾驶员是否面向前方;从物件与双手、头部相对位置角度,可将驾驶员姿态分为抽烟、打电话、挂挡、操纵手机(架)、操纵仪表盘、吃喝东西、拿放东西。根据获取的数据样本,综合考虑这三个角度可以包含所有的驾驶员姿态种类(表 10-11)。

表 10-11 不同姿态的兼容、互斥情况

	双手驾驶	单手驾驶	无手驾驶	不看前方	抽烟	打电话	挂挡	操纵手机(架)	用仪表盘	吃喝东西	拿放东西
双手驾驶	—	×	×	√	√	√	×	×	×	×	×
单手驾驶	×	—	×	√	√	√	√	√	√	√	√
无手驾驶	×	×	—	0	0	0	0	0	0	0	0
不看前方	√	√	0	—	√	√	√	√	√	√	√
抽烟	√	√	0	√	—	√	√	√	√	×	×
打电话	√	√	0	√	√	—	√	×	√	×	×
挂挡	×	√	0	√	√	√	—	×	×	×	×
操纵手机(架)	×	√	0	√	√	×	×	—	×	×	×
用仪表盘	×	√	0	√	√	√	×	×	—	×	×
吃喝东西	×	√	0	√	×	×	×	×	×	—	×
拿放东西	×	√	0	√	×	×	×	×	×	×	—

注:"√"表示可以兼容,"×"表示不能兼容,"0"表示可以不考虑兼容情况。

考虑驾驶员姿态动作叠加性后,经计算,驾驶员的姿态动作种类数量共有 53 个。其中双手驾驶姿态动作 8 个,单手驾驶姿态动作 44 个,无手姿态均归为一类且表示极端危险姿态。

数据标签处理多用"1、0"表示"是、否",在传统标签处理方式中,若有 N 种识别结果,就采用 $1×N$ 的"01"数组表示。但是,在考虑姿态叠加性后,驾驶员行为姿态种类多达 53 个,若采用 $1×53$ 的"01"数组表示过于冗余,且会影响计算效率,利用正交化思想简化标签处理。

正交化思想指每一个自变量只改变因变量的一种特定属性。一个指标只影响一个问题,利用 90°垂直思想,避免一个变量对应多个功能。利用正交化思想,将每个姿态作为一个"01"变量,形成 $1×11$ 的"01"数组,由于该标签可存在多个变量 1,所以能够更简单地表示叠加性姿态。

基于正交化思想的驾驶员姿态行为标签规则:[是否双手驾驶　是否单手驾驶　是否无手驾驶　是否不看前方　是否抽烟　是否打电话　是否挂挡　是否操纵手机(架)　是否操纵仪表盘　是否吃喝　是否拿放东西],用"1、0"表示"是、否",例如抽烟挂挡标签为[0　1　0　0　1　0　1　0　0　0　0]。由此可得驾驶员姿态集,如表 10-12 所示。

表 10-12　驾驶员姿态集

标签	表示姿态
[1　0　0　0　0　0　0　0　0　0　0]	双手正常驾驶
[1　0　0　1　0　0　0　0　0　0　0]	双手驾驶,不看前方
[1　0　0　0　1　0　0　0　0　0　0]	双手驾驶,抽烟
[1　0　0　0　0　1　0　0　0　0　0]	双手驾驶,打电话
[1　0　0　0　1　1　0　0　0　0　0]	双手驾驶,抽烟,打电话
[1　0　0　1　1　0　0　0　0　0　0]	双手驾驶,抽烟,不看前方
[1　0　0　1　0　1　0　0　0　0　0]	双手驾驶,打电话,不看前方
[1　0　0　1　1　1　0　0　0　0　0]	双手驾驶,抽烟,打电话,不看前方
[0　1　0　0　0　0　0　0　0　0　0]	单手驾驶(多为过渡动作)
[0　1　0　0　0　0　1　0　0　0　0]	单手驾驶,挂挡
[0　1　0　0　0　0　0　1　0　0　0]	单手驾驶,操纵手机(架)
[0　1　0　0　0　0　0　0　1　0　0]	单手驾驶,操纵仪表盘
[0　1　0　0　0　0　0　0　0　1　0]	单手驾驶,吃喝东西
[0　1　0　0　0　0　0　0　0　0　1]	单手驾驶,拿放东西
[0　1　0　0　0　1　0　0　0　0　0]	单手驾驶,打电话
[0　1　0　0　0　1　1　0　0　0　0]	单手驾驶,打电话,挂挡
[0　1　0　0　0　1　0　1　0　0　0]	单手驾驶,打电话,操纵手机(架)

续表

标签	表示姿态
[0 1 0 0 0 1 0 0 1 0 0]	单手驾驶,打电话,操纵仪表盘
[0 1 0 0 0 1 0 0 0 1 0]	单手驾驶,打电话,吃喝东西
[0 1 0 0 0 1 0 0 0 0 1]	单手驾驶,打电话,拿放东西
[0 1 0 0 1 0 0 0 0 0 0]	单手驾驶,抽烟
[0 1 0 0 1 0 1 0 0 0 0]	单手驾驶,抽烟,挂挡
[0 1 0 0 1 0 0 1 0 0 0]	单手驾驶,抽烟,操纵手机(架)
[0 1 0 0 1 0 0 0 1 0 0]	单手驾驶,抽烟,操纵仪表盘
[0 1 0 0 1 0 0 0 0 0 1]	单手驾驶,抽烟,拿放东西
[0 1 0 0 1 1 0 0 0 0 0]	单手驾驶,抽烟,打电话
[0 1 0 0 1 1 1 0 0 0 0]	单手驾驶,抽烟,打电话,挂挡
[0 1 0 0 1 1 0 1 0 0 0]	单手驾驶,抽烟,打电话,操纵手机(架)
[0 1 0 0 1 1 0 0 1 0 0]	单手驾驶,抽烟,打电话,操纵仪表盘
[0 1 0 0 1 1 0 0 0 0 1]	单手驾驶,抽烟,打电话,拿放东西
[0 1 0 1 0 0 0 0 0 0 0]	单手驾驶,不看前方
[0 1 0 1 0 0 1 0 0 0 0]	单手驾驶,不看前方,挂挡
[0 1 0 1 0 0 0 1 0 0 0]	单手驾驶,不看前方,操纵手机(架)
[0 1 0 1 0 0 0 0 1 0 0]	单手驾驶,不看前方,操纵仪表盘
[0 1 0 1 0 0 0 0 0 1 0]	单手驾驶,不看前方,吃喝东西
[0 1 0 1 0 0 0 0 0 0 1]	单手驾驶,不看前方,拿放东西
[0 1 0 1 0 1 0 0 0 0 0]	单手驾驶,不看前方,打电话
[0 1 0 1 0 1 1 0 0 0 0]	单手驾驶,不看前方,打电话,挂挡
[0 1 0 1 0 1 0 1 0 0 0]	单手驾驶,不看前方,打电话,操纵手机(架)
[0 1 0 1 0 1 0 0 1 0 0]	单手驾驶,不看前方,打电话,操纵仪表盘
[0 1 0 1 0 1 0 0 0 1 0]	单手驾驶,不看前方,打电话,吃喝东西
[0 1 0 1 0 1 0 0 0 0 1]	单手驾驶,不看前方,打电话,拿放东西
[0 1 0 1 1 0 0 0 0 0 0]	单手驾驶,不看前方,抽烟
[0 1 0 1 1 0 1 0 0 0 0]	单手驾驶,不看前方,抽烟,挂挡
[0 1 0 1 1 0 0 1 0 0 0]	单手驾驶,不看前方,抽烟,操纵手机(架)
[0 1 0 1 1 0 0 0 1 0 0]	单手驾驶,不看前方,抽烟,操纵仪表盘
[0 1 0 1 1 0 0 0 0 0 1]	单手驾驶,不看前方,抽烟,拿放东西

续表

标签	表示姿态
[0 1 0 1 1 1 0 0 0 0 0 0]	单手驾驶,不看前方,抽烟,打电话
[0 1 0 1 1 1 1 0 0 0 0 0]	单手驾驶,不看前方,抽烟,打电话,挂挡
[0 1 0 1 1 1 0 1 0 0 0 0]	单手驾驶,不看前方,抽烟,打电话,操纵手机(架)
[0 1 0 1 1 1 0 0 1 0 0 0]	单手驾驶,不看前方,抽烟,打电话,操纵仪表盘
[0 1 0 1 1 1 0 0 0 0 0 1]	单手驾驶,不看前方,抽烟,打电话,拿放东西
[0 0 1 — — — — — — — — —]	无手驾驶,任意动作都很危险

2. 日夜分离模型构建

营运车辆驾驶员的驾驶环境包括日间驾驶环境和夜间驾驶环境,两种驾驶环境由于光线条件差异很大,难以用相同的方法收集、处理数据。目前市场上日夜两用的摄像头在白天生成彩色图像,在夜晚利用红外成像原理生成红外图像。此两种图像差异较大。

彩色图像是由红、绿、蓝组成的三通道图像,各个通道的直方图不同,如图10-35(a)所示。而红外图像本应是单通道图像,但部分摄像头会自动将其分离成直方图完全相同的红、绿、蓝通道,如图10-35(b)所示。直观上灰度图像和红外图像很相似,但是最主要的不同是红外图像是获取物体红外光的强度而成的图像,而灰度图像则是获取物体可见光的强度。因此,在处理夜间红外图像时可以将三个通道合并成一个通道以节省计算资源。

(a) 日间图像

(b) 夜间图像

图 10-35 日夜图像及其直方图特征

3. 级联卷积神经网络子模型

驾驶员姿态多分类问题将卷积神经网络分成了5个子模块,分别对应手部姿态集、不看前方、抽烟、打电话、行为姿态集。若识别每一张图片都需要经过5个卷积神经网络子模块,虽然会使正确率有较好的表现,但是其处理速度较慢,有可能会不符合实时性要求,且会挤占较多的计算资源。

分开构建卷积神经网络子模型更多地考虑子模块内姿态的兼容、互斥性,而构建级联卷积神经网络子模型则需要考虑子模块之间的姿态兼容、互斥性。若识别出驾驶员是双手驾驶姿态,该姿态与行为姿态集的5种姿态均互斥,所以数据流只需要经过手部姿态集、不看前方、抽烟、打电话这4个卷积神经网络子模型的处理;若识别出驾驶员是无手驾驶姿态,由于该类姿态危险程度属于最高级别,识别出该类姿态后,再识别出其他姿态意义较小,所以数据流可以不通过其他子模型;若识别出驾驶员是单手驾驶姿态,由于该姿态与其他子模块的姿态均兼容,所以数据流需要通过所有卷积神经网络子模块。级联卷积神经网络子模块示意图如图10-36所示。

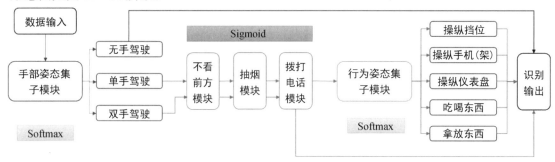

图10-36 级联卷积神经网络结构

为了同时保障营运车辆驾驶员姿态的识别正确度和速度,标准化识别图像的分辨率需要在合适的大小范围内。分辨率标准化指将图像的长、宽数值标准统一,也是为了避免图像大小不一致导致神经网络的输入维度不统一的情况。运用数字图像处理方式,将原图像通过拉伸、缩放成合适的长、宽值,完成分辨率标准化。通常情况下,标准图像长、宽值为原始数据图像的长、宽值的倍数。根据图像原本分辨率和识别需要,本节将原始图像分辨率标准化为 360×640 和 180×320 进行实验。

RGB像素标准化可以提升神经网络的训练性能,加快其训练速度。一般日间图像为彩色图像,有红、绿、蓝三个颜色通道,像素值在 $0 \sim 255$ 之间。像素标准化即将像素值范围标准化到 $0 \sim 1$ 之间。

经2 000张图像的样本实验,分辨率为 360×640 的图像识别准确率为99.5%以上,但是单张图像在每个卷积神经网络子模块上的识别时长为443 ms。考虑最大经过识别子模块数量,单张图像通过整个级联卷积神经网络模块需要2.215 s。识别速度较慢,不符合驾驶员姿态识别的实时性要求。而分辨率为 180×320 的图像识别准确率为98.5%以上,单张图像在每个卷积神经网络子模块上的识别时长为105 ms。考虑最大经过识别子模块数量,单张图像通过整个级联卷积神经网络模块需要0.5 s。识别速度较快,符合驾驶员姿态识别的实时性要求。虽然识别精度有所下降,但仍处于可接受范围内。因此,后续均采用分辨率为 180×320 的图像进行实验。

(1) 白天数据集识别结果

白天数据集应用88 970张图片为训练集,28 440张图片为测试集,分别训练5种级联卷积神经网络模型,分析训练过程中模型的准确率表现和训练误差,并在测试集上验证训练效果。识别结果着重考察5种级联卷积神经网络模型以及整体级联模型在测试集上的识别准确率和识别速度。

根据各个子模型在测试集上的表现,对比级联模型和无级联模型的识别准确率和识别速度,如表 10-13 所示。由表 10-13 可以看出,白天级联卷积神经网络模型比无级联卷积神经网络模型在识别正确率和识别速度上均有相当程度的优势。无级联模型已经可以表现出高水平的识别准确率,高达 97.83%,而级联模型在测试集上的识别正确率比无级联模型还再高出 0.85 个百分点,达到 98.68%,识别速度也比无级联模型快 10.4%。

表 10-13 白天数据集有无级联模型对比

	手部姿态	不看前方	抽烟	打电话	行为姿态	无级联模型	级联模型
正确率	99.3%	98.94%	98.59%	99.3%	99.35%	97.83%	98.68%
识别速度	91 ms	93 ms	90 ms	89 ms	89 ms	452 ms	405 ms

(2) 夜晚数据集识别结果

夜晚数据集是由红外图像组成,虽然摄像设备将拍摄图像自动转为了 RGB 三通道图像,但其各个通道的像素矩阵完全相同,识别正确率不会因为训练全部通道或者训练单个通道发生改变。所以,使用夜晚数据集图像进行训练时,只需要任取其中一个通道的像素数据即可。不仅不会降低识别正确率,还可以加快训练、识别速度,减小模型存储空间。

夜晚数据集应用 46 120 张图片为训练集,14 360 张图片为测试集,分别训练五种级联卷积神经网络模型。与应用白天数据集的方法类似,分析训练过程中模型的准确率表现和训练误差,并在测试集上验证训练效果。识别结果着重考察 5 种级联卷积神经网络模型以及整体级联模型在测试集上的识别准确率和识别速度。

由表 10-14 可以看出,夜晚级联卷积神经网络模型比无级联卷积神经网络模型在识别正确率和识别速度上均有一定程度的优势。无级联模型已经可以表现出较高的识别准确率,高达 97.48%,而级联模型在测试集上的识别正确率比无级联模型还再高出 0.55 个百分点,达到 98.03%,识别速度也比无级联模型快 10.17%。

表 10-14 夜晚数据集有无级联模型对比

	手部姿态	不看前方	抽烟	打电话	行为姿态	无级联模型	级联模型
正确率	98.14%	99.78%	98.6%	98.6%	99.77%	97.48%	98.03%
识别速度	82 ms	80 ms	79 ms	81 ms	81 ms	403 ms	362 ms

参考文献

[1] Helvaci S, Senova A, Kar G, et al. Improving driver behavior using gamification [M]//Mobile Web and Intelligent Information Systems. Cham: Springer International Publishing, 2018: 193-204.

[2] Warmerdam A, Newnam S, Wang Y, et al. High performance workplace systems' influence on safety attitudes and occupational driver behaviour[J]. Safety Science, 2018, 106: 146-153.

[3] 张露,张静,杨薛涛,等. 基于模糊识别的驾驶员疲劳检测[J]. 西南科技大学学报, 2014,29(2):87-91.

[4] 裴玉龙,马艳丽. 疲劳对驾驶员感知判断及操作特性的影响[J]. 吉林大学学报(工学版),2009,39(5):1151-1156.

[5] 王磊宇. 模拟驾驶疲劳生理特征研究及应用[D]. 太原:太原理工大学,2015.

[6] Zhao C L, Zhao M, Liu J P, et al. Electroencephalogram and electrocardiograph assessment of mental fatigue in a driving simulator[J]. Accident Analysis & Prevention, 2012, 45: 83-90.

[7] Jung S J, Shin H S, Chung W Y. Driver fatigue and drowsiness monitoring system with embedded electrocardiogram sensor on steering wheel[J]. IET Intelligent Transport Systems, 2014, 8(1): 43-50.

[8] Sun Y, Yu X. An innovative nonintrusive driver assistance system for vital signal monitoring[J]. IEEE Journal of Biomedical and Health Informatics, 2014, 18(6): 1932-1939.

[9] Wang S Y, Zhang Y Q, Wu C X, et al. Online prediction of driver distraction based on brain activity patterns[J]. IEEE Transactions on Intelligent Transportation Systems, 2015, 16(1): 136-150.

[10] Wang Y K, Jung T P, Lin C T. EEG-based attention tracking during distracted driving[J]. IEEE Transactions on Neural Systems and Rehabilitation Engineering, 2015, 23(6): 1085-1094.

[11] Zhao C H, Zhang B L, He J. Vision-based classification of driving postures by efficient feature extraction and Bayesian approach[J]. Journal of Intelligent & Robotic Systems, 2013, 72(3/4): 483-495.

[12] Zhao C H, Zhang X Z, Zhang Y S, et al. Recognizing driving postures by combined features of contourlet transform and edge orientation histogram, and random subspace classifier ensembles[J]. Journal of Intelligent & Fuzzy Systems, 2014, 27(4): 2011-2021.

[13] Gupta R, Mangalraj P, Agrawal A, et al. Posture recognition for safe driving[C]//2015 Third International Conference on Image Information Processing (ICIIP), December 21-24, 2015. Waknaghat, India: [s. n.], 2015: 141-146.

[14] Yan S Y, Teng Y X, Smith J S, et al. Driver behavior recognition based on deep convolutional neural networks[C]//2016 12th International Conference on Natural Computation, Fuzzy Systems and Knowledge Discovery (ICNC-FSKD), August 13-15,

2016. Changsha, China：[s. n.]，2016：636－641.

[15] Yamada T, Irie H, Sakai S C. High-accuracy joint position estimation and posture detection system for driving[C]//Adjunct Proceedings of the 13th International Conference on Mobile and Ubiquitous Systems：Computing Networking and Services, Hiroshima, Japan. New York：ACM Press, 2016.

[16] Wu G H, He J, Nie P W, et al. Driver's posture detection based on centroid coordinates of two-hand(arm) region[C]//2018 IEEE 3rd International Conference on Communication and Information Systems (ICCIS), December 28-30, 2018. Singapore：[s. n.]，2018：23－27.

[17] 呼布钦.基于深度学习的驾驶员头部及姿态识别和分类方法研究[D].长春:吉林大学,2018.

[18] 赵磊.基于深度学习和面部多源动态行为融合的驾驶员疲劳检测方法研究[D].济南:山东大学,2018.

[19] Pang Y W, Yuan Y, Li X L, et al. Efficient HOG human detection[J]. Signal Processing, 2011, 91(4)：773－781.

[20] Zhilali'L A F, Nasrun M, Setianingsih C. Face Recognition Using Local Binary Pattern (LBP) and Local Enhancement (LE) Methods At Night Period[C]//Proceedings of the 2018 International Conference on Industrial Enterprise and System Engineering (IcoIESE 2018), 2019.

[21] Ng P C, Henikoff S. SIFT：predicting amino acid changes that affect protein function[J]. Nucleic Acids Research, 2003, 31(13)：3812－3814.

[22] Bay H, Ess A, Tuytelaars T, et al. Speeded-up robust features (SURF)[J]. Computer Vision and Image Understanding, 2008, 110(3)：346－359.

[23] Torralba, Murphy, Freeman, et al. Context-based vision system for place and object recognition[C]//Proceedings Ninth IEEE International Conference on Computer Vision. October 13-16, 2003. Nice, France：[s. n.]，2003：273－280.

[24] 石国强,赵霞,陈星洲,等.基于卷积神经网络的局部图像特征描述符算法[J].上海航天(中英文),2020,37(1):87－92.

第十一章
基于事故替代指标的交通安全分析法

鉴于事故数据的稀缺性和低质量,越来越多的研究试图让道路交通安全的分析摆脱历史事故数据的束缚,除了仿真和模拟驾驶等实验方法,寻找可以替代"事故"的指标也成了当前备受瞩目的研究方向。通过事故替代技术,可以方便地实现以下目标:① 表征事故发生的概率,预测某一起事故发生的可能性;② 预测某一空间范围内事故频次,有效甄别事故黑点位置;③ 通过机器学习或计量经济学模型等途径分析各类型事故发生的机理;④ 剖析各维度因素对事故替代指标的单一或耦合作用,为制定有针对性地事故预防措施提供帮助;⑤ 分析道路损伤程度以及路面材料等的安全问题;⑥ 剖析各场景下的安全驾驶行为特性。事实上,基于事故替代指标开展道路交通安全研究的最大优势在于其本身的属性,本章将围绕事故替代技术的概念、指标种类、研究现状和提取方法等角度,详细介绍该方法的属性优势和功能优势,为读者逐步解开事故替代指标的神秘面纱。

11.1 事故替代指标概述

11.1.1 替代指标基础

促使替代指标产生并推广应用的根源在于交通事故的发生是罕见的,尤其是致死事故。通常来讲,预防某件事情发生需要制定行之有效的应对策略,而策略的制定则需要以大规模观测数据内在的演变规律为依据。事故的稀有性阻碍了这一目标的实现,使得大部分科研工作者只能利用某地域过去数年或数十年的事故统计来扩充数据量。考虑到数年间,道路建设情况、路面损伤情况、道路几何线形、车流量、车型比例、交通诱导方式以及驾驶员操作习惯等一系列对事故发生至关重要的因素都极有可能发生巨大的改变,因此这一做法虽然在一定程度上缓解了样本规模的问题,但数年之前的事故统计能否反映当下的安全水平仍存在疑问。这就形成了恶性循环的困局:要么舍弃部分精确性采用小样本数据,要么舍弃时效性采用数年以来的较大规模的数据。显然,这些都不利于剖析交通事故发生的机理,也就难以有效指导实际中的道路交通安全管理工作。

应用事故数据进行安全分析的另一个瓶颈在于事故自身显著的"事后性"。"事后性"是指必须等到事故大量发生之后才能研究事故发生的机理,这样的属性决定了事故分析工作需要付出巨大的社会成本和经济成本。虽然使用仿真或模拟驾驶实验可以避免真实事故的发生,但就现阶段的真实度还原水平而言,在某些安全研究领域虚拟系统仍无法替代实际系统。"事后性"另一个弊端在于无法对缺乏事故统计资料的道路或新建道路进行事故风险评估,而这样的道路在我国甚至绝大部分发展中国家是普遍存在的。

除此之外,几乎所有的事故报告均由当地交管部门人工记录。考虑到事故发生现场的独特性,记录过程往往较为匆忙,记录人的主观意识对事故属性的鉴定结果具有很大影响,且不同地区的记录方式缺乏统一的标准,造成部分事故报告内容不清晰、不明确、不准确。

已经明确了道路交通事故数据的缺陷,有必要寻找一些可以替代事故进行安全研究的指标来解决上述难题。替代技术在医学领域早已应用成熟,常被用来预测长期的临床诊治和恢复效果,例如患者的脂蛋白胆固醇水平被认为是冠心病的合适替代品,或者有1.5%~8%的脂肪肝患者会导致肝硬化。医生就可以通过追踪脂蛋白胆固醇水平和脂肪肝恶化程度评估或预测患者的患病(冠心病和脂肪肝)可能。这些可以表征目标发生概率的替代品称为替代事件或替代指标(Surrogates),本书统一使用"替代指标"这一名称。

由替代指标转变为交通事故的概率称为"转化因子(Conversion factor)",记为 π。在道路交通安全领域,以转化因子为中心逐渐形成了有关事故替代指标的定义:事故发生的概率或事故风险的高低可以用一段时间内替代指标发生的次数与转化因子的乘积表示。其数学表达式为:

$$\lambda = \pi \cdot c \tag{11-1}$$

式中:λ——一段时间内事故发生的次数;

c——一段时间内替代指标发生的次数。

并不是一切满足式(11-1)的指标都可以充当事故替代品,除了可以有效表征事故风险之外,替代指标还需要满足以下标准[1]:

① 替代指标的可获得性强、获取时间短。这是确定某个指标能否成为合格替代品的最基础的标准。由事故频次和发生概率的金字塔效应可知(图11-1),替代指标是发生频次或发生概率明显高于事故,但却不会导致严重后果的事件。

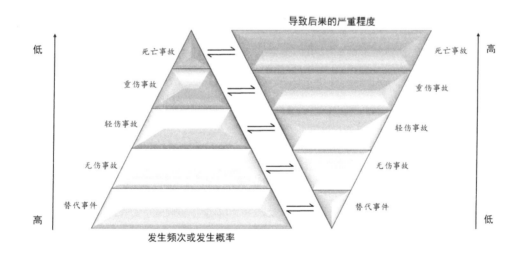

图 11-1 事故的金字塔效应

② 与事故存在因果关联。替代指标与事故存在逻辑上的因果关系,是事故发生过程中一个确切存在的事件,而不只是统计学上的映射关联。如果不对该事件施加有效的控制措

施或干扰,那么发生事故的风险将显著增加。比如高速行驶中的车辆,其侧向加速度超过 0.6g 时,若不采取对速度或航向的有效控制(如降速、避免猛打方向盘等),便容易导致侧翻事故的发生。

③ 替代指标能够反映事故受到多尺度因素影响时变化的规律。事故风险的产生受到人、车、路、环境等多尺度因素的影响。替代指标作为事故的"替身",同样需要具备类似的性质,当驾驶环境变化时,替代指标的发生频次或概率也会随之变动。这一点对实践应用至关重要,可以通过观察替代指标的变动情况优化或评价道路安全设计或行车管控方案等。

④ 替代指标应该具备与事故一致的致因源。现有研究表明,每类事故都具有特定的显著性致因,因此这一项标准说明了不同类型事故和不同严重程度事故的替代指标是不同的。

⑤ 替代指标是一个具备时间尺度的事件。与事故类似,替代指标的发生同样是一个过程,具备时间尺度上的起点和终点。这是一个总结性的标准:时间尺度的起点可以帮助映射致因源,时间尺度的终点则为捕捉替代指标提供了便捷,时间尺度本身也便于科研工作者观测替代指标的变动。

11.1.2 替代指标法的意义

在道路交通安全领域,替代指标法不仅对事故预测和事故分析意义重大,在其他涉及安全的侧面也发挥着重要作用。具体总结如下:

① 可以在短时间内快速获取当前环境下(而非数年之前)的可表征事故风险的替代指标数据,强化事故风险高发机理相关研究的靶向性。

② 可以脱离事故数据实现对某条道路上事故频次或严重程度的预测,这对原本就缺乏事故统计的路段尤为重要。

③ 可以改善实时风险预测的准确性。行车过程中的实时风险预测需要基于包含事故的连续的驾驶状态数据实现,这就要求必须获取大量已发生事故的车辆运行数据,这无疑是十分困难的。而替代指标的频发性和获得性均能够满足研究要求,以替代指标的连续时间序列为数据基础,不仅可以避免真实事故的发生,还为行车实时风险的识别与预警提供新思路。

④ 定向挖掘某一类因素对事故的影响。利用控制变量的思想进行实车试验,获取某一维度因素影响下替代指标的演变规律,以替代指标数据为"纽带",从定量角度揭示该类因素与事故风险的关联,为针对不同因素制定差异化预防管控策略提供理论支撑。

⑤ 可用于道路几何线形合理性检验和道路破损检测,如车辙、疲劳损伤程度、坑陷等。该作用主要凭借以车辆运行参数为核心的事故替代指标实现,即可以通过车速一致性、轮胎载荷差异、加速度异动等指标对几何设计和路面破损进行可靠表征,为更有针对性地开展道路养护工作提供帮助。

⑥ 分析路面材料的安全性。与⑤类似,主要依靠车辆运行参数等替代指标实现对路面材料安全效用的差异分析,在满足环境允许、成本合理、施工可行的前提下,筛选更有利于安全行车的路面材料。

11.1.3 替代指标的种类

替代指标可以是满足定义和标准的任何的指标,包括交通流类、车辆运行参数类、驾驶行为类等。当前该领域的研究仍处于发展期,即不断有学者提出新的替代指标,但尚未形成系统的指标体系。笔者通过回顾现有文献总结了如下几种较为成熟且认可度较高的替代指标。

1. 碰撞时间 TTC(Time to collision)

1967 年,Perkins 等人首次基于驾驶员刹车或突然转向等规避行为首次提出了交通冲突技术(Traffic Conflict Technique,TCT)的概念[2]。随后该定义被不断完善,最终由 Hydén 于 1987 年归纳并总结出沿用至今的确切定义:两个或两个以上的道路使用者在空间或时间上相互逼近,如果彼此的移动保持不变就会有发生碰撞的风险。并进一步指出"时间上的距离"在描述冲突风险时更加准确。TTC 也就成了最早的事故替代指标,观测人员可以通过车辆的轨迹在短时间内获得大量的冲突数据,实现对事故风险的准确度量。早期,交通冲突技术的可靠性和可用性一直是人们关注的主要问题,许多研究试图通过改善数据记录方式、利用数理统计方法解决这个疑问;随着数据的可用性、多元化程度不断提高,一些研究证实了交通冲突和交通事故之间存在明确的逻辑关系,该方法也逐步成为道路安全评估的主要手段之一。

与事故类似,同样可以根据发生冲突时的状态将其分为不同的类型和严重程度。冲突类型一般分为侧向冲突和追尾冲突两类,以美国联邦公路局开发的 SSAM 微观冲突识别软件的冲突划分方法为基准,根据车辆间的潜在碰撞角度来划分冲突类型:以冲突车辆的纵向中心线为轴,当两车行驶方向的夹角小于或等于 15°时定义为追尾冲突,而冲突交通在 15°到 85°之间时定义为侧向冲突[3],如图 11-2 所示。交通冲突的严重程度则根据避让难度区分,如表 11-1 所示。

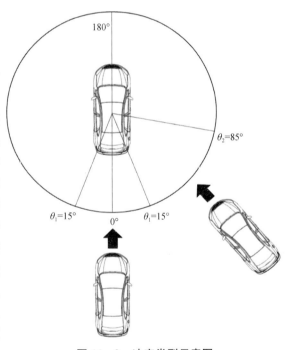

图 11-2 冲突类型示意图

表 11-1 交通冲突严重程度

严重程度	定义
轻微冲突	车辆之间存在轻微交通冲突,可以安全行驶
一般冲突	车辆之间存在一般冲突,车辆之间可以及时避让
严重冲突	车辆之间存在严重的冲突,难以及时避让,具有较大安全隐患

交通冲突一般产生于车辆的跟驰或换道的过程[4]。在高速公路车辆跟驰行驶的过程中,由于交通流运行的速度较快,同车道的车辆间容易产生追尾冲突。当前导车和跟驰车之间的间距过小且跟驰车车速大于前导车时,或者前导车由于其他方面的影响出现紧急制动等行为时,车辆间会产生追尾冲突的情况,此时就要求驾驶人在较短的时间内做出避险行为来避免交通冲突转化成车辆碰撞,若避险成功则车辆继续正常行驶,避险失败则会导致追尾冲突转化为追尾碰撞。高速公路换道行为则更容易产生侧向碰撞,特别是在换道超车的过程中。针对换道过程中的冲突情况的分析如图11-3所示。

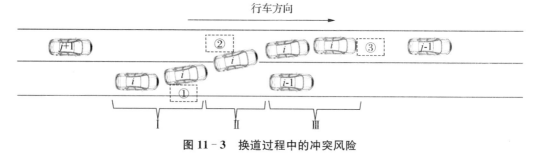

图 11-3 换道过程中的冲突风险

换道过程可分解为原车道正向—偏移阶段Ⅰ、跨车道偏移阶段Ⅱ以及目标车道偏移—回正阶段Ⅲ,图11-3中车辆i为换道车辆,$i-1$车为原车道前车,$j+1$车为目标车道后车,$j-1$车为目标车道前车。在换道过程Ⅰ阶段,驾驶人需要观察目标车道的交通流情况,同时开始加速并向目标车道偏移,此时车辆仍处于原车道,车速的增加可能导致换道车辆在标红区域①与原车道前车$i-1$车产生追尾冲突;在Ⅱ阶段,车辆处于跨车道车身偏移状态,车身与目标车道后车在纵向上存在重合区域,因此在标红区域②目标车辆可能与$j+1$车出现侧向冲突;在Ⅲ阶段,车辆完全进入目标车道,驾驶人调整方向至直行,处于与$j-1$车可能存在追尾冲突的标红区域③。

根据TTC的定义和冲突发生的过程,一般的TTC计算公式可总结如下:

$$\text{TTC}=\frac{x_{i-1}(t)-x_i(t)-L_{i-1}}{V_i(t)-V_{i-1}(t)},\forall V_i(t)>V_{i-1}(t) \quad (11-2)$$

式中:$x_{i-1}(t)$——$i-1$车在t时刻的纵向位置(m);
$x_i(t)$——i车在t时刻的纵向位置(m);
$V_{i-1}(t)$——$i-1$车在t时刻的速度(m/s);
$V_i(t)$——i车在t时刻的速度(m/s);
L_{i-1}——$i-1$车的车身长度(m)。

在TTC的基础上,后人相继拓展出来后侵占时间(Post Encroachment Time,PET)、避免碰撞减速度(Deceleration Rate to Avoid Crash,DRAC)、扩展TTC(ETTC)、碰撞冲突时间差(Time Difference to Collision,TDTC)等交通冲突类事故替代指标,在丰富应用场景的同时,也强化了该类指标的可移植性。

2. 车辆的纵向/侧向加速度

尽管基于TTC的道路风险识别方法能够在短时间内获取足够可靠的数据,但该方法主要以车辆轨迹为判定依据,对事故发生的机理缺乏解释能力。基于车辆运动学或动力学参数构建的事故替代指标可以解决这一难题。其中最具代表性的为车辆在正常行驶时产生的侧向/纵向加速度。第五章已经介绍了车辆的动力学基础,明晰了这两个指标与行车安全的密切关联,本章就不再过多叙述其内在机理。该类替代指标还可以与交通冲突类指标并用,其风险阈值如表11-2所示。风险阈值是指当上述指标的大小超过阈值时,事故风险将会显著上升[1]。

表11-2 纵向/侧向加速度风险阈值

指标	阈值
纵向加速度	≥0.7 g
侧向加速度	≥0.6 g
纵向加速度+TTC	纵向加速度≥0.5 g 且 TTC≤4 s

3. 加速度变化率

加速度的变化率是另一个常见的车辆运行参数类事故替代指标,用来描述车辆的制动的稳定性。如果说加速度可以反映常规环境下较长行驶距离的普遍风险,而在突发意外场景下(如前车急刹、侧前方车辆突然向本车道换道、行驶路线上突现行人或非机动车等),驾驶员往往采取紧急制动进行避险,且与前方物体碰撞的风险越大时,制动就越剧烈,加速度的变化率就越大。用来确定加速度变化率风险阈值的一般方法为寻找其时间序列曲线的突变点,表11-3给出了风险阈值的取值参考。

表11-3 加速度变化率风险阈值

严重程度	阈值
一般风险	≥1.5 g/s
严重风险	≥1.0 g/s

4. 分心驾驶

分心驾驶是基于驾驶员行为挖掘的事故替代指标。驾驶员在执行驾驶操作时,要同时接收并处理来自视觉和听觉等各个层次的动态信息,然后依据这些信息做出适当的决策,并无限反复这一过程。因此,在驾驶过程中难免发生分心失误,为事故的发生埋下隐患。分心驾驶是指驾驶员的注意力指向与正常驾驶不相关的活动,造成自身反应、判断、决策能力下降的一种现象。随着信息技术、移动互联技术等高新产业的迅速发展,导致驾驶员分心的致因源也不断增加,如智能手机、车载广播、车载音乐、车载视频播放器等,造成驾驶员进行多任务操作的需求大幅提高。

驾驶的分心程度可以映射事故风险,因此经过合理量化后的分心程度指标可充当事故替代指标。但当前分心驾驶的量化方法很多,由于分心驾驶是有主观意识决定的定性产物,因此该类指标的可用性仍需进一步探究。常见的用于量化分心程度的指标有注视持续时间、眨眼频率、扫视频率、心率和脑电号、面部表情、制动反应时间、次任务反应时间、速度/加速度持续期等。

5. 其他替代指标

除了以上4种应用广泛的替代指标外，表11-4还归纳了其他类型的事故替代指标。

表11-4 其他事故替代指标

指标	描述
航偏角速度	在3 s的时间窗内，任何≥4°的航向偏移，均会导致风险显著增加
绝对速度差	指两车存在追尾冲突时绝对速度差的平方
左右轮垂向荷载差	指左右驱动轮在垂直地方方向的受力差，可用来表征翻车事故风险
最大减速率	某个时间窗内车辆最大减速度的绝对值
最高车速	冲突事件中涉及的两辆车的最高速度
车速标准差	一段时间窗内车速的变化情况，一般用来描述车速一致性
停车时长	专用于分析公交车进站停靠时行人和非机动车发生事故的风险
制动距离	跟驰过程中后车的制动距离，通常与驾驶员反应时间联用

11.2 事故替代指标提取方法

事故替代指标的相关研究可总结为以下3个方向：① 事故替代指标的有效性检验；② 事故替代指标的应用性研究；③ 事故替代指标提取方法研究。

11.2.1 有效性检验及其应用性

1. 事故替代指标的有效性检验

通常是面向已有的替代指标做的实证性研究。当前替代指标的主流研究是基于以下两个大规模自然驾驶实验开展的：美国公路战略计划二期（Strategic Highway Research Program 2，SHRP 2）和弗吉尼亚理工大学运输学院（Virginia Tech Transportation Institute，VTTI）组织的自然驾驶实验。这两个实验中的车辆上均配备了前沿的传感器、视频记录仪和GPS系统。这些设备被称为"运动事件触发器"，它会根据预先内置好的算法和运动学参数阈值自动记录驾驶过程中产生的安全关键事件（Safety critical events），然后通过视频搜索的方式寻找与事故风险密切相关的事故替代指标。目前这两项实验的数据已经开放获取，因此陆续有多个研究分析了这些替代指标是否真的具备表征事故风险的能力。

常见的有效性分析的思路有：① 纯理论框架分析，围绕定义和标准分析替代指标的合理性和可行性;② 通过逻辑回归模型检验替代指标与事故本身的逻辑关联;③ 通过假设检验的手段分析事故群体和非事故群体中替代指标的差异;④ 基于替代指标预测事故风险大小,将预测结果与实际值相比较;⑤ 分析替代指标对事故类型的敏感性,即探索不同事故类型下指标的有效性。

2. 事故替代指标的应用性研究

该方向的实施有两种基本途径:一是直接利用现有的事故替代指标进行应用性分析;二是通过简单的定义、理论推导或参考现有标准提取替代指标,再应用提取的替代指标进行应用性分析。需要说明的是,由于替代指标的提取方法并不是应用性研究的重点,因此其中的指标提取通常只是一个简单的数据处理过程,不涉及复杂的方法论体系。

应用性研究的常见思路有:① 进行事故风险预测;② 使用某类事故替代指标定向识别某类型事故的风险;③ 与其他维度因素建立定量关系,分析事故风险的高发机理;④ 用于道路破损、疲劳损伤的检测,以及路面材料安全性检验;⑤ 研究驾驶员的安全驾驶特性,开发主动预防安全措施;⑥ 检验车辆的操纵稳定性、通过性和平顺性。

11.2.2 事故替代指标提取方法

大量的文献研究了现有替代指标的有效性,如何利用已有的替代指标进行事故风险分析,以及通过替代指标分析事故发生的机理。但很少有研究专门探索如何从原始的车辆运行数据中逐步提取出可充当事故替代事件的指标。在为数不多的研究中,通过数据的分布寻找突变点,然后进行诸如独立性检验、回归的显著性分析等是主要的手段。但这些方法不但需要人工视频的筛选,并且难以应对大规模的数据集。除此之外,在不规律的曲线中,如何客观地确定突变点也较为困难。本节将详细介绍一种可用于替代指标提取的智能方法——符号聚合近似(Symbolic Aggregate ApproXimation, SAX)。

1. SAX 分析法介绍

SAX 法是本书提取事故替代指标的主要工具,可以实现对时间序列的符号化语义转换,是一种移植性很强的通用算法。时间序列是指按时间顺序排列的,在不同时间具有特定数值的统计指标。时间序列数据广泛出现在现实生活应用中,例如金融、工业自动化、医学、天气观测、人类步行运动等。先进技术和设备的广泛应用使得时间序列数据的规模已经远达到了可以分析的技术要求,然而时间序列数据具有数据量大、维度高、不断变化的特点,这使得描述性的规则表达变得困难[5]。一段 12 h 的实车实验数据容量可以高达 2 GB,传统的数据分析方法难以适应如此庞大的数据容量。

研究人员提出了时间序列近似表示的方法,实现对时间序列数据的降维处理。其基本思想是保留时间序列的主要形态,对时间序列进行压缩表示,并用新的曲线近似替代原始的时间序列。代表性的时间序列近似表示方法有离散小波变换(Discrete Wavelet Transformation, DWT)、分段累积近似(Piecewise Aggregate Approximation, PAA)、符号聚合近似(Symbolic Aggregate ApproXimation, SAX)、分段线性聚集近似(Piecewise Linear Aggregate Approximation, PLAA)等。

其中，符号聚合近似(SAX)法是由 Lin 等人[6]在分段累积近似(PAA)的基础上提出的一种有效的时间序列离散化降维方法，基本思想是将输入的时间序列数据转换成以离散符号形式表示的字符串。该方法是时间序列的第一个符号化表示形式，为实数序列数据特征分析提供新思路。由于 SAX 方法具有以下优势，一经提出便成为一种非常受欢迎的时间序列降维表示法[7-8]。

① SAX 方法操作性强，计算效率高，可以实现过程和结果的可视化，在大幅降低数据维度的同时又可以适当地保留时间序列数据的主要特征，对时间序列数据具有普遍的适用性；

② SAX 方法对数据质量要求不高，降维过程在一定程度上进行了数据平滑处理，大大降低了数据噪声对分析结果的影响；

③ SAX 方法可以将先前维数很高、数据特征冗杂的驾驶时间序列数据合理地转换成了可读性强并且易于搜索定位的符号化序列，该优势在处理高量级的数据时尤为明显。

直到 2013 年，才有学者提出可以运用 SAX 方法处理交通领域内大规模的自然驾驶数据，使连续的时间序列转化为符号化的近似序列，这样每个符号就可以近似表示一定时间尺度范围内的一个"事件"。有时候，车载数据采集设备的时间间隔可以精确到 0.01 s，每次实验可获取的时间序列维数可达到上万，引入 SAX 方法可以有效对时间序列进行降维，且能保留时间序列的主要形态，对快速有效挖掘动力学数据时间序列中蕴藏的"危险信号"意义重大。

2. SAX 分析法的步骤

SAX 方法运用时间序列的内在统计规律对数据进行离散化，得到时序序列的符号化表示。该算法有两个核心问题：一是将原始时间转换为系列 PAA 表示形式；二是将 PAA 数据转换为字符串。基本步骤如下：

① 原始序列标准化。将原始时间序列数据 $C=\{c_1,c_2,\cdots,c_n\}$ 转换成均值为 0、标准差为 1 的标准序列，记作 $C'=c'_1,c'_2,\cdots,c'_n$；

② PAA 数据降维。利用降维式(11-3)对 C' 进行 PAA 表示，将长为 n 的标准化时间序列 $C'=c'_1,c'_2,\cdots,c'_n$ 转换成等长的 w 段子序列，然后用每段子序列的均值来代替这段子序列，记为 $\bar{C}=\bar{c}_1,\bar{c}_2,\cdots,\bar{c}_w$。该过程如图 11-4 所示，原始时间序列数据曲线经 PAA 算法降维后变为图 11-4 中的折线段。该曲线即保留了原时间序列数据的变化趋势信息，又大大降低了数据的冗杂性，提高了数据分析效率。

$$\bar{C}_l = \frac{w}{n} \sum_{j=\frac{n}{w}(i-1)+1}^{\frac{n}{w}i} C_j \tag{11-3}$$

因此降维的重点在于确定一个长度合适的时间窗。同样地，由替代指标的标准可知，指标本身就是一个依靠时间尺度支撑的变量。但面对未知的替代指标，几乎不可能直接从原始数据中观测到替代指标发生过程的时间起点和终点，因而尚无研究给出合理的时间窗确定方法。

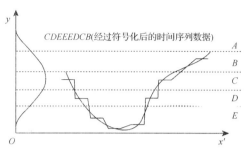

图 11-4　SAX 方法的符号化编码示意图[9]

③ 符号化表示。经过 PAA 算法降维后的时间序列通常近似服从正态分布,依据分布特征将其划分为 k 个等概率区间,每个概率区间有唯一的字符与之对应,共计 m 个字符数。利用高斯分布表(表 11-5)来查找区间分裂点 β_i,从而将 PAA 表示的分段序列映射到相应字符,最终得到离散化的目标字符串 $\hat{C}=\hat{c}'_1,\hat{c}'_2,\cdots,\hat{c}'_n$。在图 11-4 中 $k=5$,即利用 4 条虚线将曲线 $\bar{C}$ 划分为 5 个等概率区间,从上到下依次赋予字符 A、B、C、D、E,该时间序列数据经过符号化后表示为"CDEEEDCB"。

表 11-5　高斯分布表

k	3	4	5	6	7	8	9	10
β_1	−0.43	−0.67	−0.84	−0.97	−1.07	−1.15	−1.22	1.28
β_2	0.43	0	−0.25	−0.43	−0.57	−0.67	−0.76	−0.84
β_3		0.67	0.25	0	−0.18	−0.32	−0.43	−0.52
β_4			0.84	0.43	0.18	0	−0.14	−0.25
β_5				0.97	0.57	0.32	0.14	0
β_6					1.07	0.67	0.43	0.25
β_7						1.15	0.76	0.52
β_8							1.22	0.84
β_9								1.28

11.3　轮胎力替代指标提取及分析实例

本节仍然使用金丽温高速公路的事故数据(详见第三章)、道路特征数据和轮胎六分力数据(详见第八章),运用 SAX 分析法从轮胎六分力原始数据中提取可以表征路段高事故风险的替代指标。与第八章不同之处在于,本节使用的是轮胎六分力绝对大小,并且不涉及车速这一运动学参数。

11.3.1 轮胎六分力数据的字符标定

原始的轮胎六分力数据的时间尺度为 0.01 s，首先计算每 0.1 s 的平均值，将原始数据集简化(相关解释详见第八章)。然后依据 SAX 方法的步骤①和步骤②对简化后的数据进行标准化和降维，本节试探性地选取 5 s 为单位时间窗，对预处理后的动力学数据集进行降维。

依据 F_x、F_y、F_z、M_x、M_y、M_z 的值域分布，将 6 个时间序列分为 8 个等概率区间(见图 11-5)，表 11-6 给出了 SAX 算法的参数取值情况。

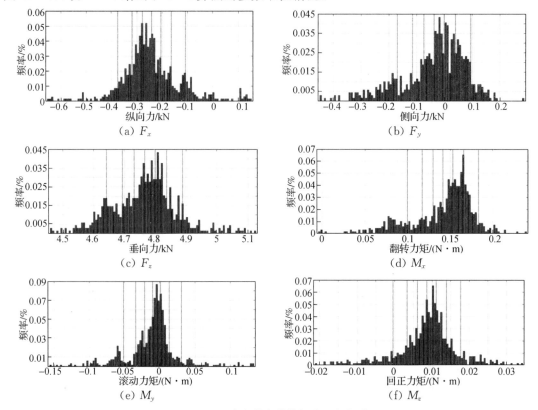

图 11-5 动力学字符等概率区间标定

表 11-6 SAX 算法参数标定

参数名称		左线(丽水方向)			右线(温州方向)		
		AⅠ	BⅠ	CⅠ	AⅡ	BⅡ	CⅡ
数据长度(n)		35 650	29 500	28 900	34 550	28 700	28 750
降维后长度(w)		713	590	578	691	574	575
字符	F_x、F_y、F_z、M_x、M_y、M_z	\multicolumn{6}{c}{$k=8$, \{a,b,c,d,e,f,g,h\}}					

参照高斯分布表确定相邻等概率区间的临界值，并对标准化序列进行了逆向转化，以直观地展示各区间轮胎六分力的真实大小，这一步骤十分重要，因为它可以有效指导后续的行

驶安全优化设计和安全管理,划分结果如表 11-7 所示,需要说明的是,表 11-7 展示的区间节点是 3 组实验的平均值。

表 11-7 动力学参数编码字符的实数取值区间

字符	F_x	字符	F_y	字符	F_z
a_1	$(-0.65,-0.38]$	a_2	$(-0.45,-0.17]$	a_3	$(4.45,4.64]$
b_1	$(-0.38,-0.32]$	b_2	$(-0.17,-0.12]$	b_3	$(4.64,4.7]$
c_1	$(-0.32,-0.28]$	c_2	$(-0.12,-0.08]$	c_3	$(4.7,4.73]$
d_1	$(-0.28,-0.24]$	d_2	$(-0.08,-0.04]$	d_3	$(4.73,4.77]$
e_1	$(-0.24,-0.21]$	e_2	$(-0.04,0]$	e_3	$(4.77,4.8]$
f_1	$(-0.21,-0.16]$	f_2	$(0,0.04]$	f_3	$(4.8,4.84]$
g_1	$(-0.16,-0.11]$	g_2	$(0.04,0.1]$	g_3	$(4.84,4.89]$
h_1	$(-0.11,0.15]$	h_2	$(0.1,0.3]$	h_3	$(4.89,5.12]$
字符	M_x	字符	M_y	字符	M_z
a_4	$(-0.01,0.1]$	a_5	$(-0.17,-0.05]$	a_6	$(-0.02,0]$
b_4	$(0.1,0.12]$	b_5	$(-0.05,-0.03]$	b_6	$(0,0.003]$
c_4	$(0.12,0.13]$	c_5	$(-0.03,-0.02]$	c_6	$(0.003,0.006]$
d_4	$(0.13,0.14]$	d_5	$(-0.02,-0.01]$	d_6	$(0.006,0.009]$
e_4	$(0.14,0.15]$	e_5	$(-0.01,0]$	e_6	$(0.009,0.011]$
f_4	$(0.15,0.17]$	f_5	$(0,0.01]$	f_6	$(0.011,0.014]$
g_4	$(0.17,0.18]$	g_5	$(0.01,0.03]$	g_6	$(0.014,0.018]$
h_4	$(0.18,0.24]$	h_5	$(0.03,0.18]$	h_6	$(0.018,0.04]$

11.3.2 动力学字符重要度分析

为了寻找与交通事故存在高度关联的替代指标,首先使用沙普利(Shapley Additive Explanation,SHAP)值检验每个字符对交通事故频次的重要性。SHAP 是一种根据经济博弈理论提出的新兴模型解释器,可以对黑箱模型(如决策树、随机森林、梯度提升机等)的输出结果进行可视化展示。2017 年,经过改进后,该方法在几乎不损失精度的基础上,求解速度得到了指数级的提升[10]。相比于其他类型的变量筛选方法(如相关性分析、显著性分析等),该算法在求解速度、计算精度、可视化效果方面均具有一定优势,并且可以和机器学习模型完美契合,实现对自变量重要性的定量化展示。

SHAP 值是该方法用于衡量自变量对因变量影响的数值,它通过比较模型中添加该自变量前后,输出值的改变实现这一功能。正的 SHAP 值表示该自变量对因变量有增益作用,负的 SHAP 值表示该自变量对因变量有削弱作用,SHAP 值的绝对值越大,说明该自变量对因变量来说越重要。与其他机器学习模型类似,该算法同样需要对超参数进行标定,本例使用网格化寻优实现这一目的。

SHAP 的输出结果如图 11-6 所示,其中图 11-6(a)、图 11-6(c)、图 11-6(e)、

图 11-6(g)分别展示了总事故频次、追尾事故频次、撞固定物事故频次和翻车事故频次的自变量重要性排序,图 11-6(b)、图 11-6(d)、图 11-6(f)、图 11-6(h)则体现了排序之后的自变量对事故的影响效能。每一个点表示一个样本,点的密度表示样本的密集程度,越红的点表明该样本的正向效用更大,越蓝的点说明该样本的负向效用更大,它们之间的颜色平滑改变。

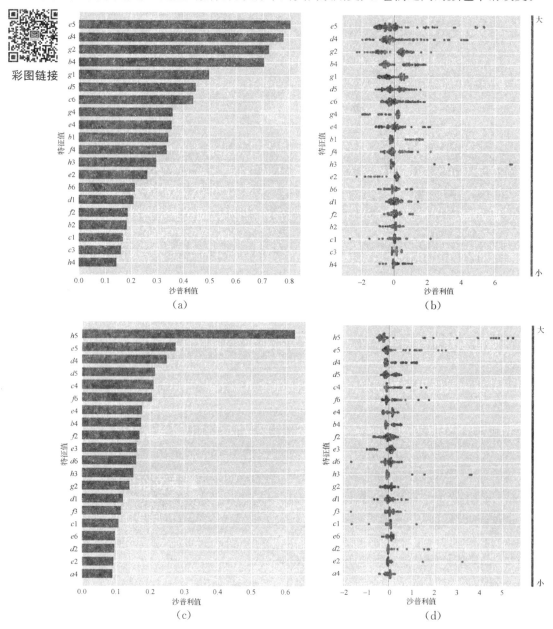

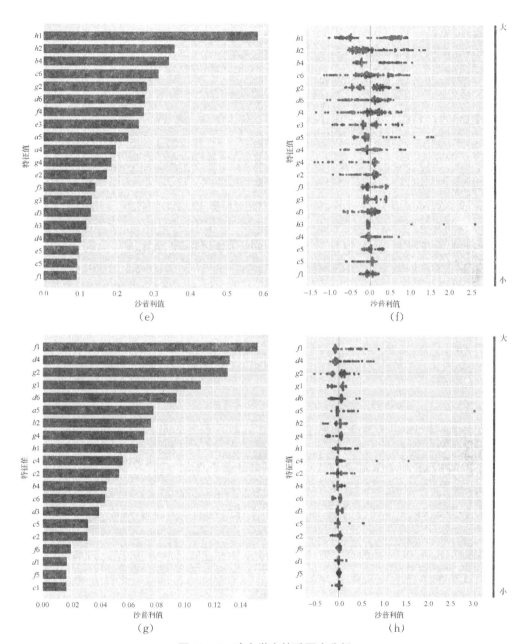

图 11-6 动力学字符重要度分析

图 11-6 不仅给出了各动力学字符在模型中的相对重要程度,还揭示了它们对事故频次的影响规律。以追尾事故模型中的 h_5 为例,可以解读的信息如下:

① 对于追尾事故来说,其重要性排在所有动力学字符之首;

② 从点的颜色分布来看,h_5 出现的频次与追尾事故的频次呈明显的正相关关系;

③ 从点的密度和位置来看,h_5 对追尾事故频次的增加有较为显著的效果,但是该字符对追尾事故的减少作用有限。

作为提取替代指标的一个步骤,不再针对 SHAP 值的输出结果做出更多的分析。SHAP 值的一个重要作用是为提取显著性动力学字符做铺垫。

11.3.3 显著性动力学字符提取

虽然可以从直观地 SHAP 值的输出结果中获取各动力学字符的重要度,但并不意味着重要度高的字符就适合做替代指标。替代指标还应能够方便地表征事故频次或事故风险的高低,这就要求替代指标与事故频次之间应具备显著的单调线性关系,即路段上某个动力学字符个数的多或少,可以直接映射事故频次的高或低。若是复杂的非线性关系,那么就很难依据动力学字符的变化趋势推断事故频次的多少。例如图 11-6(b)中的动力学字符 g_1,虽然该字符具有较高的重要度,但由样本点的分布可知,它与总事故频次之间并非单调的线性关系,无法基于该字符数量的变多或变少来推断总事故频次的演变趋势。

因此,本小节将以 SHAP 值的输出结果为基础,针对总事故频次、追尾事故频次、撞固定物事故频次和翻车事故频次构建若干个负二项回归模型,从数个较为重要的动力学字符中提取出满足研究需求的字符。选择负二项回归模型的理由如下:

① 交通事故频次为典型的计次数据,且交通事故为典型的稀有事件,最适合应用泊松回归模型或负二项回归模型拟合;

② 已有大量研究表明,交通事故数据的分布存在显著的"过度分散"现象,因此负二项回归模型比泊松回归模型更加合适;

③ 在本节中,负二项回归模型的用处为提取显著性动力学字符,而不是深度解释动力学字符的异质性问题,因此最基本的负二项回归模型即可满足需求。

负二项分布模型是交通事故频次分析领域应用最广范、最基本的模型,它是由泊松回归模型演化而来的,基本形式如下:

$$Y_i = NB(\lambda_i, \kappa) \tag{11-4}$$

$$\lambda_i = E(Y_i) = \exp(X_i\beta + \varepsilon_i) \tag{11-5}$$

式中:λ_i——路段 i 的期望事故频次;

X_i——解释变量序列;

β——待估系数;

κ——负二项分布的尺度参数;

ε_i——仅与 X_i 相关的随机扰动项。

如果直接将图 11-6 中所有的动力学字符拿来构建模型,得到的模型性能可能会很差,为此本节根据 SHAP 值的值域分布,针对每一类事故的频次(总事故、追尾事故、撞固定物事故和翻车事故)构建了 4 个子模型,如表 11-8 所示。参考图 11-6(a)、图 11-6(c)、图 11-6(e)、图 11-6(g)的 SHAP 值,总事故频次的 4 个子模型的阈值分别取 0.6、0.4 和 0.2,追尾事故的 4 个子模型的阈值分别取 0.3、0.2 和 0.1,撞固定物事故的 4 个子模型的阈值分别取 0.3、0.2 和 0.1,翻车事故的 4 个子模型的阈值分别取 0.1、0.06 和 0.04。子模型 4 是考虑所有变量的全模型(Full-model)。

表 11-8 子模型的设定

	总事故	追尾事故	撞固定物事故	翻车事故
子模型 1	SHAP 值>0.6	SHAP 值>0.3	SHAP 值>0.3	SHAP 值>0.1
	e_5, d_4, g_2, b_4	h_5	h_1, h_2, b_4, c_6	f_1, d_4, g_2, g_1
子模型 2	SHAP 值>0.4	SHAP 值>0.2	SHAP 值>0.2	SHAP 值>0.06
	$e_5, d_4, g_2, b_4, g_1,$ d_5, c_6	$h_5, e_5, d_4, d_5, c_4, f_6$	$h_1, h_2, b_4, c_6, g_2, d_6,$ f_4, e_3, a_5	$f_1, d_4, g_2, g_1, d_6, a_5, b_2,$ g_4, h_1
子模型 3	SHAP 值>0.2	SHAP 值>0.1	SHAP 值>0.1	SHAP 值>0.04
	$e_5, d_4, g_2, b_4, g_1,$ $d_5, c_6, g_4, e_4, b_1,$ f_4, h_3, c_2, b_6, d_1	$h_5, e_5, d_4, d_5, c_4,$ $f_6, e_4, b_4, f_2, e_3,$ $d_6, h_3, g_2, d_1, f_3, c_1$	$h_1, h_2, b_4, c_6, g_2, d_6,$ $f_4, e_3, a_5, e_4, g_4, e_2,$ f_3, g_3, d_3, h_3, d_4	$f_1, d_4, g_2, g_1, d_6, a_5, b_2,$ $g_4, h_1, c_4, c_2, b_4, c_6$
子模型 4	$e_5, d_4, g_2, b_4, g_1,$ $d_5, c_6, g_4, e_4, b_1,$ $f_4, h_3, e_2, b_6, d_1,$ f_2, b_2, c_1, c_3, h_4	$h_5, e_5, d_4, d_5, c_4,$ $f_6, e_4, b_4, f_2, e_3,$ $d_6, h_3, g_2, d_1, f_3,$ c_1, e_6, d_2, e_2, a_4	$h_1, h_2, b_4, c_6, g_2, d_6,$ $f_4, e_3, a_5, e_4, g_4, e_2,$ $f_3, g_3, d_3, h_3, d_4, e_5,$ c_5, f_1	$f_1, d_4, g_2, g_1, d_6, a_5, b_2,$ $g_4, h_1, c_4, c_2, b_4, c_6, d_3,$ $c_5, e_2, f_6, d_1, f_5, c_1$

表 11-9 至表 11-12 展示了所有 16 个模型的参数估计结果。赤池信息准则(Akaike Information Criterion,AIC)被用来筛选每类事故的最优模型。AIC 是衡量统计模型拟合优度的一种标准,它建立在熵的概念基础上,可以权衡所估计模型的复杂度和此模型拟合数据的优良性。众所周知,拟合性能越好的模型,其 AIC 的值越小,由于篇幅限制,此节不再对 AIC 进行更多的介绍。AIC 的结果证实了前面的猜测,即并不是包含所有动力学字符的模型性能最好,对于追尾和翻车事故而言,完整模型的性能甚至最差。

表 11-9 揭示了各动力学字符对总事故频次的影响机理。子模型 1 被识别为性能较好的模型,它的显著变量为 d_4 和 g_2。d_4 被发现与总事故频次存在正相关关系,路段上属于 d_4 这一区间的动力学字符数量每增加 1 个,总事故的期望频次会增加 0.05 倍;动力学字符 g_2 的数量每增加 1 个,总事故期望频次会增加 0.04 倍。

表 11-10 表明子模型 2 是追尾事故的较优模型,该模型中的显著变量为 h_5、e_5 和 f_6。更多数量的 h_5 和 f_6 意味着路段上追尾事故期望频次更高。e_5 的系数为 -0.04,表明该动力学字符对追尾事故具有负向作用,e_5 每减少 1 个,路段的追尾事故期望频次会增加 0.04 倍。

表 11-9 总事故频次的负二项回归模型估计结果

字符	子模型 1		子模型 2		子模型 3		子模型 4	
	系数	p 值	系数	p 值	系数	p 值	系数	p 值
e_5	-0.003	0.78	-0.007	0.549	0.027	0.142	0.035	0.054*
d_4	0.049	0.00***	0.046	0.005***	0.034	0.087	0.024	0.260
g_2	0.036	0.02**	0.035	0.041**	0.067	0.001***	0.069	0.001***

续表

字符	子模型1 系数	子模型1 p值	子模型2 系数	子模型2 p值	子模型3 系数	子模型3 p值	子模型4 系数	子模型4 p值
b_4	0.007	0.75	0.019	0.481	0.011	0.682	0.051	0.148
g_1			−0.020	0.281	−0.001	0.960	−0.015	0.502
d_5			−0.019	0.177	−0.009	0.536	−0.021	0.195
c_6			−0.021	0.388	−0.031	0.256	−0.026	0.388
g_4					−0.046	0.036**	−0.052	0.026**
e_4					−0.010	0.549	−0.010	0.583
b_1					0.031	0.189	0.020	0.428
f_4					−0.029	0.046**	−0.038	0.059*
h_3					0.177	0.028**	0.175	0.053*
e_2					0.031	0.073*	0.038	0.035**
b_6					0.020	0.461	0.047	0.130
d_1					−0.025	0.193	−0.037	0.067*
f_2							0.017	0.282
b_2							−0.085	0.027**
c_1							−0.026	0.086*
c_3							0.036	0.161
h_4							0.008	0.753
AIC	940.73		943.53		940.89		942.28	

注:** 表示 $p<0.05$,* 表示 $p<0.1$,*** 表示 $p<0.01$。

表 11-10 追尾事故的负二项回归模型估计结果

字符	子模型1 系数	子模型1 p值	子模型2 系数	子模型2 p值	子模型3 系数	子模型3 p值	子模型4 系数	子模型4 p值
h_5	0.092	0.000***	0.0480	0.079*	0.077	0.009***	0.057	0.099*
e_5			−0.040	0.021**	0.007	0.807	0.006	0.847
d_4			0.0372	0.163	0.043	0.124	0.033	0.319
d_5			−0.0173	0.446	−0.025	0.295	−0.027	0.295
c_4			0.054	0.107	0.106	0.002***	0.119	0.001***
f_6			0.047	0.091*	0.013	0.709	0.018	0.708
e_4					0.040	0.080*	0.028	0.289
b_4					0.035	0.347	0.054	0.169

续表

字符	子模型1		子模型2		子模型3		子模型4	
	系数	p值	系数	p值	系数	p值	系数	p值
f_2					−0.016	0.491	0.012	0.739
e_3					0.035	0.181	0.025	0.386
d_6					−0.010	0.673	−0.009	0.784
h_3					0.247	0.047**	0.283	0.039**
g_2					0.038	0.208	0.080	0.085
d_1					−0.028	0.342	−0.024	0.437
f_3					0.019	0.570	0.014	0.703
c_1					−0.031	0.215	−0.038	0.153
e_6							0.001	0.969
d_2							0.055	0.191
e_2							0.049	0.225
a_4							0.034	0.291
AIC	704.67		701.58		702.98		708.30	

注：** 表示 $p<0.05$，* 表示 $p<0.1$，*** 表示 $p<0.01$。

表 11-11 撞固定物事故的负二项回归模型估计结果

字符	子模型1		子模型2		子模型3		子模型4	
	系数	p值	系数	p值	系数	p值	系数	p值
h_1	−0.0001	0.994	−0.026	0.439	−0.034	0.320	−0.038	0.249
h_2	0.027	0.211	−0.011	0.628	−0.018	0.575	−0.015	0.628
b_4	0.033	0.234	0.036	0.176	0.030	0.261	0.034	0.187
c_6	−0.021	0.371	−0.064	0.015**	−0.079	0.003***	−0.079	0.003***
g_2			0.016	0.365	0.058	0.004***	0.069	0.000***
d_6			−0.039	0.004***	−0.055	0.000***	−0.045	0.001***
f_4			−0.037	0.008***	−0.051	0.008***	−0.032	0.103
e_3			−0.010	0.428	−0.004	0.848	−0.033	0.148
a_5			0.043	0.097*	0.059	0.032**	0.083	0.003***
e_4					−0.041	0.047**	−0.024	0.238
g_4					−0.056	0.027**	−0.033	0.186
e_2					0.047	0.006***	0.055	0.001
f_3					−0.033	0.243	−0.069	0.018

续表

字符	子模型1		子模型2		子模型3		子模型4	
	系数	p 值	系数	p 值	系数	p 值	系数	p 值
g_3					0.003	0.934	−0.006	0.855
d_3					0.000 04	0.998	−0.022	0.356
h_3					0.124	0.119	0.181	0.022**
d_4					0.013	0.598	0.034	0.168
e_5							0.037	0.004***
c_5							−0.020	0.534
f_1							0.032	0.334
AIC	787.77		776.18		770.00		765.01	

注:** 表示 $p<0.05$,* 表示 $p<0.1$,*** 表示 $p<0.01$。

表 11−12 翻车事故的负二项回归模型估计结果

字符	子模型1		子模型2		子模型3		子模型4	
	系数	p 值	系数	p 值	系数	p 值	系数	p 值
f_1	0.045	0.249	0.053	0.167	0.066	0.075*	0.028	0.607
d_4	0.063	0.010**	0.059	0.027**	0.059	0.042**	0.055	0.093*
g_2	0.041	0.099*	0.042	0.142	0.015	0.605	0.007	0.831
g_1	0.012	0.640	−0.023	0.655	−0.038	0.440	−0.022	0.661
d_6			−0.038	0.097*	−0.047	0.049**	−0.046	0.085*
a_5			0.037	0.561	0.077	0.230	0.057	0.380
b_2			−0.061	0.115	−0.105	0.115	−0.142	0.045**
g_4			−0.056	0.092*	−0.046	0.163	−0.067	0.091*
h_1			0.019	0.789	−0.017	0.803	0.017	0.812
c_4					0.111	0.006***	0.114	0.006***
c_2					−0.106	0.038**	−0.116	0.021**
b_4					0.124	0.043**	0.136	0.031**
c_6					−0.061	0.255	−0.068	0.216
d_3							0.002	0.924
c_5							0.054	0.315
e_2							−0.036	0.193
f_6							−0.000 9	0.982
d_1							0.017	0.520

续表

字符	子模型 1		子模型 2		子模型 3		子模型 4	
	系数	p 值	系数	p 值	系数	p 值	系数	p 值
f_5							−0.050	0.195
c_1							0.042	0.195
AIC	424.50		422.80		419.95		429.56	

注：** 表示 $p<0.05$，* 表示 $p<0.1$，*** 表示 $p<0.01$。

对于撞固定物事故来说，全模型被识别为较优模型，可以看到随着模型中变量数量的增多，AIC 的值越来越小（表 11-11）。一般而言，当模型复杂度提高时，模型的似然函数也会增大，从而使 AIC 变小，但是当复杂度过大时，似然函数增速减缓，容易造成过拟合现象，导致 AIC 增大。因此存在一个合理的推测，这 4 个子模型的性能都较差，而模型 4 只不过是凭借更多的参数获得了较小的 AIC 的值（在后续的分析中，这的确也证实了撞固定物事故的显著性动力学字符的风险识别效果较差）。c_6、g_2、d_6、a_5、h_3 和 e_5 是较优模型中的显著变量，具备统计学意义。c_6 和 d_6 与撞固定物事故呈负相关关系，相应的动力学字符数量每减少 1 个，撞固定物事故的期望频次将分别增加 0.08 倍 0.05 倍。g_2、a_5、h_3、e_5 的增多均会导致撞固定物事故期望频次的增加。尤其是 h_3，它的数量每增加 1 个，会使路段上撞固定物事故的期望频次增多为原来的 1.2 倍。

表 11-12 显示翻车事故的较优模型为模型 3，f_1、d_4、d_6、c_4、c_2 和 b_4 被识别为显著变量。较多数量的 d_6 和 c_2 意味着该路段上翻车事故期望频次较低，它们每增加 1 各单位，事故频次的期望值将变为原先的 0.95 倍和 0.90 倍；而较多数量的 f_1、d_4、c_4、b_4 则表明该路段上翻车事故期望频次较高，它们每增加 1 个单位，事故频次的期望值将变为原先的 1.07 倍、1.06 倍、1.12 倍和 1.13 倍。

表 11-13 总结了筛选出来的最优模型及相应的显著性动力学字符。这些字符将被用于路段的风险概率计算，以验证它们是否具备代替事故来表征路段风险高低的能力。

表 11-13 最优模型及其显著性动力学字符

事故类型	总事故	追尾事故	撞固定物事故	翻车事故
较优模型	子模型 1	子模型 2	子模型 4	子模型 3
显著性动力学字符（*）	d_4，g_2	h_5，e_5，f_6	c_6，g_2，d_6，a_5，h_3，e_5	f_1，d_4，d_6，c_4，c_2，b_4

11.3.4 路段条件风险概率分析

1. 路段条件风险概率

回到本章最初有关事故替代指标的定义：$\lambda = \pi \times c$，其中 π 即可理解为在发生一定数量的替代事件的前提下，发生事故的条件概率（或路段为高事故风险路段的条件概率）。

在逻辑上,"事故是否发生"或者"事故风险高低"是二分类变量,且转换因子 π_n 从根本上来说是指在发生了若干次替代事件后,事故发生的概率或路段为高风险的概率,所以普遍运用二项 Logistic 回归模型计算条件概率 π_n。二项 Logistic 回归模型中,每个分类的效用函数为:

$$U_{in} = \beta x_{in} + \varepsilon_{in} \tag{11-6}$$

式中:U_{in} ——对于观测 i,事故类型 n 的效用函数;

β_n ——事故类型 n 的待估系数序列;

x_{in} ——解释变量,即提取出的显著性动力学字符;

ε_{in} ——仅与解释变量相关的随机扰动项。

则某条路段上某类型事故为高风险的条件概率可表示为:

$$P = \mathrm{Prob}(Y_{in}=1 | S_{in}=s) = \mathrm{Prob}(U_{ni}^1 > U_{ni}^0) \tag{11-7}$$

式中:U_{in}^1 和 U_{in}^0 ——对于上事故类型 n,路段 i 为高风险和低风险的效用函数。

假设 $V_{in} = \beta_n x_{in}$,那么:

$$\begin{aligned}
P(Y_{in}=1) &= P(U_{in}^1 > U_{in}^0) = P(V_{in}^1 + \varepsilon_{in}^1 > V_{in}^0 + \varepsilon_{in}^0) \\
&= P(\varepsilon_{in}^0 - \varepsilon_{in}^1 < V_{in}^1 - V_{in}^0) = P(\varepsilon_{in} < V_{in}) \\
&= F_\varepsilon(V_{in})
\end{aligned} \tag{11-8}$$

在 Logistic 回归模型中,由于 ε_{in}^0 和 ε_{in}^1 服从尺度参数为 $(0,1)$ 的 Gumbel 分布,所以 $\varepsilon_{in} = (\varepsilon_{in}^0 - \varepsilon_{in}^1) \sim \mathrm{Logistic}(0,1)$。那么对于扰动项 ε 来说,它的累积分布函数为:

$$f(\varepsilon) = \mathrm{e}^{-\mathrm{e}^{-\varepsilon}} \tag{11-9}$$

首先假定 ε_{in}^1 的值已给定此时,高事故风险的条件概率可写作:

$$P(Y=1) = \mathrm{e}^{-\mathrm{e}^{-(\varepsilon_{in}^1 + V_{in}^1 - V_{in}^0)}} \tag{11-10}$$

但 ε_{in}^1 通常无法获取,所以要通过求取 ε_{in}^1 的概率密度函数的积分计算条件概率:

$$P(Y=1) = F_\varepsilon(V_{in}) = \int \mathrm{e}^{-\mathrm{e}^{-(\varepsilon_{in}^1 + V_{in}^1 - V_{in}^0)}} \cdot \mathrm{e}^{-\varepsilon_{in}^1} \cdot \mathrm{e}^{-\varepsilon_{in}^1} \mathrm{d}\varepsilon_{in}^1 = \frac{1}{1+\mathrm{e}^{-V_{in}}} \tag{11-11}$$

至此,便得到了路段为高风险的条件概率 π 的计算公式:

$$\pi = P(Y_{in}=1) = \frac{1}{1+\mathrm{e}^{-(\beta_n x_{in})}} \tag{11-12}$$

式中:x_{in} ——显著性动力学字符。

使用四分位数来定义高风险路段,将事故频次不低于 75% 分位数的路段视作高风险路段,记为 1;将其他路段记为 0。

表 11-14 展示了二项 Logistic 回归模型的估计结果,模型中只保留了具备统计学意义的动力学字符(置信度为 90%)。可以看出,尽管表 11-13 中的动力学字符均对事故频次的变化敏感,但其中某些动力学字符仍被识别与路段的风险高低无显著性关联。这很有可能是因为这些动力学字符对少数高风险路上较高的事故频次缺乏解释能力,仅对大多数低风险路上较少的事故频次敏感。

表 11-14 风险概率模型估计结果

显著动力学字符	总事故		追尾事故		撞固定物事故		翻车事故	
	系数	p 值	系数	p 值	系数	p 值	系数	p 值
constant	−1.946	0.000***						
d_4	0.175	0.009***						
g_2	0.129	0.032**						
constant			−0.243	0.494				
e_5			−0.160	0.002***				
constant					−0.464	0.243		
d_6					−0.116	0.045**		
constant							−0.454	0.215
f_1							0.121	0.069*
d_4							0.227	0.016**
d_6							−0.110	0.037**

注：* 表示 $p<0.1$，** 表示 $p<0.05$，*** 表示 $p<0.01$。

对总体的事故来说，d_4 和 g_2 的增多会导致路段变为高风险状态的概率增加；e_5 则可以降低样本成为追尾事故高风险路段的概率；d_6 对撞固定物事故具备与 e_5 类似的影响；翻车事故的显著性变量较多，其中 f_1 和 d_4 可以提升路段的高风险概率，而 d_6 则可以减少某路段变成翻车事故高风险路段的可能。针对 4 种事故，它们的事故风险条件概率的计算公式为：

$$总体的事故风险：\pi = \frac{1}{1+e^{-(-1.946+0.175 \cdot d_4+0.129 \cdot g_2)}} \tag{11-13}$$

$$追尾事故风险：\pi = \frac{1}{1+e^{-(0.243-0.160 \cdot e_5)}} \tag{11-14}$$

$$撞固定物事故风险：\pi = \frac{1}{1+e^{-(0.464-0.116 \cdot d_6)}} \tag{11-15}$$

$$翻车事故风险：\pi = \frac{1}{1+e^{-(0.454+0.121 \cdot f_1+0.227 \cdot d_4-0.110 \cdot d_6)}} \tag{11-16}$$

定义风险差异公式，来展示高风险路段和非高风险路段的条件概率差异 $R_{\text{difference}}$：

$$R_{\text{difference}} = \bar{R}_{\text{high}} - \bar{R}_{\text{non-high}} \tag{11-17}$$

式中：$\bar{R}_{\text{high}}$——高风险路段的条件概率均值；

$\bar{R}_{\text{non-high}}$——非高风险路段的条件概率均值。

图 11-7 直观地给出了两者之间的差异,可以看出,除了撞固定物事故外,其他事故的风险差异均较为明显。针对撞固定物事故的模型性能较差的原因,11.3.3 节已经给出了解释。总事故、追尾事故和翻车事故的风险差异分别为 8%、11% 和 13%,表明翻车事故的动力学替代指标的性能最好,能最大限度地映射风险差异。

有一点需要说明,由定义可知事故替代指标可能发生几十次、上百次,才会导致一起真实的交通事故。也就是说,有相当一部分的路段,基于动力学替代指标计算的条件风险概率较高,但实际发生的交通事故却不多(可以理解为潜在事故风险较高)。但即便存在这么多的"假阳性",高风险路段的条件概率仍比非高风险路段高出 10% 左右,这是相当可观的一个差距。除此之外,本节中使用的轮胎六分力只能较好地反映由道路因素主导的事故风险(第五章和第八章已有相关分析),因此由其他因素主导的事故风险难以体现,这也是造成高风险路段的条件概率不是很高且风险差异不是很大的主要原因。

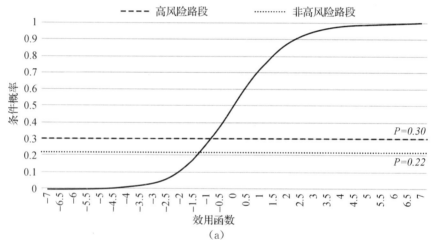

(a)

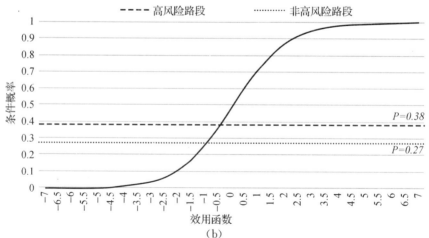

(b)

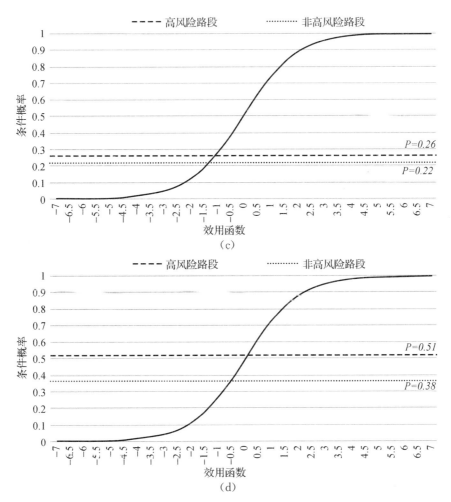

图 11-7 高风险路段和低风险路段的期望风险概率差异

2. 风险概率空间敏感度分析

对风险差异进行空间敏感度分析,可以为安全管理实践提供更有针对性的帮助。近年来,已经有许多研究探讨了交通事故影响因素的时空不稳定性问题。结果表明即便是相同的因素,在不同的时间或空间下,对交通事故严重程度的作用也不同[11-12]。这种空间上的不稳定性可以理解为对空间特征的敏感度。通常类似的研究均是运用复杂的异质性模型对时空不稳定性进行求解,由于这并不是本节的重点,所以本节仅通过观察风险差异值在不同道路特征下的分布规律,来简单分析风险概率的空间敏感度。本节以道路几何线形种类和隧道两种空间特征为例,给出不同空间特征的组合(表 11-15)。

对某个空间特征敏感度越高,意味着提取出的动力学替代指标的性能越好。图 11-8 至图 11-11 给出了总事故、追尾事故、撞固定物事故和翻车事故的条件风险概率差异的空间敏感度。其中,子图(a)和(b)为单一空间特征的敏感度,子图(c)和(d)为组合空间特征的敏感度。

表 11-15　空间特征

	单一特征		组合特征
	几何线形	隧道	几何线形＋隧道
1	曲线	只含隧道入口	曲线＋有隧道
2	复合线形	只含隧道出口	复合线形＋有隧道
3	—	同时含有隧道出入口	非直线＋只含隧道入口
4	—	包含在隧道内部	非直线＋只含隧道出口
5	—	—	非直线＋同时含有隧道出入口
6	—	—	非直线＋包含在隧道内部

① 总事故。对于不同的空间特征，尽管总事故的条件风险概率差异的分布有所起伏，但都较为显著。这说明 d_4 和 g_2 对总事故的高风险路段具备较好的表征能力。其中，对复合线形的隧道路段和包含在隧道内部的非直线路段最为敏感，条件风险概率的差异达到了 0.25 左右。对于复合线形路段、仅含隧道入口的路段、仅含隧道入口的非直线路段和仅含隧道出口的非直线路段也具有较好的识别效果，条件风险概率的空间敏感度均超过了 0.15。

② 追尾事故。由图 11-9 可知，追尾事故的条件风险概率差异存在显著的不稳定性。对于曲线路段、只含隧道入口的路段、只含隧道出口的路段和仅含隧道出口的非直线路段具备较高的敏感度，而在同时含有隧道出入口的路段、包含在隧道内部的路段、复合线形的隧道路段、同时含有隧道出入口的非直线路段，以及包含在隧道内部的非直线路段上时，条件风险概率的空间敏感度接近 0，甚至为负，说明 e_5 在这些空间特征上失去了表征高风险的能力。因此在实践应用时，要注意避免使用该字符在上述失敏路段分析事故风险。

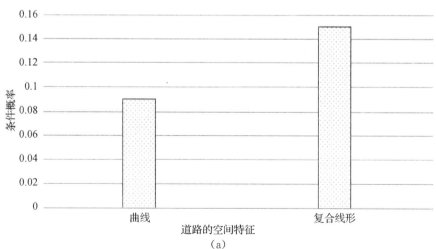

(a)

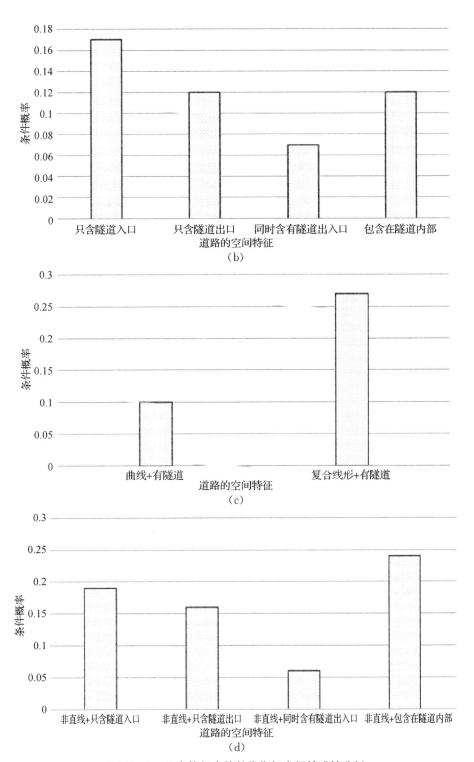

图 11-8 总事故频次的替代指标空间敏感性分析

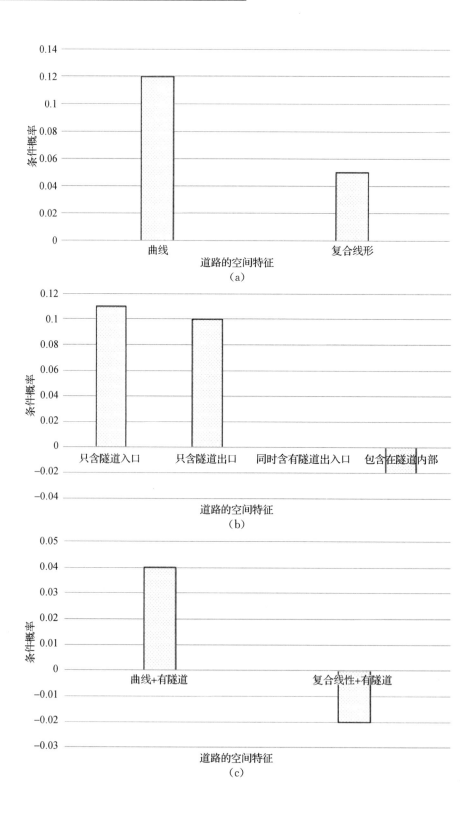

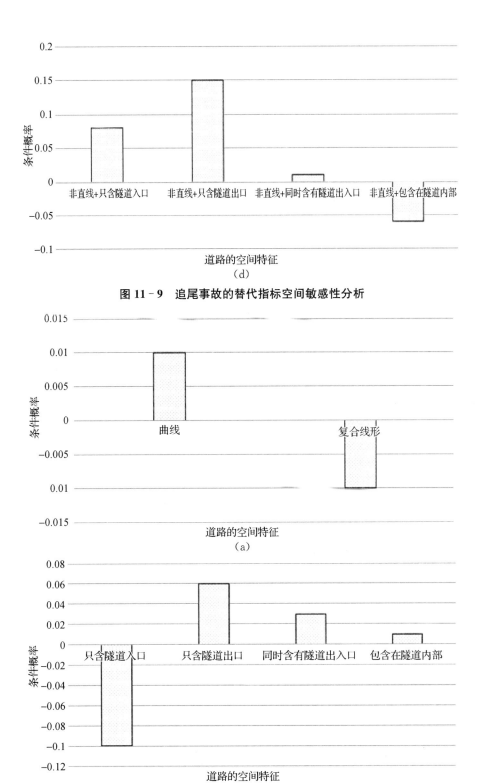

图 11-9 追尾事故的替代指标空间敏感性分析

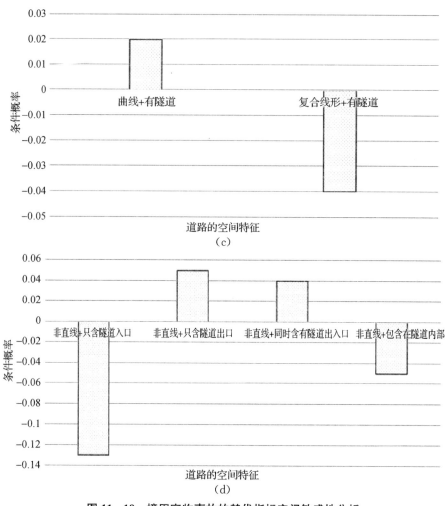

图 11-10 撞固定物事故的替代指标空间敏感性分析

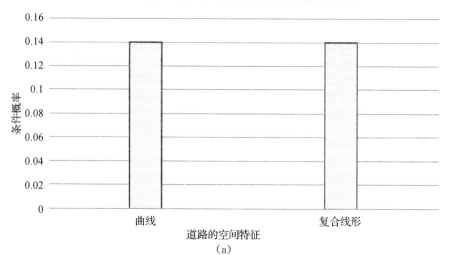

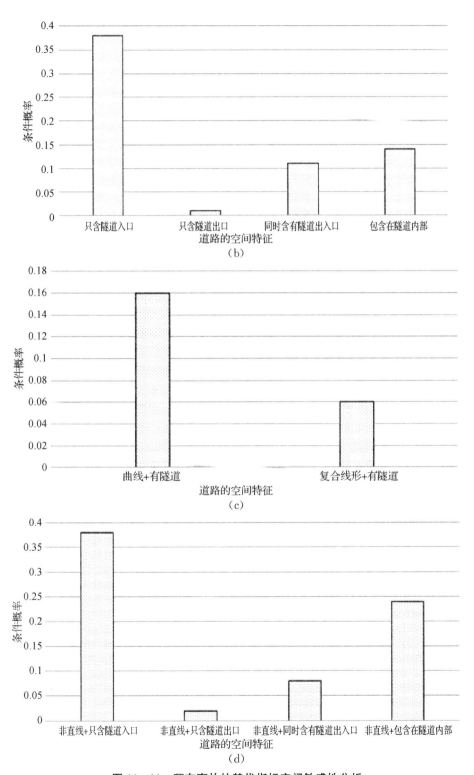

图 11-11 翻车事故的替代指标空间敏感性分析

③ 撞固定物事故。虽然撞固定物事故的条件风险概率也存在显著的空间敏感度差异，但几乎在所有空间特征上的空间敏感度均较差（图11-10），仅对只含有隧道出口的路段具备较弱的高风险表征能力（$R_{\text{difference}}=0.06=6\%$），因此不再过多分析。

④ 翻车事故。图11-11揭露了翻车事故的条件风险概率具备显著的空间不稳定特征。提取出的 f_1、d_4 和 d_6 对只含隧道入口的路段、只含隧道入口的非直线路段具备十分优良的高风险表征能力，它们的空间敏感度达到了0.38。对包含在隧道内部的非直线路段的空间敏感度接近0.25，说明对于该空间特征同样具备较好的风险识别效果。但也有一些空间特征会使条件风险概率失敏，如只含隧道出口的路段、只含隧道出口的非直线路段。可以推测，隧道出口是抑制 f_1、d_4 和 d_6 高风险表征能力的主要原因。由此可以看出，尽管都属于隧道的一部分，但隧道出口、入口和中间段的事故风险机理存在显著的差异，值得未来开展更加深入的探索。

11.3.5 轮胎六分力事故替代指标总结性分析

表11-16总结了可以充当事故替代指标的轮胎六分力字符。其中，由于撞固定物的显著性字符风险表征性能较差，因此在替代指标集中被删去。除了可以应用本书提出的方法论精确计算不同空间特征的条件风险概率外，还可以利用实车试验获取目标路段的六分力数据，进而参考表格中动力学替代指标的数值范围筛选各路段的指标数量，从定性角度对各类型事故的风险水平进行初步评判。

表11-16 不同事故类型的动力学替代指标

事故类型	总事故			追尾事故	翻车事故	
替代指标	d_4	g_2	e_5	f_1	d_4	d_6
轮胎力	M_x	F_y	M_y	F_x	M_x	M_z
单位	N·m	kN	N·m	kN	N·m	N·m
数值范围	(0.13,0.14]	(0.04,0.10]	(−0.01,0]	(−0.21,−016]	(0.13,0.14]	(0.006,0.009]

总的来看，本例面向由道路因素主导的事故风险，通过开展实车试验发展了一套基于SAX法的提取事故替代指标的方法论体系，并利用条件风险概率和敏感度对提取出来的替代指标进行了有效性检验和空间稳定性分析。具体的贡献如下：

① 发展的方法体系具有较强的可移植性。本书在提取事故替代指标时，先后使用了SAX法、SHAP算法、负二项回归模型和条件概率计算模型，这些均为没有特定对象限制的通用方法。本书使用了轮胎六分力作为替代指标提取的对象，对于其他种类的动力学参数、驾驶行为参数或环境参数，同样可以利用该方法体系开展相关研究。

② 首次利用轮胎六分力提取出事故替代事件。轮胎六分力可以直接映射道路因素对行驶中车辆的激励效果。同样地，轮胎六分力信号中也极有可能蕴含着与事故风险密切相关的"险态信号"。事实证明，提取出来的轮胎六分力指标的确可以表征路段的事故风险高低，但未来仍需要进一步量化并改善风险识别的准确性。

③ 在研究中考虑了四类事故。在之前涉及替代指标的研究中，往往不区分事故类型或仅考虑单一事故类型。最终的结论证实了每种事故类型对应的有效替代指标具有显著的差异，在进行实践应用或者理论研究时，应区别对待。

④ 研究了替代指标的空间敏感度。空间特征敏感度的研究结果说明，替代指标的高风险表征效果在空间上并不是稳定的。某些空间特征会使替代指标发生失敏，从而抑制事故替代指标的性能，如隧道出口会造成翻车事故替代指标失效。而某些空间特征则会强化替代指标的风险表征效果，如隧道入口对翻车事故替代指标的强化作用。揭示的空间敏感度差异可以为实际中的道路交通安全管理工作提供支持。

⑤ 首次提出表征路段风险水平的动力学类事故替代指标，为黑点识别、道路致险缺陷检测等方向的研究和管理工作提供了参考。

参考文献

[1] Wu K F, Jovanis P P. Crashes and crash-surrogate events: Exploratory modeling with naturalistic driving data[J]. Accident Analysis & Prevention, 2012, 45: 507-516.

[2] Perkins S R, Harris J I. Traffic conflict characteristics—accident potential at intersections[C] //Highway Research Record 225, HRB, National Research Council, Washington, D. C., 1968: 35-43.

[3] 李浩然, 吴超仲, 褚端峰, 等. 基于K均值聚类的高速公路汽车碰撞事故分析[J]. 中国安全科学学报, 2013, 23(11): 91-96.

[4] 叶云涛. 考虑交通行为特性的高速公路交通冲突预测模型研究[D]. 西安: 长安大学, 2021.

[5] Park H, Jung J Y. SAX-ARM: Deviant event pattern discovery from multivariate time series using symbolic aggregate approximation and association rule mining[J]. Expert Systems With Applications, 2020, 141: 112950.

[6] Lin J, Keogh E, Lonardi S, et al. A symbolic representation of time series, with implications for streaming algorithms[C] //Proceedings of the 8th ACM SIGMOD workshop on Research issues in data mining and knowledge discovery—DMKD'03, June 13, 2003, San Diego, California. New York: ACM Press, 2003: 2-11.

[7] Chen S J, Shang P J. An adaptive method for threshold of recurrence quantification analysis based on SAX[J]. Communications in Nonlinear Science and Numerical Simulation, 2020, 83: 105061.

[8] McDonald A D, Lee J D, Aksan N S, et al. The language of driving: Advantages

and applications of symbolic data reduction for analysis of naturalistic driving data[J]. Transp Res Rec, 2013, 2392: 22-30.

[9] 孙川. 基于自然驾驶数据的车辆驾驶风险辨识及控制研究[D]. 武汉:武汉理工大学, 2016.

[10] Lundberg S M, Lee S I. A unified approach to interpreting model predictions [J]. Advances in Neural Information Processing Systems, 2017, 10: 4766-4775.

[11] Behnood A, Mannering F L. The temporal stability of factors affecting driver-injury severities in single-vehicle crashes: Some empirical evidence[J]. Analytic Methods in Accident Research, 2015, 8: 7-32.

[12] Liu C H, Sharma A. Exploring spatio-temporal effects in traffic crash trend analysis[J]. Analytic Methods in Accident Research, 2017, 16: 104-116.

后　记

从开展相关研究到本专著正式出版，前后历时多年，终于与大家见面。笔者从事人—车—路—环境复杂系统及道路交通安全相关研究近十五年，其间主持研究四项国家自然科学基金项目和五项省部级项目，发表了多篇高水平的论文及发明专利，切身感受到国家和社会越来越重视道路交通安全，对其分析与评价、机理与防控的研究水平日益提高。

中国是世界上最大的发展中国家，近四十年我国的社会经济正处于持续高速高质量发展的繁盛时期，交通基础设施的数量和种类不断增多，道路条件和车辆安全性能日益提高，交通安全法规逐步改善，这使得全国道路交通事故数量和致死人数呈现出逐年下降的趋势，但其绝对数量仍处于高位，亟须持续深入开展道路交通安全领域的科学研究和实践探索。

道路交通安全分析将是一项持续长期的研究工作，笔者认为随着智能网联、多维传感、人工智能、无人驾驶等高精尖技术的蓬勃发展，以下内容有待继续深入研究与实践探索：① 如何提升全民对道路交通安全的认识与全社会对道路交通安全的高度重视；② 我国详细规范的道路交通事故数据集的构建工作仍然任重道远；③ 政策、环境、个体特征等对驾驶员驾驶适宜性影响的问题；④ 当前辅助驾驶技术对道路交通安全的影响，以及人工驾驶和无人驾驶混合运行阶段的安全问题；⑤ 针对海量数据，开展内生性、异质性、特征工程、替代指标提取等的研究问题；⑥ 加强安全审计法、事故数据分析法、实验法和替代指标法在道路设计、运营管理等各阶段的应用实践探索。

作者在研究过程中得到了国家自然科学基金委、美国公路安全信息系统（HSIS）、浙江省交通运输厅、河南省交通运输厅、浙江省交通规划设计研究院、河南省交通科学技术研究院有限公司等单位，以及国内外道路交通安全研究领域同行们的支持和帮助、建设性的指导意见和建议，深表感谢。

感谢东南大学交通学院何杰教授课题组参与相关课题研究的，已经毕业工作和尚在校学习的研究生同学们，感谢你们的相关研究工作及贡献的智慧。感谢东南大学交通学院的帮助与支持！

何　杰
2021 年 9 月

内容简介

本书从安全审计法、事故数据分析法、实验法和替代指标法四个方面构建道路交通安全分析方法体系，全面阐释了道路交通安全分析各种方法的原理、特点和适用范围，包括安全审计法（第二章）、事故数据参数模型（第三章）、事故数据非参数模型（第四章）、人—车—路—环境复杂系统联合仿真方法（第五章）、计算机仿真实验方法（第六章）、模拟驾驶实验方法（第七章）、动力学参数实车实验方法（第八章）、车辆轨迹视频提取方法（第九章）、驾驶员行为视频识别方法（第十章）、事故替代指标方法（第十一章），并在每章给出了具体方法的应用实例。

本书适合交通运输工程、安全科学与工程、车辆工程及其他相关专业的高等学校与研究机构的教师、高级研究人员、研究生与高年级本科生使用，也可供相关专业的安全管理人员、工程技术人员参考。

图书在版编目(CIP)数据

道路交通安全分析方法体系与应用 / 何杰等著. —南京：东南大学出版社，2022.2
 ISBN 978-7-5641-8753-8

Ⅰ.①道… Ⅱ.①何… Ⅲ.①公路运输—交通运输安全—研究 Ⅳ.①U492.8

中国版本图书馆 CIP 数据核字(2022)第 028527 号

责任编辑：贺玮玮　　责任校对：韩小亮　　封面设计：王　玥　　责任印制：周荣虎

道路交通安全分析方法体系与应用

Daolu Jiaotong Anquan Fenxi Fangfa Tixi Yu Yingyong

著　　者	何　杰　等
出版发行	东南大学出版社
社　　址	南京市四牌楼 2 号(邮编:210096,电话:025-83793330)
经　　销	全国各地新华书店
印　　刷	南京京新印刷有限公司
开　　本	787mm×1092mm　1/16
印　　张	23
字　　数	517 千字
版　　次	2022 年 2 月第 1 版
印　　次	2022 年 2 月第 1 次印刷
书　　号	ISBN 978-7-5641-8753-8
定　　价	95.00 元

本社图书若有印装质量问题，请直接与营销部联系，电话：025-83791830。